고구려는 천자의 제국이었다

우리 역사 바로잡기 2
고구려는 천자의 제국이었다

초판 1쇄 발행 2007년 8월 25일   초판 12쇄 발행 2020년 6월 22일

지은이 이덕일, 김병기, 박찬규   펴낸이 연준혁

편집 1본부 본부장 배민수
편집 4부서 부서장 김남철
디자인 하은혜

펴낸곳 (주)위즈덤하우스   출판등록 2000년 5월 23일 제13-1071호
주소 경기도 고양시 일산동구 정발산로 43-20 센트럴프라자 6층
전화 031)936-4000   팩스 031)903-3891
전자우편 wisdom1@wisdomhouse.co.kr   홈페이지 www.wisdomhouse.co.kr

ⓒ 이덕일, 김병기, 박찬규, 2007   사진 ⓒ 권태균, 박찬규
값 16,500원   ISBN 978-89-958849-7-3 03900

* 인쇄·제작 및 유통상의 파본 도서는 구입하신 서점에서 바꿔드립니다.
* 이 책의 전부 또는 일부 내용을 재사용하려면
  사전에 저작권자와 (주)위즈덤하우스의 동의를 받아야 합니다.
* 이 도서의 국립중앙도서관 출판시도서목록(CIP)은 e-CIP 홈페이(http://www.nl.go.kr/cip.php)에서
  이용하실 수 있습니다.(CIP제어번호 : CIP 2007002462)

고구려는 천자의 제국이었다

이덕일 · 김병기 지음

박찬규의 고구려 산성 답사기 수록

위즈덤하우스

책머리에

구각을 깨면 기마 국가 고구려가 보인다

1. 구각을 깨다

고려의 이규보李奎報는 「동명왕편」 서문에서 고구려가 멸망한 지 근 600여 년이 지난 그때까지도 여항의 남녀들은 시조 동명왕의 신이神異한 사적에 대해 자연스레 이야기했다고 적었다. 당초 그는 "공자께서 괴력난신에 대해 말하지 않았다"고 무시했고, 지금은 전하지 않는 『구삼국사』의 「동명왕본기」를 보니 "그 신이한 사적이 세상에서 얘기하는 것보다 더했다"면서 믿지 않았다. 그러나 세 번을 거듭 읽고 "환幻이 아니라 성聖이고, 귀鬼가 아니라 신神"이라는 사실을 깨닫는다. 이렇게 고려의 이규보는 유학자의 구각舊殼을 깨고 고구려인의 시각으로 「동명왕편」을 서술했다.

2. 아직도 남아 있는 구각

이규보보다 750여 년 후의 우리는 아직도 구각에 갇혀 있다. 하나는 일제 식민사관이란 구각이고, 다른 하나는 전통적인 중화 패권주의 사관이란 구각이다. 둘은 다른 것 같지만 하나다. 일제 식민사학은 『삼국사기』 초기 기록 불신론'에 따라 고구려 건국자를 추모왕이 아니라 태조대왕이라고 깎아내렸다. 고구려가 중국의 지방정권이었다는 동북공정의 주장은 언급할 가치조차 없으므로 치지도외置之度外하더라도 전통적인 중화 패권주의 사관은 고구려를 중국의 역대 정권에 조공을 바친 조공국가라고 낮춰왔다. 그리고 우리 학계 일부는 아직도 이 두 가지 구각에 갇혀 고구려를 바라보고 있다.

3. 새 시각

『삼국사기』와 『후한서』는 121년 고구려 태조대왕이 선비鮮卑군과 함께 후한後漢을 공격했다고 전해준다. 고구려는 어떻게 대흥안령산맥 북단에서 발원한 선비족과 공동 군사작전을 펼칠 수 있었을까? 『삼국사기』는 또 모본왕이 재위 2년(서기 49) 후한의 북평北平·어양漁陽·상곡上谷·태원太原을 공격했다고 전한다. 국내 학계는 『삼국사기』 초기 기록 불신론에 따라 이 기사를 믿지 않지만 이는 『후한서』「광무제본기」에도 나오는 사실이다. 북평·어양·상곡은 현재 북경 부근이고 태원은 현재의 산서성 성도 태원이다. 고구려는 어떻게 산서성 태원까지 진출할 수 있었을까? '기마騎馬'라는 두 글자에 그 답이 있다. 일제 식민사관과 중화 패권주의 사관의 구각을 깨고 바라보면 비로소 기마민족 국가 고구려가 보인다. 그러면 대륙이 보이고, 또 앞길을 가로막은 부여의 엄리대수에게, "나는 황천皇天의 아들이며 어머니는 하백의 따님이신 추모왕이다. 나를 위해 갈대를 연결하고 거북은 떠올라라"라고 말한 추모왕의 명령이 이해된다. 추모왕은 만물을 주관하는 천제지자天帝之子, 황천지자皇天之子의 자격, 곧 천자天子의 자격으로 자연물에게 명령한 것이다.『고구려는 천자의 제국이었다』는 이런 추모왕의 시각을 이해하면서 현재의 엄중한 학문적 방법을 동원해 고구려를 바라본 책이다. 상당 부분은 새로 썼지만 일부는 이미 절판된 『고구려 700년의 수수께끼』에서 빌려왔음도 밝혀둔다.

2007년 8월
한강이 내려다보이는 마포 한가람 서재에서

차례

책머리에 ...5

1부 고구려의 건국 ...15

1_ 고구려 시조 추모왕은 단군의 아들인가? ...17
고조선의 옛 땅을 회복하려 한 고구려

고조선의 후예들 | 고구려의 개국이념, 다물

2_ 고구려 시조 추모왕은 어디에서 왔을까? ...24
부여와 동부여 · 북부여의 수수께끼

추모왕에 대한 서로 다른 기록들 | 『위서』에 전하는 자세한 내용
'광개토태왕릉비'에는 왜 북부여라고 썼을까?
중국인들이 부여와 북부여를 혼동한 이유 | 고구려로 흘러든 부여족

3_ 베일에 싸인 예맥족의 실체 ...37
고구려는 어느 부족이 건설했을까?

예족과 맥족은 하나의 부족일까? | 국가라는 뜻으로도 사용되는 예와 예맥
맥족과 예족의 통합 과정 | 고구려를 세운 맥족이 예족을 통합하다

4_ 고구려 시조 동명왕과 부여 시조 동명왕 ...48
동명성왕의 정통성을 계승하다

동명왕이 세운 고구려와 부여 | 동명의 지파가 세운 구려 종족
동명왕 사화와 추모왕 사화의 차이점 | 부여의 건국영웅은 누구인가?

5_ 고구려 700년인가 900년인가 ...58
추모왕이 건국하기 이전의 고구려

고구려의 건국연대에 관한 여러 설들

2부 전쟁과 외교로 보는 고구려의 강역 ...65

6_ 중원의 한·신·후한과의 숙명적 대결 ...67
다물의 꿈을 실현하다

흉노의 편을 드는 고구려 | 북중국을 유린한 고구려군
후한을 거듭 공격하는 태조대왕 | 서안평은 어디인가?
산서성 일대를 공격하는 신대왕

7_ 선비족 모용씨의 전연·후연과의 관계 ...85
선비족 모용씨와 얽히고설키는 관계들

오호십육국시대로 접어들다 | 중흥군주 미천왕 | 고구려의 시련
후연의 국왕이 된 고구려 출신 고운

8_ 북위를 장악한 고구려 사람들 ...98
고구려는 북위의 조공국이 아니었다

선비족의 북위와 고구려 | 북위의 황후가 된 고구려 여인
북위의 황제가 된 고구려 여인의 아들

9_ 남북조를 이이제이로 다스리다 ...110
중국의 분열을 이용하다

남북조의 대립 | 남조의 계속된 혼란

10_ 북방 유목민족들과 고구려 ...116
유연, 거란에서 우즈베키스탄까지

몽골계 유연과 고구려 | 돌궐과 고구려 | 고구려와 거란 | 고구려와 서역 관계

11_ 백제와 신라와 고구려 ...128
평양성 천도가 만든 변화들

백제와의 관계 | 신라와의 관계

3부 고구려의 국왕과 지배층 ...139

12_ 고구려 초기의 이상한 왕위계승 ...141
왕자들이 잇달아 자결하는 이유

태자 해명이 자결한 이유 | 귀족을 숙청하는 대무신왕
호동왕자가 비극적 죽음을 당한 이유

13_ 태조대왕 즉위의 수수께끼 ...155
계루부 왕실의 정통성 확립 과정

모본왕은 왜 시해당했을까? | 태조대왕은 과연 94년 동안 왕위에 있었을까?
태조대왕이 죽은 해에 시해당하는 차대왕 | 『해동고기』라는 책

14_ 농민 출신 을파소의 개혁 정치 ...166
농사꾼이 국상이 될 수 있었던 이유

왕과 권력을 나누어 가진 연나부의 반란 | 농사꾼에서 국상으로 | 개혁정치의 꽃, 진대법

15_ 광개토태왕의 대제국 건설 ...174
강력한 왕권으로 확장한 대제국

각 전사집단의 통합 | 불교 유입과 율령 반포, 태학 설립 | 광개토태왕의 전술
독자적인 천하관 | 광개토태왕의 정복지역 | 고구려의 속국들

16_ 장수왕의 평양 천도가 남긴 것 ...191
조선 역사상 2천 년래 제일대사건의 의미

조선 역사상 2천 년래 제일대사건 | 장수왕의 평양 천도는 최선의 정책이었나?
전통적 국제관계의 변화와 북연의 멸망

17_ 고구려 후기 왕실의 혼란 ...203
비운의 임금 안장왕의 사랑이야기

서로 다른 사망 기록들 | 『삼국사기』「지리지」의 사랑이야기를 찾아서
안장왕의 의문의 죽음

18_ 귀족과 국왕의 갈등 ...214
귀족들이 대대로를 선임할 수 있었던 이유

평양 궁전 앞의 대혈투 | 고구려의 왕권이 약해진 이유
귀족에게 선임권이 있었던 국정 최고 관직 대대로

4부 중원과의 전쟁 ...225

19_ 고구려의 군사력이 강했던 이유는? ...227
좌식자 1만여 명의 수수께끼

싸움이 숙명이었던 고구려인 | 전문 전사집단 대가
자발적인 순장자들 | 이원적인 군사체제의 문제점

20_ 고구려는 왜 삼국을 통일하지 못했을까? ...239
생포한 국왕들을 살려준 이유

광개토태왕은 왜 백제를 멸망시키지 않았을까? | 고구려 중심의 천하체제
백제와 신라의 차이점 | 중국의 분열을 이용하는 장수왕

21_ 수나라 두 황제를 물리친 영양왕을 찾아서 ...251
수나라 두 황제의 침입을 격퇴한 위대한 군주

시조묘에 제사한 평원왕 | 수나라를 선제공격하는 영양왕
1차 전쟁 | 2차 전쟁과 살수대첩

22_ 대막리지 연개소문 일대기 ...270
당나라의 조직적 악마 만들기에 희생된 영웅의 복원

(1) 연개소문은 왜 쿠데타를 일으켰을까?
『삼국사기』는 왜 연개소문을 부정적으로 서술했을까?
연개소문은 왜 정변을 일으켰을까? | 『삼국사기』에 관철된 당태종의 연개소문관
두 세계관의 충돌 | 연개소문의 유화책 | 신라를 침공하지 마라
(2) 동북아의 운명을 건 대전쟁
운명의 안시성 혈투 | 당태종이 철수한 진짜 이유 | 연개소문의 비도술 | 그 후의 일들

5부 고구려인의 사상과 풍속 ...305

23_ 고구려식 천하관과 중국식 천하관 ...307
광개토태왕릉비와 모두루묘지에 나타난 고구려인의 생각

두 비문과 『삼국사기』의 차이점 | 가공되지 않은 고구려인의 세계, 두 비문
중국의 천하관과 고구려의 천하관

24_ 고구려인들의 종교 생활 ...319
　　고구려 벽화에 불교와 도교가 함께 그려진 이유

　　　소수림왕이 불교를 선뜻 받아들인 이유 | 신라의 불교 수용이 어려웠던 이유
　　　도교의 융성과 고분벽화

25_ 고구려의 혼인제도는 데릴사위제였나? ...331
　　고구려의 데릴사위와 옥저의 민며느리에 대한 오해들

　　　별채 뒤에 사위집을 둔 이유 | 데릴사위제와 민며느리제는 모두 매매혼
　　　여성에게 더 관대했던 고구려 사회

26_ 형제의 부인이 된 왕후 우씨 ...341
　　고국천왕의 능 앞에 일곱 겹 소나무를 심은 까닭

　　　한밤중에 시동생을 찾은 왕후 | 형수를 아내로 삼은 산상왕
　　　주통촌의 여인을 투기하는 왕후 우씨 | 고구려는 과연 형사취수제 풍습이 있었나?

6부 고구려인과 망명객 그리고 유민들 ...351

27_ 고구려에 온 중국 망명객들 ...353
　　중국인 장하독 위에 쓰여진 묵서명의 비밀을 찾아서

　　　묵서명이 있는 고분벽화 | 왜 장하독 위에 묵서명을 썼을까?
　　　탈취당한 미천왕의 시신 | 한인 포로들은 어디에 수용되었나?

28_ 덕흥리 고분벽화의 유주자사 진 ...367
　　난하 부근까지 진출한 고구려

　　　13군 태수들이 하례하다

29_ **고구려 유장들의 궤적** ...374
　　당의 장수가 된 고선지와 발해를 세운 대조영의 궤적

　　서양에 위명을 떨친 고선지 | 발해를 건국한 대조영

30_ **잊혀진 건국영웅 이정기** ...384
　　당나라 한복판에 치청왕국을 세운 이정기 일가의 발자취

　　당나라에 파견되는 신라군 | 안녹산의 난을 계기로 성장
　　독자적인 권력을 행사하는 이정기 | 산동성, 안휘성, 강소성을 아우르는 치청왕국 건설

7부 답사기로 읽는 고구려사 ...397

31_ **발로 쓴 고구려사** ...399
　　이덕일의 고구려 유적 답사기

　　고구려의 첫 도읍지 환인에서 관전의 고구려 산성까지
　　고구려와 북위의 뿌리를 찾아가는 길 | 대흥안령 산맥을 넘다
　　위나라 황후가 된 고구려 여인을 찾아서

32_ **산성의 나라 고구려** ...465
　　박찬규의 고구려 산성 답사기

　　산성을 가장 잘 이용한 나라 | 요동반도의 지킴이 비사성 | 고구려 산성의 전형 성산산성
　　고구려의 세력확장 기지 박작성 | 저기가 추모왕의 도읍 홀본성인가
　　영욕의 환도산성 | 축성술의 백미 백암성 | 답사를 마치며

　　고구려 왕 계보도 ...492

　　찾아보기 ...493

주몽이 단군의 아들이라는 『삼국유사』의 기록이나, 고구려 고분벽화에 단군사화가 묘사된 것이나, 고구려가 만주 지역의 한사군을 쫓아내고 발전한 국가라는 사실은 고구려가 고조선의 후예라는 의식을 강하게 갖고 있었다는 증거다. 고구려는 고조선을 계승한 국가라는 역사의식을 갖고 있던 나라다.

1부

고구려의 전국

1_ 고구려 시조 추모왕은 단군의 아들인가?

고조선의 옛 땅을 회복하려 한 고구려

고조선의 후예들

아직도 많은 사람들은 고구려를 고조선과 관련이 없는 별개의 국가로 인식하는 경향이 강하다. 고조선은 고조선이고, 고구려는 고구려라고 별개로 인식하는 것이다. 그러나 『삼국유사』 「왕력편」 고구려 시조 '동명성왕조'는 "갑신년(기원전 37)에 즉위했으며 치세는 18년이다. 성은 고, 이름은 주몽인데 추몽鄒蒙이라고도 한다. 단군의 아들이다"라고 시조 추모왕을 단군의 아들이라고 적었다.

『삼국유사』에는 단군의 아들이 또 나온다. 『삼국유사』 '북부여조'는 북부여의 시조는 해모수解慕漱이고, 그 아들이 부루夫婁라고 설명한다. 『삼국유사』 '고구려조'에는 이런 구절이 있다.

『단군기檀君記』에는 "단군이 서하西河 하백의 딸과 관계하여 아들을 낳아 이름을 부루라 하였다"고 했는데, 지금 이 기사를 살펴보면 해모수가 하백의 딸과 정을 통하여 주몽을 낳았다 한다. 『단군기』에는 "아들을 낳아 이름을 부루라 하였다"고 했으니, 부루와 주몽은 배다른 자식이다.

이는 일연의 창작이 아니라 그가 본 고대 사료인 『단군기』를 비롯한 고대 사서에 북부여왕 부루와 고구려 시조 주몽이 모두 단군의 아들이라고 기록되었음을 뜻한다. 곧 부여 왕실도 단군의 핏줄이고 고구려 왕실도 단군의 핏줄이란 뜻이다. 왜 이런 기술이 나타나게 되었을까? 두 나라 모두 고조선, 곧 단군조선의 왕통을 계승했다는 의식을 갖고 있었기 때문이다. 고조선 옛 땅에서 일어난 부여와 고구려는 자신들이 고조선의 정통성을 계승했다는 의식을 갖고 있었던 것이다. 이런 의식을 갖고 있는 나라는 부여와 고구려뿐만이 아니었다.

고려 말의 학자 이규보李奎報(1168~1241년)는 서사시 「동명왕편」의 서문에서 "나는 지난 계축년(1193년, 명종 23) 4월에 『구삼국사舊三國史』를 얻어 「동명왕본기東明王本紀」를 보았다"고 말했다. 이규보가 살아 있을 때만 해도 『삼국사기』 이외에 『구삼국사』가 존재했다는 뜻이다. 이규보의 「동명왕편」에는 동명왕이 비류국왕 송양松讓을 만나 "과인은 천제의 손자요 서국西國의 왕이다. 감히 묻노니 군왕은 누구의 후손인가?"라고 묻자, 송양이 "나는 선인仙人의 후손인데 여러 대 왕 노릇을 하였다……"고 답하는 부분이 나온다. 비류국은 만주 혼강渾江 유역에 존재했던 국가인데, 이 기록의 선인도 단군을 뜻한다. 이는 혼강 유역에 있던 비류국의 왕실도 단군의 후예라는 의식을 갖고 있었음을 뜻한다. 이처럼 만주 지역에 산재했던 대부

오녀산성 전경 고구려 시조 추모왕은 비류수 가의 홀본(오녀산성을 중심으로 한 환인 지역)을 도읍으로 삼아 나라를 세웠다.

분의 왕실들은 모두 단군의 후예라는 의식을 갖고 있었다.

『삼국사기』「고구려본기」'동명성왕 2년(기원전 36)조'에는 "송양이 나라를 들어 항복해 오므로 그 땅을 다물도多勿都로 삼고 송양을 우두머리로 봉했다. 고구려 말에 옛 땅을 회복하는 것을 다물이라 하였으므로 그렇게 이름한 것이다"라는 기록이 있다. 단군의 아들이라는 동명성왕에게 선인의 후예라는 송양이 나라를 들어 항복한 것은 고조선 옛 땅을 일부 회복했다는 의미가 있었던 것이다. 고구려 왕실도 송양의 비류국을 단군의 방계로 인정했다. 『삼국사기』 고구려 제2대 '유리명왕 2년(기원전 18)조'에는 "다물후多勿侯 송양의 딸을 맞이하여 왕비로 삼았다"는 구절이 있는데, 송양의 딸을 유리왕의 왕비로 삼은 것은 송양 또한 고조선의 후예임을 인정했기 때문일 것이다. 부여도, 고구려도, 비류국도 모두 단군의 후예를 자처한 것은 모두 고조선의 왕통을 계승했다는 의식을 갖고 있었기 때문이다.

이들은 무슨 근거로 고조선의 왕통을 계승했다고 자처할 수 있었을까? 그 근거를 『한서漢書』에서 찾을 수 있다. 『한서』 「지리지」는 "현도군은 무제 원봉 4년(기원전 107)에 세웠다. 세 개의 현이 있으니 고구려, 상은태, 서개마다[玄菟郡 武帝元封四年開 縣三 高句麗 上殷台 西蓋馬]"라고 기록했다. 이 기록은 고구려현이 유주幽州에 소속되어 있다고 전하면서, 응소應劭의 유주에 대한 주석을 달았다. "유주는 진번인데, 조선의 호국이다[故真番 朝鮮胡國]"라는 것이다. 고구려는 옛 유주국에 소속되어 있었는데, 유주국은 고조선의 호국, 곧 제후국이라는 뜻이다. 상은태上殷台현에 대해서는 "고로 구려 민족이다[故句驪胡]"라는 응소의 주석을 실어 상은태현의 민족 구성이 구려족임을 나타내고 있다.

『후한서後漢書』「동이열전」'고구려조'는 "무제가 조선을 멸하고 고구려를 현으로 삼아 현도군에 속하게 했다[武帝滅朝鮮 以高句麗爲縣 使屬玄菟]"라고 전한다. 고조선을 멸망시키고 그 안에 있던 고구려를 현으로 삼았다는 뜻이다. 이 역시 고구려가 고조선에 소속되어 있던 제후국 중 하나임을 말해주는 것이다.

이런 이유 때문에 고구려는 고조선을 계승했다는 의식을 갖고 있었다. 이는 비단 고구려만이 아니라 옛 고조선 강역에 존재했던 부여, 비류국 등 여러 제후국들에 공통적으로 해당된다. 이처럼 고조선 강역에 있던 여러 제후국들은 모두 고조선을 계승했다는 고조선 계승 의식을 갖고 있었다.

고구려의 개국이념, 다물

일제시대 일본인들은 고조선의 존재를 부인하기 위해 단군을 13세기에 일연이 만들어낸 창작품이라고 주장하기도 했다. 일본인들이 이런 주장을 할 수 있었던 이유는 단군사화史話의 내용이 문헌상으로는 『삼국유사』에 처음 실려 있기 때문이다. 실증사학을 교묘히 식민사학에 이용한 일제는 단군사화가 『삼국유사』라는 문헌자료에 처음 나오는 것을 주요 근거로 '일연창작설'을 만들어낸 것이다.

물론 문헌기록으로는 13세기에 쓴 『삼국유사』가 처음이다. 그러나 단군사화는 고조선 계승 의식을 갖고 있던 고구려 고분벽화에도 나타난다. 김부식이나 일연, 이규보가 본 『위서魏書』나 『단군기』, 『구삼국사』 등 단군 기사가 실린 고서적은 지금 찾을 길이 없지만 고구려 고분벽화에도 단군사화의 내용이 묘사되어 있다. 만주 집안集安현에 있는 장천 1호분에는 나무 아래 굴속에 곰 한 마리가 웅크리고 있는 모습이 그려져 있다. 단군사화의 내용대로 사람이 되기 위해 마늘과 파만을 먹으며 100일이 되기를 기다리는 모습이다. 굴 바깥에는 마늘과 파만으로는 배고픔을 견딜 수가 없어서 굴을 뛰쳐나간 호랑이가 묘사되어 있다. 그러나 밖으로 뛰쳐나갔다고 문제가 해결되지는 않는다. 굴 안에는 배고픔이 있다면 굴 밖에는 치열한 생존경쟁이 있다. 굴 밖으로 뛰쳐나간 호랑이를 기다리는 것은 말 탄 무사들의 화살이다. 이는 호랑이족이 왜 역사의 무대에서 사라졌는지 말해주는 것 같기도 하다.

각저총 벽화도 마찬가지다. 이 벽화는 근육이 울퉁불퉁한 두 씨름꾼이 맞붙어 싸우는 왼쪽 나무 아래 곰과 호랑이가 등을 돌리고 앉아 있다. 나뭇가지의 수많은 열매와 형상들은 두 부족의 싸움에

단군사화가 묘사된 각저총 벽화 왼쪽 나무 아래 곰과 호랑이가 등을 돌리고 앉아 있다.

서 승리한 쪽이 가질 수 있는 전리품을 상징한다. 이 역시 단군사화의 내용을 가리킨다.

『후한서』「동이열전」'고구려조'는 "그 나라(고구려) 사람들은 성질이 흉악하고 급하며, 기력이 있고 전투를 잘하고 노략질하기를 좋아한다"고 비난했다. 중국인들이 고구려를 악의적으로 묘사한 까닭은 고구려는 '옛 고토'를 회복하는 것이 개국 이념 중 하나였고 이를 실현하기 위해 끊임없이 중국과 싸운 나라이기 때문이다. 고구려의 발전 자체가 중국 한漢나라가 고조선을 멸망시키고 만주 서쪽에 세운 한사군漢四郡을 몰아내는 과정이었다.

주몽이 단군의 아들이라는 『삼국유사』의 기록이나, 고구려 고분벽화에 단군사화가 묘사된 것이나, 고구려가 만주 지역의 한사군을 쫓아내고 발전한 국가라는 사실은 고구려가 고조선의 후예라는 의식을 강하게 갖고 있었다는 증거다. 고구려는 고조선을 계승한 국가라는 역사의식을 갖고 있던 나라다. 고구려 고분벽화에 단군사화의 내용을 그려 넣은 것도 이 때문이다.

2_ 고구려 시조 추모왕은 어디에서 왔을까?

부여와 동부여 · 북부여의 수수께끼

추모왕에 대한 서로 다른 기록들

추모왕은 어디에서 왔을까? 부여에서 남하했다고 많은 기록들은 전한다. 그러나 부여는 하나가 아니라 '부여', '동부여', '북부여' 등 셋으로 전하고 있다. 추모왕은 과연 어디에서 왔을까? 이 의문을 푸는 길은 고구려와 관련된 많은 내용이 그러하듯이 간단한 일은 아니지만 골치 아픈 일만도 아니다. 이를 확인하는 길은 가공되지 않은 원형질의 우리 조상들을 만나는 길이자, 그 조상들이 활을 쥔 채 말 타고 달린 광활한 만주 대륙으로 떠나는 여행길이기도 하기 때문이다. 그리고 추모왕과 관련된 여러 사료를 추적하는 흥미로운 작업이기도 하다.

먼저 가장 많이 인용되는 『삼국사기』 '시조 동명성왕조'는 이렇게 요약된다.

아들이 없어 산천에 제사지내던 '부여'왕 해부루解夫婁는 곤연鯤淵이란 연못가에서 금빛 개구리 모양의 어린아이를 얻어서 이름을 '금개구리'란 뜻의 금와金蛙라고 불렀다. 그 후 부여의 재상 아란불의 꿈에 천신이 나타나 동해 가의 가섭원으로 나라를 옮기라 권하자 해부루에게 말해 도읍을 옮기고 국호를 '동부여'라고 했다. 해부루가 죽자 금와가 그 뒤를 이었는데 천도遷都하기 전의 옛 도읍에는 천제天帝의 아들이라는 해모수解慕漱가 와서 도읍을 삼았다. 하루는 금와가 태백산 밑 우발수라는 곳에서 한 여자를 만났는데 그녀는 물의 신인 하백河伯의 딸로 해모수를 만나 임신한 상태였다. 금와가 그녀를 가두었으나 햇볕이 비추었고, 큰 알을 낳아 개와 돼지에게 주었으나 먹지 않았고 소와 말이 피해갔으며 새가 날개로 덮어 안았다. 드디어 알 속에서 한 사내아이가 나왔는데 나이 일곱 살에 스스로 활을 만들어 쏘는데 백발백중이어서 이름을 주몽朱蒙이라 하였다. 금와의 일곱 아들이 주몽을 시기하자 아들이 해를 입을까 봐 두려워한 주몽의 어머니가 도망치라고 권했고 주몽은 이에 따라 오이·마리·협보 등 세 사람과 함께 도망해 비류수沸流水 가에 나라를 세우고 고구려라 했다.

『삼국사기』의 기록부터 두 부여가 나온다. 해부루와 그 아들 금와가 임금인 '동부여'와 해모수가 임금인 '부여'다. 『삼국사기』는 주몽의 아버지는 천제의 아들이자 부여왕인 해모수인데, 무슨 연유에서인지 부여가 아닌 동부여에서 살다가 나와서 고구려를 세웠다고 한다. 곧 주몽은 동부여 출신이라는 것이다. 이규보는 「동명왕편」에서 고구려의 건국사화를 전하고 있다. 이규보의 「동명왕편」은 김부식의 『삼국사기』 이전에 쓰여진 『구삼국사』의 내용을

무용총 수렵도에 나타난 활 쏘는 무사 고구려 시조 추모왕의 이름은 '활 잘 쏘는 자'라는 뜻이다.

주註로 자세히 덧붙였는데 이는 『구삼국사』가 전하지 않는 오늘날 중요한 의의가 있다. 이 「동명왕편」 역시 주몽을 '동부여' 출신이라고 기록했다.

그런데 중국의 기록들은 주몽을 대체로 부여 출신이라고 기록했다. 고구려에 관한 가장 이른 중국 기록인 『후한서』와 『삼국지三國志』는 주몽의 건국설화는 전하지 않으며, 중국 당唐나라 때 편찬한 중국 남조南朝 양梁나라(502~557년)의 정사인 『양서梁書』에 그 모습이 전한다.

고구려는 그 선조가 동명東明으로부터 나왔다. 동명은 원래 북이北夷 탁리왕橐離王의 아들이다. 탁리왕이 출행出行한 사이에 그의 시녀가 후(궁)에서 임신하였다. 탁리왕이 돌아와 죽이려 하자, 시녀는 "앞서 하늘 위에 큰 달걀만 한 기氣가 떠 있는 것을 보았는데, 이것이 제게 내려와서 임신이 되었습니다"라고 말해 왕이 가두어두었더니 아들을 낳았다. 이후 동명은 탁리왕이 죽이려고 하자 도망하여 고기와 자라들의 도움으로 강을 건너 부여夫餘에 이르러 그 나라의 왕이 되었는데, 그 후손의 한 지파가 구려句麗의 종족이 되었다.

'탁리왕'의 시녀에게서 낳은 동명이 '부여'왕이 되었고, 그 후손의 한 지파가 '고구려'를 세웠다는 것이다. '동부여'가 아니라 '부여'에 이르러 왕이 되었다는 것이다. 당나라 때 편찬한 북주北周(557~581년)의 정사인 『주서周書』는 "고구려는 그 선조가 부여에서 갈라져 나왔다. 스스로 말하기를 '시조는 주몽인데, 하백의 딸이 햇빛에 감응되어 잉태하였다'고 한다"라고 전한다. 역시 '동부여'가 아니라 '부여'에서 나왔다는 것이다. 또 당나라 때 편찬한 수隋나라(581~618년)의 정사인 『수서隋書』도 "고구려의 선조는 부여로부터 나왔다. 부여왕이 일찍이 하백의 딸을 잡아 방 안에 가두었는데, 햇빛이 따라다니면서 그녀를 비추었다. 그 빛을 받아 마침내 임신을 하여 큰 알 한 개를 낳았다"라고 하여 '부여'에서 나왔다고 전한다.

『위서』에 전하는 자세한 내용

중국 기록 중에 주목할 만한 내용은 북조北朝의 하나로 북중국을 통일하고 낙양에 도읍했던 위魏나라(386~550년)의 정사인 『위서魏書』에 실려 있다. 이는 550년경에 북제北齊에서 편찬한 책으로 「열전」'고구려조'에 건국사화가 기록되어 있다.

> 고구려는 부여에서 갈라져 나왔는데, 스스로 말하기를 선조는 주몽이라 한다. 주몽의 어머니는 하백의 딸로 부여왕에게 잡혀 방에 갇혀 있던 중, 햇빛이 비치는 것을 몸을 돌려 피했으나 햇빛이 따라와 비추었다. 얼마 후 잉태하여 알 하나를 낳았는데, 크기가 닷 되들이만 하였다. 부여왕이 그 알을 개에게 주었으나 개가 먹지 않았고, 돼지에게 주었으나 돼지도 먹지 않았다. 길에다 버렸으나 소나 말들이 피해 다녔다. 뒤에 들판에 버렸으나 뭇 새가 깃털로 그 알을 감쌌다. 부여왕은 그 알을 쪼개려고 했으나 깨뜨릴 수 없게 되자, 결국 그 어머니에게 돌려주고 말았다. 그 어머니가 다른 물건으로 이 알을 싸서 따뜻한 곳에 두었더니, 사내아이 하나가 껍질을 깨뜨리고 나왔다. 그가 성장하여 이름을 주몽이라고 하니, 그 나라 속언俗言에 주몽이란 활을 잘 쏜다는 뜻이다.

『위서』도 주몽을 '부여' 출신이라고 말하는 점은 같으나 고구려 건국사화를 자세히 기록했는데, 이는 위나라와 고구려의 관계가 그만큼 밀접했기 때문이다. 북방 유목민족인 선비족鮮卑族이 세운 위나라는 때로는 갈등을 겪기도 하지만 고구려와 민족적 친연성을 갖고 있던 나라다. 후술하겠지만 고구려와 위나라는 서로 많은 사신이 오가는 것은 물론 고구려 출신들이 낙양으로 도읍을 옮긴 위(일명 북위北魏)의 실권을 잡기도 하고 고구려 여인의 아들이 북위의 황제가 되기도 했다.

따라서 위나라 사신들은 고구려의 건국기원을 직접 전해 들었거나 그런 내용이 실린 고구려의 역사서를 보았을 것이므로 『위서』의 이 내용은 고구려인들의 생각이 상당 부분 반영되었다고 해석할 수 있다.

또한 앞의 중국 역사서들이 대부분 한족漢族이 세운 나라에서 편찬한 반면 『위서』는 비한족非漢族 왕조인 북제에서 편찬한, 역시 비한족 왕조인 위나라의 역사서이기 때문에 고구려 측의 자료에 전하는 주몽설화의 내용을 자세히 적은 것이다. 『위서』에 고구려의 기원을 '부여'로 적은 것은 고구려 측의 자료들에 '동부여'가 아니라 '부여'로 적혀 있었을 가능성을 말해준다. 과연 그럴까?

'광개토태왕릉비'에는 왜 북부여라고 썼을까?

고구려에서 직접 작성한 시조에 대한 일차 자료인 '광개토태왕릉비'에는 동부여도 부여도 아닌 '북부여'라고 쓰여 있다. 비문의 내용을 보자.

> 옛날 시조 추모왕鄒牟王께서 창업하신 터다. 왕은 북부여에서 오셨으며 천제天帝의 아들이고, 어머니는 하백의 따님이다. 알을 깨고 세상에 나오셨는데, 태어나면서부터 성스런 □가 있었다. 길을 떠나 남으로 순행하시는 도중에 부여의 엄리대수奄利大水를 거쳐

광개토태왕릉비 중 "왕은 북부여에서 오셨으며……"라고 쓴 부분

가게 되셨다. 왕이 물가에 임해 말씀하시기를 "나는 황천皇天의 아들이며 어머니는 하백의 따님이신 추모왕이다. 나를 위해 갈대를 연결하고 거북은 떠올라라" 하셨다. 이 말씀에 감응해서 곧 갈대가 연결되고 거북이 떠올랐다. 그런 연후에 강물을 건너가셔서 비류곡沸流谷 홀본忽本 서쪽 산 위에 성을 쌓고 도읍을 세우셨다. 그러나 추모왕은 세상 왕의 지위를 즐기지 않아 하늘에서 황룡을 내려보내 왕을 맞게 하니, 추모왕은 홀본 동쪽에서 용의 머리를 밟고 승천하셨다.

惟昔始祖鄒牟王之創基也. 出自北夫餘, 天帝之子, 母河伯女郞, 剖卵降世, 生而有聖 □ □ □ □ □. □命駕, 巡幸南下, 路由夫餘奄利大水. 王臨津言曰, 我是皇天之子, 母河伯女郞, 鄒牟王, 爲我連葭浮龜. 應聲卽爲葭連浮龜, 然後造渡, 於沸流谷, 忽本西, 城山上而建都焉. 不樂世位, 因遣黃龍來下迎王, 王於忽本東, 履龍頁昇天.

고구려인들이 직접 작성한 「광개토태왕릉비문」은 자신들의 기원을 『삼국사기』의 '동부여'도 중국 사서들의 '부여'도 아닌 '북부여' 라고 적은 것이다.

광개토태왕릉비 이외에도 고구려인들이 직접 기록한 건국기원에 대한 일차 자료가 하나 더 있다. 바로 광개토태왕릉비가 있는 중국 길림성 집안현에서 발굴된 '모두루묘지牟頭婁墓誌'다. 모두루는 광개토태왕 재위 당시 고구려의 14관등 중 6등급에 속하는 대사자大使者라는 벼슬을 하던 인물로 추측되는데 묘지문은 워낙 탈자脫字가 많아 정확한 내용을 알기 어렵지만 다행히 건국기원에 대한 부분은 알아볼 수 있다.

하백의 손자이며 일월日月의 아들인 추모성왕은 원래 북부여에서 오셨으니, 천하 사방은 이 나라 이 고을이 가장 성스러운 곳임을 알 것이다.

河泊之孫日月之子鄒牟聖王元出北夫餘 天下四方知此國郡最聖 □ □ □

'광개토태왕릉비'와 '모두루묘지'는 고구려 왕실, 곧 고구려의 지배집단은 자신들의 기원을 '부여'나 '동부여'가 아닌 '북부여'로 인정하는 역사관을 가지고 있었음을 보여준다. 그럼 부여와 북부여, 동부여는 어떤 관계일까?

지금까지 살펴본 여러 자료 중 가장 이른 시기의 것은 414년에 세운 광개토태왕릉비와 모두루묘지다. 광개토태왕릉비는 광개토태왕의 아들인 장수왕이 세웠으며, 모두루묘지도 고구려인들이 세운 것으로 시조에 대한 고구려인의 생각이 고스란히 담겨 있다. 특별히 왜곡했다는 다른 증거가 없는 한 당대의 기록인 이 두 자료가 말하는 대로 고구려의 기원은 '북부여'라고 파악하는 것이 합리적일 것이다. 견문에 의존한 중국의 기록이나 후대의 기록을 재구성한 『삼국사기』보다 당시 고구려인들이 자신들의 역사를 더 잘 알 것이기 때문이다.

그러나 이에 대해서 연구자들의 견해들은 나뉘어 있다. 고구려의 기원을 북부여로 인정하면서 동부여는 대략 부여의 동쪽 지역이란 뜻으로 쓰였다고 설명하는 경우도 있고, 『삼국사기』나 『삼국유사』의 동부여설은 고구려가 멸망한 후 다른 사람들에 의해 가필된 것으로 추측하는 견해도 있다. 또한 부여와 북부여를 같은 의미로 파악하는 경우도 있다. 북부여를 본래 부여라고 불렀는데, 그 뒤 4세기 이후 부여의 일부 세력이 두만강 유역에서 자립하자 고구려에서 이를 동부여라 부르고 원부여를 북부여라고 지칭하게 되었다는 해석이다.

그런데 문제는 5세기 초의 기록인 광개토태왕릉비가 각각 '북부여'와 '부여'를 다른 지역으로 인식하고 있다는 점이다. "왕은 북부여에서 오셨으며 (……) 길을 떠나 남으로 순행하시는 도중에 부여의 엄리대수를 거쳐 가게 되셨다"라는 기록은 분명 북부여와 부여를 다른 지역으로 표기한 것이다.

이로 미루어볼 때 적어도 추모왕을 시조로 모시는 고구려 왕실의 공식적인 견해는 부여나 동부여가 아니라 북부여를 기원으로 본다는 것이다. 그러나 이는 고구려 왕실을 고주몽, 곧 추모왕 계열이 장악한 이후의 시각이다.

중국인들이 부여와 북부여를 혼동한 이유

고구려는 일반적으로 주몽 집단이 내려와 건국했다고 되어 있으나 사실은 주몽 이전부터 존재하고 있었다. 고구려 역사가 700년이 아니라 900년이란 이야기가 나오는 까닭도 여기에 있다. 『한서』「지리지」는 "현도군은 무제 원봉 4년(기원전 107)에 세웠다. 세 개의 현이 있으니 고구려 (……) 등이다[玄菟郡 武帝元封四年開 縣三 高句麗……]"라고 기록했다. 고구려가 건국한 기원전 37년 훨씬 이전에 이미 고구려가 존재했다는 것이다. 앞에서 말했듯이 이 고구려는 고조선에 소속된 제후국이다. 『후한서』「동이열전」'고구려조'도 "무제가 조선을 멸하고 고구려를 현으로 삼아 현도군에 속하게 했다[武帝滅朝鮮 以高句麗爲縣 使屬玄菟]"라고 주몽 이전에 존재한 고구려에 대해서 전한다.

『후한서』「동이열전」'예조'도 주몽이 건국하기 이전에 존재한 고구려의 실체를 보여준다.

> 소제昭帝 시원始元 5년(기원전 82)에 임둔군·진번군을 없애고 이를 낙랑군·현도군에 합병시켰다. 현도군은 다시 구려句麗의 땅으로 옮겼다.

이는 주몽이 고구려를 세웠다는 기원전 37년보다 이미 50여 년 이전부터 고구려가 존재하고 있었음을 말해준다. 『위략魏略』 '고구려조'는 "본래 연노부涓奴部에서 왕이 되었으나 점점 쇠약해져 지금은 계루부桂婁部에서 대신하고 있다"고 전하는데, 이는 초기 고구려가 여러 부족의 연합으로 이루어졌음을 짐작하게 하는 대목이다. 『후한서』 '고구려조'도 같은 내용을 전하는데 다만 연노부를 소노부消奴部라고 한 점만 다르다. 여기에서 연노부를 대신한 계루부가 바로 주몽이 이끈 북부여 계열이다. 이는 고주몽이 내려오기 이전에 연노부(소노부)가 임금으로 있던 나라가 존재했음을 뜻한다. 이 자료들은 주몽이 남하하기 이전에 고구려를 형성하고 있던 연노부(소노부)가 '북부여'에서 내려온 주몽이 이끄는 세력에게 정복되거나 동화되었음을 말해준다. 곧 고구려는 연노부 등 원래의 고구려 세력을 북부여에서 온 주몽 세력이 흡수하거나 연합하면서 발전한 나라다.

고구려로 흘러든 부여족

중국 자료들이 고구려의 원류를 부여로 인식하게 된 데는 부여족이

다섯 차례에 걸쳐 고구려에 흘러든 사실이 선후 구별 없이 혼재되어 인식된 결과로 보인다.

첫 번째는 기원전 37년에 주몽 집단이 내려온 것이고, 두 번째는 서기 22년에 대무신왕大武神王이 동부여를 멸하자 부여왕 대소帶素의 종제從弟가 1만여 명을 이끌고 고구려에 투항한 사건이다. 세 번째는 서기 68년 대소의 또 다른 동생인 갈사왕曷思王이 1만여 명을 이끌고 투항한 것이고, 네 번째는 410년 광개토태왕이 동부여를 정복할 때 투항한 사건이며, 다섯 번째는 문자명왕 3년(494)에 부여왕이 처노妻奴를 거느리고 고구려에 투항한 사건이다.

5세기 말엽까지 부여족은 다섯 차례에 걸쳐 고구려로 남하하거나 투항하여 고구려의 주요 구성원이 되었다. 기록상 수만 명에 달하는 이들 부여인은 고구려의 중요한 성원을 이루었고, 또 주몽 집단이 북부여에서 온 사실과 연결되면서, 부여와 북부여의 구별 없이 부여족을 고구려 건국의 주체로 중국인들이 인식하게 된 결과 '부여'라고 쓴 것이다.

서기 60년경에 후한後漢의 왕충王充이 쓴 역사서 『논형論衡』에 나오는 부여의 건국설화는 부여와 북부여의 상관관계를 보여준다.

> 옛날 북이北夷의 탁리국槖離國왕이 임신한 여종을 죽이려 하자 계란만한 기운이 하늘에서 나에게 내려와 임신하게 되었다고 변명했다. 여종이 후에 아들을 낳아 이를 돼지우리에 버렸으나 돼지가 입김으로 불어 덥게 해주어서 죽지 않았다. 또 이를 마구간에 넣었으나 말이 또 입김으로 불어주어서 죽지 않았다. 그러자 왕은 이 아이를 하늘의 아들로 알고 그 어미에게 주어 기르게 하였다. 그의 이름을 동명이라 했는데

왕은 그가 활을 잘 쏘므로 왕위를 빼앗을까 염려하여 그를 죽이려 했다. 동명은 이를 눈치 채고 남으로 달아나 엄사수에 이르러 활을 가지고 물을 치자 고기와 자라들이 떠올라 다리를 놓아서 동명이 건너갈 수 있었다. 동명이 건넌 후 고기와 자라들이 흩어져서 뒤쫓아오던 군대는 건너지 못했다. 동명이 큰 수도를 건설하고 부여왕이 되었으므로 북이족이 부여국을 가지게 되었다.

이 자료는 주몽이 남하해 부여를 세웠다고 말하는데, 탁리국은 부여 북쪽의 북부여를 뜻하는 것으로 해석할 수 있다.

지금까지의 기록을 정리하면 부여는 하나가 아니라 '부여', '동부여', '북부여' 셋이다. 중국 자료들은 추모왕을 '부여' 출신이라고 적었는데, 이는 부여·동부여·북부여의 차이를 제대로 인식하지 못한 결과이자 북부여에서 내려온 추모왕의 고구려가 부여와 동

부여 유적지에 세운 석비 중국 흑룡강성과 내몽골의 접경지인 납하시 눈강 가에 있다.

부여를 통합한 사실을 뭉뚱그려 부여로 인식한 결과다. 추모왕은 그냥 부여가 아니라 부여 북쪽에 있던 탁리국, 곧 북부여 출신이다. 추모왕은 부여 북쪽의 북부여에서 소수의 세력을 이끌고 남하해 그 지역의 연노부 등 여러 세력들을 통합하고 고구려를 실질적으로 건국한 것이다. 추모왕이 기원전 37년 고구려를 건국하기 이전에도 고구려는 존재했지만 그 왕통은 추모왕 세력과는 달랐다. 북부여에서 내려온 추모왕이 고구려를 다시 건국하면서 추모왕 혈통의 고구려가 새롭게 등장한 것이다.

3_ 베일에 싸인 예맥족의 실체

고구려는 어느 부족이 건설했을까?

예족과 맥족은 하나의 부족일까?

고구려는 어느 민족이 건국했을까? 부여·동부여·북부여를 통칭해 부여족이 고구려의 한 일파를 이루었음은 앞에서 이미 살펴보았다. 또한 계루부인 주몽이 남하하기 이전에 연노부 등 다른 부족들이 있었음도 확인했다. 고구려를 건국한 세력은 부여족이라고 인식되고 있다. 그러나 부여족은 민족명이라기보다는 국가명이라고 보는 것이 정확하다. 일반적으로 고구려는 예맥濊貊족이 건국했다고 설명해왔다. 문제는 부여족이 부여·동부여·북부여 등으로 혼란스럽게 기록되어 있어 그 정확한 실체를 찾기가 쉽지 않듯이 예맥족도 마찬가지라는 점이다.

먼저 예맥족이 하나의 부족인지 여러 개의 부족인지부터 분명하지 않다. 지금까지 이에 대해서는 견해가 엇갈려왔다. 예맥족이 하나의 부족이라는 견해와 예와 맥이 각각 다른 별개의 부족이라는 견해가 그것이다. 이 두 견해 중 예맥족이 하나의 부족이라는 견해가 더 많았다.

과연 어느 견해가 맞는지 옛 기록들을 통해 추적해보자.

먼저 3세기경의 기록인 『후한서』 '고구려조'를 보자.

> 구려句麗는 일명 맥이貊耳다. 따로 별종이 있는데, 소수小水에 의지하여 살기 때문에 소수맥小水貊이라 부른다. 좋은 활을 생산하는데 맥궁貊弓이 바로 이것이다.

구려는 일명 맥이라고 불렀다는 것이다. 맥이는 맥貊족을 뜻하는 것으로 해석할 수 있다. 중국 기록에서 별종이란 출신 지역을 뜻하는 용어다.

『후한서』보다 이른 기록인 『한서漢書』 「왕망王莽(재위 8~23년)전」은 고구려를 맥인貊人과 예맥으로 섞어 사용해 우리를 더욱 혼동케 한다.

> 이에 앞서 왕망이 고구려 병력으로 호胡(흉노)를 치려 하자 고구려가 거부했는데 군郡에서 강제로 시키려 하자 모두 변방으로 도망갔다. 이들은 범법하는 도둑으로 변했는데 요서대윤遼西大尹 전담田譚이 이들을 추격했으나 오히려 죽음을 당했다. 주군州郡이 돌아와 고구려후侯 추騶를 책망하자 엄우嚴尤가 상주하여 "맥인貊人이 범법한 것은 고구려후 추가 적극 나서서 말리지 않았기 때문입니다. 마땅히 다른 마음이 있는 듯하니 주군에 명하여 이들을 달래는 것이 좋을 것입니다. 지금 그들이 대죄大罪를 지은 것이 두려워 반란을 일으켜 부여 족속과 연합할까 두렵

습니다. 흉노匈奴도 아직 극복하지 못한 상태에서 예맥濊貊이 거듭 일어난다면 이것이야말로 큰 걱정거리입니다"라고 말했다. 그러나 왕망이 달래지 않자 예맥이 배반하고 나섰다.

이 기록은 고구려를 때로는 맥인이라 부르고 때로는 예맥이라 부른다. 중국인들은 고구려를 '맥족' 또는 '예맥족'으로 부르기도 했음을 보여주는 것이다. 이때의 고구려후 추는 고구려의 제2대 임금 유리왕에 대한 중국 측의 비칭卑稱이다.

『후한서』 「동이열전」 '부여조'에는 '맥족'도 '예맥족'도 아닌 '예족'이란 표현이 나온다.

부여국은 현도의 북쪽 천 리쯤에 있다. 남쪽은 고구려, 동쪽은 읍루挹婁, 서쪽은 선비鮮卑와 접해 있고, 북쪽에는 약수弱水(흑룡강)가 있다. 국토의 면적은 사방 2천 리이며, 본래 예족濊族의 땅이다.

부여국은 예족의 땅이라는 것이다.

국가라는 뜻으로도 사용되는 예와 예맥

예濊, 예맥濊貊은 민족을 뜻하는 용어로 사용되었지만 때로는 국가를 뜻하는 용어로도 사용되었는데, 이 때문에 혼란이 가중된다. 『후한서』와 비슷한 3세기 때의 기록인 『삼국지』 「위서동이전」 '부여조'에 그런 구절이 있다.

납하시 부여 유적지 앞으로 흐르는 눈강

지금 부여의 창고에는 옥玉으로 만든 벽璧(둥근 옥)·규珪(홀)·찬瓚(옥잔) 등 여러 대代를 전해오는 물건이 있어서 대대로 보물로 여기는데, 노인들은 '선왕先王께서 하사하신 것이다'라고 하였다. [『위략魏略』: 그 나라는 매우 부강하여 선대로부터 일찍이 (적에게) 파괴된 일이 없다.] 그 도장에 '예왕濊王의 도장'이란 글귀가 있고, 나라 가운데에 예성濊城이란 이름의 옛 성이 있으니, 아마도 본래 예맥濊貊의 땅이었는데, 부여가 그 가운데에서 왕이 되어 살며 스스로 '망명해 온 사람'이라고 생각하니 생각하건대 이유가 있는 것이다.

'예왕'이란 도장이 있다는 것은 예라는 나라가 있었음을 뜻한다. 그 예국의 국새를 부여가 갖고 있었다는 뜻이다. 그런데 '본래 예맥의 땅이었는데'라는 구절은 예맥족이 세운 나라가 예국이라는 뜻으로 읽힌다. 실제로 고조선의 제후국이었던 예국이 있었다.

『후한서』「동이열전」'예조'에는 "원삭元朔 원년(기원전 128) 예濊의 군주 남려南閭 등이 우거右渠에게 반기를 들고 28만을 이끌고 요동에 내속內屬해 왔다. 무제는 그 땅을 창해군으로 삼았으나 몇 년 후에 폐지했다"고 기록했는데, 예국은 인구가 28만이 넘을 정도로 큰 고조선의 제후국이었다. 『한서』「식화지食貨志」에는 "팽오彭吳가 예맥과 고조선에 걸쳐서 창해군을 두었다"라는 구절이 있다. 팽오가 예맥과 고조선에 걸쳐서 창해군을 설치했다는 기록인데, 고조선의 제후국인 예국을 고조선과 대등한 나라로 서술한 것이다. 고조선이 황제국임을 인정하지 않으려는 『한서』의 의도적 기술이다.

'맥족', '예맥족', '예족' 등으로 혼란스럽게 기술되어 있지만 여기에도 하나의 법칙이 있다. 맥족을 예맥족이라고 칭한 기록이 있고, 예족을 예맥족이라고 부른 기록도 있으나 '예족'을 '맥족'이라고 부르거나 '맥족'을 '예족'이라고 적은 기록은 없다는 점이다. 이는 예족과 맥족이 초기에는 서로 다른 부족이었다는 뜻이다. 그러다 어떤 경로를 거쳐 예맥족으로 통합되면서 예맥이란 표현이 나오게 된 것이다.

맥족과 예족의 통합 과정

중국의 고대 사료에서 맥족이라는 단칭 표현이 등장할 때는 고구려를 홀로 부를 때뿐이다.

『후한서』「동이열전」'고구려조'는 "(고구려가 현도군을 치자 후한은) 광양廣陽·어양漁陽 등에서 기마병 3천여 명을 출동시켜 함께 (현도군)을 구원케 했으나 맥인貊人은 벌써 돌아가버렸다"고 전한다. 고구려를 맥인으로 단칭하는 기록이다. 그런데 같은 『후한서』 '고구려조'에는 예맥이라고 칭한 내용이 나온다.

(후한의 환제桓帝가 조서를 내려) 수성遂成(고구려 제7대 차대왕)이 포악무도하므로 목을 베어 젓을 담아서 백성에게 보임이 마땅할지나, 다행히 용서함을 얻어 죄를 빌며 항복을 청하는도다. 선비와 예맥이 해마다 노략질하여 백성을 잡아간 수가 수천 명이나 되는데 이제 겨우 수십 명만을 돌려보내니 교화敎化를 받으려는 마음가짐은 아니다. 지금 이후로는 (후한의) 현관縣官들과 싸우지 말 것이며, 스스로 귀순하여 포로를 돌려보내면 (그 숫자만큼) 속전贖錢을 지불하되, 한 사람당 비단 40필을 주고 어린이는 어른의 반을 주겠다.

상당히 큰소리친 기록이지만 그 내용은 고구려가 잡아간 한나라 포로들을 돌려달라는 애원이다. 어른은 비단 40필의 속전을 주고, 어린이는 그 반을 주어 사겠다는 회유책이다. 같은 책의 같은 조항에서 "맥인은 벌써 돌아가버렸다", "선비와 예맥이 해마다 노략질해"라고 써서 고구려를 때로는 맥족으로 때로는 예맥족으로 부른다.

이처럼 중국 사료는 고구려를 때로는 맥족으로, 때로는 예맥족으로 통칭했으나 고구려인을 홀로 예족이라고 부른 예는 찾아볼 수 없다. 이를 어떻게 해석해야 할까?

이는 초기에 고구려를 구성한 민족은 맥족이었음을 보여준다. 그러다가 후에 맥족이 세력을 확장하여 예족을 통합하면서 예맥으로 불린 것이다. 그리고 '예'와 '맥', '예맥'의 세 명칭은 그 출현 시기도 다르다.

고구려를 세운 맥족이 예족을 통합하다

『후한서』「동이열전」 '예조'에는 기자箕子가 예족에게 예의와 농사짓는 법을 가르쳤다는 기사가 실려 있다.

> 일찍이 주周무왕이 기자를 (고)조선에 봉하니, 기자는 (조선 백성에게) 예의와 농법과 양잠법을 가르쳤다.

이 내용이 『후한서』 '예조'에 실려 있었다는 사실은 중국인들이 고조선을 예족의 나라로 인식했다는 뜻이다. 주무왕은 기원전

1134년경에 재위했다는 임금이다. 기자가 고조선의 왕이 되었다는 내용이지만 기자가 실제 고조선으로 와서 왕이 되었는지에 대해서는 많은 논란이 있다. 최근에는 기자가 고조선 지역까지 오지 못하고 산동반도에 머물러 있었다는 사실이 유물 발굴 결과 드러나기도 했다. 중국인들에게 고조선을 건국한

기자

민족으로 인식된 예족은 훗날 고구려에 통합되었다. 고구려가 왜 고조선 계승 의식을 갖게 되었는지 설명해주는 기록이기도 하다.

맥족도 예족 못지않게 오래된 부족이라고 중국 자료들은 전한다. 맥족에 대한 최초의 기록인 『시경詩經』「한혁韓奕편」을 보자.

> 드넓은 그곳 한韓나라의 성은 연燕의 백성이 쌓아 올렸네. 조상의 뒤를 이어 왕명을 받아 수많은 만족蠻族의 주인이 되었네. 왕께서 한나라후侯에게 하사한 것은, 바로 추족과 맥족이 사는 곳…….

이는 주의 려왕厲王(재위 기원전 878~828년) 때의 일을 기록한 것인데, 맥족의 기원도 예족 못지않게 오래되었음을 말해준다. 맥족은 적어도 이 기록 이전에 존재한 것이 분명하다. 그러므로 『시경』에 기록된 것이다.

1부 고구려의 건국 | 45

예맥이란 말이 주로 등장하는 것은 후한後漢(서기 25~220년) 때이니 예와 맥에 관한 기록보다는 1천 년 이상 후대의 일이다. 『후한서』 이전에는 제齊나라 환공桓公 때의 재상 관자管子 때의 기록인 『관자』에만 '예맥'이란 표현이 보인다. 『관자』 '소광小匡조'를 보자.

> 환공桓公이 (······) 북쪽으로는 고죽孤竹·산융山戎·예맥濊貊에까지 이르다.

제나라 환공의 재위기간은 기원전 684~643년이니 맥인이 기록에 등장한 지 200여 년 후의 일이다. 그러나 이 시기에 예족과 맥족이 통합되었다고 보기에는 무리가 있다. 이때만 해도 예족과 맥족은 따로 존재했다. 『삼국지』 「위서동이전」 '동예東濊조'에 "그 나라의 풍속은 산천을 중요시하여 산과 내마다 각기 구분이 있어 함부로 들어가지 않는다"고 전하듯이 예도 처음부터 하나로 통합되지는 않았다. 고구려도 초기에는 비류沸流·개마蓋馬·주나朱那 등 여러 부족으로 나뉘어 있었으나 차차 세력을 확장하고 주변의 여러 부족들을 통합하면서 강력한 제국으로 발돋움한 것이다.

고구려도 초기에는 다른 여러 부족들처럼 한 부족에 지나지 않았다. 그러나 만주·몽골 대륙에 거주했던 대부분의 유목민족들이 그러했듯이 그 차별성은 그다지 크지 않았을 것이다. 크게 봐서 같은 민족이지만 거주지가 다른 부족이었을 것이다.

중국 자료에 고조선은 예족으로 기록되고 고구려 세력은 맥족으로 기록되는데, 이는 중국 기록들이 만주와 내몽골 지역에 존재했던 많은 부족들 중 일부분을 예로 통칭하고, 다른 일부분을 맥으로 통칭하다가 고구려가 두 세력을 통합한 후에 둘을 묶어 예맥으로 칭하게 된 결과다. 곧 맥족이 예족을 통합한 후에는 예맥족으로 부른 것이다.

고구려가 한나라와 맞서 싸울 때 중국인들은 고구려를 맥족으로 칭하기도 하고 예맥으로 칭하기도 하는데, 이때쯤이면 고구려가 이 지역에서 활동하던 여러 부족들을 아우르는 대표적인 세력으로 성장했음을 말해준다. 곧 고구려를 형성한 부족은 맥족이었다가, 후에 예족과 부여족을 통합하면서 세력이 강대해진다. 고구려가 예맥족으로 호칭되는 것 자체가 고구려가 강력한 제국으로 발전했음을 보여준다. 예족과 맥족, 그리고 예맥족이란 혼란스런 명칭도 정리하면 고구려의 발전 과정을 나타내는 것으로 해석할 수 있다.

4_ 고구려 시조 동명왕과 부여 시조 동명왕

동명성왕의 정통성을 계승하다

동명왕이 세운 고구려와 부여

『삼국사기』는 고구려 시조를 동명성왕이라고 기록했다. 그런데 부여의 시조도 동명왕으로 같다. 동명왕은 부여 시조인가 고구려 시조인가. 이를 알아보기 위해서는 고대 사료들을 살펴봐야 한다. 먼저 『삼국사기』「고구려본기」는 '시조 동명성왕조'로 시작한다.

> 시조 동명성왕東明聖王의 성은 고高요, 휘諱(임금의 이름)는 주몽朱蒙이다. 혹은 추모鄒牟라고도 하고 중모中牟라고도 한다.

이처럼 『삼국사기』는 고구려 시조를 동명성왕이라고 전한다. 그러나 『삼국사기』보다 1,100여 년 이른 서기 60년경 후한의 왕충이 지은 『논형』은 고구려 시조가 아니라 부여 시조를 동명왕이라고 전한다. 고구려 시조도 동명왕이고 부여 시조도 동명왕이라는 것이다. 광개토태왕릉비에 '추모왕'이라고 기록된 고구려 시조를 김부식은 동명왕이라고 인식했다는 뜻이다. 김부식은 '추모'나 '중모'라고 쓰인 기록보다 '동명왕'이라고 쓰인 기록을 더 신빙성 있게 여겼다. 김부식은 왜 동명왕과 주몽을 같은 인물로 인식하게 되었을까? 이 의문을 풀기 위해서는 김부식이 편찬한 『삼국사기』의 동명성왕 기사를 먼저 살펴보아야 한다. 그 부분을 요약해보자.

① 아들이 없어서 산천에 제사지내던 부여왕 해부루解夫婁는 곤연鯤淵이란 연못가에서 금빛 개구리 모양의 어린아이를 얻어서 이름을 금와金蛙라 했다.
② 그 후 부여는 재상 아란불의 권유에 따라 도읍을 옮기고 국호를 동부여라고 했다.
③ 해부루가 죽자 금와가 그 뒤를 이어 왕이 되었고 옛 도읍에는 천제天帝의 아들이라는 해모수解慕漱가 와서 도읍하였다.
④ 하루는 동부여왕 금와가 태백산 밑 우발수라는 곳에서 물의 신인 하백河伯의 딸 유화柳花를 만났는데, 부여왕 해모수를 만나 임신한 상태였다. 금와가 유화를 가두었으나 햇볕이 따라와 비추었고, 큰 알을 낳아 개와 돼지에게 주었으나 먹지 않았고 소와 말이 피해갔으며 새가 날개로 덮어 안았다.
⑤ 드디어 알 속에서 한 사내아이가 나왔는데 나이 일곱 살에 스스로 활을 만들어 쏘는데 백발백중이어서 이름을 주몽朱蒙(부여어로 '활 잘 쏘는 자'라는 뜻)이라 하였다.
⑥ 그런데 금와의 일곱 아들이 주몽을 시기하자 주몽은 어머니의 권고에 따라 오이·마리·협보 등 세 사람과 함께 도망해 비류수沸流水

가에 나라를 세우고 고구려라 했다.

『삼국사기』는 주몽이 동부여에서 살다가 도망해 고구려를 세웠는데, 그가 시조 동명성왕이라고 했다.

그러나 『논형』은 『삼국사기』와는 조금 다른 내용을 전한다. 요약해보자.

① 옛날 북이北夷의 탁리국왕이 임신한 여종을 죽이려 하자 종이 계란만 한 기운이 하늘에서 나에게 내려와 임신하게 되었다고 변명했다.
② 여종이 후에 아들을 낳아 이를 돼지우리에 버렸으나 돼지가 입김으로 불어 덥게 해주어서 죽지 않았다. (……) 왕은 이것을 하늘의 아들로 알고 그 어미에게 주어 기르게 하였다. 그의 이름을 동명이라 했는데 왕은 그가 활을 잘 쏘므로 왕위를 빼앗을까 염려하여 그를 죽이려 했다.
③ 동명은 이를 눈치 채고 남으로 달아나 엄사수에 이르러 활을 가지고 물을 치자 고기와 자라들이 떠올라 다리를 놓아서 동명이 건너갈 수 있었다. 동명이 건넌 후 고기와 자라들이 흩어져서 뒤쫓아오던 군대는 건너지 못했다.
④ 동명이 큰 수도를 건설하고 부여왕이 되었으므로 북이족이 부여국을 가지게 되었다.

『논형』은 동명왕이 세운 나라가 부여라고 했다. 각각 세운 나라만 다를 뿐 『삼국사기』와 『논형』은 서술 구조가 비슷하다. 『논형』은 『삼국사기』보다 1,100여 년 전의 기록이기 때문에 여러 중국 사료에서 인용하는 원사료가 되었다. 『삼국사기』 기록도 『논형』의 영향을 일정 부분 받았다고 볼 수 있다. 『후한서』 「동이열전」 '부여조'의 기록도 『논형』과 유사하다. 『후한서』는 중국 남조南朝 송나라, 곧 유송劉宋(420~479년)의 범엽范曄이 지었는데, 그 대강을 살펴보자.

① 색리국索離國왕이 출타하고 돌아와 시녀가 임신한 사실을 알고 죽이려 하다가 "계란만 한 기氣가 들어와 임신했다"라고 하자 죽이지 않고 옥에 가두었는데 마침내 아들을 낳았다.
② 왕이 그 아이를 돼지우리, 마구간에 버렸으나 돼지와 말이 보호해 죽지 않자 어머니에게 주어 기르도록 하니 이가 바로 동명東明이다.
③ 동명이 장성하여 활을 잘 쏘자 왕이 그의 용맹함을 꺼리어 죽이려 하자 남쪽으로 도망하는데 고기와 자라들이 엄체수를 건너게 도와주어 무사히 건넌 후 부여에 도착하여 왕이 되었다.

『논형』과 『후한서』는 모두 동명이 고구려의 시조가 아니라 부여의 시조라고 전하고 있다.

동명의 지파가 세운 구려 종족

당唐태종 때 편찬한 『양서梁書』는 "고구려는 그 선조가 동명으로부터 나왔다"면서 앞의 『논형』과 비슷한 동명사화를 실었다. 그런데 『양서』는 동명이 부여왕이 되었는데 "그 후손의 한 지파支派가 구려句麗의 종족이 되었다"라고 적었다.

이는 후세에 동명과 주몽이 한 인물로 혼동되는 이유를 추적할 수 있는 중요한 단서를 제공한다. 부여 동명왕의 후손이 내려와 고구려의 주도권을 장악하면서 부여의 시조사화가 고구려의 시조사화로 차용되었음을 말해주는 것이다. 곧 부여의 한 갈래인 북부여에서 갈라져 나온 주몽이 고구려를 건국하면서 중국인들이 부여 시조 동명왕과 고구려 시조 추모왕을 혼동하게 된 것이다. 이와 관련해 흥미로운 기록이 『양서』와 같은 시기에 편찬한 『수서隋書』「동이열전」 '백제조'에 실려 있다.

① 백제의 선대先代는 고구려에서 나왔다.
② 그 나라 왕의 한 시비侍婢가 갑자기 임신해 왕이 죽이려고 하자 "달걀같이 생긴 물건이 내려와 임신했다"라고 답하자 그냥 놓아주었다.
③ 뒤에 사내아이를 낳았는데, 뒷간에 버렸으나 오래도록 죽지 않자 신령스럽게 여겨 기르도록 명하고, 이름을 동명東明이라 하였다.
④ 동명이 장성하자 고구려왕이 시기하므로 동명은 두려워하여 도망가서 엄수淹水에 이르렀는데, 부여 사람들이 모두 받들었다.

『수서』 '백제조'는 동명왕이 탁리국, 곧 북부여에서 온 것이 아니라 고구려에서 나와 부여를 세운 것으로 혼동하고 있다. 북부여에서 온 주몽이 고구려를 세우는 것이 아니라 고구려에서 온 동명이 부여를 세우는 것으로 선후 관계를 뒤바꿔놓은 것이다. 그다음 구절이 더욱 흥미롭다.

동명의 후손에 구태仇台라는 자가 있으니, 매우 어질고 신의가 두터웠는데, 그가 대방帶方의 옛 땅에 처음 나라를 세웠다. 한漢의 요동태수 공손도公孫度가 딸을 주어 아내로 삼게 하였으며, 나라가 점점 번창하여 동이東夷 중에서 강국이 되었다. 당초에 백가百家가 바다를 건너왔다[濟]고 해서 나라 이름을 백제百濟라고 불렀다.

백제의 시조가 구태라는 내용인데, 이는 『삼국사기』의 기록과는 상당한 차이가 있다. 『삼국사기』는 백제 시조는 온조왕이고 그 부친은 추모鄒牟, 곧 주몽이라고 전하기 때문이다. 『삼국사기』 「백제본기」 '시조 온조왕조'에 실린 내용을 보자.

> 백제百濟의 시조는 온조왕溫祚王이며, 그의 아버지는 추모鄒牟인데, 주몽朱蒙이라고도 한다. 주몽이 북부여에서 난을 피하여 졸본 부여卒本扶餘에 이르자, 아들이 없고 딸만 셋이 있던 부여왕이 주몽을 보고는 보통 사람이 아니라는 것을 알아보고 둘째 딸을 아내로 삼게 하였다. 얼마 지나지 않아 부여왕이 죽자 주몽이 왕위를 이었다. 두 아들을 낳았는데 맏아들은 비류沸流라 하였고, 둘째 아들은 온조溫祚라 하였다.

주몽이 북부여에 있을 때 낳은 아들(고구려 제2대 유리왕)이 와서 태자가 되자 비류·온조 형제는 신하 열 명과 많은 백성들과 남하해 각기 나라를 세운다. 비류는 미추홀에 나라를 세웠고 온조는 하남 위례성에 도읍했다. 당초 온조는 국가를 경영할 때 신하 열 명의 보좌를 받았으므로 국호를 십제十濟로 정했는데, 땅이 습하고 물이 짠 미추홀에 도읍한 비류가 나라 경영에 실패한 것을 후회하며 죽자 그 세력을 흡수했는데 그때 비류백제의 백성들이 온조를 좇으므로 국호를 백제百濟라고 고쳤다는 것이 『삼국사기』의 기술이다.

남한산성 숭렬전 백제 시조 온조의 사당이다.

『수서』'백제조'는 동명의 후손 구태가 백제의 시조라고 기록한 반면에 『삼국사기』는 백제 시조 온조가 주몽의 아들이라고 기록한 것이다.

이는 만주에서 갈라져 나와 나라를 세운 여러 집단들이 그 시조를 부여 시조 동명에서 찾았음을 보여준다. 백제 시조 온조는 즉위 원년에 '동명왕묘東明王廟'를 세우는데 이는 자신들이 부여의 정통을 계승했음을 강조하기 위해서였다. 곧 부여의 정통을 계승한 나라는 고구려가 아니라 백제임을 선포하기 위한 것이다.

동명왕 사화와 추모왕 사화의 차이점

동명왕 사화와 추모(주몽)왕 사화의 차이점을 몇 가지 살펴보자. 먼저 출생지인데 동명왕 사화는 탁리국·고리국 등인데, 추모왕 사화는 부여국이다. 또한 그 어머니도 동명왕은 탁리국왕을 모시는 시녀인데, 추모왕은 유화부인이다. 탄생 모습도 동명왕은 하늘에서 내려온 계란 같은 기운에 의해 아이의 모습으로 태어났으나, 추모왕은 알로 태어난 점이 다르다. 곧 동명왕은 사람으로 태어났는데 주몽은 신라의 박혁거세·석탈해, 가야의 김수로왕과 같은 난생설화의 주인공이다.

더욱 중요한 차이는 동명왕이 세운 나라는 부여인데 추모왕이 세운 나라는 고구려라는 점이다. 이는 고구려가 건국 후 부여 세력을 대부분 흡수하면서 고구려 세력이 원래 부여의 것이었던 동명왕 사화를 추모왕 사화에 흡수했음을 말해준다.

이는 온조가 위례성에 세운 나라가 당초 십제였다가 비류 세력을 흡수하면서 국가 규모가 커지자 국호를 십제에서 백제로 바꾼 것과 마찬가지로 국가 발전과정을 나타내는 것이다.

부여의 건국영웅은 누구인가?

부여의 건국영웅인 동명왕은 그럼 누구일까? 해모수나 해부루가 동명왕일 거라는 추측도 있지만 분명하지는 않다. 동명왕이 추모왕과 동일시되는 과정은 역사의 승자와 패자에 대한 대접의 차이를 보여주는 것이다. 고구려는 부여에서 갈라져 나왔지만 북방 대륙의 패권을 다투는 사이였기 때문에 대립이 불가피했다. 반면 고구려 땅을 사이에 두고 있던 부여와 백제는 갈등이 있을 수 없었다. 부여와 고구려의 갈등관계를 『삼국사기』 '유리명왕조'에서 살펴보자.

유리왕 29년(서기 10) 모천秏川이란 내 위에서 검은 개구리와 붉은 개구리가 떼를 지어 싸우다 검은 개구리가 이기지 못해 죽었다. 논의하는 사람이 이를 보고 "검은 것은 북방의 색이니 북부여가 파멸될 징조다"라고 말했다.

중국의 고대 오행五行 사상에 따르면 검은 개구리, 곧 흑색은 북쪽의 색으로 수水를 가리키고, 붉은 개구리, 곧 적색은 남쪽의 색으로 화火를 가리킨다. 그 외에 청색은 동쪽으로 목木을 가리키며, 흰색은 서쪽으로 금金을, 황색은 중앙으로 토土를 가리킨다. 이는 만주 북쪽의 부여와 남쪽의 고구려가 만주 대륙의 패권을 두고 다투던 고구려 초기의 상황을 설명해준다.

동명왕은 부여의 건국시조이나 부여에서 갈라져 나온 주몽의 고구려가 부여계를 흡수한 후 부여 동명왕 사화를 추모왕 사화에 흡수시켜 고구려가 부여의 정통성도 계승했음을 나타낸 것이다. 고조선에 이어 부여의 정통성도 고구려가 이었다는 자부심의 표현이다. 그러나 중국 기록들은 이런 사정을 정확히 이해하지 못했기 때문에 동명왕과 추모왕을 혼동한 것이다.

그래서 고구려가 부여를 거의 흡수한 장수왕 때 세운 광개토태왕릉비에는 『논형』에 등장하는 부여의 동명왕 사화가 추모왕 추앙에 사용된다. 그리고 이것이 고구려 왕실의 공식 입장이 된 것이다. 추모왕의 고구려 건국사화는 고구려가 부여의 건국사화를 흡수했음을 보여준다. 고구려가 만주 지역의 주도권을 장악함에 따라 부여 동명왕의 건국사화까지 고구려 건국사화로 편입된 것이다. 이런 경로를 거쳐 광개토태왕릉비가 세워질 무렵에는 이런 내용의 추모왕 건국사화가 고구려 왕실의 공식 역사인식이 되었으며, 430년경 고구려를 방문한 북위北魏 사신도 이런 건국사화를 보고 북위에 가서 전한 결과 『위서』 '고구려조'에 추모왕의 건국사화가 자세하게 수록된 것이다.

부여는 그 기록이 많이 남아 있지 않아 그 정확한 실체를 복원하기는 쉽지 않지만 고조선의 한 제후국으로 출발해 고조선 멸망 후에는 우리 민족의 두 번째 국가가 된다. 백제를 '부여의 별종別種'이라고 기록한 『주서周書』는 우리 민족의 원형질을 찾아가면 삼국 이전에 부여에 가 닿는 상황을 보여준다. 따라서 부여 시조 동명왕은 고조선 시조 단군 못지않게 우리 민족이 그 실체를 찾아 복원해야 할 또 한 명의 건국영웅이다.

5_ 고구려 700년인가 900년인가

추모왕이 건국하기 이전의 고구려

고구려의 건국연대에 관한 여러 설들

『삼국사기』「고구려본기」'시조 동명성왕조'는 "나라 이름을 고구려라 하고 나라 이름으로 말미암아 고高를 성으로 삼았다. 이때 주몽의 나이 스물두 살이었으니 한나라 효원제 건소建昭 2년이요, 신라 시조 박혁거세 21년인 갑신년이었다"고 기록했다. 건소 2년은 기원전 37년으로 이때 고구려를 건국했다는 것이다. 이를 기준으로 삼으면 신라 문무왕 8년인 서기 668년에 멸망한 고구려는 705년간 존속한 것이 된다.

그러나 고구려 건국연대는 많은 논란의 대상이었다. 고구려 건국연대에 대해서 상반된 두 시각이 존재한다. 하나는 『삼국사기』의 건국연대가 너무 이르다는 것으로 주로 일제 식민사학자들이 먼저 주장해 그의 한국인 제자들이 계승한 논리다. 일제 식민사학자들은 고구려가 추모왕이 건국한 것이 아니고 제6대 태조대왕(재위 53~146

년) 때 건국되었다고 주장했다. 이에 따르면 고구려는 기원전 1세기가 아니라 서기 1~2세기에 건국했고 김부식은 고구려 건국연대를 100~200년 끌어올린 셈이 된다. 식민사학자들의 이런 주장은 왕망王莽의 신新나라(8~25년) 때 이미 중국과 충돌하는 『후한서』 기사 하나로도 그 근거를 상실한다. 그럼에도 해방 후 국사교과서는 일제 식민사학자들의 견해를 그대로 수용해 고구려 건국시조의 이름을 교과서 기술에서 제외해왔다.

이와는 전혀 다른 각도에서 문제를 제기한 이가 단재 신채호다. 신채호는 「고구려와 신라 건국연대에 대하여」라는 글에서 "신라가 고구려나 백제보다 건국이 뒤진 것을 수치스럽게 생각하다가 양국(고구려, 백제)의 건국연대를 삭감했다"고 주장했다. 신채호는 『삼국사기』 '보장왕 27년(668)조'의 당고종과 시어사侍御史 가언충賈言忠의 대화를 그 근거 중 하나로 들었다.

시어사 가언충이 사신으로 왔다가 요동에서 돌아가니 황제(고종)가 "군중의 일은 어떠한가?"라고 묻자 그가 대답했다.

"반드시 이길 것입니다. 예전에 선제(태종)께서 죄를 물을 때 뜻을 이루지 못한 것은 적이 아직 틈이 없었기 때문입니다. 속담에 '군대는 중매쟁이가 없으면 중도에 돌아온다'고 했습니다. 지금 남생男生 형제가 우리의 길잡이가 되어 적의 정세와 허위를 우리가 샅샅이 알고, 장수는 충성되며 병졸은 힘을 다하기 때문에, 신이 '반드시 이긴다'고 말씀드리는 것입니다. 또 『고구려비기高句麗秘記』에 '900년이 되기 전에 마땅히 팔십八十 대장이 멸망시킬 것'이라고 하였는데, 고씨高氏가 한나라 때부터 나라를 세워 지금 900년이 되었고, 이적의 나이가 80입니다不及九

百年 當有八十大將滅之 高氏自漢有國 今九百年 勣年八十矣]."

이 내용은 『신당서』「동이열전」'고구려조'에도 기록되어 있는데, 이름이 가언충賈言忠이 아니라 가충언賈忠言으로 기록된 점만 다르다. 당의 문사인 시어사 가충언이 고구려가 900년이 되기 전에 여든 살 먹은 대장이 나타나 멸망시킬 것인데 고씨가 한나라 때부터 나라를 세워 지금 900년이 되었고 당의 장수 이적의 나이가 여든 살이라고 말한 것이다. 『고구려비기』는 현전하지 않는 책인데, 가충언은 이 책을 보고 고구려의 건국연대를 계산해본 것이다. 황제 앞에서 고구려 역사가 700년이 아니라 900년이라고 200년을 늘려 말한 것은 근거가 있기 때문일 것이다.

『삼국사기』「신라본기」'문무왕 10년(670)조'에 안승을 고구려왕으로 책봉하는 글에서도 고구려의 존속연대가 700년이 아니라는 기록이 나온다. 문무왕은 책문冊文에서 "(고구려가) 자손은 서로 이어 종손과 지손이 끊어지지 아니하였고 땅을 천 리나 개척하여 역년歷年이 800년이나 되려 했다[年將八百]"고 말한다. 당나라 가충언은 고구려가 900년이 되었다고 말하고, 문무왕은 고구려가 800년이 되려 한다고 말하는 것이다. 지금까지 '고구려 800년설'은 신라의 도참설을 바탕으로 한 것이라 하여 묵살되어왔지만 문무왕이 안승을 고구려왕으로 봉하는 책문에서 기록한 내용이기 때문에 무작정 묵살할 수는 없다. 신라는 적국 고구려의 존속기간을 800년으로 알고 있었다는 뜻이다. 이는 문무왕을 비롯한 신라 지배층들의 공통된 인식이었다.

신채호는 또 「광개토태왕릉비문」도 근거로 들었는데, 비문에는 시조 추모왕 이후 광개토태왕까지 17세손이라고 기록되어 있다[傳至十七世孫國罡上廣開土境平安好太王]. 그러나 『삼국사기』「고구려본기」는 광개토태왕을 제19대 왕으로 기록하고 있으며, 세계世系로는 주몽의 12세손이니 5세손이 차이가 난다. 5세손이면 30년씩 잡을 경우 150여 년이 차이가 나게 된다.

광개토태왕릉비는 아들 장수왕이 414년에 세웠고, 김부식의 『삼국사기』는 고려 인종 23년(1145)에 만들어져 731년이 더 빠를 뿐만 아니라 고구려 왕실에서 직접 기록한 자신들의 세계世系라는 점에서 더 신빙성이 있다고 볼 수 있다.

『삼국사기』의 태조대왕에 대한 기록에는 여러 의혹들이 제기되어왔다. 제6대 태조대왕 이후 제7대 차대왕, 제8대 신대왕에 이르기까지는 모두 형제가 왕위를 계승한다. 흥미로운 것은 119세에 죽은 태조대왕의 재위기간은 장장 94년인데, 왕위를 차대왕에게 물려주고도 19년 동안 별궁에 머물러 있다가 차대왕이 피살되는 해에 죽었다고 기록되어 있다. 차대왕은 20년, 신대왕은 15년간 재위하는데 차대왕은 76세에 왕위를 물려받아 95세에 죽고 신대왕은 77세에 즉위하여 91세에 죽었다고 되어 있다. 평균 수명이 그리 길지 않던 고대에 칠순 후반에 왕위를 이어받아 20여 년씩 재위하고 있으니 어딘가 석연치 않은 기록임을 알 수 있다. 태조의 아버지 재사再思의 생몰일은 알 수 없으나 태조대왕이 7세에 왕위에 오르자 태후가 섭정했다는데, 동모제同母弟 차대왕은 태조대왕보다 24세 아래고, 이모제異母弟 신대왕은 42세 아래다. 그렇다면 태조대왕의 부친 재사는 태조대왕을 낳은 지 24년 만에 차대왕을 낳고 그 후 또 18년 만에 신대왕을 낳았다는 것이 된다. 그러나 『삼국사기』 '태조대왕

80년(132)조'는 "이전에 모본왕이 죽었을 때 태자가 불초하기 때문에 여러 신하들이 왕자 재사를 세우려 했으나 재사가 자신은 이미 늙었다고 아들에게 양보했다"는 기록이 있다. 늙었다고 왕위도 사양한 재사가 24년 후에 차대왕을 낳고 또 18년 후에 신대왕을 낳았다는 것이다.『삼국사기』'태조대왕 94년(146)조'에는 김부식이 문제를 제기하는 이런 구절이 있다.

> 『후한서』는 말하기를 "안제安帝 건광建光 원년(121)에 고구려왕 궁이 죽어 아들인 수성이 왕위에 올랐다." (……)『해동고기海東古記』를 살펴보면 "고구려 국조왕國祖王 고궁高宮(태조대왕)은 후한 건무建武 29년(53) 계사癸巳에 즉위하였는데, 이때 나이가 일곱 살이어서 국모國母가 섭정하였다. 효환제孝桓帝 본초本初 원년 병술丙戌(146)에 친동생 수성에게 왕위를 양보했는데, 이때 궁의 나이가 100세였으며 왕위에 있은 지 94년이었다"고 기록되어 있다. 건광 원년은 궁이 재위한 지 69년째 되는 해다. 『후한서』와『해동고기』의 기록이 서로 맞지 않는다. 어찌『후한서』의 기록이 잘못이 아니겠는가?[豈漢書所記誤耶]

김부식은 "서기 121년 태조대왕이 죽고 아들 수성이 왕위에 올랐다"는『후한서』의 기록이 "서기 146년 왕위를 동생 수성에게 물려주었다"는『해동고기』의 내용과 다른데, 자신은『해동고기』를 신봉하고『후한서』가 잘못되었다고 생각한다는 뜻을 밝힌 것이다. 그러나『해동고기』의 내용을 신봉해도 여전히 수수께끼는 풀리지 않는다. 이는 계루부 고씨의 왕위계승에 정통성을 부여하려는 의도에서 발생한 무리수인데, 문제는 이 와중에 계루부 이외 집단의 왕들의 재위연대가 누락되었을 수도 있다는 점이다.

『한서』「지리지」에는 "현도군은 무제 원봉 4년(기원전 107)에 세웠는데, 세 개의 현이 있으니 고구려 (……) 등이다"라고 기록했는데, 이는 기원전 107년 무렵에 이미 고구려가 존재했음을 말해준다. 『후한서』'고구려조'의 "한무제가 조선을 멸하고 고구려를 현으로 삼아 현도군에 속하게 했다"는 기록은 앞의 『한서』의 기록과 연관 지어 보면 고구려의 건국연대에 대한 의문의 일단이 풀리게 된다. '조선을 멸하고 고구려를 현으로 삼아 현도군에 속하게 했다'는 것은 고조선 때 이미 고구려가 제후국 중 하나로 존재했음을 말해준다. 한나라는 고조선을 멸하고 그 강역 안에 있던 고구려를 현도군에 소속시킨 것이다. 이는 최소한 기원전 107년 이전에 고구려가 존재했음을 말해주므로, 고구려는 그 이전에 건국된 것이다.

고구려는 기원전 107년 이전에 이미 존재했으나 이는 추모왕이 건국한 고구려는 아니었을 것이다. 『위략』'고구려조'의 "본래 연노부에서 왕이 되었으나 점점 쇠약해져 지금은 계루부에서 대신하고 있다"는 기록이 이런 사실을 시사해준다. 계루부는 추모왕 계열을 뜻한다. 따라서 추모왕이 건국한 고구려는 700년을 존속했는데, 그 이전에 존재했던 고구려까지 합치면 900년이 된다고 해석할 수 있다. 추모왕이 건국하기 이전의 고구려를 고구려 역사에 포함시킬지 말지를 고민해야 할 시점이다.

고구려는 미천왕 12년(311) 요동군의 서안평을 공격하여 서쪽 진출의 교두보를 확보했고, 서진(西進)하여 미천왕 14년(313)에 낙랑군에 침입하여 남녀 2천여 명을 사로잡았으며, 이듬해(314) 가을 9월에는 대방군을 침공했다. 계속해서 그 이듬해(315)에는 현도군을 공격함으로써 서안평을 교두보로 한 서쪽 지역의 공략을 마무리했다. 이로써 고구려는 중국 세력을 지금의 난하 밖까지 축출하고 고조선의 옛 땅을 회복할 수 있었다.

2부

전쟁과 외교로 보는
고구려의 강역

6_ 중원의 한·신·후한과의 숙명적 대결

다물의 꿈을 실현하다

흉노의 편을 드는 고구려

한 나라의 대외관계를 살펴보면 그 나라의 성격은 물론 강역도 드러난다. 고구려는 추모왕 계열이 건국했을 때를 기준으로 삼아도 700여 년이란 긴 기간 동안 존속했다. 이 기간 동안 중원 대륙에는 한漢·신新·후한後漢·삼국시대·위진 남북조시대·수隋·당唐이라는 실로 수많은 나라들이 명멸했다. 이 수많은 나라들과 고구려는 때로는 싸워가며 때로는 우호관계를 맺어가며 나라를 지키고 강역을 넓혀갔다. 이 나라들과 고구려는 만주 서쪽을 두고 다퉜기 때문에 이 나라들과의 관계를 살펴보면 고구려의 강역이 보인다.

고구려가 건국한 기원전 37년에 중국은 한漢나라(기원전 206~서기 8년) 때였고, 원제元帝가 다스리고 있었다. 그러나 이때는 고구려가 한나라와 직접 부딪쳤다는 기록이 없다. 고구려가 한나라와 직접 충돌하는 때는 왕망王莽의 신新나라(서기 8~25년) 때다. 고구려 제2대 유리명왕瑠璃明王(재위 기원전 19~서기 18) 31년(12) 신나라 왕망이 고구려 군사를 징발하여 흉노를 정벌하려 한 것이 계기였다.

왕망이 고구려를 흉노 정벌에 동원하려 한 것은 큰 반발을 낳았다. 흉노는 고조선, 고구려와 민족적 친연성이 강한 나라였기 때문이다. 『한서』「위현韋賢열전」에는 "동쪽으로 고조선을 정벌하고, 현도, 낙랑을 일으킴으로써 흉노의 왼쪽 팔을 끊었다[東伐朝鮮 起玄菟樂浪 以斷匈奴之左臂]"는 구절이 있다. 고조선을 정벌함으로써 흉노의 좌익을 제거했다는 뜻이니 흉노와 고조선은 강한 연대세력이었음을 알 수 있다.

고조선 계승 의식을 갖고 있는 고구려가 흉노 정벌전에 기꺼이 나설 리가 없었다. 『삼국사기』 '유리명왕조'에 "고구려 군사들이 이에 응하지 않고 모두 요새 밖으로 나왔다"고 전하는 것이 이를 말해준다.

이때 고구려 군사를 추격하기 위해 파견된 인물이 요서대윤遼西大尹 전담田譚이다. 요하遼河의 서쪽이 요서인데, 요서군을 동원했다는 사실은 요동은 이미 고구려가 차지했다는 뜻이다. 더구나 전담은 고구려 군사들을 추격하다가 되레 죽음을 당하고 만다. 왕망은 고구려를 공격하면 안 된다고 신중론을 펼치는 엄우嚴尤를 다그쳐 고구려를 공격하게 하는데, 이때 고구려 장군 연비延丕가 피살된다. 엄우는 연비의 목을 베어 신나라의 수도 장안으로 보내는데, 『한서』와 『남북사南北史』는 이때 피살된 인물이 고구려후高句麗候 추騶라고 기록했다. 고구려후 추는 유리명왕에 대한 비칭卑稱인데 장수 한 명을 벤 것을 왕의 목을 베었다고 기록한 데서 신나라가 고구려 때문에 얼마나 큰 타격을 입었는지를 잘 보여준다. 왕망이 이때부터

흉노의 수렵 암각화

고구려를 하구려下句麗라고 비하하는 것도 그만큼 큰 타격을 입었기 때문이다.『삼국사기』'유리명왕조'는 "이때부터 고구려가 한의 변방을 침입하는 것이 더욱 심해졌다"고 기록했다. 고구려의 기세가 꺾이기는커녕 신나라 쪽으로 영토 확장을 시도했다는 뜻이다.

이 무렵 고구려는 둘이 있었다. 하나는 추모왕이 건국한 고구려이고, 다른 하나는 한나라 현도군에 소속된 고구려현이다.『삼국사기』'유리명왕 33년(14)조'에는 이와 관련해 주목할 만한 기사가 있다.

가을 8월에 유리왕은 오이烏伊와 마리摩離에게 명하여, 군사 2만 명을 거느리고 서쪽 양맥梁貊을 치게 하여 그 나라를 멸망시키고, 진군시켜 한漢나라의 고구려현高句麗縣(고구려현은 현도군에 속한다)을 공격해서 취하였다.

고구려 서쪽의 양맥을 멸망시키고 서쪽으로 더 진군해 현도군에 소속된 고구려현을 수복했다는 뜻이다. 신채호는『조선상고사』에서 왕망이 동원하려 한 고구려도 한나라 현도군에 소속된 고구려현이라고 보았다. 『삼국사기』는 유리왕이 현도군에 속한 고구려현까지 차지했다고 전하는 것이다.

왕망의 신나라는 곧 멸망하고 서기 25년 후한後漢(25~220년)이 들어서는데, 고구려와 후한의 대립은 더욱 격화된다. 앞서 말했듯이 고구려 유리왕이 서쪽으로 진격해 한나라가 고조선으로부터 빼앗은 고토들을 되찾자 한나라가 반격전에 나섰기 때문이다. 고구려 제3대 대무신왕大武神王(재위 18~44) 11년(28) 한나라 요동태수가 군사를 거느리고 쳐들어와 위나암성을 포위한 것은 이 때문이다. 요동태수가 위나암성의 양식이 떨어지기를 기다려 포위하자, 대무신왕은 연못의 잉어를 잡아 수초에 싸서 술과 함께 "과인이 우매하여 장군께서 백만 군대를 거느리고 와서 이곳에서 고생하게 했습니다"라는 편지를 보낸다. '백만 군사'는 과장이겠지만 대군이 온 것은 분명하다. 요동태수는 수초에 싼 잉어를 보고 성안에 물과 양식이 있다고 생각하여 "이제 보낸 글의 뜻을 보니 말씨가 공순하므로 어찌 이대로 황제께 아뢰지 않겠습니까?"라며 군사를 이끌고 물러갔다. 더 머물러 있어봐야 위나암성을 함락시킬 수 없다고 판단하여 편지를 명분 삼아 물러난 것이다.

북중국을 유린한 고구려군

대무신왕의 맏아들 모본왕慕本王(재위 48~53년) 2년(49)의 『삼국사기』 기사는 그동안 '『삼국사기』 초기 기록 불신론'이라는 일제 식민사학의 잔재 때문에 무시되어왔지만 크게 주목해야 할 내용이다.

봄에 장수를 보내 한나라의 북평北平·어양漁陽·상곡上谷·태원太原을 습격했는데, 요동태수 채용祭肜이 은혜와 신의로 대하므로 다시 화친하였다.

고구려가 한나라 북평·어양 등을 공격했는데, 한나라 요동태수 채용이 되레 은혜와 신의로 대하자 화친했다는 것이다. '은혜와 신의'가 무슨 뜻일까? 이는 이때 고구려가 공격한 지역들이 어디인지 알아야 해석할 수 있다. 중국사회과학원에서 편찬한 『중국역사지도집』 2권(진秦·서한西漢·동한東漢 시기)에 따르면, 북평은 현재 북경 서남쪽 하북성 만성滿城현 부근을 뜻한다. 우북평도 있는데 지금의 북경 동쪽 300여 리 지점인 하북성 풍윤豊潤현이다. 위 기사는 북평이라고 썼기 때문에 하북성 만성현으로 보아야 한다. 어양은 북경시 밀운密云현 부근으로 북경 동부 지역이고, 상곡은 지금의 하북성 회래懷來현으로 북경 북쪽인데 중국의 북방 전진기지였던 요충지다. 그리고 태원은 지금의 산서성 성도省都인 태원시로, 북중국의 중심지이자 훗날 당태종의 발원지다.

'『삼국사기』 초기 기록 불신론'이라는 학계의 비학문적 행태 때문에 고구려가 북경과 태원을 공격했다는 이 기사는 중국 기록에서도 그 근거를 찾아야 한다. 중국 측 사료에 나와야 사실로 인정하는 것이 이른바 실증을 내거는 학계의 풍토 중 하나이기 때문이다. 이 내용은 일본 식민사학자들의 주장대로 김부식이 창작한 것이 아니라 『후한서』 「광무제光武帝 본기 하下」에도 나오는데, "(광무제) 25년(49) 춘정월, 요동 변방의 맥인이 북평·어양·상곡·태원을 침략했는데, 요동태수 제융祭肜이 불러 항복시켰다[遼東徼外貊人寇右北平·

2부 전쟁과 외교로 보는 고구려의 강역 | 71

모본왕 공격 지역(49년)과 태조대왕 10성 축성 지역(55년)

漁陽·上谷·太原 遼東太守祭肜招降之]"는 구절이다. 고구려라는 말을 쓰지 않고 맥인이라고 쓴 것은 고구려에게 후한의 강역이 대거 유린되었다는 사실을 감추기 위해서다. 이 구절 뒤에 "맥인은 예맥 군인을 뜻한다[貊人 穢貊國人也]"라는 주석을 달아 예맥족의 국가 고구려임을 나타냈지만 끝내 고구려라고는 쓰지 않았다.

  그도 그럴 것이 태원은 후한의 수도 낙양에서 그리 멀지 않은 북쪽으로 자칫하면 수도 낙양까지 위험에 빠질 수 있기 때문이다. 고구려가 산서성 태원까지 기습공격을 할 수 있었던 것은 바로 우수한 기마 전투능력이 있었기 때문이다. 이때 고구려는 기마 부대를 북중국 여러 곳에 보내 공격함으로써 후한의 혼을 빼놓았다. 이렇게 보면 요동태수의 '은혜와 신의'가 무엇인지 서서히 드러난다. 막대한 금전을 뜻하는 것이다. 요동태수 채융이 막대한 금전을 바치며 공격하지 말아달라고 애걸하므로 화친을 맺고 돌아왔다는 뜻이다. 요동태수 채융이 막대한 금전을 주고 화친을 애걸한 것은 그만큼 후한이 당황했음을 의미한다. 북평·어양·상곡 등이 공격당했는데 요동태수가 해결 당사자로 나섰다는 것은 이 당시의 요동 지역이 지금의 요동 지역과 다를 수도 있음을 시사한다. 곧 북평·어양·상곡 등이 당시의 요동 지역이었을 가능성도 있다는 뜻이다.

  이때의 공격으로 고구려는 막대한 영토도 차지했다. 『삼국사기』 '태조대왕太祖大王(재위 53~146년) 3년(55) 봄 2월조'는 "요서遼西에 성을 열 개 쌓아 한나라 군사의 침략에 대비하였다"고 기록했다. 성을 쌓아 한나라 침략에 대비했다는 것은 그 지역을 영구히 차지하려는 의지를 나타낸다. 요하 서쪽 요서에 10성을 쌓았다는 것은 모본왕 2년(49)의 공격 때 요서 지역까지 차지했음을 시사한다. 요서 지역에는 한때 고구려의 10개 성이 있었던 것이다.

후한을 거듭 공격하는 태조대왕

고구려가 태조대왕 때 요서 지역에 쌓은 10성을 언제까지 유지했는지는 분명하지 않다. 『삼국사기』 '태조대왕 53년(105)조'는 "봄 정월에 태조대왕이 장수를 한나라의 요동에 들여보내 6개 현을 공략했으나 요동태수 경기耿夔가 군사를 보내 대항해서 고구려가 크게 패했다"고 기록했다. 이는 『후한서』 「동이열전」 '고구려조'에도 나오는 기록인데, 같은 조항은 "임금 궁宮(태조대왕)은 나면서부터 눈을 뜨고 능히 볼 수 있어서 국인들이 괴이하게[懷=怪] 생각했다. 자라면서 용감하고 기상이 굳세어, 여러 차례 변경을 범했다"고 전한다. 『후한서』 「화제和帝본기」 '원흥元興 원년(105, 태조대왕 53)조'는 "고구려가 군의 경계를 공격했다[高句驪寇郡界]"라고 하여 태조대왕이 후한의 국경을 공격했다고 전한다. 이런 내용과 상반되는 기록도 있다. 『삼국사기』는 '태조대왕 59년(111)조'에 "사신을 한나라에 보내 방물을 바치고 현도군에 소속되기를 요구했다"는 기록이 그것인데, 김부식은 이 조항 뒤에 이런 의문을 표했다.

> 『통감』에는 "이해 3월에 고구려왕 궁이 예맥과 함께 현도를 노략질했다"고 되어 있으니 혹시 소속되기를 요구함인가? 혹시 침략함인가? 어느 쪽이 잘못인지 모르겠다.

고구려가 한나라에 방물을 바치고 현도군에 소속되게 해달라고 요청했다는 해에 『통감』에는 오히려 고구려가 현도군을 공격했다고 기록되어 있다면서 이해가 되지 않는다고 말하는 것이다. 어느 기록이 사실일까. 『후한서』 「안제安帝본기」 '영초永初 5년(111)조'는 "부여[夫餘夷]가 변경[塞]을 공격하고, 관리들을 살상했다"고 전한다. 부여까지 나서서 후한을 공격하는 판국에 고구려가 현도군에 소속되게 해달라고 요구했다는 것은 이치에 맞지 않는다. 『삼국사기』는 태조대왕 66년(118) "여름 6월 왕은 예맥과 함께 한나라 현도군을 습격하여 화려성을 공략했다"고 기록했다. 이 구절 역시 『후한서』를 참조해 쓴 것인데, 『후한서』 「안제본기」 '원초元初 5년(118)조'에 "여름 6월, 고구려가 예맥과 함께 현도를 공격했다[高句驪與穢貊寇玄菟]"는 구절이 그것이다. 『후한서』는 현도에 대해 "군명인데, 요동에 있다[郡名 在遼東]"라는 주석을 달았다.

　태조대왕의 잇단 공격을 받은 후한은 반격전에 나섰다. 태조대왕 69년(121) 봄 한나라 유주자사幽州刺史 풍환馮煥과 현도태수 요광姚光, 요동태수 채풍蔡諷 등이 군사를 거느리고 고구려를 공격한 것이 이를 말해준다. 유주자사·현도태수·요동태수가 모두 나선 것은 후한이 동북방 전력을 총동원했음을 나타낸다. 『삼국사기』 '태조대왕 69년조'는 이때의 전투장면을 이렇게 묘사했다.

> 한나라의 유주자사 풍환, 현도태수 요광, 요동태수 채풍 등이 군사를 거느리고 침략해 예맥을 쳐서 우두머리[渠帥]를 죽이고 병마와 재물을 모두 빼앗아 갔다. 그러자 태조대왕은 아우 수성遂成(차대왕)에게 군사 2천여 명을 거느리고 풍환, 요광 등을 역습하게 했다. 수성이 사신을 보내 거짓 항복하니 풍환 등이 이것을 믿었다. 수성은 험한 곳에 의지하

여 많은 적군을 막으면서 몰래 군사 3천 명을 보내, 현도·요동 두 군을 공격하여 그 성을 불사르고 2천여 명을 죽였다.

여기에서 예맥의 우두머리를 거수渠帥라고 표현한 것이 주목된다. 거수는 고구려에 소속된 속국의 제후를 가리키는 말이기 때문이다. 『삼국사기』에는 같은 해 "숙신肅愼 사신이 와서 자줏빛 여우의 갖옷과 흰 매와 말을 바치므로, 왕은 잔치를 베풀어 위로하여 보냈다"고 전한다. 이는 숙신 또한 이 시기에 이미 고구려 천하 속에 들어온 조공국임을 뜻하는데, 김부식이 지금은 전하지 않는 『구삼국사』 같은 책에서 보고 적은 내용일 것이다.

『후한서』 '건광建光 원년(121)조'도 "유주자사 풍환이 두 군의 태수를 거느리고 고구려와 예맥을 토벌했으나 이기지 못했다[幽州刺史馮煥率二郡太守討高句驪穢貊不克]"고 적어 후한의 고구려 공격이 사실임을 말해준다. 태조대왕은 후한의 공격을 격퇴한 것에 만족하지 않고 대대적인 보복전을 준비했다. 『후한서』는 같은 해 여름 4월, "예맥이 다시 선비와 함께 요동을 공격하니 요동태수 채풍이 추격하다가 전사했다[穢貊復與鮮卑寇遼東 遼東太守蔡諷追擊戰歿]"고 전한다. 태조대왕은 고구려를 공격한 후한에 보복하기 위해 고구려 서북방 선비족과 손을 잡았다. 이 예상치 못한 공격에 고구려를 공격한 요동태수 채풍이 전사한 것이다. 『삼국사기』는 이에 대해 "태조대왕이 여름 4월 선비 군사 8천여 명과 함께 요대현遼隊縣(지금의 요녕성 해성시 서북쪽)을 공격하니 요동태수 채풍이 전사했다. 공조연 용단龍端, 병마연 공손포가 몸으로 채풍을 보호하여 막았으나 모두 진영에서 죽었으며, 죽은 자가 100여 명이었다"고 더욱 자세하게 전한다. 고구려를 공격한 후한의 군사들은 큰 보복을 당한 것이다.

　이처럼 태조대왕 시절 고구려와 후한의 전쟁은 시종 고구려의 우세로 이어졌다. 태조대왕은 재위 69년(121)과 70년 마한·예맥의 군사를 동원해 요동을 거듭 공격하는데, 이때 부여에서 오히려 후한의 편을 들어 고구려를 공격하는 바람에 패전한 경우는 있지만 대부분 고구려가 승리를 거두었다.

서안평은 어디인가?

『삼국사기』'태조대왕 94년(146)조'는 "가을 8월에 왕은 장수를 보내 한나라 요동 서안평현西安平縣을 쳐서, 대방령帶方令을 죽이고 낙랑태수의 처자를 사로잡았다"고 전한다. 서안평의 위치는 고구려의 서쪽 강역을 비정할 때 중요한 지역이다. 『삼국사기』'미천왕美川王 12년(311)조'는 "가을 8월에 장수를 보내 요동 서안평西安平을 공격하여 차지했다"고 전한다. 태조대왕이 공격한 지 150여 년 후에 미천왕이 또 공격한 지역이다. 그만큼 고구려와 중국이 서로 빼앗고 빼앗기기를 반복한 요충지다. 서안평은 어디일까?『한서』「지리지 8」은 서안평에 대해 "왕망은 북안평北安平이라고 말했다"고 전하는데, 서안평이 어디인지는 소수小水라는 강을 찾으면 알 수 있다. 『위씨춘추魏氏春秋』는 "서안평현 북쪽에는 소수가 있다"고 전한다. 서안평은 소수라는 강 남쪽에 있다는 뜻이다. 『후한서』「동이열전」'고구려조'는 "구려句驪는 일명 맥이貊耳다. 따로 별종別種이 있는데, 소수小水에 의지하여 살기 때문에 소수맥小水貊이라 부른다"고 기록하듯이 소수는 고구려의 초기 강역을 비정할 때 중요한 지역이다.

『위씨춘추』는 "요동군 서안평현 북쪽에는 소수가 있는데 남쪽으로 흘러 바다로 들어간다. 이 때문에 구려의 별종을 소수맥이라고 한다[遼東郡西安平縣北 有小水南流入海 句驪別種因名之小水貊]"고 전한다.

정리하면 서안평은 소수라는 강 남쪽에 있고, 소수에는 맥의 별종인 소수맥이 살고 있다. 곧 소수 출신 맥인들의 고향이라는 뜻이다. 그리고 이 소수는 남쪽으로 흘러 바다로 들어간다는 것이다.

서안평의 위치는 이병도 박사가 현재 압록강 북쪽 단동丹東시 근처로 비정한 이후(이병도, 『신수 국사대관(1953년)』 87쪽 지도 참조) 압록강 북쪽의 단동시가 되었다. 현재 중국 측 지도들은 이를 근거로 서안평을 단동시 근처로 표시하고 있다. 그러나 서안평이 압록강 북쪽 단동시 부근이라는 주장은 "서안평현 북쪽에는 소수가 있다"는 『위씨춘추』의 기본적인 사항과도 맞지 않는다. 이 경우 소수는 압록강일 수밖에 없는데 이병도 박사가 비정한 단동은 압록강 북쪽에 있지 남쪽에 있지 않기 때문이다. 남과 북을 마음대로 바꾸어버린 것이다. 또 하나 압록강은 서쪽으로 흐르는 강이지 남쪽으로 흐르는 강이 아니다.

『한서』「지리지 8」에 기록된 현도군 소속 서개마西蓋馬현의 위치도 서안평의 위치를 비정하는 데 중요한 단서다. "서개마현 : 마자수馬訾水는 서북쪽으로 흘러 염난수鹽難水로 들어가고, 서남쪽은 서안평에 이르러 바다로 들어간다[西蓋馬, 馬訾水西北入鹽難水, 西南至西安平入海]"는 구절이다. 염난수는 현재 내몽골을 가로지르는 시라무렌[西拉沐淪] 강을 뜻한다. 따라서 서북으로는 시라무렌 강에 닿고 서남쪽은 서안평을 거쳐 바다에 닿는 강을 찾아야 하는데, 이는 대릉하나 난하다. 대릉하인가 난하인가에 대해서는 더 연구해야 하지만 어떤 기록을 대조해도 압록강이 아닌 것만큼은 확실하다. 압록강 서북쪽 어디에도 염수는 없다.

현재 중국사회과학원에서 발행한 『중국역사지도집』 2권을 보면 중국 학계의 모순이 노정되어 있다. 이 책의 61~62쪽은 자신들에게 유리한 이병도 설을 따라 서안평은 단동시 유역으로 표시해놓았지만 서개마는 요하 북쪽에 있는 현재의 무순撫順시로 표시해놓았다. 서안평이 압록강 부근이라면 『한서』 「지리지」의 기록대로 서개마 역시 압록강 근처에 있어야 한다. 그러나 서개마는 요하 북쪽에 있다고 표시해 스스로 논리적 모순을 드러낸 것이다. 중국의 속내는 서안평이 요하 부근에 있다고 말하는 셈이다.

고구려 태조대왕 때 서안평을 쳐서 대방현령을 죽이고 낙랑태수의 처자를 사로잡았다는 것은 서안평이 낙랑군과 그리 멀지 않았음을 말해준다. 낙랑군은 갈석산 부근의 창려~난하 일대로 비정되고, 한나라 때의 대방현은 조선·패수·점제·열구 등과 같이 낙랑군 18개 속현 가운데 하나다. 따라서 서안평도 대릉하~난하에서 찾아야 한다.

『삼국사기』에 나타난 정복기사도 실제 지리 정황과 일치함을 알 수 있다. 고구려는 미천왕 12년(311) 요동군의 서안평을 공격하여 서쪽 진출의 교두보를 확보했고, 서진西進하여 미천왕 14년(313)에 낙랑군에 침입하여 남녀 2천여 명을 사로잡았으며, 이듬해(314) 가을 9월에는 대방군을 침공했다. 계속해서 그 이듬해(315)에는 현도군을 공격함으로써 서안평을 교두보로 한 서쪽 지역의 공략을 마무리했다. 이로써 고구려는 중국 세력을 지금의 난하 밖까지 축출하고 고조선의 옛 땅을 회복할 수 있었다.

고구려가 중국과 쟁패를 겨룬 대릉하

산서성 일대를 공격하는 신대왕

고구려는 고조선의 고토 회복 작전을 계속 전개했고, 후한과의 대립은 계속 격화되었다. 『삼국사기』 '신대왕新大王(재위 165~179) 4년(168)조'는 "한나라 현도태수 경림耿臨이 침략해 와서 우리 군사 수백 명을 죽였다. 왕은 스스로 항복하여 현도에 복속되기를 빌었다"고 전한다. 신대왕이 현도군에 복속되기를 빌었다는 것이다.

그러나 전혀 다른 기록이 있다. 『후한서』「효영제孝靈帝본기」 '건녕建寧 원년(168, 고구려 신대왕 4)조'는 "그해 12월 선비와 예맥이 유주와 병주를 공격했다[鮮卑及濊貊寇幽并二州]"라고 기록했다. 유주는 현재 북경 일대고 병주는 북경 서쪽 산서성 일대다. 신대왕은 현도군에 복속되기는커녕 요하를 건너 북경 일대와 산서성 일대까지 공격한 것이다. 만약 현도군에 복속되기를 빌었다는 『삼국사기』 기록이 사실이라면 이는 후한을 방심하게 하려는 책략이었을 것이다.

후한은 큰 충격을 받았다. 신대왕 8년(172) 한나라가 대군을 이끌고 쳐들어온 것은 이에 대한 반격전이었다. 그러나 국상國相 명림답부明臨答夫가 청야전술淸野戰術에 따라 수성전守城戰을 전개한 결과 굶주림을 이기지 못한 한나라는 퇴각하고 말았다. 고구려는 기병 수천을 이끌고 추격전에 나서 좌원坐原에서 한나라를 크게 무찔렀다.

후한과 고구려의 다툼은 계속되었다. 고국천왕 6년(184)에도 후한은 고구려를 공격했다. 『삼국사기』 '고국천왕 6년조'를 보자.

> 한나라 요동태수가 군대를 일으켜 우리를 쳤다. 왕은 왕자 계수罽須를 보내 막았으나 이기지 못하였다. 왕은 친히 날랜 기병을 거느리고 가서

■ 고구려 초기 중국과의 전쟁

연 도	내 용
유리왕 33년(14)	8월 신나라 현도군의 고구려현을 습격하여 탈취함.
모본왕 2년(49)	봄에 후한의 북평·어양·상곡·태원 등 4군을 습격함.
태조대왕 3년(55)	2월에 요수 서쪽에 10개 성을 쌓아 후한의 침략군을 방비함.
태조대왕 53년(105)	요동군의 6개 현을 공격함.
태조대왕 66년(118)	6월 후한 현도군을 습격하고 화려성을 공격함.
태조대왕 69년(121)	봄에 후한 유주 군사들이 침공, 고구려는 침략군을 막는 한편 군사 3천 명을 보내 요동군·현도군을 공격함.
	4월에 선비 군사 8천 명을 거느리고 후한 요동군 요수현을 공격, 신창에서 요동 태수군을 전멸시킴.
	12월 마한, 예맥의 기병 1만여 기를 거느리고 현도성을 포위함.
태조대왕 70년(122)	마한, 예맥의 군사를 거느리고 요동군을 공격함.
태조대왕 94년(146)	8월 후한 요동군 서안평현을 습격하고 대방령을 살해, 낙랑군 태수의 처자를 생포함.
신대왕 4년(168)	현도군 태수가 군사를 거느리고 고구려를 침략함.
신대왕 8년(172)	후한의 침략군이 국내성까지 침공, 고구려군은 퇴각하는 적을 좌원에서 크게 격파함.
고국천왕 6년(184)	후한 요동태수의 침략군을 좌원에서 격파함.
동천왕 16년(242)	요동군 서안평을 공격함.
동천왕 20년(246)	조위曹魏 유주자사 관구검의 침략군이 수도 환도성을 함락시킴.
중천왕 12년(259)	조위의 침략군을 양맥 골짜기에서 크게 격파함.
봉상왕 2년(293)	모용선비군이 고구려를 침공함.
봉상왕 5년(296)	모용선비군이 고구려를 침공함.

한나라 군대와 좌원에서 싸워 이겨 벤 머리가 산처럼 쌓였다.

이렇게 끈질기게 계속되던 두 나라의 숙명적 대결이 끝날 때가 다가오고 있었다. 요동태수가 고구려를 공격한 그해(184년) 황건적黃巾賊이 기의起義하면서 중원이 혼란에 빠져들었기 때문이다. 『삼국사기』 '고국천왕 19년(197)조'는 "중국에서 큰 난리가 일어나 한나라 사람들이 난리를 피해 투항해 오는 자가 아주 많았다"고 전한다. 드디어 서기 220년 조조曹操의 아들 조비曹丕가 위魏를 세움으로써 후한은 멸망하고 중원은 위魏·촉蜀·오吳가 각축을 벌이는 삼국시대로 접어들었다. 그리고 280년 사마司馬씨가 세운 진晉이 위나라에 이어 오나라까지 멸망시킴으로써 중원을 다시 통일할 때까지 중국은 삼국시대라는 혼란에 빠져 있었다.

7_ 선비족 모용씨의 전연·후연과의 관계

선비족 모용씨와 얽히고설키는 관계들

오호십육국시대로 접어들다

진晋 왕조의 통일은 그리 오래가지 못했다. 진 왕조 자체가 부패해서 위로는 팔왕의 난[八王之亂]이 일어났고, 아래로는 유민流民들의 기의가 잇따랐기 때문이다. 이 틈을 타서 북방 유목민족들이 대거 남하했다. 중국 역사서에서 오호五胡라 부르는 흉노匈奴·선비鮮卑·저氐·갈羯·강羌 같은 북방 유목민족이 대거 중원에 진출한 것이다. 북방민족의 중원 진출은 중국사의 흐름 자체를 바꾸어놓았다. 진의 회제懷帝와 민제愍帝가 포로가 되면서 제국 진은 멸망했고, 원제元帝가 남쪽으로 도주해 동진東晋을 세웠다. 황하 유역의 광대한 화북 지역에는 북방 여러 민족이 다투어 여러 국가를 세우는 오호십육국五胡十六國시대가 전개된다. 실제로 이들 북방 민족이 세운 나라는 십육국이 넘지만 북위北魏 말의 사관史官인 최홍崔鴻이 『십육국춘추十六國春秋』를 지은 이후 지금까지 '오호십육국'으로 통칭되

북위를 건국한 선비족의 발상지 알선동굴

고 있다. 304년 흉노족 유연劉淵이 한漢을 건국한 것부터 시작해 선비족이 세운 북위가 439년 화북을 통일할 때까지 북중국에 135년 동안 16개 나라가 명멸했다면 그 자체만으로도 결코 적은 수는 아니다. 고구려는 이들 나라 중 선비족 모용慕容씨가 세운 전연前燕·후연後燕과 선비족 탁발拓拔씨가 세운 위나라(북위)와 밀접한 관계를 맺는다. 이들 나라들과는 같은 유목민족이라는 친연성으로 친하게 지낼 때도 있고, 극심한 경쟁관계로 서로 전쟁을 치를 때도 있었다.

제14대 봉상왕烽上王(재위 292~300) 2년(293) 선비족 모용외慕容廆가 쳐들어왔다. 중원은 아직 진晉나라가 차지하고 있을 때였다. 『진서晉書』에 따르면 선비족 모용외는 진나라 세조世祖 시절 낙랑군 소속의 창려昌黎와 요동을 거듭 공격한 인물이다. 그러나 모용외는 진세조 태강太康 10년(289) 진나라에 항복하고, 선비鮮卑 도독都督의 벼슬을 받았다. 자신이 점령한 지역의 지배권을 인정받은 것이다. 내친 김에 모용외는 고구려까지 쳐들어왔다.

이때 봉상왕은 신성新城으로 피신하는 등 고구려는 큰 위기에 빠지는데 북부 소형小兄 고노자高奴子가 기병 500명으로 모용외의 군대를 맞아 격퇴시켰다. 이런 위기 상황에서 봉상왕은 내부 갈등을 부추기는 행위를 한다. 아우 돌고咄固가 다른 마음을 갖고 있다는 이유로 사사賜死(사약을 내려 죽임)한 것이다. 『삼국사기』'봉상왕조'는 "국인國人들은 돌고에게 죄가 없었으

북위 무사 토용

므로 애통해했고, 돌고의 아들 을불乙弗은 들판으로 달아났다"고 전한다. 봉상왕 5년(296)에도 모용외가 침략해 서천왕西川王의 능을 파헤쳤다. 『삼국사기』는 "사람을 시켜 파게 했는데, 인부 중에 갑자기 죽는 자가 생기고, 또 구덩이 안에서 음악소리가 들리므로 귀신이 있을까 두려워 곧 군사를 이끌고 물러갔다"고 전한다. 봉상왕 9년(300)에는 지진이 발생한 데다 가물고 흉년이 들어 백성들이 서로 잡아먹는 지경까지 이르렀는데, 봉상왕은 오히려 15세 이상 남녀를 징발해 궁실을 수리했다. 국상 창조리倉助利가 중지하도록 간했으나

봉상왕이 "국상은 백성을 위하여 죽겠느냐? 다시는 말하지 않기 바란다"고 꾸짖었다. 국상 창조리는 물러나와 여러 신하들과 돌고의 아들 을불을 맞이해 임금으로 삼았다. 봉상왕은 화를 면하지 못할 거라 생각해 자결했으며, 두 아들도 따라서 자결했다. 이렇게 국상 창조리를 비롯한 신하들의 추대로 즉위한 을불이 제15대 미천왕美川王(재위 300~331년)이다.

중흥군주 미천왕

미천왕은 즉위 후 서쪽 영토 수복에 나섰다. 재위 3년(302) 3만 군사를 이끌고 현도군을 공격해 포로 8천 명을 잡아온 것이 시작이었다. 미천왕은 재위 12년(311)에는 장수를 보내 '요동 서안평'을 습격해 차지했다. 2년 후인 재위 14년(313)에는 서안평에서 더 서쪽으로 진격해 낙랑군樂浪郡을 공격하고 남녀 2천 명을 사로잡았다. 이듬해에는 대방군을 공격하고, 재위 16년(315)에는 현도성을 공격하여 무너뜨렸는데, 『삼국사기』는 "죽이고 사로잡은 자가 매우 많았다"고 전한다. 이는 미천왕이 국경 서쪽 지역의 중국 세력을 몰아내는 데 성공했음을 뜻한다.

그러자 진나라가 이이제이以夷制夷 전술로 나와 자국에서 선비 도독의 벼슬을 받은 선비족 모용외를 앞세웠다.『북사北史』「열전」'고구려조'에는 "진 영가永嘉의 난 때 선비 모용외가 창려昌黎 대극성大棘城을 점거하자 원제元帝는 평주자사平州刺史를 제수했다"는 기록이 있다. '영가의 난[永嘉之亂]'이란 흉노족 유연劉淵이 세운 한漢나라 군사들이 311년 낙양을 점령하고 진의 회제를 포로로 잡아 돌아간 사건을 말하는데, 이는 서진西晉이 멸망하는 계기가 된다. 317년 진나라 왕실 일부는 남쪽으로 도망가 동진東晉을 세운다. 제국 진은 망하고 그 일부가 남쪽으로 쫓겨가 동진을 세웠는데 그 동진의 원제가 모용외를 평주자사로 봉했다는 것이다. 이왕 빼앗긴 땅을 모용외가 다스리도록 평주자사로 봉함으로써 자신들이 지배하고 있다는 듯이 허세를 부린 것이다. 이는 모용외가 이 지역을 실질적으로 지배하고 있었음을 뜻하는데, 또한 모용외와 고구려의 충돌이 불가피함을 뜻하기도 하다. 『북사』「열전」 '고구려조'는 "위궁位宮(태조대왕)의 현손玄孫 을불리乙弗利(미천왕)가 요동遼東을 자주 침범했으나 모용외는 제지하지 못했다"고 전한다. 요동을 두고 미천왕과 모용외가 다투는 형국이다.

중국 고대 기록에 나오는 요동은 상당히 포괄적인 개념이다. 현재는 요하遼河 동쪽 지역을 요동이라고 한정하지만 과거에 요동은 꼭 현재의 요하 동쪽만을 뜻하는 지명은 아니었다. '요遼' 자가 '멀다'는 뜻인 데서 알 수 있듯이 중국 수도인 낙양에서 먼 동쪽을 뜻하는 추상적 지칭어로 자주 사용되었다. 이런 경우를 모용외가 점령했다는 창려 대극성에서도 찾을 수 있다.

『북사』는 모용외가 점거한 지역을 창려 대극성이라고 명기했고, 미천왕이 요동을 자주 침범했다고 전한다. 창려군은 지금의 진황도秦皇島 부근으로 요서에서도 한참 서쪽 지역이다. 그런데 『삼국사기』 '미천왕 20년(319)조'에 미천왕이 창려군 극성을 공격했다는 기사가 나온다.

미천왕 20년(319) 겨울 12월에 진나라 평주자사 최비崔毖가 도망쳐 왔다. 이전에 최비가 은밀히 우리나라(고구려)와 단씨段氏·우문씨宇文氏를 달래 함께 모용외를 공격하게 했다. 세 나라가 극성棘城을 공격하자 모용외는 문을 닫고 지키며 오직 우문씨에게만 소와 술[牛酒]을 보내 위로하였다. 두 나라(고구려와 단씨)는 우문씨와 모용외가 내통한다고 의심해서 각각 군사를 이끌고 돌아갔다.

단씨 역시 선비족의 일파로 요서 일대에 자리 잡고 있었는데, 진晉은 그 우두머리 단무목진段務目尘을 요서공遼西公에 봉해 그 지배권을 인정하는 형식을 취했다. 우문씨는 원래 흉노 일파였다가 선비족이 된 것으로 추정되는데, 현재 하북성 풍윤豊潤 동남쪽의 우북평右北平을 근거지로 삼고 있었으며 훗날 북주北周(557~581년)를 건립한다. 진나라는 낙랑군이 있던 창려 지역을 모용외가 차지하자 이 지역에 연고가 있던 단씨와 우문씨, 고구려를 끌어들여 창려 대극성을 함께 공격한 것이다. 그러나 모용외의 이간작전에 걸려 대극성 함락에 실패하자 진의 평주자사 최비는 고구려로 망명한다.『삼국사기』'미천왕 20년조'를 보자.

우문宇文씨의 대인大人 실독관悉獨官이 "두 나라가 비록 돌아갔으나 나는 홀로 성을 빼앗겠다"고 하였다. 모용외가 그 아들 모용황慕容皝과 장사長史 배의에게 정예군을 거느리고 선봉에 서게 하고, 자신은 대군을 거느리고 뒤를 따랐다. 실독관이 크게 패하고 겨우 죽음을 면하였다. 최비가 이를 듣고 형의 아들 최도를 시켜 극성으로 가서 거짓으로 축하하게 하였다. 모용외가 군사를 거느리고 맞이하자 최도는 두려워 머리를 조아려 자백했다. 모용외는 최도를 돌려보내고 최비에게 "항복하는 것은 상책이고, 달아나는 것은 하책이다"라고 말하고, 군사를 이끌고 따라갔다. 최비는 기마병 수십과 함께 집을 버리고 고구려로 도망쳐 오고, 나머지 무리는 모두 모용외에게 항복하였다.

진의 평주자사 최비는 모용외의 추격을 피해 고구려로 망명한 것이다. 같은 기록은 "고구려 장수 여노가 하성河城을 지키고 있었는데, 모용외가 장군 장통張統을 보내 습격해서 그를 사로잡고, 그 무리 천여 가를 사로잡아 극성으로 돌아갔다"고 전한다. 고구려 장수 여노가 지키고 있던 하성이 어디인지 불분명하지만 그를 사로잡아 창려 대극성으로 돌아간 것을 보면 대극성에서 아주 먼 곳은 아닐 것이다. 창려 대극성 부근에 고구려의 성이 있었다는 뜻이다.

고구려의 시련

모용외가 죽은 후 아들들 사이에 주도권 다툼이 일어났다가 모용황이 정권을 장악했다. 모용황은 337년(고국원왕 7) 연燕나라를 세우고 즉위하는데 이를 전연前燕이라고 한다. 동진東晉은 341년 모용황을 연왕燕王으로 책봉하는 형식으로 그 지배권을 인정했다. 같은 해 연나라는 수도를 용성龍城(지금의 요녕성 조양시)으로 옮겼다. 이 지역은 고구려가 고토 회복의 대상으로 삼고 있는 곳이기 때문에 고구려와 전연의 대립은 불가피했다. 고구려는 이 지역을 차지하기 위해 모용씨와 대립하고 있던 후조後趙와 연합해 연나라를 압박했고 모용씨는 고구려에 대한 대대적 반격으로 맞섰다.

고국원왕 12년(342) 모용황은 직접 대군을 거느리고 건위장군建威

조양시와 시내를 관통하는 대릉하

將軍 모용한慕容翰과 모용패慕容覇를 선봉으로 삼아 남쪽 길로 쳐들어 오고, 장사長史 왕우 등에게 1만 5천 명을 주어 북쪽 길로 쳐들어왔다. 고국원왕은 아우에게 5만 군사를 주어 북쪽 길을 막게 하고, 자신은 약졸로 남쪽 길을 막았으나 모두 패하고 환도성까지 함락되고 말았다.

　모용황은 돌아가면서 태후 주씨周氏와 황후를 비롯한 도성민 남녀 5만 명을 끌고 가고, 미천왕의 무덤을 파헤쳐 시신까지 탈취해 갔다. 모친과 부인이 인질로 잡히고 부친의 시신까지 빼앗긴 고국원왕은 이듬해 아우를 모용황에게 보내 입조入朝할 수밖에 없었다. 모용황은 이때 미천왕의 시신은 돌려주었으나 태후 주씨는 돌려보내지 않았다. 고국원왕이 재위 25년(355) 사신을 보내 어머니를 돌려보내 달라고 간청하자 모용황의 뒤를 이은 모용준慕容儁이 비로소 돌려보내 주었다. 인질생활 13년 만의 귀국이었다.

이 일련의 사건들은 고구려로 하여금 한동안 서쪽 지역 진출을 중단하게 했다. 고구려의 발목을 묶은 연나라는 계속 세력을 확장해 352년에는 수도를 용성에서 계薊(북경 부근)로 천도하고, 357년에는 다시 업鄴(석가장 부근)으로 옮겨 중원 지역으로 세력을 확대했다. 서쪽 지역 진출에 제동이 걸린 고국원왕은 남쪽으로 방향을 돌려 재위 39년(369) 2만 군사를 거느리고 백제를 공격했으나 패하고 말았다.

감숙성 무위박물관에 소장된 모용씨 묘지석

그사이 모용씨는 대연大燕이라 칭하는 제국으로 발전했으나 내분이 일어나면서 점차 쇠퇴해갔다. 모용씨가 내분으로 혼란스런 사이 저족氐族이 세운 전진前秦이 흥기하며 요동 지방으로 세력을 확대하게 된다. 전연과 전진의 충돌은 필연적이었다. 『삼국사기』와 『자치통감』 등에 따르면 고국원왕 40년(370) 전진왕 부견符堅은 전연에 대한 대대적인 공격을 감행해 연의 도읍인 업을 함락시켰다. 전연의 어린 왕 모용위는 도망가다 잡히고, 실력자이던 태부太傅 모용평慕容

評은 도주했는데, 전진을 피해 그가 달아난 곳은 고구려였다. 연나라에 원한을 갖고 있던 고국원왕은 그를 잡아 곧바로 전진으로 돌려보냈다. 이로써 전연은 멸망하고 말았다.

그런데 이듬해 고국원왕은 평양성을 공격하는 백제 근초고왕을 막다가 그만 흐르는 화살[流矢]을 맞아 전사하고 말았다.

이후 고구려는 고국원왕의 원수를 갚는 것이 국정의 제일 과제가 되었다. 서쪽 진출은 잠시 중단될 수밖에 없었다. 중원의 정세는 351년에 건국한 전진이 곧 쇠퇴의 길로 접어들게 된다. 전진은 394년 멸망하고 마는데, 저족의 전진은 애초부터 기마민족들이 명멸하는 요동의 오랜 주인일 수는 없었다.

서기 384년 전연의 모용수慕容垂가 중산中山(지금의 하북성 정현定縣)을 도읍으로 삼고 요동 지역으로 진출하려고 하자 고국양왕故國壤王(재위 384~391년)은 크게 분노했다. 『삼국사기』'고국양왕 2년조'를 보자.

> 여름 6월 고국양왕은 군사 4만 명을 내어 요동을 습격했다. 이에 앞서 연나라왕 모용수가 대방왕帶方王 모용좌慕容佐에게 용성龍城에 진주하라고 명했다. 모용좌는 고구려군이 요동을 습격하였다는 소식을 듣고 사마司馬 학경郝景에게 군사를 거느리고 가서 구원하게 하였으나, 고구려군이 쳐서 이기고, 드디어 요동과 현도를 함락시켜 남녀 1만 명을 사로잡아 돌아왔다.

그러나 후연後燕에게도 요동 지역은 사활이 걸린 곳이었다. 그해 11월 후연의 모용농慕容農이 군사를 거느리고 공격해 요동·현도

두 군을 차지했다. 이후 요동 지방은 후연의 세력권으로 편입되고 양국은 서로 소강상태를 유지했다. 그 후 후연은 선비족 탁발씨가 세운 북위에게 전투에서 계속 참패를 당하면서 수도를 중산에서 용성으로 다시 옮기게 되었다. 이는 고구려와 직접 충돌할 가능성이 높아졌음을 뜻한다. 이런 상황에서 고구려 중흥의 군주 제19대 광개토태왕(재위 391~413년)이 즉위했다.

후연의 국왕이 된 고구려 출신 고운

후연 국왕 모용성慕容盛과 고구려 광개토태왕의 충돌기사를 보면 이해하기 어려운 점이 있다. 『삼국사기』는 "광개토태왕이 재위 9년(399) 봄 정월에 연나라에 사신을 보내 조공했다. 2월에 연나라왕 모용성이 광개토태왕의 예절이 오만하다고 하여 스스로 군사 3만 명을 이끌고 습격했다"고 전한다. 광개토태왕이 1월에 조공을 보내자 다음 달 무례하다고 공격했다는 것이니 앞뒤가 맞지 않는다. 이는 중국의 역사에 편입된 여러 나라들과 바깥 나라들 사이의 외교관계에 대한 중국의 사서史書 표기방식을 알아야 이해할 수 있다. 외국에서 사신을 보내면 무조건 '조공을 바쳤다'고 표기하는 것이 상호 외교관계에 대한 중국식 사서 표현이다. 대등한 외교관계도 중국 사서들은 무조건 '조공을 바쳤다'는 식으로 표기하는 것이다. 광개토태왕이 사신을 보내 다음 달 후연이 '예절이 오만하다'며 공격했다는 것은 고구려의 사신이 조공 사신이 아니라는 사실을 뜻한다. 오히려 후연 국왕 모용성이 분노할 만한 요구를 한 것이다. 아마도 영토 문제였을 것이다.

후연의 모용성은 3만 군사를 이끌고 표기대장군驃騎大將軍 모용희慕容熙를 선봉으로 삼아 신성新城과 남소성南蘇城을 함락시키고 700여 리의 땅을 빼앗았다. 광개토태왕은 곧 반격에 나섰다. 재위 11년(401) 광개토태왕은 군사를 보내 숙군성宿軍城(지금의 요녕성 북진北鎭)을 공격해 연나라 평주자사 모용귀慕容歸에게서 성을 빼앗았다. 광개토태왕은 13년(403) 겨울 11월에도 후연을 공격했다. 광개토태왕 14년(404) 정월에는 연왕 모용희가 요동성을 공격하는 등 다툼이 계속되었다.

그런데 이 무렵 후연 황실에 커다란 사건이 발생했다. 중위장군中衛將軍 풍발馮跋이 용성으로 잠입해 후연의 모용희를 죽이고 석양공夕陽公 고운高雲을 추대해 임금으로 삼은 사건이다. 고운은 다름 아닌 고구려 출신이다. 고운은 고구려인 고화高和의 손자로 무예가 뛰어나 태자 모용보慕容寶를 시위侍衛하게 되었다. 모용보는 고운의 능력을 높이 사 양자로 삼고 모용씨라는 성을 하사했다. 고구려와 영토 문제로 다투던 후연의 국왕으로 고구려 출신이 즉위한 것이다. 이는 양국관계의 근본적 변화였다.

광개토태왕은 재위 17년(407) 사신을 북연北燕에 보내 축하하는데,『삼국사기』는 이에 대해 "종족의 정을 베풀었다[叙宗族]"고 전한다.『십육국춘추』에는 고운을 후연왕으로 여겨 북연의 건국을 풍발의 집권(409년) 이후로 여기고 있으나,『삼국사기』의 근거가 된『자치통감』은 고운을 북연왕으로 표기하여 북연의 건국을 고운으로부터 본다. 고운의 즉위를 계기로 후연과 고구려의 오랜 대치상태가 끝나고 우호관계가 수립된 것이다. 그러나 고운은 왕이 된 지 2년 만에 피살되고 풍발이 즉위한다.

북연은 그 북서부에 선비족의 한 갈래인 탁발拓跋씨가 북위北魏를 건국해 남하하면서 위기를 맞게 된다. 장수왕 24년(436) 북위는 북연 정벌을 결정하고 고구려에 이 사실을 통보했다. 자신들의 싸움에 고구려는 끼어들지 말라는 뜻이었다. 그러나 요동의 맹주를 자처하는 고구려로서 두 나라의 싸움을 수수방관할 수는 없었다. 게다가 위나라가 북연의 백랑성白狼城을 함락시키자 북연왕 풍홍馮弘이 고구려에 구원을 요청해왔다.

장수왕은 곧바로 장수 갈로葛盧와 맹광孟光에게 수만 군사를 주어 화룡和龍으로 보냈다. 화룡은 북연 수도 용성을 뜻하는데, 고구려 군사들은 용성에 입성해 무기 창고를 열고 정예 무기들을 나누어 가졌다. 그해 5월 북연왕 풍홍은 수도 사람들과 함께 고구려로 망명하면서 위나라에 약탈거리를 주지 않기 위해 궁전을 불태웠는데, 그 불이 열흘 동안 꺼지지 않았다고 전한다. 수도 부인들에게는 갑옷을 입혀 가운데 서게 하고, 북연 병사들이 그 바깥에 서고 고구려 장수 갈로와 맹광은 기병을 거느리고 대열의 맨 뒤에 섰다. 북위 군사들이 달려와 이 모습을 목격했으나 고구려 기병이 두려워 수수방관할 수밖에 없었다고 전한다. 북위 세조世祖는 장수왕에게 북연왕 풍홍을 송환하라고 요구했으나 장수왕은 한 마디로 거절했다. 요서 지역을 지배하던 연나라는 이렇게 고구려에 흡수되어 멸망하고 말았다. 최후 승자는 고구려였다.

8_ 북위를 장악한 고구려 사람들

고구려는 북위의 조공국이 아니었다

선비족의 북위와 고구려

서기 386년(고구려 고국양왕 3) 북위北魏 건국부터 북주北周 출신의 양견楊堅(수문제)이 북주를 멸망시키고 수隋나라를 세우는 581년(평원왕 23)까지 중국 북부에는 북위北魏(386~534, 12대 149년)·동위東魏(534~550, 1대 17년)·서위西魏(535~556, 3대 22년)·북제北齊(550~577, 6대 28년)·북주北周(557~581, 4대 25년)의 다섯 나라가 명멸하는데 이를 북조北朝라 한다. 이 다섯 나라는 모두 서기 1세기 전후 대흥안령 산맥 북단 산록의 알선동 일대에서 시작한 선비족 탁발씨에 그 뿌리를 두고 있다. 뿐만 아니라 북주의 뒤를 이어 중원을 통일한 수隋나 당唐도 그 지배층은 모두 탁발씨에서 기원하는 사실상 북위의 후계제국이다. 수·당은 한족漢族이 세운 나라가 아니라 탁발선비를 중심으로 한 북방민족이 지배층이 되어 세운 나라로 북방 유목민족사의 시각에서 바라보아야 그 성격이 파악된다. 세계 제국 당의 핵심 요

알선동굴 북위를 건국한 선비족은 처음 대흥안령 산맥의 알선동 일대에 거주했다.

알선동굴 내 암각(복제품)

소인 불교와 균전제, 부병제, 율령제는 모두 북방민족의 유산이라고 할 정도로 당은 북방민족의 색채가 강한 나라였다.

선비족이라는 이름은 대흥안령大興安嶺 산맥의 선비산에 산다는 이유로 붙었는데, 한족들은 때로 이들을 동호東胡라고 불렀다. 동호는 고조선을 비롯한 우리 민족을 부르는 호칭이기도 하기 때문에 선비족은 우리 민족과도 연관이 깊다. 선비족은 시라무렌 강 유역에서 대택大澤으로 부르는 내몽골 호륜패이呼倫貝爾 일대까지 거주했다.

대흥안령 산맥 알선동에서 시작된 선비족 탁발씨는 258년 무렵에는 지금의 내몽골 수도인 호화호특呼和浩特 아래 성락盛樂(지금의 내몽골 허흐호트[和林格爾]) 일대까지 남하했다가 386년(고국양왕 3)에는 그 우두머리 탁발규拓跋珪(재위 371~409년)가 성락에서 북위의 전신인 대국代國을 세우는데 이때만 해도 이들이 역사에 그렇게 큰 족적을 남길 줄은 아무도 예상하지 못했다. 대국은 건국 초기만 해도 같은 선비족 모용씨가 세운 연에 복속되었다. 연나라 국왕 모용수가 중산(지금의 하북성 정현定縣)에 도읍하고 황제에 오르자[稱帝], 탁발규의 대국은 연에 복속한 것이다. 후에 서연西燕의 모용충慕容沖이 부하에게 피살되고 모용영慕容永이 뒤를 잇는 혼란이 발생하자 대국왕 탁발규는 국호를 위魏로 고치고 제위에 올라 도무제道武帝가 된다. 중국의 역사서는 조조曹操의 위魏나라와 구분하기 위해 북위北魏라고 부른다. 영토 확장에 나선 북위는 수도를 평성平城(지금의 산서성 대동시)으로 옮기고 제3대 태무제(재위 424~452년) 때 드디어 화북 지역을 통일하는 기염을 토했다.

북위는 자주 백성들을 이주시키는 사민徙民정책을 실시했는데 태무제가 화북 통일 이후 여러 피정복민을 수도 근처로 이주시켰으며, 일찍이 태조인 도무제(탁발규)도 후연 수도 중산을 함락시킨 후 이 지역의 거주민 50여 만 명을 북위의 근거지였던 성락 부근에 강제 이주시켰다. 『위서』「태조기」'천흥 원년(398) 정월조'에는 이주민 중에 고구려인이 상당수 포함되었다고 기록되어 있는데 일부 학자들은 고국원왕 때 연나라 모용황의 침공으로 끌려간 고구려 유민의 후예들로 추정하기도 한다. 이들 외에도 북위에는 고구려 출신들이 많이 살았는데, 이들 중에는 북위의 정권을 장악하는 인물도 나타난다. 북위 문소황후文昭皇后의 오빠 고조高肇가 그 대표적인 예다.

북위의 황후가 된 고구려 여인

고구려 출신들이 북위에서 세력을 떨친 것을 이해하기 위해서는 고구려와 북위의 국혼國婚관계를 살펴보아야 한다. 북위의 정사인『위서魏書』'고구려조'는 북위의 문명태후文明太后가 헌문제獻文帝(재위 466~471년)의 후궁으로 삼기 위해 장수왕長壽王(재위 413~491년)의 딸을 보내라고 요구했다고 기록했다. 장수왕은 공주가 이미 출가했다며 대신 조카딸을 보내겠다고 답하는데, 딸 대신 조카딸을 보내겠다는데도 북위에서는 이를 수락했을 뿐만 아니라 안락왕安樂王 탁발진眞을 국경까지 보내 예물을 전했다. 그러나 장수왕은 조카딸도 보내지 말자는 신하들의 주장을 좇아 조카딸이 죽었다며 재차 거절했다. 그럼에도 북위는 화를 내거나 포기하는 대신 "그렇다면 종친의 딸을 가려 뽑아 보내달라"고 간청하는데,『위서』는 두 나라의 국혼이 마침 헌문제가 죽는 바람에 중지됐다고 전한다.

그런데 헌문제의 뒤를 이은 효문제孝文帝(재위 471~499년)의 부인 문소황후文昭皇后 고高씨가 바로 고구려 출신이다. 이는 "마침 헌문제가 죽어 중지됐다"는 『위서』의 신빙성을 의심하게 하는 대목이다. 사료 조작 혐의가 있는 것이다. 『위서』는 북제北齊 선문제 때인 554년경 위수 등이 편찬한 책으로 훗날 수隋나라를 세워 중원을 통일한 문제文帝는 『위서』에 큰 불만을 갖고 다시 편찬케 했고, 이렇게 편찬된 『위서』에 수양제는 또 불만을 갖고 재편찬하게 했다. 당나라 초기에도 6대사를 편찬케 했으나 『위서』는 미완성된 채 5대사만 완성되었다. 현전現傳하는 미산간본眉山刊本 『위서』는 탈자나 오자가 많은 것으로 유명하다. 이렇게 여러 차례 손을 본 『위서』는 고구려에 대한 기술에서 많은 부분이 누락되거나 은휘隱諱되었다. 두 나라의 관계를 철저하게 북위가 우위에 있었던 것으로, 곧 고구려를 북위의 조공국으로 묘사하는 것을 목적으로 삼았기 때문이다.

고구려와 북위의 국혼도 그중 하나다. 『위서』「정준程駿열전」에 "연흥延興(471~475년) 말엽 고구려 국왕이 액정掖庭(궁중) 여자를 헌납하기를 원하자 현조(효문제)가 허락했다[延興末 高麗王璉求納女於掖庭 顯祖許之]"는 기사가 있다. 표면상으로 해석하면 장수왕이 고구려 황실 여자를 북위에 바치겠다고 요청했다는 기사다. 그런데 이 일을 처리하기 위해 고구려에 온 정준은 장수왕에게 "만약 여자를 보낼 경우 태후 풍씨馮氏와 다르지 않을까 염려됩니다"라고 말한다. 풍태후는 섭정을 하며 북위 황실을 좌지우지한 여걸로 심지어 효문제가 수도를 평성平城에서 낙양洛陽으로 천도한 것도 풍태후의 영향력을 약화시키기 위해서라고 해석하는 학자가 있을 정도다. 황실 여인을 바치겠다는 장수왕의 제안에 위나라 사신이 '풍태후'를 언급하며 우려했다는 것은 고구려 여인이 북위 황실에 들어온다면 풍태후처럼 막강한 권력을 행사하게 될까 봐 염려했음을 뜻한다. 친정 고구려를 배경 삼아 막강한 권한을 행사할까 봐 두려워했다는 뜻이다.

정준은 이 일로 여러 차례 고구려에 오는데 『위서』 「정준열전」은 "장수왕이 분노를 이기지 못해 정준 종자從者의 주식酒食을 끊고 핍박하고 욕보이려고 했으나, 꺼리는 바가 있었기 때문에 감히 해를 끼치지는 않았다[憚而不敢害]"고 전한다. 『삼국사기』나 『위서』는 장수왕이 북위에 자주 사신을 보내 조공을 바쳤다고 기록했지만 정작 고구려는 북위 사신의 음식물을 끊을 정도로 그들을 두려워하지 않았다. 이는 고구려에서 보낸 사신이 조공 사신이 아니라는 뜻인데, 장수왕이 사신들에게 끝내 위해를 가하지 않은 이유는 무엇일까? 장수왕이 국혼을 제안한 연흥 말은 475년경으로 장수왕 재위 63년이자 효문제 즉위 5년 무렵이다. 효문제의 후궁이 고구려 출신 고씨인 것과 장수왕이 북위 사신에게 해를 가하지 않은 것은 밀접한 상관관계가 있다. 효문제가 고구려 출신 고씨를 후궁으로 들이면서 갈등이 해소된 것을 뜻하기 때문이다. 정준이 고구려를 여러 차례 방문한 것은 이를 매듭짓기 위해서였을 것이다.

효문제는 북위의 중흥군주로 불리며 중국 사서에서 높이 평가받는 인물이다. 그는 수도를 평성에서 낙양으로 옮기는데, 낙양을 차지했다는 것은 중원의 정통성을 계승했음을 뜻한다. 이는 그가 북위의 중흥군주로 평가받는 중요한 요소지만 그가 중국 사서에서 높이 평가받는 더욱 중요한 이유는 즉위 후 강력한 한화漢化정책을 실시했기 때문이다. 그는 선비족의 언어와 복장을 한족 언어와 복장

효문제의 장릉

으로 바꾸도록 지시했고, 선비족과 한족의 결혼을 장려했으며, 성씨도 한족식으로 바꾸도록 장려하고 그 자신도 원元씨로 바꾸었다. 이는 소수 유목민족인 선비족으로서 다수의 농경민족인 한족과 공존하려는 의도지만 그 결과 문약文弱의 기풍이 침투해 북위가 약화되는 결정적 계기가 되기도 했다.

한화정책을 적극적으로 추진한 효문제는 왜 고구려 출신 여인을 후궁으로 삼았을까? 이는 단순히 남녀간의 애정 문제가 아니었다. 고구려 출신 문소황후에 대한 기록인 『위서』「문소황후 고씨열전」은 고 황후에 대해 흥미로운 기사를 전한다. 고씨 소녀의 꿈에 어릴 때 집 안에 있는데 창문으로 햇빛이 들어와서 뜨겁게 비쳤다. 이를 피해 이리저리 옮겼으나 햇빛은 따라와 비췄다. 같은 일이 수차례 반복되자 부친 고양高颺은 요동遼東 사람 민종閔宗에게 그 뜻을 물었다. 요동 사람이란 고구려 출신을 말하는데, 그는 "이는 기이한 징

문소황후의 영릉

조로 말할 수 없이 귀하게 될 것이다"라고 답했다. 그는 "무릇 해라는 것은 임금[君人]의 덕이요, 제왕의 상징이다. 햇빛이 여인의 몸에 비치면 반드시 은명恩命이 미친다"고 설명했다. 이는 부여왕 금와가 하백의 딸 유화를 "방안에 가두었더니 햇빛이 비췄고, 몸을 이끌어 피하니 햇빛이 또 따라가 비췄다"고 전하는 고구려 시조사화와 같은 내용이다. 이는 북위로 이주한 고구려 사람들이 시조 전승을 계승했음을 말해준다.

고씨 일가에 대해 『위서』는 "본래 발해인으로 5세 조상 고고高顧가 진나라 영가 연간(307~313년)에 난을 피해 고려로 들어갔다[自云本渤海人 五世祖顧晉永嘉中避難入高麗]"고 적어 원래 한인漢人인 것처럼 기술했다. 그러나 이는 고구려 출신이 북위의 정권을 장악했음을 은휘하기 위한 기술이다. 『위서』「고조高肇열전」은 문소황후의 오빠 고조를 본래 발해수인勃海脩人이라고 적었다. 발해는 고구려를 뜻하고, 또한 성이 고구려의 국성國姓인 고씨라는 점도 원래 고구려 출신 성씨임을 짐작하게 해준다.

북위의 황제가 된 고구려 여인의 아들

고구려 여인 고씨는 효문제의 후궁이 된 후 2남 1녀를 낳는다. 고씨 여인 소생의 원각元恪은 탁발씨만 태자가 될 수 있는 북위 황실의 관례를 깨고 태자에 책봉된다. 그것도 이미 태자로 책봉된 탁발씨를 축출하고 태자로 책봉된 것이다. 그는 나중에 세종 선무제宣武帝(재위 500~515년)가 되는데, 문소황후는 그 외에도 광평왕廣平王과 장락공주長樂公主를 더 낳았다. 고구려 여인 소생이 태자가 된 것은 전성기를 구가하던 고구려의 힘이 작용했음을 짐작하게 해준다. 그러나 문소황후는 효문제 태화太和 20년(496) 북행궁北行宮에서 수도 낙양으로 돌아오는 도중 돌연사하는데, 고씨에 대한 선비족 탁발씨들의 견제가 심했다는 점에서 의문사로 볼 수 있다. 그러나 태자는 끝내 즉위에 성공한다. 세종은 즉위 후 모친을 문소황태후로 추존하고 손자 효명제孝明帝는 효문제의 장릉長陵 가까운 곳으로 천장遷葬했으니, 이것이 영릉寧陵이다.

세종은 또 즉위 직후 고구려에 있는 외삼촌들을 불렀다. 『위서』 「고조열전」은 "세종은 아직 외숙外叔들을 만나지 못했다"고 전하는데, 북위의 황제가 된 조카의 부름을 받은 외삼촌들은 고구려에서 낙양으로 달려와 화림도정華林都亭에서 상봉한다. 이들이 바로 문소황후의 오빠인 고조와 고현高顯 등인데, 세종은 문소황후의 부친 고양에게 내린 발해공渤海公이란 작호를 고조의 장조카 고맹高猛에게 세습시키고 고조에게는 평원군공平原君公, 고현에게는 징성군공澄城君公이라는 작호를 하사한다.

같은 기록은 "고조의 동생 고현은 시중侍中을 역임했는데, 고구려의 대중정이었다[肇弟顯侍中高麗國大中正]"고 적었다. '고려국 대중정'이 무슨 벼슬인지 분명하지는 않지만 이는 이들이 고구려에서 고위 관직에 있었을 가능성을 말해주며, 북위로 온 후에도 고구려와 밀접하게 연계되었음을 뜻한다. 문소황후가 효문제의 후궁이 되고, 그 아들이 태자가 되고, 황제에까지 즉위할 수 있었던 데는 고구려의 영향력이 작용했기 때문일 것이다. 세종이 즉위 후 외숙들을 불렀다는 사실은 고구려 여인 소생이 황제가 된 데 대한 일부 탁발씨들의 반발이 심하자 후원세력을 불렀다는 뜻이다. 당연히 외숙들은 단신으로 오지 않고 군사를 거느리고 남하했을 것이다.

고조는 북위에 온 이후 정권을 장악한다. 상서좌복야尚書左僕射, 영이부領吏部, 기주대중정冀州大中正에 오른 후 세종의 고모인 고평공주高平公主에 의해 상서령尚書令에 추천된다. 세종은 효문제의 동생인 함양왕咸陽王이 역모에 걸려 죽자 재산을 모두 고조에게 주어 물적

세종 선무제의 경릉

기반을 만들어준다. 고조에 대해 극도로 비판적인 『위서』는 "고조는 (……) 붕당을 결성해, 자신에게 붙는 자는 순서를 뛰어넘어 승진시키고, 배척하는 자는 대죄大罪에 빠뜨렸다"고 적었는데, 이는 고조가 북위 조정을 장악했다는 뜻이다.

서기 514년 세종은 서쪽 촉蜀 지역 정벌을 결정하면서 고조를 대장군에 임명해 군권까지 주었다. 그러나 이듬해 세종이 급서하면서 상황은 급전직하로 변화한다. 세종 급서 소식을 듣고 낙양으로 달려온 고조를 태위太尉였던 고양왕高陽王이 영군領軍 우충于忠 등과 짜고 살해한 것이다. 이렇게 고조는 세상을 떠났지만 일가의 영향력은 여전했다.

고조는 이미 조카딸을 세종의 황후로 들였기 때문이다. 선무황후 고씨宣武皇后高氏가 그인데, 『위서』「선무황후 고씨열전」은 문소황후의 동생 고언高偃의 딸이라고 적었다. 고언은 고조의 동생이다. 고조의 조카인 고맹高猛은 문소황후의 딸인 장락공주와 혼인함으로써 고조 일가는 북위 황실과 이중 삼중의 혼인관계를 맺었다. 고조의 아들 고식高植은 중서시랑과 제주濟州자사를 역임하고, 조카 고맹은 장락공주에 의해 부마도위가 되고 중서령中書令까지 역임한다. 비록 고조는 사망했으나 그 후예들의 영향력이 계속된 이유는 배후에 고구려가 있었기 때문일 것이다.

북위와 고구려의 관계는 장수왕이 재위 79년(491) 98세의 나이로 세상을 떠났을 때 여실히 드러난다. 『자치통감』 '영명永明 9년(491) 12월조'는 "고구려 장수왕이 세상을 떠났는데, 나이 백여 세였다. 위나라 효문제는 하얀 위모관을 쓰고 포심의를 입고 동쪽 교외까지 나가 애도하는 예절을 거행했다[高麗王璉卒 壽百餘歲 魏主爲之制素委貌佈

深衣 居哀于東郊]"고 적었다. 이는 『삼국사기』 '장수왕조'에도 기재되어 있는데, 『위서』 「고조 효문제본기」에도 "황제는 고구려 장수왕을 위해 성의 동쪽에 나가 애도했다[帝爲高麗王璉居哀于城東行宮]"고 전하고, 『위서』 「예지禮志」도 "흰 위모관을 쓰고, 흰 포심의를 입었다[素委貌 白布深衣]"고 전한다.

장수왕의 뒤를 이은 문자명왕文咨明王(재위 491~519년)이 세상을 떠났을 때도 위나라의 영태후靈太后가 동당東堂에서 애도 의식을 거행했다. 영태후가 어린 숙종肅宗을 대신해 섭정할 때이기 때문에 대신 애도한 것이다. 이처럼 고구려와 북위의 관계는 상국上國 북위와 조공국 고구려라는 기존의 시각으로 바라보면 이해할 수 없는 일들이 너무 많다. 이는 중국 사서에서 의도적으로 고구려를 북위의 조공국으로 만들었다고 의심하게 할 정도다. 고구려가 북위에 사신을 보낸 것은 사실이지만 정준이 고구려에 여러 차례 사신으로 온 데서 알 수 있듯이 북위도 자주 사신을 보냈다. 또한 고구려 출신들은 북위에서 황후가 되고 실권을 장악했다. 고구려라는 강력한 배경이 없었다면 이루어지기 어려운 일이다. 고구려인의 시각으로 역사를 바라보아야 할 필요성을 보여주는 부분이다. 더구나 고구려는 북위하고만 일방적인 관계를 맺은 것이 아니라 중국 남북조의 대립관계를 적절히 이용했다.

9_ 남북조를 이이제이로 다스리다

중국의 분열을 이용하다

남북조의 대립

고구려는 중원이 북조北朝와 남조南朝로 나뉜 상황을 자국의 이익을 위해 활용했다. 북중국을 북조들이 지배하는 동안 남중국에는 남조라고 부르는 여러 나라가 차례로 등장한다. 남조에서 가장 먼저 건국한 나라는 동진東晉의 대장大將 유유劉裕가 동진을 멸망시키고 등장한 송宋(420~479, 8대 60년)인데, 훗날 조광윤趙匡胤이 세운 송宋과 구별하기 위해 유유의 성을 따서 유송劉宋이라고 부른다. 이후 남제南齊(479~502, 7대 24년), 양梁(502~557, 4대 56년), 후량後梁(555~587, 3대 33년), 진陳(557~589, 5대 33년)이 잇따라 등장하는데, 이중 고구려와 가장 먼저 부딪친 나라가 송이다.

송나라가 고구려와 부딪친 계기는 장수왕 24년(436) 고구려에 망명한 북연 국왕 풍홍 때문이다. 『삼국사기』는 북연의 풍홍이 고구려에 왔을 때 장수왕은 사신을 보내 "용성왕龍城王 풍군馮君이 벌판으로 행차하느라고 군사와 말이 피곤하겠소"라고 위로했는데 자신을 천자라고 부르지 않아 화를 냈다고 전한다. 장수왕은 이에 아랑곳하지 않고 풍홍을 평곽平郭에 두었다가 곧 북풍北豐으로 옮겼는데, 풍홍은 북연에서 하듯이 정형政刑과 형벌刑罰을 마음대로 가해 장수왕의 심기를 건드렸다. 장수왕은 그의 시자를 빼앗고 태자 왕인王仁을 잡아와 인질로 삼았다.

이에 불만을 품은 풍홍이 남조의 송나라에 사람을 보내 망명을 요청했다. 송태조 문제文帝는 왕백구王白駒와 조차흥趙次興 등을 사신으로 보내 맞이하게 하고 풍홍을 송나라로 보내라고 고구려에 요청했다. 장수왕은 풍홍과 송문제가 몰래 교통한 데 격분해 장수 손수孫漱와 고구高仇 등을 북풍으로 보내 풍홍을 죽였다. 그러자 송 사신 왕백구는 거느리고 온 군사 7천여 명을 몰래 동원해 고구려 장수 고구 등 두 명을 죽이고 손수를 억류했다. 장수왕은 곧바로 군사를 보내 왕백구를 체포했다. 그러나 장수왕은 왕백구를 직접 죽이지 않고 송나라로 보냈다. 송나라에서 어떻게 처리하는지 지켜보겠다는 뜻이었다.

『송서宋書』「이만夷蠻열전」'고구려조'는 "송태조는 고구려가 멀리 있는 나라이므로 그 뜻을 거스르지 않기 위해 왕백구 등을 하옥시켰다가 풀어주었다"고 전한다. 고구려 사신 앞에서 하옥시켰다가 사신이 돌아간 다음에 몰래 풀어준 것이다. 송은 고구려가 비록 바다로 막혀 있지만 고구려의 심기를 불편하게 할 경우 어떤 일이 발생할지 몰라 왕백구 등을 하옥시킨 것이다.

『송서』「이만열전」'고구려조'는 장수왕 27년(439) "송나라에서 북위를 토벌하기 위해 말을 보내달라고 요구하자 800필을 보내주었다"는 구절이 있다. 고구려는 북위와 가깝게 지냈지만 일방적인 관계는 아니었다. 선비족과 고구려가 민족적 친연성이 있고 친밀한 관계지만 국익이 최고의 가치인 국제관계상 언제 상황이 변할지 알 수 없었다. 그래서 고구려는 북위에게 고구려의 요동 지배를 기정사실로 여기게 하는 한편 남방의 송과도 일정한 관계를 맺은 것이다.

그러나 고구려와 송의 관계는 송의 일방적 요청으로 진행된다. 고구려와 남조의 관계는 송이 건국하던 420년(장수왕 8년) 7월 송의 무제 유유가 사신을 먼저 보내면서 시작되었다. 송은 한 달 전

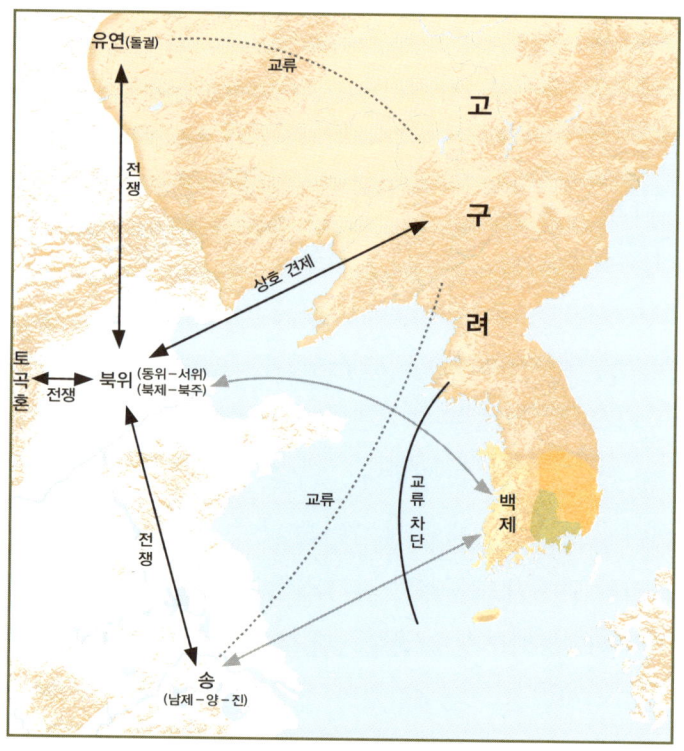

5~6세기 고구려의 국제 관계

인 6월에 개국했으니 송이 고구려와의 관계에 얼마나 깊은 정성을 들였는지 알 수 있다. 중국 측 자료는 장수왕에게 관작을 제수하기 위해서라고 전하지만 이 역시 중화사관에 의한 일방적 기술이다. 장수왕이 답례 사신을 보내지 않았음에도 송은 422년에 다시 사신을 보내왔고, 이때도 장수왕에게 관작을 제수하기 위한 목적이라고 중국 사료는 적었다. 그제야 장수왕도 이듬해(423년) 처음으로 사신을 보내 답례했다. 고구려는 형식상 답례사를 보냈을 뿐 남조의 송에 별다른 관심을 갖지 않았다.

남조의 계속된 혼란

유송劉宋은 그리 오래가지 못했다. 건국 60년이 채 안 되어 내분이 발생해 대신 소도성蕭道成이 479년(장수왕 67) 선양禪讓 형식으로 나라를 물려받아 남제南齊를 개창했다. 이때도 사신을 먼저 보낸 쪽은 남제의 고제高帝 소도성이다. 장수왕 68년(480) 여름 4월 소도성은 사신을 고구려로 파견했는데, 그 역시 명목은 장수왕에게 관작을 제수하겠다는 것이었다. 장수왕은 사신 여노餘奴를 남제에 보내 답례하게 했으나 고구려 사신은 남제에 도착하지 못했다. 북위에서 두 나라의 국교 수립에 큰 우려를 느끼고 고구려 사신을 해상에서 압류해 북위로 압송해 갔기 때문이다. 그러나 북위 효문제는 고구려의 사신을 처벌하는 대신, 남제의 소도성은 자신이 모시던 송나라 임금을 죽이고 황제를 자칭하는 자인데 왜 이런 자와 통교하려 하느냐고 항의하고 돌려보냈다.

『남제서南齊書』에는 중국이 남조와 북조로 나뉘어 있던 시절 고구려의 위상을 말해주는 구절이 여럿 등장한다. 『남제서』 「동남이열전東南夷列傳」 '고구려조'는 "배로 바다를 건너 남제로 오는 사신의 왕래가 항상 있었다. 위나라에도 사신을 보냈지만 고구려는 강역이 강성하여 제어를 받지 않았다[乘舶汎海 使驛常通 亦使魏虜 然彊盛不受制]"고 전한다. 중화사관으로 기술한 역사서가 "강성하여 제어를 받지 않았다"고 기술한 것은 고구려가 사실상 이들 나라들보다 상위에 있었음을 말해준다. 천하는 북방의 고구려, 중원의 북위, 남방의 남제로 삼분三分되어 있었다. 『남제서』 '고구려조'는 장수왕 77년(489) 남제 사신이 고구려 사신의 자리 배치 문제를 놓고 북위에 항의하는 기록이 나온다. 남제의 안유명顔幼明과 유사효劉思斅가 북위의 사신으로 가서 새해 첫날 원회元會에 참석했는데, 고구려 사신과 나란한 자리였다. 중원의 정통성을 이었다고 생각한 남제의 사신들이 북위의 사신 접대관인 주객랑主客郎 배숙영裴叔숨에게 "우리와 겨룰 수 있는 상대는 위나라뿐인데 왜 고구려 사신과 나란히 서게 했느냐?"고 항의하자 북위에서 "이 자리도 매우 높은 자리다"라고 답변했다는 기록이다. 북위는 공식적으로 남제와 고구려를 대등한 서열로 대우한 것이다. 남제와 고구려를 서로 경쟁시켜 북위의 국익을 극대화하려는 전략이기도 했다.

마찬가지로 고구려도 북위는 물론 남제에도 사신을 파견해 남북조로 갈라진 국제정세를 적절히 활용했다. 장수왕은 재위 13년(425)을 기점으로 북위에 모두 44회에 걸쳐 빈번하게 사신을 파견한다. 특히 재위 60년(472) 이후에는 1년에 두세 차례나 집중적으로 파견하는데, 이는 고구려 출신들이 위나라의 실권을 장악한 사실과 관련이 있을 것이다. 반면 장수왕은 남제에는 재위 68년(480)·69년

(481) 두 차례만 사신을 보낸다. 남북조의 대립을 이용하기는 했지만 남조가 워낙 약체이기 때문에 크게 신경 쓰지 않았음을 알 수 있다. 이 무렵 고구려에게 남조는 그다지 큰 전략적 가치가 없었던 것이다. 북위가 150여 년이라는 비교적 긴 기간 북중국을 통치한 반면 남조는 길어봐야 60년(송)이고, 짧게는 24년(남제)에 불과하기 때문에 언제 사라질지 모르는 왕조라고 낮춰 본 것이다.

남제는 병권을 장악하고 있던 서창후 소란蕭鸞이 울림왕鬱林王과 해릉왕海陵王을 잇달아 폐위시키면서 혼란이 계속되다가 남제의 왕족이던 소연蕭衍이 양梁나라를 건국하면서 24년 만에 멸망하게 된다. 남제를 멸망시키고 즉위한 인물이 양무제다.

양무제는 남조에서는 비교적 뛰어난 군주로 평가받는데, 대내적으로는 왕권을 강화하면서 일련의 혁신을 꾀하고, 대외적으로도 북위에 대해 종래의 수동적 자세에서 적극적 자세로 전환했다. 이 과정에서 대규모 전투가 벌어지기도 했다. 고구려는 양나라에도 크게 신경 쓰지는 않았으나 523년(안장왕 5) 북위에서 '육진六鎭의 난'이라 부르는 내분이 일어나 극도의 혼란에 빠지며 세력이 약화되는 조짐이 보이자 양나라에도 사신을 자주 파견했다. 그러나 양나라 또한 내부 혼란에 빠지자 양원왕 4년(548)부터 양이 멸망하고 진陳이 건국하는 양원왕 13년(557)까지는 사신을 거의 파견하지 않았다.

고구려는 새로 들어선 진나라에도 별 의미를 부여하지 않았다. 이 무렵 남조의 영역은 양나라 이후 크게 축소되어 지금의 사천·운남·귀주 등지는 서위西魏(북주北周)에게 빼앗기고, 양자강 중류 동북쪽은 북제北齊에게 빼앗겼다. 고구려로서는 큰 의미를 부여할 가치가 없었던 것이다.

10_ 북방 유목민족들과 고구려

유연, 거란에서 우즈베키스탄까지

몽골계 유연과 고구려

고구려 서북방에는 많은 북방 유목민족들이 존재했다. 그중 4세기 초부터 6세기 말까지 몽골 초원을 통치한 유연柔然 제국(402~555년)은 몽골계 민족이다. 유연이라는 민족명은 중국 사서에는 4세기 초부터 등장하는데, 연연蠕蠕·예예芮芮·여여茹茹 등으로 표기된다. 그러나 기록이 소략하고 단편적이기 때문에 그 기원이나 습속은 불분명한 점이 많다. 유연은 초기에는 탁발선비나 튀르크계 국가인 고차高車에 복속되어 있었는데, 초대 대칸[大汗] 사륜社崙(재위 402~410년)이 등장해 흩어진 부족들을 통일하면서 약수弱水 유역을 중심으로 북은 바이칼 호, 남은 음산 산맥 북부, 서는 준가르[準格爾] 분지에 이르는 북방의 일대 강국으로 부상했다.

이렇게 막북漠北을 장악한 유연은 사륜 때부터 아나괴가한阿那塊可汗(재위 520~522년) 때까지 선비족의 북위와 치열하게 대치했다. 유연이 세력을 확장하자 북위 태무제는 429년 정벌에 나서는데, 이때 유연은 초토화에 가까운 타격을 입었을 뿐만 아니라 지배하에 있던 칙륵勅勒 부족들까지 대거 북위로 투항했다. 그러나 북위는 유연을 멸망시키지는 못했고 450년 여성予成가한(재위 450~485년)이 등극할 때까지 북위와 10여 차례에 걸쳐 공방을 주고받았다. 유연은 남조의 송을 비롯한 여러 나라들과 국교를 맺어 북위를 고립시키려 했다.

여성가한은 고구려 장수왕과 국교를 맺게 된다. 여성가한의 생존 시기는 장수왕의 재위기간(413~491년)과 정확히 일치한다. 여성가한이 즉위할 무렵 장수왕은 평양 천도(427년)를 단행하고 남방 경략에 힘을 쏟는 한편 유연과 손을 잡고 서북방으로 세력을 확장하려 했다. 이때 서쪽의 북위와는 요동을 중심으로 영토에 대한 대략적인 합의가 이루어졌으므로 서북방으로 진출하려 한 것이다. 『삼국사기』「백제본기」'개로왕 18년(472)조'를 보면 개로왕이 북위에 보낸 국서에 다음과 같은 내용이 있다.

> 고구려는 불의와 간사함이 한둘이 아니어서, 겉으로는 외효隗囂(후한 광무제에게 멸망당한 장수)처럼 번병藩屛(제후국)이 된다는 낮추는 말로써 받들지만, 속으로는 흉악한 산돼지처럼 돌진할 마음을 품고서, 혹은 남으로 유씨劉氏(송)와 통하고 혹은 북으로는 북방 오랑캐 연연蠕蠕(유연柔然)과 약속하여, 입술과 이처럼 서로 의지하면서 왕의 경계를 침범하려고 합니다.

고구려가 유연과도 가까웠음을 말해주는 사료인데, 두 나라가 우호적이었음을 보여주는 사례가 장수왕 67년(479) 대흥안령 산맥 일

대흥안령 어얼구나[額爾古納]

대에 거주하는 지두우地豆于국을 분할하려 했다는 사실이다.『위서』「열전」'거란조'에는 태화 3년(479) "고구려가 몰래 연연(유연)과 모의해 지두우를 나누어 가지려고 했다[高句麗竊與蠕蠕謀 欲取地豆于以分之]"는 구절이 있다.『위서』는 이때 지두우 남쪽에 있던 거란이 큰 두려움을 느끼고 북위에 위탁하기 위해 수레 3천여 대에 만여 명이 백랑수白狼水 동쪽으로 이동했다고 기록했다. 거란족이 이동한 지역은 당연히 고구려의 영토가 되었다.

유연은 541년 고창국을 멸망시키고 북위가 동위와 서위로 분열되는 등 유리한 국면을 맞기도 했으나 안으로는 내부 분열이 일어나고 밖으로는 돌궐突厥 등 신흥 유목제국의 거센 도전을 받아 세력이 약화되면서 555년(고구려 양원왕 11) 돌궐에게 멸망당했다. 그러나 그 일부는 서방으로 이주하여 아바르스Avars라는 이름으로 6세기 중엽부터 8세기 말까지 유럽에서 위세를 떨쳤다.

돌궐과 고구려

튀르크계인 돌궐은 유목민족 사상 최초로 문자를 발명하여 유명한 오르콘 비문Orkhon Inscription을 여럿 남겼지만 정작 자신들의 기원에 대해서는 기록하지 않았다. 『주서周書』「이역異域열전」'돌궐조'는 "돌궐은 대개 흉노의 별종이다"라고 썼다. 흉노의 한 일파라는 뜻이다. 돌궐도 초기에는 유연에 복속되어 있다가 차차 세력을 쌓으면서 역사에 족적을 드러내게 된다. 돌궐은 고차의 옛 땅 준가르 분지를 정복해 세력을 쌓은 후 고구려 안원왕 11년(541)에는 고구려를 공격하기도 했다. 돌궐은 양원왕 7년(551)에도 고구려를 공격했다. 『삼국사기』「고구려본기」'양원왕 7년조'를 보자.

> 왕 7년(551) 가을 9월에 돌궐이 침입하여 신성을 포위했으나 이기지 못하자 이동하여 백암성을 공격했다. 왕은 장군 고흘高紇을 보내 군사 1만 명을 거느리고 가서 막게 하여 이기고, 1천여 명을 죽였다.

이처럼 사서史書에 처음 등장하는 고구려와 돌궐의 관계는 군사적 충돌로 시작되었다. 이때 고구려를 공격한 돌궐 군주는 토문土門 가한이다. 돌궐은 551년 4월 유연의 북방에 위치한 철륵鐵勒을 기습하여 대파했는데 그 기병이 그해 9월 고구려 신성을 공격했을 가능성이 있다.

광대한 제국을 이룩했던 돌궐은 고구려 평원왕 25년(583) 동돌궐과 서돌궐로 분열되었다. 서돌궐은 서역 북서쪽에 자리 잡고 동돌궐은 중국 북방에 자리 잡았는데, 동몽골 지역에서 거란이 흥기하자 동돌궐은 새로 중원을 통일한 수隋나라에 귀부하게 된다. 597년

(고구려 영양왕 8) 동돌궐 돌리突利가한이 귀부하자 수문제文帝는 계민啓民가한이란 새 왕호를 내리고 의성공주義成公主와 결혼시켰다. 계민가한의 귀부는 수나라에게 대단히 중요했다. 이로써 서북방을 안정시켰으므로 동북방의 고구려를 정벌할 수 있는 여유가 생긴 것이다. 그러나 이는 수나라의 착각이었다. 고구려와 돌궐은 긴밀한 관계를 맺고 있었다. 게다가 그 사실을 수양제가 직접 목격한다. 『삼국사기』 '영양왕 18년(607)조'를 보자.

이전에 수양제煬帝가 계민의 장막에 행차했을 때 고구려 사신이 계민의 처소에 있었는데, 계민이 감히 숨기지 못하고 함께 황제를 만났다. 이때 황문시랑黃門侍郎 배구裵矩가 황제에게 말하였다.
"고구려는 본래 기자箕子에게 봉해진 땅으로 한漢나라와 진晉나라가 모두 군현으로 삼았습니다. 지금 신하 노릇을 하지 않고 따로 이역異域이 되었으므로 선제先帝(수문제)께서 정벌하려고 한 지 오래입니다. 다만 양량楊諒(수문제의 아들)이 불초하여 군대가 출동했으나 성공하지 못하였습니다. 폐하의 때를 당하여 어찌 취하지 않음으로써 예의가 바른 지경을 오랑캐의 고을로 만들겠습니까? 지금 고구려 사신은 계민이 나라를 들어 복종하는 것을 직접 보았으니, 그가 두려워하는 것을 이용해서 위협하여 입조하게 하십시오."
양제가 그 말에 따라 우홍牛弘에게 명해 칙명을 전하게 했다.
"짐은 계민이 성심껏 나라를 받들므로 직접 그 장막까지 왔다. 내년에는 탁군涿郡(북경 부근)으로 갈 것인데, 너는 돌아가 너의 왕에게 빨리 와서 조회하고 스스로 의심하거나 두려워하지 말라고 아뢰어라. 보존하고 키우는 예는 계민의 경우처럼 할 것이다. 만약 조회하지 않으면 장차 계민의 군사를 거느리고 너희 땅으로 들어갈 것이다."

왕은 번신藩臣의 예를 갖추지 못하였으므로 황제가 쳐들어올까 봐 두려워하였다. 계민은 돌궐의 가한可汗이다.

이 기사가 『수서』「배구裴矩열전」에는 조금 다른 내용으로 실려 있다. 배구가 "고구려 땅은 본래 고죽국孤竹國(지금의 하북성 노룡盧龍현 부근)입니다. 주周나라 때 기자에게 봉했고, 한나라 때 3군으로 나뉘었고, 진나라 때 역시 요동으로 통치했습니다. (……) 입조하라고 위협하면 마땅히 이를 것입니다[高麗之地 本孤竹國也 周代以之封于箕子 漢世分爲三郡 晉氏亦統遼東 (……) 脅令入朝 當可致也]"라고 말했다는 것이다. 고구려의 영토가 지금의 하북성 노룡현까지 이르렀음을 말해주는 사료이자 한때는 이 지역이 요동이었음을 알려주는 사료이기도 하다. 또한 우홍에게 명해 명령을 전하게 한 것이 아니라 양제가 직접 사신을 불러 말을 전했다고 기록했는데, "영양왕이 명에 따르지 않으므로, 요동을 정벌할 계책을 수립하기 시작했다[高元不用命 始建征遼之策]"고 전한다. 수문제의 침략을 격퇴한 적이 있는 영양왕이 양제에게 입조한다는 것은 있을 수 없는 일이었다.

이 사건으로 수양제는 계민가한에게 큰 의구심을 갖게 되었다. 돌궐과 고구려가 손을 잡으면 그 여파가 어디까지 이를지 알 수 없었다. 그래서 양제는 계민가한에게 거란 토벌에 나서도록 요구했고 계민가한은 그의 요구대로 607년 거란 토벌에 나설 수밖에 없었다. 나아가 양제는 612년 고구려 정벌 때도 계민가한의 기마 군대를 동원하려 했지만 계민가한은 불응했다. 오히려 양제는 615년 계민가한의 아들 시필始畢가한에게 안문성雁門城에서 포위되어 큰 곤욕을 치른다. 이 사건은 양제가 돌궐을 고구려 정벌에 동원하려 하자 반발해 일으킨 사건으로 보기도 한다. 그만큼 돌궐과 고구려는 가까운 사이였다.

이후 고구려와 돌궐의 관계에 대한 문헌사료를 찾기는 쉽지 않다. 그러나 지금의 우즈베키스탄 사마르칸트 인근에서 발견된 돌궐계 왕조의 와르후만왕 재위기(650~670년)에 제작한 아프라시압Afrasiab 궁전 벽화에 돌궐과 고구려의 친밀한 관계가 나타나 있다. 머리에 새 깃털을 꽂은 고구려 사신들이 그려진 사신도使臣圖가 발견된 것이다. 고구려는 당을 견제하기 위해 초원길을 따라 머나 먼 서역으로 사신을 파견한 것으로 추측된다.

고구려와 거란

거란은 선비의 별종, 또는 동호東胡의 일파로 기록되어 있으나 계통이 정확하지는 않다.『삼국사기』에 고구려 소수림왕 8년(378) 가을 9월 거란이 북쪽의 변방 읍을 침범하여 여덟 부락을 함락시켰다는 기록이 거란과 고구려가 접촉한 최초의 기록이다.『삼국사기』'광개토왕 원년(391) 9월조'는 광개토태왕이 북쪽의 거란을 쳐서 남녀 500명을 사로잡고, 또한 본국 사람으로 거란에 점령되어 살던 백성 1만 명을 데리고 돌아왔다고 기록했다. 학계 일각에서는「광계토태왕릉비문」의 '영락 5년(395)조'에 보이는 광개토태왕의 비려碑麗 정벌을『삼국사기』광개토태왕 원년(391)의 거란 정벌과 동일한 사건으로 보기도 한다.「광계토태왕릉비문」의 '영락 5년(395)조'는 다음과 같다.

영락 5년 을미년에 왕은 비려가 □□ 사람들을 돌려보내지 않기 때문에 친히 군대를 거느리고 토벌에 나서 부산富山과 부산負山을 지나 염수에 이르러 그 부락 600~700영營을 격파하였는데 포획한 소·말·양이 헤아릴 수 없을 정도였다. 이에 어가는 귀환에 나서서 양평도襄平道를 통하여 동으로 □□성, 역성, 북풍에 이르렀다. 왕은 수렵할 차비를 하면서 (주위의) 국경지대를 둘러보고 사냥하면서 귀환했다.

장수왕 때에 이르러서 고구려는 거란족을 적극적으로 공략하기 시작한다. 당시 거란족은 지두우 남쪽의 서요하 상류 일대에 거주하면서 8부 연맹체제를 이루었고 서쪽으로는 유연, 남쪽으로는 북위 등과 국경을 맞대는 중요한 위치에 있었다. 거란족은 고구려가 장수왕 67년(479) 유연과 함께 지두우를 양분하려 하자 두려움을 느

거란 중경성 유적지 내의 거란 탑과 토성(내몽골 적봉시 영성현 소재)

끼고 거주지를 북위와 가까운 지역으로 옮겨 의탁하려 했다. 『위서』 '거란조'는 "거란이 두려움을 느끼고 수레 3천여 대에 만여 명이 가축과 함께 북위에 내부하기를 구해서 백랑수 동쪽으로 이주했다"고 전한다. 이때 거란이 조양시 서남쪽인 백랑수로 남하한 것은 고구려의 공격 때문이다. 『수서隋書』 '거란조'에 "후위後魏(북위) 시절 고구려의 침략을 당해 부락 만여 명이 북위에 내부해 백비하白貔河에 이르렀다[當後魏時 爲高麗所侵 部落萬餘口求內附 止于白貔河]"고 전하는 대로 고구려의 공격으로 남하한 것이다.

이전 지역은 당연히 고구려의 소유가 되었고 남하하지 않은 나머지 거란족도 고구려의 지배 아래 들어왔다. 거란 내부에도 고구려와 우호적인 세력이 있었는데, 『수서』 '거란조'에 "거란은 그 후 돌궐의 핍박을 받아, 또 만여 가가 고구려에 의탁했다[其後爲突厥所逼 又以萬家寄於高麗]"는 구절이 이를 말해준다. 거란은 고구려의 속국이었던 것이다.

『위서』 「봉의封懿열전」에는 "봉궤封軌가 고구려에 사신으로 가서 문자명왕에게 이전에 거란이 북위의 변경 백성 60여 구口를 노략하여 고구려에 바쳤으니 이를 돌려보내 달라고 요구하자 문자명왕은 이들 모두에게 식량을 주어 돌려보냈다"고 전한다. 당시 거란은 북위의 변경을 공격해 그 백성들을 약탈하여 고구려에 바쳤는데 이것은 고구려가 거란족을 지배하고 있었음을 보여주는 사례라 할 수 있다. 수문제가 영양왕에게 국서를 보내 "거란을 금고시켰다"고 비판한 것은 거란이 고구려의 속국인 데 대해 불편한 심기를 나타낸 것이다.

고구려와 서역 관계

앞서 서술했듯이 1965년 우즈베키스탄 사마르칸트 북부의 아프라시압 궁전 터에서 사신도가 발견되었다. 7세기 후반 사마르칸트왕 와르후만을 알현하는 외국 사절단 열두 명의 행렬이 그려진 사신도인데, 그중 황색 원령포圓領袍에 환두대도를 차고 머리에 새 깃털을 꽂고 두 손을 맞잡고 서 있는 두 사람이 고구려 사절로 추측된다. 고구려가 서역西域 나라들과 통교했음을 말해주는 벽화다. 사절들의 인물상과 복식은 당시의 문헌기록이나 유물에서 나타나는 고구려인들의 복식과 매우 유사하다. 『구당서』'고구려조'는 "(고구려인들은) 모자에 새 깃 두 개를 꽂는다[揷二鳥羽]"고 기록했으며, 『위서』'고구려조'도 "모자 곁에 새의 깃을 꽂는데 귀천에 따라 차이가 있다[旁揷鳥羽 貴賤有差]"라고 전하여 아프라시압 사신도의 두 사람이 고구려 사절임을 짐작케 한다. 쌍용총을 비롯한 고구려 고분벽화는 물론 당나라 이현李賢의 묘 벽화에 보이는 객사도客使圖에도 조우관鳥羽冠을 쓴 고구려인들이 보인다.

또한 고구려 사절의 허리에 찬 환두대도 칼집의 M자 형 장식은 고구려 삼실총 등 고분벽화에서 볼 수 있는 것과 같은 유형이다. 아프라시압 궁전 벽화는 7세기 후반에 연개소문이 보낸 사절임을 알 수 있다. 당시 고구려와 서역 제국은 중원을 통일한 수·당으로부터 침략 위협을 받는 동병상련의 처지였다. 당은 7세기 초반 실크로드 서쪽 투르판 분지에 있는 고창국과 서쪽으로 이동한 서돌궐을 차례로 공략한 데 이어 서역을 향해 세력을 확장하고 있었다. 고구려는 수·당의 침입을 수차례 물리쳤으나 여전히 침략 위협이 계속되었기 때문에 돌궐을 비롯한 서역 제국과 제휴하여 수·당을 압박

아프라시압 궁전 벽화에 그려진 사신도 오른쪽의 두 남자는 머리에 새 깃털을 꽂고 환두대도를 찬 것으로 보아 고구려 사절로 추측된다.

하려 한 것이다.

고구려와 서역의 통로는 실크로드나 몽골 초원 일대를 관통하는 초원길이었다. 『삼국사기』 '고국원왕 12년(342)조'는 연燕나라의 고구려 침공로를 말하면서 "고구려에는 두 길이 있는데 북쪽 길[北道]은 평탄하고 넓지만, 남쪽 길[南道]은 험하고 좁으므로 많은 사람들이 북도로 가려고 하였다"고 전한다. 북로는 평양-동황성(강계)-집안-심주(심양)-통정(신민)-호원진-여주(북진)-연주(의현)-영주(조양)로 이어지는 길이고, 남로는 집안에서 요동(요양)-광주(요중)-양어무를 통해 영주로 연결되는 길이다. 두 길은 고구려 서쪽 영주에서 만나 하북성 승덕을 거쳐 연나라의 수도였던 계薊(지금의 북경 부근)에 이르게 된다. 계에서 낙양을 거쳐 장안까지 가면 실크로드 육로와 연결된다. 평양에서 영주까지는 약 1,700리, 영주에서 계까지는 약

1,200리, 계에서 장안(서안)까지는 약 2,500리로 추산된다. 장안에서 사마르칸트까지는 1만 2,300리이므로 고구려 수도 평양에서 서역인 사마르칸트까지는 1만 7,700리나 되는 머나먼 길이다.

실크로드 외에 유라시아 대륙의 동서를 연결하는 스텝로Steppe Road, 곧 초원길이 있다. 고구려는 서역과

머리에 새 깃털을 꽂은 무용총 수렵도의 무사

공개적인 문물교류를 할 때는 실크로드를 이용했겠지만 중국에 보안을 유지할 필요가 있는 사행使行은 실크로드가 아니라 초원길을 택했을 것이다. 고구려 당시의 초원길은 북유럽의 발틱 해 남안에서 시작하여 흑해의 동북쪽과 남러시아의 카스피 해와 아랄 해 연안을 지나 동진한 후 카자흐스탄과 알타이 산맥 이남인 준가르 분지에서 몽골 고비사막의 북단 오르콘 강 연안으로 접어들어 중국 화북 지방으로 연결되는 것으로 알려져 있다. 이 초원길은 곳곳에 오아시스가 있고 본 도로 외에 지선이 연결되어 있는 그물 형태의 도로망이다. 실크로드와 스텝로 모두 영주에서 만나게 되므로 영주는 중국 대륙이나 북방 유목민족들을 연결하는 중요한 관문이었다.

11_ 백제와 신라와 고구려

평양성 천도가 만든 변화들

백제와의 관계

고구려는 4세기 중엽부터 백제와 충돌하게 된다.『삼국사기』「고구려본기」'고국원왕조'에는 "고국원왕 39년(369) 왕은 군사 2만 명을 거느리고 남으로 백제를 쳐서 치양雉壤(황해도 배천)에서 싸웠으나 크게 패전하였다"고 기록했다. 백제 근초고왕 24년의 일인데『삼국사기』「백제본기」'근초고왕조'에 따르면 패전한 고구려 군사 5천여 명이 포로가 되었다.

그러나 고구려와 백제는 부여夫餘에 근원을 둔 형제국이다. 백제 개로왕은 북위에 보낸 국서에서 "백제는 고구려와 함께 근원이 부여에서 나왔습니다. 선세先世 때는 옛 우의가 두터웠는데 그 할아버지 쇠釗(고국원왕)가 이웃의 친분을 가볍게 저버리고 친히 군사를 거느리고 우리 국경을 함부로 짓밟았습니다"라고 하여 그 뿌리가 같음과 사이가 틀어진 계기를 설명했다.

고구려가 백제를 공격한 것은 요동 공략이 좌절되었기 때문이다. 고국원왕은 재위 12년(342) 전연前燕의 공격을 받아 도읍지인 환도성이 함락되고 태후 주씨와 왕비를 비롯하여 5만여 명이 포로로 끌려가고 미천왕의 시신마저 탈취당해 요동 공략에 큰 타격을 받았다.

이후 40여 년 동안 요동 진출이 좌절된 고구려는 남방으로의 진출을 모색하는 과정에서 백제와 충돌한 것이다. 그러나 고국원왕은 백제와 싸우던 중 날아오는 화살에 맞아 전사하고 말았다. 당시 백제는 중흥군주라는 근초고왕이 재임하면서 국력이 비약적으로 신장할 때였다. 이 무렵 고구려와 백제의 국경선은 지금의 예성강 부근이었을 것으로 추측된다.

백제와 싸우다 전사한 고국원왕의 뒤를 이은 소수림왕은 여러 차례 복수전을 전개하지만 큰 성과를 거두지는 못했다. 소수림왕의 뒤를 이은 고국양왕 원년(384) 요동에서 전진이 멸망하고 모용씨의 후연後燕이 일어나자 고구려는 서쪽으로 진출할 호기가 왔다고 생각하여 후연에 대한 공격을 개시했다. 『삼국사기』는 고국양왕 2년(385) 4만 군사가 후연의 요동군과 현도군을 빼앗고 1만여 명을 포로로 잡는 큰 승전을 거두었다고 전한다. 고구려가 후연과 격돌하면서 남쪽 지역의 방비가 소홀하자 백제는 수차례 변경을 침입해 고구려 주민들을 사로잡아갔다.

고구려와 백제의 관계는 신라가 개입하면서 새로운 양상으로 전개된다. 그동안 우호관계였던 백제와 신라가 대립관계로 변하는 사건이 발생했기 때문이다. 신라 내물왕 18년(373) 백제의 독산성 성주가 300명을 데리고 신라에 항복했는데, 내물왕은 이들을 돌려보내는 대신 6부에 나누어 살게 한 것이다. 백제 근초고왕은 "두 나라가 화친을 맺어 형제가 되기를 약속했는데, 지금 대왕께서 우리의 도망한 백성을 받아들이니 화친한 뜻에 크게 어긋납니다"라며 돌려주기를 청했으나 내물왕이 "백성은 일정한 마음이 없기 때문에 생각이 있으면 오고 싫어지면 가버리는 것"이라며 거절함으로써 양국의 우호관계는 막을 내리게 된다. 신라가 이를 계기로 고구려와 외교관계를 모색하면서 고구려로서는 대백제 전략에 유리한 고지를 차지하게 되었고 신라는 고구려와 백제 양쪽과 다 맞서야 하는 처지가 된 것이다.

고구려에 정복군주 광개토태왕이 들어서면서 백제는 큰 곤욕을 치르게 되는데, 그 이면에는 고국원왕의 전사라는 백제에 대한 증오가 자리 잡고 있었다. 고구려는 황해의 제해권 확보에 주력하는데, 해상 강국인 백제의 발목을 묶기 위해서였다. 광개토태왕이 백제의 북방을 지키는 주요한 요새이자 수군 기지인 관미성關彌城을 선제공격한 것도 제해권을 확보하고 백제의 발목을 묶기 위한 조치였다. 또한 「광개토태왕릉비문」 '영락 6년조(396)'는 백제가 왜와 연합하자 광개토태왕이 직접 백제 공략에 나서 58성과 700촌村을 함락시키고 도성을 포위하니 백제 아신왕이 왕제王弟와 대신 10여 명을 바치며 항복해 이들을 잡아 돌아왔다고 전한다. 백제는 광개토태왕의 대대적인 공격에 속수무책으로 당하면서 한강 이북의 지역이 모두 고구려에 의해 함락되었으니 그야말로 나라가 망하지 않은 것이 다행이었다. 또한 '영락 10년조(400)'에는 광개토태왕이 신라·가야 지역을 점령한 백제·왜의 연합군을 물리치고 신라를 구원해주었다는 기록도 있다. 고구려와 신라가 연합관계였다면 백제·왜·가야가 마찬가지로 연합관계였음을 알 수 있다.

관미성 성벽 관미성은 오두산성으로 비정된다. (경기도 파주 소재)

    광개토태왕의 뒤를 이은 장수왕은 중국과의 관계를 중시했다. 북중국을 통일하면서 새로운 강자로 등장한 북위는 장수왕 22년(434)에는 북연을 멸망시키면서 고구려와 국경을 맞대게 되었다. 북위는 장수왕 27년(439)에는 북량北涼을 멸망시켰으며 장수왕 34년(446)에는 서쪽의 토곡혼吐谷渾을 공격했다. 고구려는 북위의 요동 지배권을 인정하면서 우호적인 관계를 맺고 남쪽으로 시선을 돌렸다. 『위서』는 고구려가 북위에 자주 조공을 바쳤다고 기록했지만 이는 조공이 아니라 우호 사절이었다.

    장수왕이 재위 15년(427) 평양 천도를 단행한 것은 고구려·백제·신라 삼국의 역사 지형을 근본적으로 바꾸어놓았다. 장수왕의 남진정책은 백제로서는 사활이 걸린 일이어서 백제는 구원舊怨을 털고 신라와 나제동맹을 맺는 한편 북위에도 국서를 보내 고구려의

고구려 장수왕이 백제 개로왕을 전사시킨 아차산성

남침을 막을 군사원조를 요청해 고구려에 대한 양동작전을 추진했다. 그러나 북위는 군사를 보내지 않았고, 되레 고구려의 대대적인 침공만 불러일으켰다.

고구려는 중국 북위 등에 사신을 파견해 서쪽을 안정시킨 후 백제에 대한 공격을 개시했다. 먼저 장수왕은 첩자인 도림道琳을 백제에 밀파하여 개로왕을 부추겨 궁실과 누각을 짓게 하는 등 백제 국력을 소진시키고 군사를 허약하게 만들었다. 결국 장수왕은 재위 63년(475) 군사 3만 명을 거느리고 백제에 침입하여 수도인 한성을 함락시키고, 개로왕을 아차성 아래에서 죽이고, 남녀 8천 명을 사로잡아 돌아갔다.

백제는 수도를 공주로 옮길 수밖에 없었고, 고구려는 한강 유역은 물론 남양만을 비롯한 충청도 북부 지역까지 영토를 확장할 수 있었다. 이들 지역에 대한 고구려의 지배는 6세기 초반까지 지속되었다.

신라와의 관계

고구려는 5세기 중반까지 신라와 우호관계를 유지했다. 고구려는 백제를 견제하기 위해 신라와 동맹관계를 유지해야 했고 신라 또한 고구려를 통해 백제의 군사공격을 저지할 수 있었기 때문이다.『삼국사기』'고국양왕 9년(392, 신라 내물왕 37)조'는 "봄에 사신을 신라에 보내 사이좋게 지내기를 청하니, 신라왕은 조카 실성實聖을 보내 인질로 삼게 했다"고 기록했다. 이는 고구려와 신라의 우호관계가 고구려가 우위에 선 가운데 전개되었음을 말해준다. 신라는 왕족을 인질로 보내는 인질외교를 통해서까지 고구려와 우호관계를 유지해야 했던 것이다. 백제와 왜의 침공에 대처하려는 필사적인 노력이었다. 광개토태왕릉비에 따르면 광개토태왕 9년(399) 백제가 왜와 손잡고 신라를 공격하자 신라 내물왕은 자신을 노객奴客이라고 낮추며 군사지원을 요청했다. 노객은 광개토태왕릉비에만 나오는 표현이긴 하지만 백제·왜의 연합공격으로 궁지에 빠진 내물왕으로서는 그만큼 절박했음을 말해준다. 이 무렵 신라는 사실상 고구려의 속국 비슷한 존재였다. 광개토태왕릉비에는 이때의 상황이 기록되어 있다.

> 영락 10년(400) 경자庚子에 태왕은 보기步騎 5만을 보내어 신라를 구원토록 하였다. 남거성에서부터 신라성에 이르기까지 왜군이 가득 차 있었는데 관군이 도착하자 왜적은 퇴각하기 시작했다. 왜적의 배후를 급

히 추격하여 임나가야의 종발성까지 이르렀다. 이 성은 즉시 항복하였는데 태왕은 신라인으로 하여금 이 성을 지키게 하였다. 신라성과 □성을 공격하자 왜구가 크게 무너졌다. 성안의 10명 중 9명가량은 죽이거나 강제로 옮기고 신라인으로 하여금 지키게 하였다.

광개토태왕은 신라의 구원요청에 따라 5만 대군을 파견해 신라의 경주 부근까지 이르렀고, 그곳을 점령하고 있던 왜군은 고구려 구원병을 보고 달아났다. 고구려군은 낙동강 유역의 임나가야까지 추격해 종발성을 함락시키고 신라군에게 지키도록 했다. 고구려는 신라 구원을 명분으로 출병해 죽령 남쪽까지 확보할 수 있었다. 뿐만 아니라 실성을 죽이고 눌지를 세우는 등 신라의 왕위계승까지 개입했다.

그러나 고구려가 장수왕 15년(427) 평양 천도를 단행하면서 상황은 크게 달라졌다. 장수왕의 평양 천도는 백제뿐만 아니라 신라에도 큰 위협이었다. 장수왕이 교통의 요충지인 충주에 국원성을 설치해 남쪽으로 진출하려는 의도를 내비치자 불안을 느낀 신라는 백제와 연합을 모색했다. 백제와 신라의 이해가 합치하여 '나제동맹羅濟同盟'이 맺어진다. 나제동맹은 433년 백제의 비유왕과 신라의 눌지왕이 맺었는데, 493년에는 백제 동성왕이 신라의 이찬 비지의 딸을 왕비로 맞이했고, 553년에는 백제의 왕녀가 신라로 시집가는 등 혼인동맹으로까지 발전했다.

장수왕은 재위 63년(475) 백제의 개로왕을 전사시키고 한성을 점령한 후 재위 69년(481)에는 신라 북변을 공략했다. 고구려군은 말갈군과 함께 지금의 경상북도 청송, 영해까지 진격하면서 신라의

신라의 삼년산성 성의 이름은 성을 축성할 때 3년이 걸린 데서 유래하며, 신라는 이곳을 백제 공격의 전초기지로 삼았다. (충청북도 보은 소재)

수도 경주를 압박하기도 했다.

백제와 신라의 나제동맹은 신라가 백제의 점령지인 한강 유역을 공격, 탈취함으로써 깨졌다. 『삼국사기』 「신라본기」 '진흥왕 14년 (553)조'는 "가을 7월에 백제의 동북쪽 변읍邊邑을 빼앗아 신주新州 (경기도 광주)를 설치하고, 아찬 무력을 군주로 삼았다"고 했다. 백제로서는 동맹군인 신라에게 배후를 습격당한 셈이다. 『삼국사기』 「백제본기」 '성왕 32년조'를 보자.

성왕 32년(554) 가을 7월에 왕은 신라를 습격하고자 하여 친히 보병과 기병[步騎] 50명(일본 궁내성본 『삼국사기』는 보기 5천으로 기록되어 있음)을 거느리고 밤에 구천狗川(충청북도 옥천)에 이르렀다. 신라의 복병伏兵이 일어나자 더불어 싸웠으나 난병亂兵에게 해침을 당하여 죽었다.

고구려 최대 강역

격분한 성왕이 신라를 공격했지만 성왕이 되레 전사함으로써 백제의 패배로 끝나고 신라와 백제는 다시 적대관계로 돌아섰다. 삼국이 모두 적대관계로 변한 것이다.

영락永樂 14년인 광개토태왕 14년(404)에 왜가 백제와 손잡고 고구려 영토인 대방계에 쳐들어왔을 때 광개토태왕은 직접 군사를 끌고 이를 물리치러 나갔는데, 광개토태왕릉비는 이때 왕이 이끈 군사를 임금의 깃발을 나부끼는 '왕당王幢'이라고 표현했다. 신라를 침입한 왜군을 정벌하면서는 관군官軍이란 표현도 사용했는데 이는 각 부족들이 장악하고 있던 전사집단을 국왕의 군대로 통합하는 데 성공했음을 말해준다.

3부 고구려의 국왕과 지배층

12_ 고구려 초기의 이상한 왕위계승

왕자들이 잇달아 자결하는 이유

고구려 초기 왕 계보

❶ 추모왕
❷ 유리왕

도절 해명 ❸ 대무신왕 ❹ 민중왕 재사
       호동 ❺ 모본왕 ❻ 태조대왕

태자 해명이 자결한 이유

부여에서 와서 고구려의 제2대 임금이 된 유리왕의 뒤를 이어 제3대 임금이 된 인물은 대무신왕大武神王(재위 18~44년)이다. 그런데 이름이 무휼無恤인 그는 유리왕의 셋째 아들로 대해주류왕大解朱留王이라고도 부른다.

무휼은 유리왕의 맏아들이 아니다. 그에게는 맏형 도절都切뿐만 아니라 둘째 형 해명解明도 있었다. 셋째 아들에 지나지 않는 그가 어떻게 두 형을 제치고 임금이 될 수 있었는지는 논란의 여지가 있다. 시조 추모왕은 졸본에서 낳은 비류, 온조 두 아들을 제치고 북부여에서 온 유리를 후사로 삼을 정도로 맏아들을 우대했기 때문이다. 대무신왕의 두 형들은 왜 왕이 되지 못했을까?

『삼국사기』는 일단 "태자 도절이 유리왕 20년(서기 1년) 정월에 죽었다[卒]"고 전한다. 그가 정상적인 병으로 죽었는지, 아니면 다른 정변에 의해 죽었는지 알 수 있는 기록이 더 이상 없으므로 그 죽음의 이유를 추적할 방법이 없다.

그러나 도절의 뒤를 이어 태자가 된 해명解明이 죽게 되는 과정은 어느 모로 보아도 부자연스럽다.

해명은 유리왕 27년(서기 8)에 옛 수도 졸본에 있었는데 힘이 세고 무용武勇이 뛰어났다. 근처의 황룡국黃龍國왕이 사람을 보내 튼튼한 활을 주자, 해명은 사신 앞에서 그 활을 꺾어버린 후 "내 힘이 센 것이 아니라 활이 굳세지 못하다"고 호기를 부릴 정도였다. 황룡국왕이 이를 듣고 부끄럽게 여겼는데, 정작 분노한 사람은 유리왕이었다. 유리왕은 황룡국왕에게 이렇게 말한다.

"해명이 자식으로서 불효하니 청컨대 나를 위해서 목을 베소서."

이에 힘을 얻은 황룡국왕이 사람을 보내 태자를 만나기를 청하니 태자가 가려고 하자 주위에서 말렸다.

"지금 황룡국에서 아무 일 없이 만나기를 청하니 그 뜻을 헤아릴 수 없습니다."

그러나 태자는 물러서지 않았다.

"하늘이 나를 죽이려 하지 않는데 황룡국왕이 나를 어쩌겠느냐."

황룡국왕이 처음에는 태자 해명을 죽이려 했으나 그를 보고는 감히 해칠 생각을 품지 못하고 예를 갖추어 보냈다. 그런데 정작 해명을 꾸짖고 나선 인물은 부왕인 유리왕이었다.

"내가 수도를 옮긴 것은 백성을 편안히 하여 나랏일을 굳게 하려는 것인데 네가 나를 따르지 않고 힘이 센 것을 믿고 이웃 나라에 원한을 맺었으니 자식 된 도리로 이럴 수 있느냐?"

유리왕은 칼을 주며 자살하게 했는데, 태자가 곧바로 자살하려

하자 주위에서 말렸다. 그러나 태자는 막무가내였다.

"전에 황룡국왕이 센 활을 보냈을 때 나는 그들이 우리나라를 업신여길까 염려되어 짐짓 활을 잡아당겨 꺾음으로써 보복했는데 뜻밖에 부왕의 견책을 당하게 되었다. 이제 부왕이 나를 불효하다 하여 칼을 주어 자살케 하니 아버지의 명령을 어찌 피할 수 있겠느냐?"

태자 해명은 여진동원이란 곳에 가서 창을 땅에 꽂고 말을 달려 그 창에 찔려 죽으니 이때 나이가 21세였다. 비로소 태자의 예로써 장사지내고 거기에 사당을 세우고 이름을 '창에 찔려 죽었다'는 뜻에서 창원槍原이라 했다.

유리왕과 둘째 아들 해명과의 불화는 여러 점에서 의심을 낳게 한다. 먼저 유리왕이 재위 22년 국도國都를 졸본에서 압록강 유역의 국내성으로 옮길 때 태자 해명은 따라오지 않았다. 왜 따라오지 않았을까? 그 해답의 일단은 유리왕이 해명에게 "나를 따르지 않고 힘이 센 것을 믿고"라고 꾸짖은 데서 유추할 수 있다. 해명도 독자적인 세력을 지니고 있었던 것이다. 해명이 황룡국왕이 보낸 활을 꺾어 그 기세를 꺾어버린 것은 칭찬할 만한 일인데도 유리왕이 극도로 화를 내며 자결하도록 요구한 것도 마찬가지다. 해명은 독자적인 세력을 가지고 황룡국왕의 기를 꺾어놓은 것이다.

유리왕의 꾸중을 들은 해명이 땅바닥에 창을 꽂고 자결한 사실은 흡사 조선 후기에 영조가 사도세자를 뒤주 속에 넣어 굶어 죽인 일과 비견될 만한 사건이다. 왜 그랬을까?

유리왕이 국내성으로 천도했을 때 태자 해명이 따라오지 않은 이유는 그가 졸본 토착세력이기 때문이다. 부여에서 온 유리왕은 토

고구려의 두 번째 도읍지인 국내성 서쪽 벽 유리왕이 국내성으로 천도할 때 따르지 않은 태자 해명은 결국 죽음을 맞게 된다.

착세력의 근거지인 졸본을 피해 국내성으로 천도한 것이고 해명은 이를 거부한 것이다. 결국 토착세력과 정복세력의 갈등은 태자 해명이 자결하는 것으로 끝을 맺고, 유리왕의 셋째 아들 무휼이 태자가 되어 왕위에 오르니 그가 바로 대무신왕이다.

귀족을 숙청하는 대무신왕

유리왕과 해명 사이 갈등의 원인을 짐작할 수 있게 해주는 점이 하나 있는데 바로 대무신왕의 모계母系다. 그의 어머니는 송씨宋氏로 송양松讓의 딸이다. 송양은 바로 주몽이 부여에서 남하해 고구려를 세우고 비류수 상류에 있는 비류국을 찾아갔을 때 비류국의 왕으로, 주몽과 활 싸움 끝에 항복한 인물이다. 주몽은 송양이 나라를 들어 항복하자 비류국을 다물도多勿都라 고치고, 송양을 그곳의 지배자로 임명했다. 다물은 고구려 말로 '옛 땅을 회복한다'는 뜻이라고 『삼국사기』는 적었다. 결국 주몽은 송양의 딸을 며느리로 삼는 사돈관계를 맺은 셈이다. 유리왕은 국내성 천도를 거부하는 해명 세력 대신에 송양 세력과 손을 잡은 것이다.

대무신왕은 그 이름이 시사하는 대로 군사 부분에 뛰어난 임금이었다. 당시 고구려는 북방의 부여보다 약한 나라였다. 부여왕 대소帶素가 사신을 보내 부왕 유리를 협박하자 유리왕은 굴복하려 했다. 어린 왕자 무휼, 곧 훗날의 대무신왕은 그 사신에게 이렇게 말한다.

"우리 선조(주몽)는 신령의 자손으로 어질고도 재주가 많았는데, 대왕이 질투하고 모해하여 부왕(금와)에게 참소하여 말을 먹이게 하는 것으로 모독했기 때문에 불안해서 탈출하였다. 이제 대왕이 전날의 잘못을 생각하지 않고 다만 군사가 많은 것만 믿어 우리나라를 멸시하고 있으니 청컨대 그대는 돌아가 이렇게 전하라. '이제 여기에 포개 쌓은 알[累卵]이 있으니 만일 대왕이 이 알을 헐지 않으면 신臣이 대왕을 섬길 것이나, 그러지 않으면 섬기지 않겠다.'"

이 말을 들은 부여왕이 '포개 쌓은 알'이 무엇을 뜻하는지 몰라 여러 신하들에게 두루 물었더니 한 노파가 그 뜻을 풀이했다.

"포개 쌓은 알은 위태한 것이니 그 알을 무너뜨리지 않는 자가 편안할 것입니다."

'포개 쌓은 알'을 누란의 위기라고 하는데 이는 사마천의 『사기史記』「범수范睢편」에 나오는 말로 '눈먼 말 타고 벼랑 가는 것'처럼 아주 위태로운 형세를 뜻한다. 이를 무너뜨리려 하면 고구려는 결사적으로 항거하겠다는 뜻이었다. 이 노파의 해석에 따라 부여는 고구려를 침공하지 않았다.

대무신왕은 즉위 후 부여 정벌에 나선다. 비류수 위에 이르렀을 때 불 없이도 저절로 밥이 되는 큰 솥을 얻기도 하고, 이물림利勿林에서는 금도장과 병기를 얻는 등 성공할 조짐이 잇달았다. 또한 키가 구 척尺쯤 되고 흰 얼굴에 눈에 광채가 나는 괴유怪由라는 인물이 "부여왕의 머리를 베어 오겠습니다"라며 따라오고, 긴 창을 가지고 길을 인도하는 마노麻盧란 인물도 얻는다.

그러나 이런 조짐들에도 정벌은 그다지 성공적이지 못해 대무신왕은 위기에 빠졌다. 대무신왕이 부여군의 습격을 받아 위기에 처했을 때 단신으로 적진에 들어가 부여왕 대소의 목을 베는 전과를 세운 인물은 괴유였다. 그러나 부여군은 왕이 죽었음에도 고구려군을 두어 겹으로 에워싸고 공세를 계속해 고구려는 가까스로 위기에서 빠져나왔다. 겨우 고구려로 돌아온 대무신왕은 친히 죽은 자를 조상하고 병든 자를 방문해 인심을 수습했다.

부여도 고구려의 침공은 물리쳤으나 대소왕이 죽었으므로 위기가 잇달았다. 대소왕의 형제들 사이에 왕위 다툼이 일어나 그중 한 명이 부여에서 도망쳐 갈사국葛思國을 세웠고, 대소의 종제從弟도 만여 명을 거느리고 고구려에 항복한 것이다.

대무신왕은 재위 15년에 고구려 국내 숙청을 단행한다. 대신大臣 구도·일구·분구 등 세 사람을 내쫓아 서인庶人으로 삼는 조치를 단행한 것이다. 비류부의 우두머리로 임명된 구도 등이 남의 처첩과 우마牛馬, 재산을 마구 빼앗으며, 주지 않는 사람이 있으면 매질을 하여 때렸다는 죄목이었다. 대무신왕은 이들을 곧바로 죽이려 했으나 조부 추모왕의 옛 신하이기 때문에 죽이지는 못하고 쫓아내는 데 그쳤다.

일견 현대 한국에서도 빈번하게 볼 수 있는 부패관리 숙청같이 보이지만 그 의미는 그리 간단하지 않다. 이는 단순히 부패한 관리를 내쫓은 것이 아니라 고구려의 5부 중 하나인 비류부의 수장들을 서인으로 삼을 정도로 왕권이 강화되었음을 뜻하기 때문이다. 대무신왕은 남부南部 사자 추발소를 대신 비류부의 우두머리로 삼는데 이는 고구려가 5부족 연합체라는 부족 연합적 성격에서 국왕이 다른 부의 임명권까지도 행사할 수 있는 강력한 왕권국가로 변화하는 과정을 보여주는 것이다.

여기에는 대무신왕 시절 전쟁이 잇달았던 것이 중요한 요인이 되었을 것이다. 그는 재위 11년(서기 28) 후한의 광무제가 보낸 요동태수의 대군을 맞아 싸우는 방어전 이외에도 여러 차례 친정을 단행했다. 재위 4년에 부여를 공격한 것을 비롯하여 재위 9년에는 개마국蓋馬國 친정을 단행했다. 개마국이 멸망했다는 소식을 들은 구다국句茶國이 스스로 나라를 들어 항복할 정도로 그의 친정은 부여 정벌의 경우처럼 항상 성공하지는 않았지만 개마국과 구다국으로 영토를 확장하는 전과를 거두었다. 전쟁은 불가피하게 체제를 중앙집권적으로 바꾼다. 그는 이런 친정을 통해 왕권을 강화한 것이다.

대무신왕의 이런 친정은 의도적인 것이었다. 그가 재위 3년에 동명왕묘東明王廟를 세운 것은 고구려 왕계를 다른 나부와는 구별되는 신성한 것으로 만들려는 의도였고, 이런 의도를 달성하기 위한 유력한 수단으로 친정을 택한 것이다.

호동왕자가 비극적 죽음을 당한 이유

왕권을 강화하려 한 대무신왕 때 왕자 호동이 비극적 죽음을 당한 사건은 의미심장하다. 호동은 낙랑공주와의 비극적인 사랑으로 유명한 왕자다. 한때는 『삼국사기』에 실린 호동왕자와 낙랑공주의 사랑이야기가 중국이 고조선을 멸망시키고 세웠다는 한사군漢四郡 중 하나인 낙랑군樂浪郡이 한반도 내에 존재했다고 주장하는 유력한 근거가 되기도 했다.

호동왕자와 낙랑공주의 사랑이야기가 비극적일 수밖에 없는 이유는 낙랑공주에게 호동왕자는 세상의 모든 것과도 바꿀 수 없는 순수한 사랑이었지만, 호동왕자에게 낙랑공주는 사랑이라기보다는 정략의 대상이었기 때문이다. 곧 서로 생각이 달랐다.

대무신왕 15년(32) 4월 왕자 호동은 지금의 함경남도 함흥 일대인 옥저沃沮 지방을 유람하던 중 낙랑국왕 최리崔理를 만난다. 최리는 호동을 보고 이렇게 말한다.

"그대의 얼굴을 보니 보통 사람이 아닌 듯하다. 그대는 혹 북국 신왕北國神王의 아들이 아닌가?"

북국 신왕이란 물론 대무신왕을 뜻한다. 최리는 호동을 데리고 돌아와 낙랑공주와 혼인시켜 사위로 삼았다. 그 후 고구려로 귀국한 호동왕자는 몰래 사람을 보내 낙랑공주에게 편지를 보낸다.

"그대가 너의 나라 무기고에 들어가 북과 나팔을 부수면 내가 예로써 그대를 부인으로 맞이하겠지만, 그러지 않으면 맞지 않겠다."

당시 낙랑국에는 적병이 침입하면 스스로 우는 이상한 북과 나팔이 있어서 외국이 침입할 수 없었는데 호동이 이를 부수도록 요구한 것이다. 사랑에 눈먼 낙랑공주는 잘 드는 칼을 가지고 북과 나팔을 부숴버렸다. 낙랑공주에게서 이 소식을 들은 호동왕자는 부왕에게 낙랑국을 정벌하도록 권해 드디어 대무신왕 20년(37)에 멸망시킨다. 낙랑국왕 최리는 북과 나팔이 울리지 않아 방비하지 않고 있다가 고구려군이 성 아래 도달한 다음에야 북과 나팔이 부서진 것을 알고 낙랑공주를 죽인 후 항복한다.

이 기사는 사랑과 정략의 비극적 충돌 이외에도 우리 고대사와 관련해 중요한 한 가지 사실을 말해준다. 『삼국사기』의 이 기사에서 낙랑'군郡'이 아니라 낙랑'국國'으로 나온다는 사실이다. 이는 최리의 낙랑국이 한사군 중 하나인 낙랑군이 아니라는 뜻이다. 다시 말해 이는 낙랑군이 한반도 내에 있었다는 현재까지의 시각이 틀렸음을 보여준다. 이 낙랑국은 앞에서 본 대로 대무신왕 20년(37)에 멸망한다. 그런데 고구려 제15대 임금 미천왕美川王은 재위 14년(313)에 낙랑군을 공격해 멸망시킨다. 이는 우리 역사에서 낙랑이란 이름의 정치세력이 둘이란 사실을 보여준다. 하나는 최리의 낙랑국이고 다른 하나는 중국 정치세력인 낙랑군이다. 그리고 한반도 내에 있던 정치세력은 낙랑국이고 만주 서쪽에 있던 정치세력은 낙랑군임을 말해준다. 곧 낙랑군은 한반도 내에 있지 않았다. 한사군이 한반도 내에 있었다는 일제 식민사학자들의 주장은 이 국國과 군郡의 차이를 의도적으로 무시한 결과일 뿐이다.

그런데 공주의 사랑을 이용해 낙랑국을 멸망시키는 데 결정적인 역할을 한 비정한 왕자 호동의 끝도 그리 좋지는 않았다.

호동왕자는 대무신왕의 두 번째 왕비인 갈사왕 손녀의 소생이었다. 갈사국은 부여왕 대소가 괴유에게 죽은 후 대소의 동생이 갈사수葛思水 근처에 세운 나라다. 대무신왕은 그 손녀를 취해 갈사국 세력을 포섭한 것이다. 호동은 낙랑공주의 눈을 멀게 할 정도로 인물이 잘생겨 대무신왕의 사랑을 받았다. '아름다운 아이'란 뜻의 호동好童이란 이름도 대무신왕이 호동을 매우 사랑했기 때문에 붙은 것이다. 대무신왕의 만왕비가 자신의 아들이 아닌 호동을 태자로 삼을까 염려할 정도였다. 첫 왕비는 이를 막기 위해 왕에게 호동을 참소했다.

"호동이 저를 무례하게 대접하니 이는 저를 간음하려 함이 아닌가 염려됩니다."

처음에는 대무신왕도 이 참소를 믿지 않고 오히려 만왕비를 꾸짖었다.

"너의 소생이 아니라 다른 사람의 소생이라 미워하느냐?"

만왕비는 왕이 자신의 말을 믿지 않자 화禍가 자신에게 미칠까 두려워 울면서 고했다.

"청컨대 대왕께서는 가만히 지켜보소서. 만약 이런 일이 없다면 저 자신이 처벌을 받겠습니다."

이렇게까지 나오자 대무신왕은 호동을 의심하지 않을 수 없어서 호동에게 죄를 주려 했다. 주위 사람이 호동에게 왜 스스로 결백을 증명하지 않느냐고 묻자 호동은 이렇게 대답했다.

"내가 만일 결백을 증명하면 이는 어머니의 악함을 드러내어 왕에게 근심을 끼치는 것이니 어찌 효도라고 할 수 있겠는가?"

호동은 대무신왕의 형 해명이 스스로 창에 찔려 죽은 것처럼 스스로 칼에 엎드려 죽었다. 그리고 그다음 달인 대무신왕 15년(서기 32) 12월에 왕자 해우解憂를 태자로 삼는다. 그로부터 5년 후인 대무신왕 20년(서기 37)에 왕은 낙랑을 멸망시킨다. '호동이 왕을 권해 낙랑을 엄습'해 멸망시킨 대무신왕 20년, 호동은 이미 죽은 지 5년이 지난 상태였다. 『삼국사기』의 연대를 그대로 따르면 낙랑국은 호동왕자가 낙랑공주를 이용해 북과 나팔을 부순 때 멸망한 것이 아니라 그로부터 5년 후에 멸망한 것이다. 호동은 맏왕비의 참소를 받아 이미 자결한 후였다.

그런데 더 큰 의문은 호동왕자가 죽은 다음 달 태자에 봉해진 해우解憂가 대무신왕의 뒤를 이은 것이 아니라 대무신왕의 아우가 왕위를 이은 것이다. 그가 바로 제4대 민중왕閔中王(재위 44~48년)으로 이름은 해색주解色朱다. 왜 그랬을까? 『삼국사기』는 그 이유를 이렇게 설명했다.

> 대무신왕이 돌아간 후 태자가 어려서 능히 정사를 펼칠 수 없자, 국인國人이 왕을 추대하여 즉위케 한 것이다.

대무신왕의 태자 해우가 아니라 그 동생 해색주가 즉위한 이유를 해우의 나이가 어린 데서 찾고 있다. 그러나 대무신왕의 맏왕비가 호동이 자신의 소생이 지닌 적통을 빼앗을까 염려해 호동을 참소한 것은 대무신왕 15년 때다. 이때는 이미 해색주가 태어났을 때일 것이고, 그해 12월에 태자 책봉을 하는 것을 보면 최소한 유년의 나이는 되었을 것이다. 대무신왕이 세상을 떠난 것은 그로부터 12년 후인 재위 27년(44) 10월이다.

나이가 어려 왕위에 오르지 못했다고 하기에는 납득하기 어려운 긴 세월이다. 무려 12년이나 태자 자리에 있었던 인물을 나이가 어리다는 이유로 배제하고 선왕의 동생이 즉위한 것은 여러 모로 보

환도산성 아래 무덤떼 고구려 귀족들의 무덤으로 추정된다.(중국 길림성 집안현 소재)

아도 어색하다.

　해우가 즉위하지 못한 것은 나이가 어리기 때문이 아니었다. 진정한 이유는 왕위계승을 둘러싼 치열한 세력 다툼에서 패배했기 때문이다. 여기에는 대무신왕의 맏왕비가 갈사왕의 손녀 소생인 호동을 죽게 했듯이 왕의 외척들의 다툼도 한몫 했을 것이다.

13_ 태조대왕 즉위의 수수께끼

계루부 왕실의 정통성 확립 과정

모본왕은 왜 시해당했을까?

민중왕은 대무신왕의 태자 해우의 자리를 가로챘으나 재위 5년 만에 사망하고 제5대 모본왕이 즉위하니 그가 바로 왕위를 빼앗긴 비운의 태자 해우다. 그는 즉위 원년 왕자 익翊을 태자로 삼는데 이로 보아도 5년 전 그가 어려서 즉위하지 못했다는 기록은 사실을 제대로 반영한 것이 아니다. 태자로 삼을 정도의 나이가 된 아들이 있다는 것은 적어도 그가 왕위를 빼앗긴 5년 전에 이미 아들이 있었다는 뜻이기 때문이다.

그러나 불운을 딛고 즉위한 모본왕에 대한 『삼국사기』의 기록은 부정적이다.

> 그의 사람됨이 횡포하고 어질지 못하여 나라 일을 돌보지 않으니 백성들이 원망하였다.

왕이 날로 포학暴虐을 더하여 매번 사람을 깔고 앉고 누울 때는 사람을 베개로 베어 누웠다. 사람이 조금만 움직이면 용서 없이 죽이며 신하 중에서 간하는 자가 있으면 활을 당겨 쏘았다.

모본왕은 이런 포학에 견디다 못한 신하 두로杜魯에게 재위 6년 만에 살해당한다. 두로는 왕의 근신으로 있었는데 자기가 죽음을 당할까 염려해 울자 어떤 사람이 그에게 이렇게 권한다.

"대장부가 왜 우는가? 옛말에 나를 사랑하면 임금이요, 나를 학대하면 원수라고 하였다. 지금 왕이 포학한 짓을 하여 사람을 죽이니 백성의 원수다. 그대는 일을 도모하라."

이 말을 들은 두로는 칼을 품고 왕의 앞에 나아갔는데, 이 사실을 모르는 모본왕이 자리에 앉히자 칼을 빼어 죽였다.

왕의 묘호廟號가 모본인 것은 그를 모본원慕本原에 장사지냈기 때문인데, 의아한 것은 왕을 죽인 두로가 모본 사람이라는 점이다. 모본 사람의 손에 죽은 임금을 모본원에 장사지내는 것은 심상한 일이 아니다. 더구나 두로는 왕을 시해했는데도 아무런 처벌을 받지 않았다. 이는 그의 단독범죄가 아니라 왕위를 노리는 세력의 공동범죄이고, 모본왕이 시해된 후 그 세력이 정권을 장악했음을 뜻한다.

모본왕의 뒤를 이어 즉위한 임금은 5년 전 태자로 책봉된 왕자 익이 아니라 유리왕의 아들인 고추가古雛加 재사再思의 아들 궁宮이라는 점이 이런 사실을 뒷받침해준다. 고구려 제6대 임금 태조대왕太祖大王(재위 53~146년)이 바로 이 인물이다.

게다가 모본왕이 정말 포악했느냐에 대해 의문을 갖게 하는 기록이 『삼국사기』에 남아 있다. 모본왕이 재위 2년(49) 8월에 "사자使者

를 보내 국내의 굶주린 백성들을 구제했다"는 기록이 있다. 모본왕이 포악했다는 앞의 기록은 모본왕이 주위에 대한 극도의 불신 속에서 불안하게 지냈음을 말해준다. 그는 재위에 있을 때나 죽고 난 이후에나 '모본왕 악마 만들기'의 희생양이었던 셈이다. 그 뒤를 이어 즉위한 궁의 시호가 태조대왕인 점은 의미심장하다. 태조대왕을 "또는 국조왕國祖王으로도 부른다"고 부기한 『삼국사기』의 기록은 그의 즉위 의미를 잘 표현해준다. 국조國祖란 나라를 처음 세운 창업자에게나 붙이는 이름이다. 따라서 태조대왕은 고구려 시조 추모왕에 이어 제2의 창업을 한 것으로 평가받는다.

그런데 모본왕의 근신이었던 두로의 쿠데타에 의해 즉위했을 당시 그의 나이는 불과 일곱 살이었다. 『삼국사기』는 모본왕의 아들인 태자가 즉위하지 못하는 이유를 "불초不肖하여 사직의 주인이 되지 못하겠으므로"라고 적었다. 장성한 태자를 배제하고 일곱 살짜리 아이를 즉위시킨 명분치곤 매우 조잡한 것이다. 이는 모본왕 시해와 태조대왕 즉위가 거대한 정치세력에 의해 계획적으로 자행되었음을 말해준다. 그 세력은 바로 태조대왕의 모후 세력이다.

일곱 살짜리 아이가 현실적으로 정치권력을 장악할 수는 없으므로 어머니인 태후가 수렴청정했다. 그 어머니 세력이 주도한 쿠데타가 모본왕 시해다. 중요한 것은 그 어머니가 부여인이라는 사실이다.

모본왕의 아버지인 대무신왕의 어머니는 비류국 송양의 딸이다. 송양은 주몽과 겨루다가 패했으나 비류국의 지배권을 인정받은 졸본의 토착세력이었다. 유리왕의 둘째 아들 해명이 국내성 천도를 거부한 끝에 죽음을 당한 데서 알 수 있듯이 해명을 지지한 토착세

환도산성과 궁터 고구려는 평지성인 국내성과 함께 유사시에 대비하기 위해 산지성인 환도산성을 축조했다.

환도산성 성벽 환도산성은 현재 대부분 허물어지고 남쪽 성벽과 망루만 남아 있다.

력은 국내성 천도를 거부했으나 송양 세력은 이를 받아들였다.

국내성으로 천도한 후에는 부여 세력과 졸본 세력, 그리고 국내성 세력 등이 혼재해 있었다. 이들은 국가 권력을 두고 서로 대립했는데 그 결과 부여 세력인 태조대왕의 모후 세력이 쿠데타로 정권을 장악했다. 곧 추모왕 계열의 계루부 세력이 쿠데타로 권력을 장악한 결과 태조대왕이 즉위한 것이다.

태조대왕은 과연 94년 동안 왕위에 있었을까?

태조대왕은 자그마치 94년을 재위에 있었다. 이런 이유 때문에 모본왕과 태조대왕 사이에 실재한 임금 몇 명이 누락되었다는 주장이 있어 왔다. 『위서』「열전」'고구려조'가 이런 주장의 근거를 마련해주었다. 이 책에는 "막래莫來의 자손이 대대로 왕위를 이어 후손 궁宮에 이르렀다[莫來子孫相傳 至裔孫宮]"는 구절이 있는데, 여기에서 막래는 시해당한 제5대 모본왕을 뜻하고 궁은 제6대 태조대왕을 뜻한다. 곧 5대 임금과 6대 임금 사이에 "대대로 왕위를 이어"라는 구절이 있는 것은 두 임금 사이에 임금이 몇 명 더 있었음을 시사한다.

더 놀라운 점은 94년을 재위한 태조대왕은 살아 있는 상태에서 왕위를 물려주는데, 양위한 대상이 아들이 아니라 동생이라는 점이다.

고구려 제7대 차대왕次大王(재위 146~165년)이 바로 태조대왕에게 왕위를 물려받은 임금이다. 그의 이름은 수성遂成인데, 태조대왕 재위 80년째부터 왕위를 노린다. 태조대왕 80년(132) 왕제王弟 수성이 왜산에서 사냥하다가 연회를 베풀었을 때 관나부, 환나부, 비류나부 출신의 측근들이 이렇게 말한다.

"모본왕이 죽었을 때 태자가 불초하여 여러 신하가 왕자 재사再思를 세우려 하자 재사가 나이가 많다며 아들에게 사양한 것은 형이 늙으면 아우에게 양위하도록 하려는 것이었으나, 지금 왕은 늙었는데도 양위할 뜻이 없으니 공은 대책을 세우시오."

그러나 이때만 해도 수성은 사양한다.

"맏아들이 왕위를 계승하는 것은 천하의 떳떳한 법칙이다. 왕이 비록 늙었으나 맏아들이 있는데 어찌 감히 왕위를 넘보겠느냐."

그러자 관나부의 우태于台 미유彌儒가 계속 종용한다.

"아우가 어질면 형의 뒤를 잇는 일은 옛날에도 있었으니 공은 주저하지 마시오."

이때 좌보左輔 패자沛者 목도루穆度婁는 수성에게 다른 마음이 있음을 짐작하고 병을 핑계로 벼슬에서 물러났다.

왕제 수성에게 정변을 종용한 인물들이 관나부·환나부·비류나부의 벼슬아치들이었음은 범상한 대목이 아니다. 태조대왕은 즉위 후 동옥저와 갈사국을 점령하고, 재위 46년(98)에는 책성柵城 지역을 순수하는 등 영토확장정책을 추진한 임금이다. 이런 영토확장정책은 강력한 왕권이 전제되어야만 가능하다. 계루부의 정통성을 이은 태조대왕은 당연히 5부체제를 왕권체제에 복속시키려 했을 것이며, 이 와중에 세력이 약화된 다른 부들이 태조대왕의 동생 수성을 부추겨 왕권을 약화시키려 한 것이다.

측근들이 정변을 부추겼을 때는 사양하던 수성은 태조대왕 재위 94년(146)에는 노골적으로 야심을 드러낸다.

"대왕이 늙어도 죽지 않고, 나도 나이가 들어 늙게 되니 더 이상 기다릴 수 없다. 그대들은 나를 위해 계책을 꾸미라."

이때 대부분이 "명령대로 따르겠다"고 대답한 반면 한 사람이 "태조대왕이 현명하다"며 반대하는데 그는 결국 수성에게 살해당한다. 그해 10월 우보右輔 고복장高福章이 태조대왕에게 "수성이 반란을 일으키려 하니 빨리 처치하라"고 간하자 태조대왕은 이렇게 대답한다.

"나는 이미 늙었고 수성은 나라에 공이 있으므로 그에게 왕위를 내어주려 하는 것이니 그대는 염려치 마라."

고복장 또한 물러서지 않았다.

"수성은 사람됨이 잔인하고 어질지 못하니 오늘 대왕의 선위를 받는다면 내일은 대왕의 자손을 해칠 것입니다. 대왕께서는 단지 어질지 못한 아우에게 은혜를 베풀 줄만 아시고, 죄 없는 자손들에게 후환이 미칠 줄은 알지 못하니 원컨대 깊이 생각하소서."

그러나 태조대왕은 끝내 수성에게 왕위를 물려주고 별궁別宮으로 은퇴하고 말았다. 상왕으로 물러난 것이다. 이때 태조대왕의 나이 100세였다. 왕위를 이은 수성의 나이도 이미 76세였다.

태조대왕이 죽은 해에 시해당하는 차대왕

왕위를 물려받은 차대왕은 예전부터 거사를 종용하던 관나부 출신의 미유를 좌보로 삼는 한편 태조대왕의 선위를 반대한 우보 고복장을 죽였다. 그리고 고복장의 예언대로 태조대왕의 원자 막근莫勤을 죽였고, 막근의 동생 막덕莫德은 두려운 나머지 자결했다. 그리고 차대왕의 동생 백고伯固는 자신에게 화가 미칠까 두려워 산곡山谷으로 도망했다.

그런데 원자 막근과 막덕이 죽음을 당할 때 태조대왕은 생존해 있었다. 바로 이점이 태조대왕과 차대왕 사이 양위를 둘러싼 수수께끼의 핵심이다. '수성이 왕위를 물려받는다면 자손들을 해칠 것'이라고 고복장이 경고했는데도 자식들에 대한 아무런 안전장치도 마련해놓지 않고 양위를 단행했다는 점은 그 양위가 태조대왕의 자의가 아니었음을 시사한다. 불가항력적으로 양위할 수밖에 없는 상황임을 말해주는 것이다.

태조대왕은 왕위를 물려준 지 19년 만인 차대왕 20년(165) 3월에 향년 119세로 사망했는데, 바로 그해 10월 연나부椽那部 조의皂衣 명림답부明臨荅夫가 차대왕을 시해한다. '백성들이 견딜 수 없다'는 이유였다. 신하에게 죽음을 당한 차대왕의 나이도 이미 95세였다.

그런데 차대왕을 시해한 명림답부가 연나부 출신이란 사실은 주목할 만하다. 앞서 차대왕을 추대한 인물들은 관나부·환나부·비류나부 출신이다. 『삼국사기』 「고구려본기」의 연나부·관나부·비류나부·환나부는 『삼국지』 「위서동이전」 '고구려조'의 5부족 가운데 왕실인 계루부를 제외한 절노부·관노부·소노부·순노부와 각각 대응된다. 곧 『삼국지』 5부족의 명칭에 따르면 관노부·소노부·순노부가 각각 차대왕을 추대해 태조대왕을 상왕으로 내몬 반면 여기에 가담하지 않은 절노부에서 차대왕을 시해한 것이다.

그리고 임금으로 추대한 인물이 차대왕이 즉위한 후 산곡으로 도망친 차대왕의 동생 백고이니 그가 바로 제8대 임금 신대왕新大王(재위 165~179년)이다. 신대왕은 즉위했을 때 77세였다. 그는 15년간 왕위에 있다가 91세에 사망한다.

그런데 차례로 고구려의 임금이 된 이들 3형제의 기록상 나이가 자연적인 나이와 맞지 않는다. 이들 3형제는 유리왕의 아들인 재사의 아들인데, 재사의 나이를 감안할 때 그는 물리적으로 도저히 이들 3형제를 낳을 수 없다. 태조대왕과 차대왕이 함께 사망한 서기 165년을 기준으로 생각해보자. 이때 태조대왕은 119세, 차대왕은 95세, 신대왕은 77세였다. 이들의 조부 유리왕은 서기 18년에 사망하는데 바로 그해 재사가 태어난다고 친다면 장남 궁(태조대왕)을 서른 살 때인 서기 47년에 낳은 것이다. 그렇다면 궁이 7세로 즉위할 때 재사는 36세였다. 그런데 왜 그가 즉위하지 못하고 일곱 살짜리 어린아이가 즉위했으며, 또 그가 아닌 태후가 수렴청정을 하게 되었을까? 더 큰 문제는 막내인 백고, 곧 신대왕이 즉위했을 때 나이 77세였으니 서기 89년생이다. 이때 아버지 재사의 나이는 무려 일흔두 살이었다.

 어느 모로 보아도 이는 물리적으로 불가능한 일이다. 도대체 왜 이런 현상이 발생하게 되었을까? 『삼국사기』의 편찬자 김부식도 이런 의문을 표시했다. 그는 '태조대왕조'를 기술하면서 『후한서』와 지금은 현전하지 않지만 김부식 당시까지는 있었던 우리 옛 기록인 『해동고기海東古記』가 다른 점에 의문을 표시했다. 김부식의 의문은 『해동고기』에 따르면 태조대왕이 즉위한 해는 중국 연호로 후한 건무建武 29년(53)이고, 그가 동생 수성(차대왕)에게 양위한 때는 100세 때인 효환제 본초本初 원년(146)이다. 그런데 『후한서』 「동이열전」 '고구려조'는 수성(차대왕)이 즉위한 해는 후한 건광建光 원년(121)으로 25년의 차이가 나므로 김부식이 의문을 표시한 것이다. 더구나 고궁高宮(태조대왕)은 스스로 양위한 것이 아니라 사망한 것이고, 수성은 그의 동생이 아니라 아들로 기록되어 있다. 김부식의 결론은

"『후한서』와 『해동고기』의 기록이 서로 맞지 않으니, 혹시 『후한서』가 잘못 기록하지 않았을까?"라며 『해동고기』의 기록을 지지했는데, 이는 『후한서』의 해당 기록이 지나치게 간략한 데 비해 『해동고기』의 기록은 상세했기 때문일 것이다.

『해동고기』라는 책

김부식이 참고한 『해동고기』는 과연 어떠한 책일까? 『해동고기』는 고구려를 비롯한 우리 고대 국가에 관한 기록인데 고구려에 관한 부분을 편찬한 세력은 고구려 왕실이라고 추측할 수 있다. 곧 『후한서』가 중국인의 시각에서 바라본 고구려사를 기술했다면 『해동고기』는 고구려인, 그중에서도 고구려 왕실의 자리에서 고구려사를 기술했다고 볼 수 있다. 어느 왕조, 어느 왕실이나 어느 정도 안정되면 역사를 자신들을 중심으로 기술하는 작업을 해왔다. 곧 자신들의 정통성을 주장하기 위한 역사편찬을 한 것이다. 『해동고기』의 「고구려편」을 기록한 세력은 고씨의 왕위계승권을 확립한 계루부 세력일 것이다. 이때의 편찬 기준은 계루부 왕실의 정통성일 것이다. 이 기준에서 어긋나는 경우 일정 부분은 이 기준에 맞추기 위한 작업들이 수행되는데 그 결과 위와 같은 어색하거나 상호 모순되는 기술이 나오게 된다. 위의 이상한 기록들은 고주몽과 같은 계통의 계루부 세력인 고高씨들이 해解씨 비류나부의 도전을 물리치고 주도권을 장악한 후 자신들 중심의 역사를 기록하는 와중에 발생한 문제들이다.

태조대왕이 『삼국사기』의 기록대로 장수한 한 명의 임금인지,

『위서』의 기록처럼 여러 명의 임금인지는 분명히 알 수 없지만 재위했다는 94년 동안 많은 공적을 남긴 것은 사실이다. 재위 4년(56)에 동옥저를 멸하고 동쪽 영토를 창해滄海(동해바다)까지 넓혔으며, 16년(68)에는 동부여에서 갈라진 갈사국의 항복을 받는다. 재위 20년(72)에는 조나藻那를 공격해 그 왕을 사로잡았고, 22년에는 주나朱那의 왕자를 사로잡아 고추가로 삼았다.

그의 행적이 계루부의 정통성 확립과 밀접하게 관련되는 것은 재위 뒷부분의 일이다. 그는 재위 46년(98)에 오늘날 두만강변 훈춘 지역으로 비정되는 책성柵城을 순수巡狩했다. 이 지역은 과거 갈사국 또는 옥저의 땅이었는데 태조대왕은 고구려의 영역에 편입된 이 지역에 대한 지배권을 확고히 하기 위해 책성을 순수한 것이다. 황제가 지방을 도는 것을 뜻하는 순수는 고대 국가에서 중요한 의미를 갖는 행사인데 태조대왕은 그해 3월 순수에 나서 10월에 돌아올 정도로 그 의미를 중시했다. 그리고 재위 69년(121)에 드디어 부여로 행차하여 유화부인의 묘에 제사한다. 유화부인이란 다름 아닌 시조 추모왕의 어머니로 하백의 딸이다. 이는 태조대왕이 추모왕의 정통을 이었다는 강력한 의사표시다.

이런 사정들은 태조대왕 즉위 시의 여러 모순들이 계루부 고씨의 왕위계승권과 정통성을 무리를 해서라도 일치시키려는 와중에 발생한 상황임을 말해준다.

14_ 농민 출신 을파소의 개혁 정치

농사꾼이 국상이 될 수 있었던 이유

왕과 권력을 나누어 가진 연나부의 반란

진대법은 기록상 우리나라 최초의 빈민구제법이다. 매년 3월에서 7월까지는 춘궁기春窮期로 식량이 부족할 때 나라의 곡식을 내어 백성들에게 빌려주었다가, 추수가 끝난 10월에 되돌려 받는 제도가 진대법이다. 빌려줄 때 식구 수에 따라 차등 있게 빌려준 합리적인 제도다. 진대법을 실시한 임금은 제9대 고국천왕故國川王(재위 179~197년)인데 실제 이 법과 관련해 이름이 오르내리는 인물은 고국천왕이라기보다는 을파소乙巴素다.

을파소의 등장은 그야말로 드라마틱하다. 아마 『삼국지연의』를 쓴 나관중 같은 인물이 우리나라에도 있었으면 고국천왕과 을파소의 만남을 유비와 제갈공명의 삼고초려三顧草廬만큼이나 흥미롭고 장엄하게 그렸을 것이다.

고국천왕이 을파소를 등장시키기 전에 5나부 중 하나인 연나부가 반란을 일으킨 중대한 사건이 있었다. 이 사건이 을파소의 등장을 촉진시켰다.

고국천왕은 재위 2년(180) 9월 졸본에 가서 시조묘에 제사지낸다. 시조묘에 제사지내는 것은 왕실의 권위와 우위를 다른 부部에 과시할 수 있는 유효한 수단이었다. 명림답부의 쿠데타로 집권한 제8대 신대왕이 재위 3년(167) 9월에 졸본의 시조묘에 제사지낸 것도 왕실의 우위를 다른 부에 과시하기 위해서였다. 국왕의 행차는 수많은 호위 무사들이 뒤따르는 장엄한 행렬이므로 이를 통해 자연히 다른 부에 왕실의 권위를 과시하게 된다.

후대의 기록이지만 『삼국사기』 「열전」 '온달조'에는 "고구려는 언제나 봄 3월 3일에 낙랑 언덕에 모여서 사냥을 하였다. (……) 그날에는 왕이 사냥을 나가는데 여러 신하와 5부 군사들이 모두 따라갔다"는 기록이 있다. 대왕의 행차에는 다른 나부의 군사들도 수행한 것이다.

고국천왕 재위 6년(184)에 후한의 요동태수가 군사를 일으켜 고구려를 공격했는데, 왕은 동생 계수罽須를 보내 나가서 싸우게 했다. 그런데 군사에 관한 이런 사항은 선왕인 신대왕 시절 연나부의 명림답부가 행사하던 권한이었다.

신대왕은 자력으로 즉위한 임금이 아니라 연나부의 명림답부가 차대왕을 시해하고 추대함으로써 임금이 될 수 있었다. 즉위 후 신대왕이 연나부의 명림답부를 '국상國相으로 삼고 벼슬을 올려 패자沛者로 삼아 서울과 지방의 군사에 관한 일을 맡게 하고 겸하여 양맥부락(소수맥)을 다스리게' 한 것은 자신을 즉위시킨 데 대한 보답이었다. 명림답부에게 군사에 관한 전권을 넘겨줌으로써 신대왕은 명림답부와 국가 권력을 나눈 것이다. 비록 명림답부는 신대왕이 죽던 해 사망했으나 이런 권한은 명림답부 개인에게 주었다기보다는 그가 속한 부인 연나부에 준 것이므로 연나부의 군부통솔은 계속되었다.

그런데 요동태수가 쳐들어왔을 때 신대왕을 이은 고국천왕이 연나부가 아니라 자신의 동생 계수를 보내 막게 하자 연나부에서 왕실에 반감을 갖게 되었다. 계루부와 연나부의 연합정권을 계루부에서 일방적으로 붕괴시키고 권력을 독차지했다고 여기게 된 것이다. 계루부 왕실과 연나부의 갈등은 충돌이 불가피할 정도로 증폭되었다.

『삼국사기』에 따르면 충돌의 계기를 제공한 쪽은 연나부다. 고국천왕 재위 12년(190) 때의 일이었다. 왕후의 친척인 중외대부 패자 어비류於卑留와 평자評者 좌가려左可慮가 나라의 권력을 잡고 있었으며, 그 자제들도 세력을 믿고 교만하고 사치하여 남의 토지와 집을 빼앗고, 심지어 남의 자녀들을 약탈하기까지 했다. 고구려 백성들은 이들의 전횡 때문에 심한 고통을 받고 있었으나 이들이 모두 권력자들이므로 어쩔 도리가 없었다.

이 소식을 들은 고국천왕은 분노하여 이들을 제거하려 했다. 그러나 이 소식을 먼저 알게 된 어비류와 좌가려 등은 먼저 선수를 쳐서 고국천왕을 죽이려 했다. 이때 이들과 함께 반란을 일으키려 한 세력이 바로 사연나四椽那인데, 사연나란 연나부 내의 사가四家, 곧 연나부 내의 유력한 네 집안을 뜻한다. 나라 안에 5부가 있어 고구려를 다스리듯이 연나부 내에 4가가 있어 연나부를 다스렸다.

드디어 고국천왕 재위 13년(191) 여름 좌가려 등이 군사를 모아

왕도王都를 공격했다. 군사행동으로 국왕을 교체하려는 대담한 시도였다. 이는 신대왕 시절 군사에 관한 권한을 장악하고 있던 연나부가 고국천왕 시절에도 상당한 군사력을 지니고 있었음을 뜻한다.

이 군사반란에 대항해 고국천왕은 서울 근교의 병마兵馬를 동원해 맞섰는데, 일전을 겨룬 결과 고국천왕의 승리로 귀결되었다.

농사꾼에서 국상으로

연나부의 반란을 무력으로 진압한 고국천왕은 영令을 내렸다.

"근래에 벼슬은 정실에 의해 주어지고, 직위는 덕으로 승진하지 못하니 그 해독이 백성들에게 미치고 우리 왕가王家를 동요시키니 이는 다 내가 정사에 밝지 못한 탓이다. 너희 4부에 명령하노니 각자 자기 하부에 있는 현명한 자를 천거하라."

4부는 연나부의 반란을 제압해 힘이 강해진 고국천왕의 이 명령을 어길 수 없어 함께 모여 상의했다. 그 결과 추천된 인물이 동부東部의 안유晏留란 인물이다. 왕이 안유를 불러 국정을 맡기려 하자 그는 사양하며 다른 인물을 천거한다.

"미신微臣인 저는 용렬하고 어리석어 본래 대정大政에 참가하기는 부족합니다. 서압록곡 좌물촌左勿村에 을파소란 사람이 있는데 그는 유리왕 때 대신인 을소乙素의 손자로, 성질이 강직하고 지혜가 깊으나 세상에 쓰이지 못하여 농사를 지어 스스로 생계를 유지하고 있습니다. 대왕께서 나라를 다스리려면 이 사람이 아니고서는 안 될 것입니다."

고국천왕은 농사꾼으로 전락한 대신의 손자 을파소에게 사람을 보내 공손한 말과 두터운 예의로 그를 초빙하여 중외대부로 임명하고 벼슬을 더하여 우태于台로 삼았다. 고국천왕은 이때 을파소를 선생이라 부르며 국정에 참여하도록 간절히 권한다.

"내가 외람되이 선왕의 자리를 이어받아 신민臣民의 윗자리에 있으나 박덕하고 재주도 모자라 사리에 정통하지 못하다. 선생은 재능과 현명함을 감추고 곤궁하게 초야에 있은 지 오래다. 이제 나를 버리지 말고 마음을 돌려 왔으니 이는 비단 나 혼자만의 기쁨이 아니라 사직과 백성들의 복이다."

을파소는 비록 초야에 묻힌 몸이지만 갑자기 떨어진 우태라는 벼슬에 감읍할 정도로 작은 인물은 아니었다. 오히려 그는 우태라는 벼슬로는 자신의 뜻을 펼칠 수 없다고 여겨 일단 사양했다.

"신이 노둔하여 감히 엄명을 받들기 어려우니 원컨대 대왕께서는 현량한 사람을 선택하여 고관高官으로 삼음으로써 대업을 이루게 하소서."

을파소의 이 말에는 자신이 제수받은 관직이 고관이 아니라는 의미가 함축되어 있었다. 고국천왕이 을파소의 속뜻을 짐작하고 최고위직인 국상國相을 제수해 정사를 맡게 했다. 고국천왕이 을파소를 중용한 이유는 특정한 부部를 배경으로 갖고 있지 않았기 때문이다. 연나부의 명림답부가 그런 것처럼 특정 부를 배경으로 갖고 있는 인물은 성장하게 되면 왕권을 위협하기 마련이었다. 그래서 고국천왕은 을파소처럼 기존의 나부를 배경으로 갖지 않은 인물을 중용하여 개혁정치를 펼치려 했다. 곧 특정 나부를 배경으로 갖지 않은 을파소를 개혁의 주체로 삼아 개혁대상인 4부의 세력가들을 견제하거나 제거하려 한 것이다. 개혁대상들인 조신朝臣과 국척國戚들이 신진인사인 을파소가 자신들과 국왕을 이간한다며 미워한 것은 당연한 일이었다. 을파소의 개혁정치의 핵심은 이들 구신舊臣들이 나누어 가진 권력을 국왕에게 귀속시키는 것이었기 때문이다. 곧 이전처럼 각 나부의 문제를 각 나부에서 반자치적으로 운영하는 체제에서 각 나부를 국왕이 직접 통치하는 직할체제로 바꾸려는 것이었다. 이러면 각 나부에서 관할하던 백성들은 국왕의 직접 통치권에 들어오게 되어 있었다. 각 나부를 장악한 구신들로서는 자신들의 권력을 빼앗기는 것이니 을파소를 곱게 볼 리 없었다. 구신들이 조직적으로 을파소를 헐뜯어 논란이 일었다. 개혁대상들의 조직적 반발이 일어난 것이다. 그러자 고국천왕은 하교를 내려 을파소를 지지하고 나섰다.

"귀천을 막론하고 국상(을파소)에게 복종하지 않는 자가 있으면 그 친족까지 징벌하리라."

그러자 을파소가 물러가 주위 사람에게 말했다.

"때를 만나지 못하면 물러나고, 때를 만나면 나아가 벼슬하는 것이 선비의 떳떳한 일이다. 이제 임금께서 나를 후의로 대접하시니 어찌 전날과 같이 물러나랴."

드디어 을파소는 지성으로 나랏일을 받들어 정사와 교화를 밝히고, 상과 벌을 신중하게 처리하니 백성들이 편안하고 나라 안팎이 다 무사했다. 드디어 나라가 안정의 기틀을 잡아간 것이다.

개혁정치의 꽃, 진대법

을파소의 개혁정치가 큰 치적을 거두자 고국천왕은 그를 천거한 안유를 불러 이렇게 말한다.

"만일 그대의 말이 아니었다면 내가 능히 을파소를 얻어 나라를 함께 다스리지 못했을 것이다. 지금 여러 업적이 쌓인 것은 다 그대의 공이다."

고국천왕은 안유를 대사자로 삼았다. 김부식은 "사신史臣은 논한다"면서 이 사실을 이렇게 높이 평가했다.

옛날에 명철한 제왕들은 현명한 자에 대하여 처지를 가리지 않고 선발하고 등용하여 의심을 두지 않았다. (……) 이제 왕이 단연히 용단을 내려 을파소를 바닷가 벽지[海濱]에서 발탁하여 여러 사람들이 비방하는데도 백관의 윗자리에 등용하였으며 또한 천거한 자에게까지 상을 주었으니 가히 옛 임금들의 법도를 체득했다고 할 만하다.

김부식의 이러한 평가처럼 인재를 발탁해 등용하는 것은 양의 동서나 시대의 고금을 떠나 지도자의 필수적인 사업 중 하나일 것이다.

을파소는 그 자신이 농사꾼이었으므로 백성들의 고달픈 삶에 대해서 잘 알고 있었다. 고국천왕 16년(194) 7월에 서리가 내려 곡식을 해쳐 백성이 주리자 나라 창고를 열어 백성들을 구제한 것도 을파소가 농민 출신이기 때문에 가능한 일이었다.

고국천왕이 진대법을 실시한 것은 같은 해 10월에 왕이 질양質陽에서 사냥하다 어떤 백성을 만난 일이 계기가 되었다. 길에서 한 백성이 앉아 울고 있는 것을 보고 고국천왕이 왜 우느냐고 물었다.

"신은 가난하여 품팔이로 어머니를 봉양했는데, 금년에는 흉년이

들어 품팔이 할 곳도 없는 데다 한 되, 한 말 곡식도 얻을 수가 없어 우는 것입니다."

이 말을 들은 고국천왕이 탄식했다.

"아! 내가 백성의 부모가 되어 백성이 이런 극한 지경에 빠지게 했으니 이는 나의 죄다."

고국천왕은 환과고독鰥寡孤獨(홀아비·과부·고아·자식 없는 노인)과 늙고 병들고 가난해서 혼자 힘으로 살 수 없는 자들을 널리 조사하여 구휼케 했다.

이는 물론 고국천왕이라는 훌륭한 임금이 있기에 가능한 일이었으나, 그 뒤에는 이런 백성들의 고통스런 삶을 체험해본 을파소란 명재상이 있었기 때문이다. 이후 고국천왕은 매년 3월부터 7월까지 관곡을 풀어 백성을 구휼하고 추수가 끝난 10월에 돌려받는 진대법을 시행했다.

산상왕 7년(203)에 "을파소가 죽자 나라 사람들이 통곡했다"는 『삼국사기』의 기록은 한 개혁적 인생에 대한 역사의 평가이자 인생에서 진정 소중한 것이 무엇인지 보여주는 실례일 것이다.

15_ 광개토태왕의 대제국 건설

강력한 왕권으로 확장한 대제국

각 전사집단의 통합

우리 역사를 공부하면서 가장 신나는 대목은 광개토태왕의 정복기사일 것이다. 그리고 가장 안타까운 대목은 고구려가 망하고 신라가 삼국을 통일한 부분일 것이다. 신라의 승리는 신라인들이 부단히 노력한 결과라는 사실을 인정하면서도 자신도 모르게 아쉬움이 이는 것이다. 고등학교 국정 국사교과서에 실린 "(신라의) 삼국통일은 민족 문화 발전에 큰 공헌을 하였다"라는 구절을 달달 외워도 머릿속에서만 외워질 뿐 가슴으로 와 닿지 않는 것은 어쩔 수 없을 것이다. 그보다는 함석헌 선생의 "신라는 너무 과한 값을 주고 통일을 샀으나 그 통일은 참 보잘것없는 통일이었다. 청천강淸川江 이북을 가보지 못한 통일이다. 통일이 아니오, 분할이다"라는 한탄이 더욱 가슴에 와 닿을 것이다. 그 한탄의 기저에 광개토태왕의 정복사업이 있는 것은 부인하기 어렵다.

광개토태왕은 우리 역사상 가장 광대한 영토를 획득한 정복군주다. 그러나 그가 어떻게 그 광대한 대륙을 정복할 수 있었는지 냉철히 따져보는 경우는 드물다. 광개토태왕은 어떻게 그 광활한 대륙을 정복할 수 있었을까?

중요한 이유 중 하나는 각 부족이 관할하던 전사집단을 하나로 통합한 것이다. 영락永樂 14년인 광개토태왕 14년(404)에 왜가 백제와 손잡고 고구려 영토인 대방계에 쳐들어왔을 때 광개토태왕은 직접 군사를 끌고 이를 물리치러 나갔는데, 광개토태왕릉비는 이때 왕이 이끈 군사를 임금의 깃발을 나부끼는 '왕당王幢'이라고 표현했다. 신라를 침입한 왜군을 정벌하면서는 관군官軍이란 표현도 사용했는데 이는 각 부족들이 장악하고 있던 전사집단을 국왕의 군대로 통합하는 데 성공했음을 말해준다. 광개토태왕 시기에 오면 국왕 직속 부대와 각 나부 소속 부대로 나뉘어 있던 고구려의 이원적인 군사체제가 국왕의 군대이자 국가의 군대로 일원화되었음을 보여주는 것이다.

이는 대단히 중요한 변화였다. 군사체제가 국왕 직속 부대와 각 나부 소속 부대로 나뉘어 있을 경우 전투력은 결정적으로 약화되기 마련이다. 제6대 태조대왕이 재위 20년 관나부貫那部의 패자沛者 달가達賈를 보내 조나국藻那國을 쳐 그 왕을 사로잡은 경우를 보자. 관나부는 『후한서』에 기록된 5부 중 관노부灌奴部로 추측되는데, 이 경우는 다행히 왕을 사로잡는 전과를 올렸지만 만약 소속 부대가 조나국에 패할 경우 관나부의 세력은 결정적으로 약화될 터였다. 이를 우려해 전력을 다해 싸우지 않을 수도 있었다. 따라서 5부족 연합체제가 유지되는 한 고구려의 전력은 약할 수밖에 없었다. 이런 상황에서 '왕당'이나 '관군'이란 표현은 광개토태왕 시기가 되면서 5부족 연합체가 국왕 중심 체제로 전환되었음을 말해준다.

영락 10년(400) 백제와 연합한 왜倭가 신라를 침략했을 때 광개토태왕은 무려 5만 군사를 보내 신라를 구했다. 광개토태왕릉비는 이때 고구려 구원군의 규모를 '보기步騎 5만', 곧 보병과 기병 5만 명이라고 기록했다. 북방의 위협이 완전히 종결되지 않은 상황이었으므로 이 5만의 기·보병이 고구려군의 전부는 아니었을 것이다. 따라서 광개토태왕은 적어도 5만 이상의 기·보병을 동원할 수 있는 왕당이나 관군이 있었던 것이다. 전사집단에 그 기원을 둔 5만 이상의 대병력은 광개토태왕이 광대한 영토를 정복할 수 있게 해준 가장 중요한 동력이었다.

고구려 사회는 무술을 중시했다.『구당서』「동이열전」'고구려조'의 기록을 보자.

> (고구려의) 습속은 서적을 매우 좋아하여, 문지기·말먹이 따위의 미천한 집에 이르기까지 각 거리마다 큰 집을 지어 '경당扃堂'이라 부른다. 경당에서는 자제들이 결혼할 때까지 밤낮으로 이곳에 모여 독서와 활쏘기를 익히게 한다.

고구려는 경당에서 나라에 대한 충성과 부모에 대한 효도 등의 가치관을 기르고, 활쏘기 등의 군사교육을 실시했다. 전쟁이 끊이지 않던 고구려의 시대 상황으로 볼 때 학문보다 군사훈련이 더 중요했을 것임은 쉽게 예상할 수 있다. 경당은 각 부족이 지니고 있던 군사관할권을 국가, 곧 국왕에게 귀속하게 하는 데 큰 역할을 했을 것이다.

자제들이 결혼할 때까지 경당에 모여 독서와 활쏘기를 했다는 사실은 광개토태왕도 태자 시절 이런 학문과 무술을 배웠을 것임을 짐작하게 해준다.

『양서梁書』「동이열전」'고구려조'는 광개토태왕이 장사長史·사마司馬·참군參軍의 관직을 신설했다고 기록했다. 장사란 중국 진나라 때 만든 관직으로 여러 사관史官의 우두머리라는 뜻인데 이는 광개토태왕이 그만큼 역사를 중시했음을 말해준다. 사마는 군사에 관한 사항을 관장하는 관직이며, 참군은 군사에 관한 일을 보좌하는 참모 기능의 관직이다. 광개토태왕릉비에는 왕사王師라는 관직명이 나오는데, 이는 제갈량처럼 군사에 관해 자문하는 직책이다.

광개토태왕이 이런 관직을 신설한 것은 두말할 것도 없이 외적의 위협을 효과적으로 막아내고 정복전쟁을 효율적으로 수행하기 위해서였다. 광개토태왕은 즉위 이후 국가체제를 군사 중심으로 효율적으로 재편한 것이다. 그리고 그 토대 위에서 모든 군사들을 왕당의 기치 아래 관군으로 만들고 정복전쟁을 수행한 것이다.

불교 유입과 율령 반포, 태학 설립

각 부족의 군사를 왕당이나 관군으로 편입할 수 있게 해준 근본 요인은 물론 고구려 사회가 그만큼 발전한 것이다. 그러나 그 근저에는 이를 가능하게 한 여러 요인들이 있었다.

그중 하나가 소수림왕 때 불교가 유입되고 승인된 것이다. 고구려 제17대 소수림왕 재위 2년(372)에 전진前秦의 국왕 부견苻堅이 사절과 불교 승려 순도順道를 보내 불상과 불교 경전을 보내자 소수림왕은 곧바로 사신을 보내 답례하고 방물方物을 보냈다. 이는 전진왕이 불교라는 종교를 보내고, 고구려왕이 곧바로 이를 받아들인 것처럼 보이지만 그 이면의 사정은 그리 간단하지 않다.

소수림왕 4년(374)에 승려 아도阿道가 오고, 이듬해 초문사肖門寺를 세워 순도를 주지로 삼고, 이불란사伊弗蘭寺를 세워 아도를 주지로 삼은 것은 소수림왕이 그만큼 불교 수용에 적극적이었음을 뜻한다. 소수림왕은 왜 이렇게 생소한 종교인 불교 수입에 적극적이었을까? 불교의 수용은 당시 여러 나부들이 제각각이던 고구려의 사상계를 통합하려는 것임을 뜻한다. 물론 불교 수용은 고구려가 그 이전부터 갖고 있던 우리 고유의 전통사상이나 신앙을 약화하는 결과를 초래하기도 했지만 군사력의 통합이 중요하던 시기에 커다란 역할을 한 것은 사실이다.

소수림왕 3년(373)에 율령을 반포한 것도 각 부족에 대한 국왕의 장악력이 강화되었음을 말해주는 것으로 중요한 의미가 있다. 율령

연가7년명 금동여래입상 고구려 불상으로 경상남도 의령에서 발견되었으며 국보 제119호로 지정되었다. (국립중앙박물관 소장)

반포를 고대 국가 성립의 중요한 한 근거로 삼는 데서 알 수 있듯이 율령 반포는 고구려가 국왕을 정점으로 하는 중앙집권적인 고대 국가 체제를 완성했음을 보여준다.

소수림왕 2년(372)에 "태학太學을 세우고 자제를 교육하였다"는 기록도 중요한 의미가 있다. 태학에서는 무엇을 가르쳤을까? 『북사北史』와 『주서周書』에 그 단초를 짐작하게 해주는 같은 기록이 있다.

> 서책은 『오경五經』과 『삼사三史』와 『삼국지三國志』와 『진양추晉陽秋』가 있다.

오경은 『시경詩經』·『서경書經』·『주역周易』·『예기禮記』·『춘추春秋』를 말하는데, 이 서적들은 『논어論語』·『맹자孟子』 등과 함께 유학의 핵심 서적들이다. 이런 서적들이 외국인의 눈에 띄었다는 것은 이런 책들이 상당히 광범하게 유통되었음을 뜻한다. 곧 소수림왕이 세운 태학에서는 자제들에게 유학에 관한 사항을 가르친 것이다. 후한에서 유학을 국교화한 것은 유학이 황제를 정점으로 하는 중앙집권화를 강화하는 데 중요한 도구였기 때문이다. 전한前漢 무제武帝 때 처음 정원 50명으로 설치된 태학이 학생 수가 차츰 증가하여 전한 말에는 약 1,000명이 되었고, 후한 질제質帝 때인 146년에는 3만 명이 넘는 학생이 수도 낙양에 유학한 것은 유학이 왕권강화에 얼마나 효율적인 도구인지 잘 보여준다.

이들 태학은 왕권강화의 이념적 역할을 하는 곳이었다. 독서와 무예를 익히던 경당과 태학은 왕권강화의 중요한 구실을 했다. 각 나부가 지니고 있던 군사력을 광개토태왕이 통합할 수 있었던 데는 무력만이 아니라 태학과 경당 등이 지닌 이념과 교육적 측면도 중요한 역할을 한 것이다.

광개토태왕의 전술

사실 고구려는 정복전쟁 못지않게 방어전쟁을 더 많이 치렀다. 고구려가 험한 곳에 산성을 쌓은 이유도 강한 적을 상대로 방어전쟁을 치러야 하는 경우가 훨씬 더 많았기 때문이다. 고구려의 대표적인 전술 중에 청야淸野전술이 있다. 이는 강한 적이 쳐들어올 경우 성에서 농성하면서 적군이 식량을 확보할 수 없도록 성 주변의 모든 사람과 식량을 소개하는 전술이다. 자연히 적군은 머나먼 본국에서 보충병과 식량을 공급하면서 고구려의 강한 성과 대치해야 한다. 또한 고구려의 겨울은 극도의 혹한이다. 현지에서 인력과 식량을 보급받지 못하는 적군은 혹독한 만주 대륙의 겨울이 몰려오기 전에 물러나는 수밖에 다른 도리가 없다.

광개토태왕 때도 이런 청야전술은 기본이었을 것이다. 게다가 광개토태왕은 기습전에 강한 면모를 지녔다. 광개토태왕은 재위 2년(392) 백제의 관미성을 빼앗았는데 이듬해 백제의 왕숙王叔 무武가 군사 1만을 거느리고 이를 되찾기 위해 쳐들어왔을 때의 일이다. 이 당시 상황을 『삼국사기』 「백제본기」는 백제군이 관미성을 포위했으나 이기지 못하고 물러났다고 기록했다. 그러나 『삼국사기』 「고구려본기」에는 광개토태왕이 정예기병 5천을 거느리고 역으로 공격하여 패배시켰다고 적었다. 관미성을 포위한 백제군을 기습해 패퇴시킨 것이다. 이런 기습공격에 광개토태왕은 자신이 직접 거느린 친위 정예기병을 사용했다.

광개토태왕은 기병 외에 수군을 사용한 기습전에도 능했다. 고구려는 수군이 강했다. 고대의 뱃길은 황해를 가로지르는 것이 아니라 연안을 따라가다가 기후가 불순하거나 풍랑이 일면 해안에 배를 대고 피하는 항해법을 사용했다. 『삼국사기』는 백제가 문주왕文周王 2년(476)에 남중국의 유송에 사신을 보내려 했다가 "고구려가 길을 막아서 이르지 못하고 돌아왔다"고 적었다. 백제가 남중국에 이르려면 황해를 가로질러 가는 것이 아니라 한반도 연안을 따라 북상해 요동반도와 산동반도 연안을 거쳐 가야 했기 때문에 요동반도를 장악하고 있는 고구려가 방해하면 사신 길이 막혔다.

광개토태왕은 유독 수전에 강한 면모를 지녔다. 앞의 관미성을 함락시킬 때도 육군만 사용한 것이 아니라 수군을 이용해 함락시켰다. 관미성은 사방이 절벽이고 바닷물로 둘려 있기 때문에 광개토태왕은 육군과 수군을 일곱으로 나누어 공격해 20일 만에 함락시켰다. 왕은 재위 4년(394)에도 백제와 패하浿河(지금의 예성강)에서 겨루어 대파하고 8천여 명을 사로잡았다.

광개토태왕은 재위 6년(396)에도 직접 수군을 이끌고 백제를 공격했다. 이때 백제의 58성과 700촌을 함락시키고, 서울을 공략해 백제 아신왕의 항복을 받고, 성하城下의 조약을 맺고 남녀 1천여 명과 왕의 동생과 대신 열 명을 인질로 잡고 돌아왔다. 이때 광개토태왕은 수군을 동원해 기동성을 살리며 백제의 허를 찔렀다. 58개 성은 남한강 상류 지역에 위치한 것으로 추측되는데, 충청북도 동부 지역과 강원도 영서 산간 지역에 있던 성들이다.

한 해 전인 395년 11월에 백제의 아신왕은 패수전의 패배를 설욕

하기 위해 직접 군사 7천 명을 이끌고 한강을 건너 개성 부근의 청목령 아래 다다랐으나 큰 눈을 만나 군사들이 많이 동사凍死해 회군한 적이 있다.

당시 백제는 극도의 긴장 속에서 보복을 다짐하고 있었으므로 북방을 엄중히 방어했다. 이런 상황에서 광개토태왕은 수군을 이용해 한강을 타고 올라가 백제의 허를 찌른 것이다.

광개토태왕은 396년 지금의 충주 지역을 정복한 후 국원성國原城이라고 불렀는데, 이는 당시 수도인 국내성國內城과 같은 의미의 별도別都였다. 이도학 교수는 이를 신라와 가야 지역을 경영하기 위해 대동강에서 서해 연안과 한강, 충주를 중간 거점으로 해서 낙동강을 연결하는 거대한 전략 수로를 확보하려는 구도로 해석하듯이 광개토태왕은 수로를 중시했다.

광개토태왕의 영토확장을 묘사한 기록화 (전쟁기념관 소장)

또한 광개토태왕은 보복전에 강한 면모를 보였다. 재위 3년(393) 백제가 빼앗긴 영토를 되찾기 위해 내침하자 광개토태왕은 정예기병 5천을 거느리고 이를 격파했다. 또 재위 10년(400) 광개토태왕이 신라를 침범한 왜를 격퇴하기 위해 5만 대군을 보낸 틈을 타서 후연 국왕 모용성慕容盛이 침략해 700여 리의 영토를 빼앗고 고구려 5천여 호를 포로로 잡아가자 광개토태왕이 이듬해(401) 후연의 숙군성을 쳐 빼앗은 것 등이 이를 말해준다. 이는 도전에는 반드시 응징한다는 선례를 남김으로써 적국에게는 두려움을 주고, 고구려 백성들에게는 국가에 대한 신뢰를 주며, 군사들에게는 자신감을 불어넣어주는 일이었다. 싸우면 언젠가는 이긴다는 자신감을 불어넣어준 것이다.

독자적인 천하관

광개토태왕이 만주 전역을 아우르는 대제국을 건설할 수 있었던 배경에는 고구려의 독자적인 천하관도 큰 몫을 했다. 고구려는 태학에서 유교 경전을 배웠으나 그 내용이 중국 왕조에 대한 조공사상 등으로 연결되지는 않았다. 오히려 광개토태왕은 고구려의 다른 나부를 자신의 통제 속에 넣으면서 고구려 왕실의 혈통을 신성시하는 독자적인 천하관을 수립했다.

광개토태왕릉비에는 고구려의 독자적인 천하관이 잘 표현되어 있다.

옛날 시조 추모왕께서 창업하신 터다. 왕은 북부여에서 오셨으며 천제

天帝의 아들이고, 어머니는 하백의 따님이다. 알을 깨고 세상에 나오셨는데…….

이 비문은 고구려 왕실의 계보를 아버지 쪽은 천제天帝, 곧 하늘과 어머니 쪽은 하백, 곧 물의 신으로 규정지었다. 따라서 고구려 임금은 하늘의 아들인 천자天子가 된다. 중국은 자국의 황제를 천자라고 부르면서 천하의 중심으로 자처하고, 주위 제국을 오랑캐라면서 복속 대상으로 삼았다. 그런데 고구려는 자신들의 왕계를 위로는 하늘과 아래로는 물에 연결지어 스스로 천자라고 여긴 것이다.

이처럼 고구려를 천하의 중심으로 여기는 의식 속에서 광개토태왕은 영락永樂이란 독자적인 연호를 사용했다. 「광개토태왕릉비문」의 제1면 5행은 "영락대왕의 은혜와 혜택이 하늘에까지 이르고, 대왕의 위력은 사해四海에 떨쳤다"고 기록했다. 이는 광개토태왕이 사해, 곧 천하의 지배자임을 과시한 것으로 고구려가 천하의 중심국이라는 고구려의 천하관이 담겨 있다.

중국 길림성 집안현 하양어두下羊魚頭 근처의 하해방촌下解放村에서 발견된 모두루牟頭婁묘지는 광개토태왕릉비와 비슷한 시기에 제작된 것으로 보이는데, "하백의 손자이며 일월日月의 아들인 추모성왕은 원래 북부여에서 오셨으니, 천하 사방은 이 나라 이 고을이 가

모두루묘지문

장 성스러운 곳임을 알 것이다"라고 시작한다. 이 역시 고구려를 천하의 중심국으로 여기는 것이다.

이런 독자적인 천하관은 주위의 여러 제국들을 복속 대상으로 삼게 했고, 그 결과 정복전쟁이 타당한 명분을 획득하게 된 것이다.

광개토태왕의 정복지역

광개토태왕릉비의 정복기사는 영락 5년(395) 서북방 지역을 정토하는 것으로 시작한다. 광개토태왕은 직접 군사를 이끌고 거란족이 거주하는 요하 상류 지역인 염수鹽水 방면으로 진출하여 600~700영營을 격파하고 개선했다. 대왕은 영락 6년(396) 백제의 왕성을 함락시킨 후, 영락 10년(400) 보병과 기병 5만 명을 보내 낙동강 유역을 공격했다. 한 해 전에 백제가 성하의 조약을 어기고 왜와 화통해 신라를 침범했기 때문에 신라를 구원할 목적으로 남하한 것이다.

광개토태왕이 남하정책을 강행하자 백제와 왜, 가야는 서로 연합해 대항했는데, 대왕은 이 연합체제를 깨뜨리기 위해 5만 대군을 파견한 것이다. 이때 파견된 고구려 군대는 낙동강 하류 지역까지 진출해 백제·가야·왜 연합군을 궤멸시키는 전과를 올렸다. 그러나 그해 2월 후연 국왕 모용성이 직접 3만 군사를 거느리고 쳐들어와 고구려 서쪽 700여 리를 빼앗았다. 이 때문에 고구려 5만 군사는 정벌을 중단하고 돌아간 것으로 보인다.

그 후 영락 14년(404) 왜는 백제와 연합해 고구려의 대방帶方 지역을 침입한다. 같은 해 정월 후연 국왕 모용희慕容熙가 고구려를 공략하다 실패해 돌아갔는데, 이 일로 고구려의 전력이 분산된 틈을 타서 왜와 백제가 공격해 온 것이다. 이때 광개토태왕은 직접 군사를 이끌고 출전해 왜·백제 연합군을 궤멸시켰다. 2년 후인 406년에는 후연에 대한 보복전을 전개해 잃어버린 땅을 모두 회복하는 것은 물론 대릉하 유역까지 장악할 정도로 커다란 승리를 거두었다.

재위 17년(407)에는 또다시 5만 대군을 보내 백제의 6개 성을 빼앗는 동시에 갑옷 만 벌과 헤아릴 수 없이 많은 무기를 노획했다. 그리고 재위 20년(410)에는 지금의 목단강 유역의 동부여를 정벌하여 승리한 후 개선했다. 광개토태왕릉비에는 수묘인守墓人에 대한 기사가 나오기 직전, 곧 전쟁기사의 마지막을 64개 성과 1,400개 촌락을 지배한 것으로 매듭지었다.

『삼국사기』에는 광개토태왕릉비에 나오는 많은 정복기사가 누락되어 있으므로 실제 광개토태왕이 정복한 영토는 이보다 광범위할 것이다. 일단 두 기록을 토대로 광개토태왕 당시의 고구려 영역을 그려보면 동쪽은 연해주, 서쪽은 난하 지역, 남쪽은 예성강에서 충주와 영일만을 잇는 지역, 그리고 북쪽은 흥안령 산맥 북쪽 흑룡강 일대까지 광대한 그림이 그려진다.

광개토태왕은 불과 18세의 소년왕으로 즉위하여 39세의 청년왕으로 세상을 떠날 때까지 이처럼 광대한 영토를 정복했다. 그는 대부분의 재위기간을 호화스런 궁성보다 말 위에서 보냈다. 그는 재위 16년(406) 2월 궁궐을 증축했지만 정작 그 궁궐에서는 얼마 지내지 못했다. 호화로운 궁궐보다는 거친 들판에서 대부분의 재위기간을 보낸 것이다. 그리고 그런 개척정신이 대제국을 건설하게 했고, 죽은 후 땅을 넓힌 임금이란 뜻의 '광개토태왕廣開土太王'이란 시호를 받게 했다.

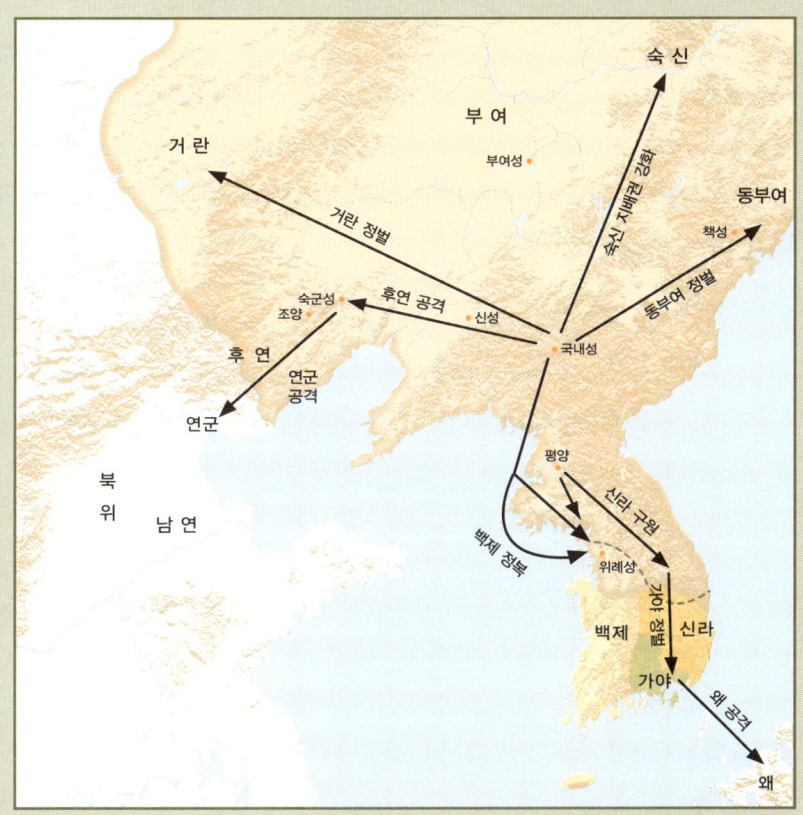

광개토태왕 시기의 영토 확장

고구려의 속국들

고구려는 자칭으로만 천자국이 아니라 실제로 여러 속국들을 거느렸다. 고구려의 속국들의 위치에 대해서는 아직 연구가 충분하지 못한데, 조선 후기의 사학자 이긍익은 『연려실기술燃藜室記述』「역대전고歷代典故」'고구려의 속국편'에서 시조 동명왕이 되찾은 비류국沸流國을 필두로 여러 속국들을 열기해놓았다. 그는 "모두 「고구려본기」에 보인다"라며 『삼국사기』「고구려본기」를 주로 참조했다고 명기했는데, 그중 나라 '국國' 자가 붙은 속국들을 열기하면 다음과 같다. 위치 비정은 정확하지 않으므로 생략했다.

비류국沸流國 : 동명왕 2년(기원전 36)에 비류국왕 송양이 와서 항복하였으므로, 그 땅을 다물도多勿都라 하고 송양왕을 왕으로 봉하였다. 고구려 말로, 옛 토지를 되찾은 것을 다물이라 한다.

행인국荇人國 : 동명왕 6년(기원전 32)에 오이부분노烏伊扶芬奴를 보내쳐서 빼앗아 성읍城邑을 설치하였다.

북옥저국北沃沮國 : 동명왕 10년 계사(기원전 28)에 부위염扶慰厭에게 명하여 북옥저를 쳐서 멸하게 하고 그 땅을 성읍으로 만들었다.

동옥저국東沃沮國 : 태조대왕 4년 병진(56)에 동옥저를 쳐서 그 땅을 빼앗아 성읍으로 만들었다.

남옥저국南沃沮國 : 『동사東史』에는 "옥저는 동·북·남의 3종種이 있다" 하였고, 『삼국사』에는 "고구려 동천왕東川王이 위魏나라 관구검毌丘儉에게 패하여 남옥저로 달아났다"고 하였으나, 남옥저의 흥망과 영토는 살필 수가 없다. 백제 시조 43년(25)에 남옥저 사람들이 부양斧壤에 이르러 속국이 되겠다고 하였다.

양맥국梁貊國 : 유리왕 33년(14)에 오이烏伊·마리摩離에게 명하여 군사 2만 명을 거느리고 서쪽으로 양맥梁貊을 치게 하여 그 나라를 멸망시키고, 다시 진병進兵하여 한나라의 고려현高麗縣을 습격하여 빼앗았다.

구다국句茶國 : 대무신왕 9년(26)에 임금이 친히 개마국을 정벌하여 그 왕을 죽이고 그 땅에 군郡·현縣을 설치하였는데, 구다국에서 해害가 미칠까 두려워하여 온 나라가 와서 항복했다.

부여국夫餘國 : 대무신왕 5년(22)에 부여국을 정벌하여 그 왕 대소帶素를 죽였다. 문자명왕 3년(494)에 부여왕과 처자가 나라 사람들을 거느리고 와서 항복하였다.

『후한서』「동이열전」은 부여를 이렇게 설명했다.
"현도의 북쪽 1천 리 밖에 있었는데, 남쪽은 고구려와 동쪽은 읍루挹婁와 서쪽은 선비鮮卑와 접하였다. 북쪽에는 약수弱水가 있다. 지역이 사방 1천 리가 되며 본래 예濊의 땅이다."

『북사』에는 두막루국豆莫婁國이 옛 부여국이라 하였다.

갈사국曷思國 : 대무신왕이 부여국을 치자, 대소의 아우가 나라가 장차 망할 것을 알고 따르는 자 1백여 명과 함께 압록곡鴨綠谷에 이르렀는데, 해두왕海頭王이 사냥 나온 것을 보고 마침내 죽이고 그 백성을 빼앗아 갈사수曷思水 물가에 도읍하였다. 태조대왕 16년(68)에 갈사국 왕 손도두孫都頭가 나라를 들어 항복하였다.

조나국藻那國 : 태조대왕 20년(72)에 관나부貫那部 패자沛者 달가達賈를 보내 조나국을 치게 하여 그 왕을 사로잡아갔다.

3부 고구려의 국왕과 지배층 | 189

주나국朱那國 : 태조대왕 22년(74)에 환나부桓那部 패자 설유薛儒를 보내 주나국을 치게 하여 그 왕자를 사로잡아갔다.

읍루국挹婁國 : 곧 옛 숙신씨肅愼氏의 땅으로 동명왕 10년 계사(기원전 28)에 멸망하였다.

불함산不咸山 : 북부여의 동북 천여 리에 있어서 동쪽은 대해大海에 닿았고 남쪽은 북옥저와 접하였다. 넓이가 수천 리였다.

숙신국肅愼國 : 서천왕西川王 11년 경자(280)에 숙신국에서 와서 침입하므로 쳐서 항복받았다.

선비국鮮卑國 : 부여의 서쪽 고구려의 북쪽에 있었다. 유리왕 임자년(기원전 9)에 쳐서 항복받았다.

해두국海頭國 : 압록곡에 있었다. 대무신왕 5년(22)에 갈사국에 멸망당했다. 이미 위의 '갈사국조'에 나왔다.

연나국掾那國 : 부여왕 대소의 사촌동생이 1만여 명을 데리고 고구려에 투항하였다. 대무신왕 5년 임오(22)에 왕으로 봉하고 낙絡씨 성을 내렸다.

낙랑국樂浪國 : 대무신왕 정유년(37)에 습격하여 멸망시켰다.

황룡국黃龍國

개마국蓋馬國

진국辰國

염사국廉斯國

고구려는 이런 많은 나라들을 직접 정복하거나 제후국으로 관할했으니 실질적으로도 천자의 나라였다.

16_ 장수왕의 평양 천도가 남긴 것

조선 역사상 2천 년래 제일대사건의 의미

조선 역사상 2천 년래 제일대사건

단재 신채호 선생은 일제시대인 1925년 북경에서 망명생활을 하면서 『동아일보』에 「조선 역사상 1천 년래 제일대사건」이란 유명한 논문을 연재했다. 이 논문에서 신채호 선생은 우리 민족이 쇠퇴한 이유를 사대주의의 노예가 되었기 때문이라며, 그 계기를 '고려 인종 13년(1135) 묘청이 김부식에게 패함이 그 원인'이라고 단정지었다. 그의 주장을 들어보자.

> 전역戰役(묘청의 난)이 낭불양가郎佛兩家(화랑도와 불교) 대 유가儒家의 싸움이며, 국풍파國風派 대 한학파漢學派의 싸움이며, 독립당獨立黨 대 사대당事大黨의 싸움이며, 진취사상 대 보수사상의 싸움이니, 묘청은 전자의 대표요 김부식은 후자의 대표였다. 이 전역에 묘청 등이 패하고 김부식이 승리하였으므로 조선사가 사대적·보수적·속박적 사상 곧 유교사

상에 정복되고 말았거니와 만일 이와 반대로 김부식이 패하고 묘청 등이 이겼더라면 조선사가 독립적·진취적 방면으로 진전하였을 것이니 이 전역을 어찌 1천 년래 제일대사건이라 하지 아니하랴.

신채호 선생이 '조선 역사상 2천 년래 제일대사건'이라고 하지 않고 '1천 년래 제일대사건'으로 한정지었기에 고려시대 이후를 기준으로 삼아 여기서 고구려는 빠져 있다.

만약 2천 년래 제일대사건을 선정한다면 무엇이 될까?『삼국사기』는 장수왕이 "재위 15년(427)에 평양으로 천도遷都했다"고 간략하게만 기술했으나 장수왕의 평양 천도는 조선 역사상 2천 년래 제일대사건으로 선정해도 좋을 정도로 커다란 사건이다. 그러나 지금껏 상대적으로 소홀히 다루어졌다.

장수왕의 평양 천도는 지금까지 남하정책의 산물로 많이 설명되었다. 고구려가 만주 지역을 아우르는 전통적인 북방정책을 포기하고 한반도 남부를 공략하려는 남방정책을 추진하기 위해서라는 설명이다. 그 배경으로 서기 386년 건국한 선비족의 북위北魏가 화북 이북을 지배하는 신흥강국이 되자 북위와 충돌을 피하면서 국가를 안정적으로 발전시키기 위해 평양으로 천도했다는 것이다.

그러나 당시 중국은 남북조南北朝시대라 부르는 유명한 분열시대로 중국 대륙 내부의 분란을 수습하는 것이 일차적인 과제였다. 중국 화북 지역을 무대로 한 북조는 여러 이민족들이 각축을 벌이다가 439년(장수왕 27) 북위에 의해 통일되었으며, 화남 지역을 무대로 하는 남조는 동진東晉(317~420년), 송宋(420~479년), 남제南齊(479~502년)가 차례로 흥망을 거듭하고 있었다. 장수왕은 즉위하던 해(413년) 남조의 동진에 사신을 파견해 70년 만에 남중국 국가와 교섭을 재개했다. 이후 동진을 이은 송과 남제와도 계속해서 국교를 수립해 중국 남조 국가들과 유대를 강화했다.

장수왕은 평양 천도 이태 전에 이미 북위에도 사신을 보내 우호를 돈독히 했다. 당시 북위는 중국 화북 지역을 통일하기 전이었다. 북위와 경쟁하던 북연이 멸망한 것은 장수왕이 평양으로 천도하고 9년 후인 436년이었다. 이 기세를 몰아 북위가 화북 지역을 통일한 것은 이로부터 3년 후였다. 그러나 북위는 이후로도 중국 남조와 경쟁을 계속했다.

장수왕이 북조는 물론 남조에도 사신을 보내 국교를 수립한 것은 중국의 분열을 고구려의 안정을 위해 이용하려는 것으로 그만큼 자신감 있는 외교정책이었다. 그런 고구려가 북위의 화북 통일에 위축되어 스스로 평양으로 도망갔다는 것은 납득이 가지 않는다. 당시 고구려는 그렇게 약한 나라가 아니었으며, 또 고구려는 북변에 위협이 있으면 맞붙어 싸우는 상무尙武정신으로 유지·발전해온 나라이지 도망감으로써 유지해온 나라가 아니었다.

따라서 장수왕이 평양으로 천도한 것은 다른 각도에서 바라보아야 한다. 장수왕의 평양 천도가 만주와 한반도 정세에 가져온 변화는 거대했다. 그야말로 만주와 한반도를 아우르던 우리 민족의 역사를 근본적으로 뒤바꿔놓은 사건이 장수왕의 평양 천도다.

장수왕의 평양 천도는 최선의 정책이었나?

지금까지 남북한 학계는 장수왕이 평양으로 천도한 가장 큰 이유를 남하정책의 추진에서 찾았다. 그러나 장수왕이 본격적인 남하정책을 추진한 것은 평양 천도 후 무려 48년이 지난 재위 63년(475)째의 일이다. 평양 천도를 단행했을 때 장수왕의 나이는 서른네 살로 한창 때였으나 백제를 본격 공략했을 때의 나이는 무려 여든두 살의 고령이었다. 평양 천도의 목적이 남하정책이라면 장수왕은 천도 직후에 체제를 정비한 후 본격적인 백제 공략에 나서야 했다. 그러나 천도 후 48년이 지난 시점에서야 백제를 공략해 개로왕을 전사시켰다는 사실은 장수왕이 평양으로 천도한 주된 목적이 남하정책이 아님을 뜻한다. 더구나 개로왕이 전사하고 그 아들 문주가 백제의 잔존세력을 이끌고 웅진으로 도주했을 때 장수왕은 이들을 추적하지 않았다. 곧 이 당시 장수왕의 백제 공략 목표는 통일전쟁이 아니었다는 의미다. 통일전쟁이 아니라 백제 세력의 약화라는 제한된 전략목표를 가지고 백제를 공격한 것이다.

장수왕이 백제를 공략한 이유는 북위 헌문제가 백제에 보낸 국서에서 그 단서를 찾을 수 있다.

> 고구려가 강함을 믿고 경(개로왕)의 국토를 침범하여 선군先君의 옛 원수를 갚는다면서……

이는 장수왕이 백제를 침범한 것이 통일전쟁이 아니라 선군, 곧 백제 근초고왕에게 전사한 고국원왕의 원수를 갚는 보복전이자 제한전이었음을 보여준다. 따라서 장수왕이 평양으로 천도한 목적은 남하정책을 통한 한반도 통일이 아니었다.

그럼 장수왕은 왜 평양 천도를 단행했을까?

한반도를 통일할 외적 목적이 아니라면 고구려 내적인 데서 찾아야 할 것이다. 백제의 개로왕이 북위에 보낸 국서에 그 단서를 보여주는 기록이 있다.

> 지금 연璉(장수왕)의 죄로 나라는 어육魚肉이 되었고, 대신들과 호족들의 살육됨이 끝이 없어 죄악이 쌓였으며, 백성들은 이리저리 흩어지고 있습니다.

이 국서는 물론 개로왕이 북위에 구원군을 보내달라고 요청하기 위해 보낸 것이다.

> 만일 천자의 인자하심과 간절한 긍휼이 멀리라도 미치지 않는 곳이 없다면 급히 장수 한 사람을 보내어 신(개로왕)의 나라를 구원하여주십시오. 마땅히 저의 딸을 보내어 후궁에서 청소를 하게 하고, 아울러 자제들을 보내어 마구간에서 말을 먹이게 하겠으며, 한 치의 땅이나 한 사람의 필부匹夫라도 감히 저의 것이라 생각하지 않겠습니다.

이처럼 간절한 자세로 구원군 파견을 요청하는 국서이기 때문에 "나라는 어육이 되었고, 대신들과 호족들이 살육"되었다는 내용은 장수왕의 폭정을 과장되게 설명한 것일 수도 있지만 상당 부분 고구려의 내부사정을 반영한 것이라고 보아야 한다. 이는 장수왕이 평양으로 천도한 목적이 왕권을 위협하는 대신·호족들의 세력을 약화하는 데 있었다고 볼 수 있는 구절이다. 장수왕은 구귀족들의 세력 기반인 국내성을 떠나 평양으로 천도함으로써 이들의 세력을 약화

장수왕릉(중국 길림성 집안현 소재)

시키고 왕권을 강화하려 한 것이다. 이 과정에서 왕권강화에 반발하는 대신·호족들을 대거 숙청했음을 말해준다. 대신·호족들을 대거 숙청한 후 강화된 왕권을 배경으로 백제를 공략한 것이다.

그러나 장수왕의 목적은 백제의 멸망이 아니라 한강 유역을 확보함으로써 왕실의 위엄을 과시하고 한반도의 주도권을 장악하려는 데 있었으므로 도망가는 개로왕의 아들 문주를 뒤쫓지 않고 되돌아간 것이다.

그러나 왕권강화를 주목적으로 하여 평양으로 천도한 것이나, 통일전쟁이 아닌 제한된 목적으로 백제를 공격한 것은 장수왕이 선택할 수 있는 최선의 정책은 아니었다. 고구려의 평양 천도는 장수왕의 주목적과는 상관없이 백제의 격렬한 반발을 불러왔다. 신라도 고구려의 평양 천도를 한반도 통일의 의지로 생각하고 고구려에 조공하던 그때까지의 친고구려 정책을 선회하게 되었다.

『삼국사기』「신라본기」'눌지마립간 17년(433)조'에는 이와 관련해 "백제가 사신을 보내 화친을 청하므로 이에 따랐다"는 중요한 기사가 나온다. 드디어 백제와 신라의 항상적인 전쟁 상태가 끝을 맺게 된 것이다. 백제는 지금껏 신라를 멸망시키기 위해 노력해왔다. 그러나 장수왕의 평양 천도로 대신라 정책이 대립에서 화친으로 바뀌게 된 것이다. 다음 해 2월 백제의 비유왕은 신라에 좋은 말 두 필을 보낸 데 이어 9월에는 흰 매를 보냈다. 예전의 백제 같으면 상상할 수 없는 일이었다. 이번에는 신라의 눌지마립간도 황금과 명주明珠(맑은 구슬)로 답례했다.

신라는 평양 천도 3년 전인 장수왕 12년(424)에 고구려에 사신을 보내 예방한 적이 있다. 그때 장수왕은 이 사신들을 후히 대접할 정도로 신라는 친고구려 국가였다. 고구려가 국내성에 머물러 있는 한 신라는 고구려의 천하체제 속에서 백제·왜와 대립하며 생존을 도모할 국가였다. 그러나 고구려의 평양 천도는 신라의 이런 친고구려 정책에 회의를 느끼게 했다. 이제 신라는 고구려 천하체제 속에 안주하기보다는 자립을 도모하게 되었다. 고구려가 자신들을 멸망시킬지 모른다는 두려움이 있었기 때문이다. 이런 기미를 눈치 챈 백제의 비류왕은 얼른 신라에 손을 내밀었고, 신라 역시 기다리고 있었다는 듯이 손을 잡았다.

전통적 국제관계의 변화와 북연의 멸망

백제와 신라의 연합은 고구려·신라 세력 대 백제·왜·가야 세력이라는 만주·한반도 전통의 국제관계에 근본적 변화가 있음을 뜻한다. 이 모든 것이 장수왕의 평양 천도 때문이다. 만약 장수왕이 평양으로 천도하지 않고 국내성에 머물면서 광개토태왕의 북방확장 정책을 계속 수행했다면 고구려의 이후 역사는 근본적으로 바뀌었을 것이다. 고구려는 평양이 아니라 서북방의 요동성 쪽으로 천도해야 했다. 만약 그랬다면 고구려는 광개토태왕 못지않게 영토를 확장할 수 있는 좋은 기회를 놓치지 않았을 것이다.

바로 고구려 서쪽의 방대한 북연 영토를 차지할 기회였다. 북위의 거듭된 공격에 세력이 약해진 북연 임금 소성제昭成帝 풍홍馮弘(재위 430~436년)은 신하에게 "일이 급하면 동쪽의 고구려에 의지해 훗날을 기약하리라"고 말하며 비밀리에 상서尙書 양이陽伊를 고구려에 보내 자신들을 맞아달라고 요청했다. 장수왕 24년(436) 4월 북위가 북연의 대릉하 서쪽에 있는 백랑성白狼城을 공격해 함락시키자 소성제는 도피할 수밖에 없었다. 장수왕은 갈로葛盧와 맹광孟光 두 장수에게 수만 군사를 주어 북연의 사자 양이를 따라 지금의 조양朝陽인 화룡和龍으로 가서 연나라 임금을 맞이했다. 갈로, 맹광은 북연의 수도인 용성龍城에 들어가 고구려군에게 북연의 무기고에 쌓인 정교한 병기를 나누어주었다. 북연의 소성제는 용성의 백성들을 이끌고 고구려로 옮기면서 궁전을 불태웠는데 불이 열흘 동안 꺼지지 않았다는 기록이 있을 정도로 북연은 한때 강자였다.

북연의 소성제는 고구려로 망명하면서 부녀자들에게 갑옷을 입혀 복판에 서게 하고, 북연의 양이 등은 정병精兵을 거느리고 밖에 나란히 서게 했다. 이들을 보호하는 고구려의 갈로, 맹광은 기병을 거느리고 맨 뒤에 서서 수레를 나란히 해 전진했는데 망명 행렬이

80여 리에 걸칠 정도로 장대한 규모였다. 중국 북부 지역을 지배하던 북연이 사실상 고구려에 투항한 것이다.

이 소식을 들은 북위의 태무제太武帝는 산기상시散騎常侍 봉발封撥을 고구려에 보내 북연의 소성제를 압송하라고 요구했다. 그러나 장수왕은 소성제와 함께 왕화王化를 받들겠다는 서신은 보냈으나 이는 형식뿐이었고 끝내 보내지는 않았다.

그러자 북위의 태무제가 직접 고구려를 정벌하려 했는데, 태무제의 측근 유결과 왕비 등이 반대하고 나섰다. 태무제는 지금의 감숙성의 병사를 동원해 고구려를 치려 했으나 측근들은 갓 북위에 편입된 이들 지역민들을 다독거려야 한다는 이유로 정벌을 반대한 것이다.

이는 당분간 장수왕이 북연 영토의 상당 부분을 차지해도 좋다는 뜻이기도 했다. 북위는 고구려와 전면전을 벌일 여력이 없었던 것이다. 그러나 장수왕이 재위 26년(438) 3월에 북연의 풍홍馮弘, 곧 소성제에게 위로한 말이 오히려 소성제와 장수왕의 사이를 갈라놓았다. 소성제가 요동에 도착하자 장수왕은 사람을 보내 이렇게 위로했다.

"용성왕龍城王 풍군馮君이 들판에서 묵고 있으니 사람과 말들이 얼마나 피곤하겠소."

그러나 이 말은 북연의 소성제를 발끈하게 했다. 자신은 어쨌든 한때 황제를 칭했다는 자부심이 '용성왕', '풍군' 등의 말을 모욕으로 느끼게 한 것이다. 불쾌히 여긴 소성제는 황제의 자격이라며 고구려 사신을 꾸짖었으나 이는 고구려에 위탁한 몸으로서 허세에 불과했다.

장수왕은 소성제를 지금의 개평 부근인 평곽平郭으로 옮겨 거주하게 했다가 얼마 후 다시 북풍北豐으로 옮겼다. 소성제는 자신이 황제라는 허세가 있었으므로 평곽이나 북풍에서 황제처럼 정사와 형벌을 계속했다.

이에 장수왕은 소성제와 그 측근들을 격리시키고, 태자 왕인王仁을 인질로 삼았다. 이를 분하게 여긴 소성제는 송나라에 사신을 보내 표문을 올리고 맞아주기를 청했다. 북위와 경쟁하던 송나라 임금이 이를 거절할 리 없어서 곧바로 사신 왕백구王白駒 등을 보내 북연 소성제를 맞아들이게 했다. 그러나 장수왕이 이를 허용할 리 없었다. 장수왕은 소성제를 송나라에 보내느니 제거하는 것이 낫다는 생각에 장수 손수孫漱와 고구高仇 등을 보내 북풍에서 소성제와 그의 자손 10여 명을 죽였다. 그러자 송 사신 왕백구는 자신이 거느리고 온 7천여 군사를 이끌고 소성제 등을 죽인 고구려 장수 손수·고구 등을 습격해 고구를 죽이고 손수를 사로잡았다.

곧이어 장수왕은 군사를 보내 고구려 장수를 해친 왕백구 등 송나라 사신들을 체포했다. 그러나 이들을 고구려의 법에 따라 처리하지 않고 송나라로 보냈다. 송나라 임금은 고구려가 먼 나라이므로 그 뜻을 어기고 싶지 않다는 이유로 형식상 왕백구 등을 하옥했다가 얼마 후 놓아주었다. 고구려의 반발을 무마하면서 고구려에 성의를 표한 형식적인 조치였다.

당시 남북조로 분열된 중국은 화북의 북위와 화남의 송을 포함해 그 어느 나라도 고구려와 전면전을 벌일 형편이 안 되었다. 이런 분열을 이용해 장수왕은 남북조와 각각 국교를 수립해 안정을 도모하려 했다. 위나라 고조가 남제南齊의 태조 고제高帝 소도성蕭道成에게 보내는 고구려의 사신을 체포하고도 그를 고구려로 돌려보낸 일은 중국의 이런 실정을 잘 보여주는 것이다.

 장수왕의 북방정책은 이처럼 중국의 분열을 이용해 남북조 모두와 국교를 수립하는 평화적인 외교정책이 주를 이루었다. 평양으로 천도한 결과 백제와 신라가 손을 잡은 상황에서 북방확장정책을 펼수는 없었을 것이다. 평양 천도와 북방평화정책은 장수왕으로서는 최선의 선택이었는지 모르겠지만 고구려 전체의 위치와 이후의 역사에서 볼 때 최선의 선택은 아니었다. 전사집단으로 출발한 고구려는 중국은 물론 북방 여러 민족들과 싸우면서 성장한 국가였다. 장수왕은 광개토태왕이 한 것처럼 북방확장정책을 통해 고구려의 천하체제를 확대해야 했다. 백제와 신라를 상호 갈등관계로 묶어둔 다음 북방확장정책을 계속 펼쳐 강대한 제국을 이루어야 했다. 부왕 광개토태왕처럼 내부 귀족들의 반발은 북방확장정책을 통해 무마하거나, 정복전쟁을 통해 왕권에 복속·흡수해야 했다.

 그러나 장수왕은 급변하는 대륙의 정세를 적극 이용하는 북방적극정책, 곧 북방확장정책을 펼치기보다 평양 천도를 택했다. 한반도 남부의 백제와 신라는 이에 반발해 서로 연합했다. 극단적인 긴장상황이 한반도 남부에서 조성된 것이다. 장수왕은 백제·신라와는 극단적인 긴장상황을 조성하면서도 중국 대륙의 여러 나라들과는 중복된 외교관계를 통해 평화를 유지하려 했다. 북방으로는 평화정책을 추진하면서 남방에서는 긴장정책을 선택한 것이다. 이는 고구려 역사의 주 무대를 만주 대륙에서 한반도로 끌어들이는 역할을 했다. 고구려의 무대는 추모왕이 북부여에서 내려온 이래 전통적으로 만주였다. 그런 전통적인 무대가 한반도라는 좁은 지역으로 축소된 것이다. 이는 고구려 역사에 근본적인 변화를 가져왔다. 중국 한민족과 북방민족과의 투쟁의 역사가 고구려의 역사였다. 그러나 고구려의 평양 천도로 그 투쟁의 주 대상이 백제와 신라로 변한 것이다. 이것이 바로 장수왕의 평양 천도가 가져온 가장 큰 변화다.

17_ 고구려 후기 왕실의 혼란

비운의 임금 안장왕의 사랑이야기

서로 다른 사망 기록들

고구려 후기 임금들 중에는 사망 시기나 원인 등이 정확히 알려지지 않은 임금들이 존재한다. 어떤 임금들은 각 기록들이 제각기 사망한 시기와 사인死因을 달리 전하여 의문을 던져준다. 고구려 제22대 안장왕安藏王(재위 519~531년)도 그런 임금 중 한 명이다. 그의 죽음의 의문을 던져주는 기록으로 『일본서기日本書紀』가 있다.

『일본서기』 제17대 '계체천황繼體天皇 25년조'에는 계체천황의 죽음을 전하면서 "그 달(12월) 고구려에서 그 왕 안安을 시해했다"고 짤막하게 전한다. 계체천황 25년은 서기 531년인데 이때 세상을 떠난 고구려 임금은 흥안興安을 휘諱로 사용한 안장왕이다. 그런데 『삼국사기』에는 이런 내용이 전하지 않고 다만 "안장왕 13년(531) 5월에 왕이 돌아가니 호를 안장왕이라 하였다"라고만 전한다. 두 기록은 사망한 해는 531년으로 같은데 달은 『일본서기』는 12월인 데 비해 『삼국사기』는 5월로 서로 다르다. 문제는 『삼국사기』에는 안장왕의 시해기사가 전혀 나오지 않는다는 점이다.

그런데 안장왕의 사망 시기가 다른 것은 일본의 『일본서기』와 우리나라의 『삼국사기』뿐만 아니라 중국의 『양서梁書』도 마찬가지다. 『삼국사기』를 편찬한 김부식은 안장왕이 사망한 해가 『양서』와 다른 것을 부기하면서 『양서』가 잘못 적었다고 자신의 의견을 밝혔다.

『양서』에는 "보통普通(양무제의 연호) 7년에 안安이 졸하고, 그의 아들 연延이 왕위에 올랐다"고 적었는데, 보통 7년은 526년으로 안장왕 재위 8년이다. 김부식은 안장왕이 사망한 때는 양의 중대통中大通 3년이자 북위의 보태普泰 원년(531)인데 보통 7년(526)이라고 적은 것은 잘못이라고 판단한 것이다.

이처럼 『일본서기』와 『삼국사기』, 『양서』가 모두 안장왕의 죽음을 각각 달리 기술한 사실은 무엇을 뜻하는 것일까? 이는 안장왕이 정상적인 죽음을 맞이하지 못했음을 강하게 시사한다. 곧 그는 자연사한 것이 아니라 『일본서기』의 기술대로 '시해'당했을 개연성을 나타낸다.

광개토태왕과 장수왕이 획득한 한강 유역의 영토를 나제羅濟(신라·백제) 연합군이 장악한 시기는 551년으로 전해진다. 신라 진흥왕은 재위 12년(551) 거칠부居柒夫 등 장군 여덟 명을 보내 백제와 함께 고구려를 공격하게 했다. 이때 백제군이 먼저 한강 유역을 공격하고 신라가 뒤따라 한강 상류로 진입해 죽령竹嶺 이북, 고현高峴 이남의 10개 성을 빼앗았다. 한강 유역의 이 지역은 고구려 장수왕에게 빼앗기기 전에는 백제 지역이었으므로 백제 성왕은 이 지역을 차지할 거라고 생각하고 있었다. 그러나 신라 진흥왕은 이 지역을 백제

백제 성왕이 전사한 관산성 아래의 구천

에 주지 않고 혼자 독차지해버렸고 이를 배신으로 규정한 성왕은 신라에 보복하기 위하여 직접 보병과 기병 50명을 이끌고 밤에 지금의 충청북도 옥천 지방인 구천狗川에 이르렀다가 신라의 복병에게 공격당해 사망했다. 그런데 이때 성왕이 이끈 친위군이 기·보병 합쳐 50명에 불과했다는 사실은 또 다른 논란의 여지가 있다. 보복하기 위해 일으킨 군사로는 지나치게 적은 숫자이기 때문이다. 일본 궁내성본宮內省本『삼국사기』는 보병과 기병 5천 명으로 되어 있는데 이 기록이 더 신빙성이 있다. 바로 그전 해 백제의 왕녀王女가 신라로 시집갔다는『삼국사기』의 기록으로 미루어볼 때 성왕은 신라의 유인책에 말려들었다가 살해당한 것으로 보인다.

어쨌든 신라는 이때 한강 유역을 차지한 것을 계기로 삼국의 강자로 떠올랐다. 그러고는 결국 삼국을 통일하게 된다. 이는 한강 유역의 확보가 한반도에서 어떠한 중요성과 비중을 차지하는지 말해주는 예다. 그런데 『일본서기』는 나제 연합군이 아니라 백제·신라·가야의 삼국 연합군이 이 지역을 회복했다고 기록했다. 『일본서기』 '흠명천황欽明天皇 12년(551)조'에 "백제 성명왕聖明王(성왕)이 직접 백제·신라·가야 연합군을 이끌고 고구려를 공격해 한성漢城 땅을 차지했으며, 계속 진군해 평양平壤을 토벌하고 무릇 6군을 차지함으로써 옛 땅을 회복했다"고 기록되어 있다.

그런데 『삼국사기』는 551년의 이 사건 이전에 백제가 한강 유역을 일시 차지했을 개연성이 있음을 보여준다. 바로 고구려 안장왕 때인데 그의 "재위 11년(529) 10월에 지금의 황해도 서흥 지역에 있던 오곡성五谷城에서 백제와 싸워 이기고 적 2천여 명을 죽였다"고 기록된 것이 바로 그것이다. 『삼국사기』를 역주譯註한 이병도 박사는 "이때 백제는 북진하지 못한 때이므로 이 기사는 믿을 수 없다"고 하여 지금껏 무시되었지만 안장왕과 함께 전해지는 아름다운 사랑이야기는 이 기사가 사실일 수도 있음을 보여준다.

『삼국사기』 「지리지」의 사랑이야기를 찾아서

『삼국사기』는 제왕들의 사적인 「본기本紀」와 「열전列傳」 등의 체제로 나뉘어 서술된 기전체紀傳體 역사서인데 그중 「지리지」도 있어서 옛 지명 변천에 대해 중요한 자료 역할을 한다. 그런데 그중 서울 유역을 뜻하는 한산주漢山州의 '왕봉현王逢縣조'와 '달을성현達乙省縣조'에는 안장왕의 사랑이야기와 관련된 짧은 해설이 나온다. '왕을 만난 현'이란 뜻의 왕봉현은 지금의 경기도 고양시인데 이 현에 대한 해설기사가 흥미롭다.

"개백皆伯이라고도 하는데 한씨 미녀가 안장왕을 맞이한 지방이므로 왕봉王蜂이라 했다."

달을성현에 대한 해설도 흥미롭다.

"한씨 미녀가 높은 산마루에서 봉화를 올려 안장왕을 맞이한 곳이므로 훗날에 고봉高烽(높은 봉화)이라 불렀다."

두 현에 대한『삼국사기』「지리지」의 해설은 모두 안장왕의 사랑 이야기를 전하고 있는데, 달을성현의 "한씨 미녀가 높은 산마루에서 봉화를 올렸다"는 이야기는 흡사 호동왕자와 낙랑공주의 이야기를 연상케 한다. 두 성에 대한『삼국사기』「지리지」의 설명은 단순한 사랑이야기를 넘어 당시 한강 유역이 삼국 중 어느 나라의 영토였는지에 대한 논란을 불러일으킨다. 두 현에 대해서『삼국사기』「지리지」는 당시 한강 유역이 고구려의 영토가 아니었다고 설명하는 셈이다. 안장왕의 재위기간은 백제와 신라 연합군이 한강 유역을 차지한 551년보다 훨씬 전인 서기 519~531년이다. 그는 문자명왕文咨明王(재위 491~519년) 7년(498)에 태자로 책립되었는데 이 이야기는 그의 태자 시절 이야기다. 이 당시 한강 유역이 고구려의 영토였으면 한씨 미녀가 안장왕을 맞이하기 위해 높은 산에 올라가 봉화를 올리는 군사적 행위를 할 필요가 없었을 테지만『삼국사기』에는 더 이상의 설명이 없기 때문에 그 진위를 밝힐 길이 없다.

그러나 안장왕과 한씨 미녀의 사랑이야기는 이 일대에 광범위하게 퍼져 있던 설화다. 안장왕 재위 때보다 약 1천여 년 후인 조선 중종 때 이전의『동국여지승람東國與地勝覽』을 증보 간행한 종합인문지리지인『신증新增동국여지승람』에 이에 대한 이야기가 전하기 때문이다. 또한 단재 신채호 선생도 『조선상고사』에서 지금은 전하지 않는 『해상잡록海上雜錄』이라는 서적을 인용해 안장왕의 사랑이야기를 전하는 것을 보면 이 사랑이야기는 당시에는 어떤 기록이 있었거나 아니면 천 년 이상의 세월 동안 입에서 입으로 전해져 조선시대에 기록된 것으로 보인다.

『동국여지승람』과 『해상잡록』에 인용된 이야기를 종합하여 재구성하면 훗날 춘향전의 모태가 되는 듯한 한편의 아름다운 사랑이야기가 만들어진다.

안장왕은 문자명왕의 장자로 이름이 홍안興安인데 부왕 재위 7년(498)에 태자로 책립되었다. 그는 상인으로 변장하고 고양 지역에 잠입해 들었다. 태자가 변장을 하고 고양 지역에 잠입했다는 사실은 당시 고양 지역이 고구려 영역이 아니었음을 뜻한다. 게다가 태자가 위험부담을 무릅쓰고 직접 적지에 잠입했다는 사실은 한강 유역이 고구려에게 얼마나 중요한 지역인지 뜻하기도 한다.

한강 유역인 지금의 고양시 지역은 백제의 영토였다. 고구려의 태자 홍안은 이 지역에 잠입해 그곳 장자長者인 한씨의 집에 숨어들었는데, 마침 한씨에게는 한주韓珠라는 절세 미모의 딸이 있었다. 적지에 잠입할 정도로 용기가 있던 젊은 태자 홍안이 절세미녀 한주를 보고 첫눈에 반했을 것은 쉽게 예상할 수 있는 일이다. 태자는 한주에게 사랑을 고백했고 그녀는 이 준수한 북방 청년에게 마음을 빼앗겨 관계를 맺었다. 홍안은 첩보 임무를 수행하는 틈틈이 한주와 사랑을 나누었다. 그러던 어느 날 홍안이 한주에게 중요한 말을 한다.

"나는 고구려의 태자요. 이제 내 임무를 끝냈으니 고구려로 돌아가야 합니다. 돌아가는 즉시 대병大兵을 동원해 이 땅을 빼앗고 그대를 아내로 맞이할 것이니 기다려주시오."

홍안은 한주를 남긴 채 귀국했는데 얼마 후 부왕 문자명왕이 사망함으로써 왕위에 올랐다. 새로 즉위한 안장왕은 한강 유역을 다시 되찾을 겸 그리운 사랑도 이룰 겸 군사를 일으켜 이 지역을 여러 차례 공격하지만 번번이 실패하고 말았다.

안장왕이 한주를 데려오지 못하는 안타까움에 애를 태우는 동안 한주는 위험에 빠져들게 되었다. 그녀가 절세미인이라는 소문을 들은 이 지역의 백제태수가 그녀를 마음에 둔 것이다. 태수는 사람을 보내 청혼했으나 안장왕에게 마음을 빼앗긴 한주의 마음을 돌릴 수는 없었다. 태수는 강제로 결혼하려고 한주를 협박했으나 그녀의 마음은 흔들리지 않았다. 한주가 이미 혼인하기로 약속한 사람이 있다고 말하자 태수는 그가 누구인지 대라고 다그쳤다. 적국의 임금이라고 말할 수 없었던 한주는 입을 다물 수밖에 없었다. 그러자 태수는 한주를 옥에 가두었다.

"적의 첩자와 내통하고 장래를 약속한 것이 틀림없다."

이 소식을 들은 안장왕은 마음이 다급해졌다. 조급해진 그는 부하들에게 한강 유역을 회복하고 한주를 구해오는 자에게 큰 상을 내리겠다고 약속했다. 이때 나선 인물이 을밀乙密이란 장수다. 그런데 이 을밀도 사랑에 빠진 사나이였는데 그 대상이 바로 안장왕의 여동생인 안학공주였다. 을밀은 한강 유역을 회복하고 한주를 구해오겠으니 안학공주와 결혼하게 해달라고 요청한다. 한강 유역을 회복하고 한주까지 구해오겠다는 사내에게 비록 신분은 조금 낮을지라도 안학공주와의 결혼을 거부할 수는 없었다.

평안남도 평양의 을밀대

　을밀은 용사 20여 명을 뽑아 광대놀이패로 변장해 백제로 들어갔다. 이때 백제태수는 한주가 끝내 자신의 청혼을 거절하자 한주를 죽이기로 결심하고 명령을 내리려는 찰나였다. 위기절명의 순간에 광대놀이패로 가장한 을밀 일행이 감추어둔 무기를 꺼내들고 달려든다. 고구려의 대군이 이미 가까이 왔다는 말에 백제 군사들은 도망가고 드디어 을밀은 한주를 구한다.

　고구려와 백제의 국경 부근에 군사를 거느리고 소식을 기다리던 안장왕은 이 소식을 듣고 크게 기뻐하며 군사를 출동시킨다. 을밀에 의해 구출된 한주는 스스로 높은 산에 올라가 봉화를 올리고 안장왕과 만난다.

두 사람은 다시 만나 사랑의 결실을 맺고, 약속을 지킨 을밀도 사모하던 안학공주와 사랑의 결실을 맺는다. 두 쌍의 사랑이야기는 각각 경기도 고양시와 평양에 그 흔적을 남기고 있는데 바로 지금의 고양시 고봉산과 평양의 을밀대다.

안장왕과 한주의 사랑이야기는 당시 이 지역은 물론 나라를 떠들썩하게 했을 것이다. 그리고 그 사랑이야기가 계기가 되어 신라 점령 기간을 지나 고려시대에 이르기까지 왕봉현이란 이름으로 남아 있는 것은 당시 왕봉현 사람들이 이 이야기를 나라와 신분을 뛰어넘은 아름다운 사랑이야기로 받아들였음을 뜻한다.

안장왕의 의문의 죽음

젊은 시절 나라를 떠들썩하게 만든 사랑이야기의 주인공인 안장왕의 미래는 그리 밝지 못했다. 그는 재위 13년 만에 사망하고 이름이 보연寶延인 안원왕安原王(재위 531~545년)이 뒤를 이었는데 안원왕은 안장왕의 아들이 아니라 동생이다.『삼국사기』는 보연이 즉위한 이유를 안장왕이 아들이 없기 때문이라고 적었다. 또한 보연의 "신장이 7척 5촌이고 도량이 크므로 안장왕이 사랑했다"고 덧붙여 왕위 계승에 아무런 무리가 없는 것처럼 전한다.

그러나 "고구려에서 안장왕을 시해했다"는『일본서기』의 기사가 사실이라면 동생 안원왕이 이 쿠데타에 어느 정도 가담했을 개연성이 크다. 그렇지 않다면 새로 즉위한 안원왕은 자신을 사랑한 형을 시해한 자들을 치죄하지 못할 정도로 힘이 약했을 것이다. 안장왕을 시해한 쿠데타 세력이 허수아비로 동생을 추대했음을 뜻하기 때문이다.

　안장왕의 뒤를 이은 안원왕 재위기간은 유독 천재지변이 많았다고 『삼국사기』는 전한다.

　안원왕 재위 5년(535) 5월에는 나라 남쪽 지방에 홍수가 나서 민가가 유실되었고 죽은 백성이 200명이나 되었다. 같은 해 10월에는 지진이 일어났으며, 12월에는 우레가 있었고 전염병이 크게 돌았다.

　이듬해에는 반대로 봄과 여름에 크게 가물어 안원왕이 사람을 보내 굶주린 사람들을 구휼했고, 8월에는 메뚜기떼의 일종인 누리[蝗]가 일어 농작물에 큰 피해를 주었다. 재위 10년(540)에는 겨울인 10월에 도리桃李가 꽃을 피웠으며 재위 12년(542) 3월에는 바람이 크게 불어 나무가 뽑히고 기왓장이 날아갔다.

　안원왕의 즉위가 심상치 않음은 그의 죽음에 대한 기록에서도 나타난다. 형왕兄王 안장왕처럼 그 역시 『양서』에는 545년이 아니라 양梁나라 태청太淸 2년인 548년에 사망한 것으로 기록되어 있다. 김부식은 이 역시 『양서』의 기록이 잘못되었다고 의견을 밝혔지만 『양서』가 안장왕에 이어 안원왕의 사망기사까지 잘못 적은 데에는 까닭이 있는 것이다. 곧 당시 고구려는 그만큼 혼란했다.

　두 왕의 죽음에 대한 기록이 이처럼 혼란스러운 것은 당시 고구려 왕실이 그만큼 혼란스러웠던 사실을 반영하는 것이다. 고구려 왕실은 왜 그렇게 혼란스러웠을까? 이는 왕권이 약했기 때문이다. 고대 국가의 혼란은 대부분 왕권이 약한 데서 연유한다. 왕권을 약하게 한 근본 원인은 귀족세력의 성장일 것이다. 491년 장수왕이 사망하고 문자명왕과 안장왕, 안원왕이 즉위하면서 고구려 왕실은 이전의 권위를 잃고 약화되었다. 안장왕과 안원왕이 재위한 6세기 중엽 고구려는 왕권이 약화되면서 귀족들이 정권의 전면에 등장하게 된다. 이는 고구려의 위기이기도 했다.

18_ 귀족과 국왕의 갈등

귀족들이 대대로를 선임할 수 있었던 이유

평양 궁전 앞의 대혈투

고구려 안장왕과 그 동생 안원왕이 사망한 해가 『삼국사기』와 『양서』의 기록이 서로 다르고 사망한 달 또한 『삼국사기』와 『일본서기』가 서로 다른 것은 이 당시 고구려의 정세가 정상적인 상황이 아니었음을 말해준다. 그런데 그 이유를 말해주는 유일한 기록은 『일본서기』다. 『일본서기』 '흠명천황 6년(545)조'에는 다음과 같은 기록이 있다.

> 이 해에 고구려에 큰 난리가 일어나 죽음을 당한 자가 많았다. 『백제본기』에는 "12월 갑오甲午에 세군細群과 녹군鹿群이 대궐문 앞에서 북을 울리며 크게 싸웠다. 세군이 패했는데 녹군은 3일 동안 해산하지 않고 세군의 자손들을 모두 붙잡아 죽였다. 무술戊戌(5일 후)에 향강상왕香岡上王(안원왕)이 세상을 떠났다"고 전한다.

『일본서기』가 인용한『백제본기』는 김부식이 고려 인종 때 편찬한『삼국사기』「백제본기」가 아니다. 지금은 전하지 않는 책인데『일본서기』자체는 일본 황실의 정통성을 합리화하기 위해 상당 부분 사실과 다르게 기록했지만 이 책에 인용된『백제본기』의 기사들은 신빙성이 높은 것으로 평가받고 있다. 안원왕의 갑작스런 죽음과『삼국사기』와『양서』의 기록이 서로 다른 이유만으로도『일본서기』가 인용한『백제본기』의 이 기록은 사실로 믿을 만한 가치가 있다.

논란이 되는 인물은 안장왕과 안원왕뿐만 아니라 그 뒤를 이어 즉위한 고구려 제24대 양원왕陽原王(재위 545~559년)도 마찬가지다. 일단 양원왕에 대한『삼국사기』의 기록을 보자.

> 양원왕의 이름은 평성平成이니 안원왕의 맏아들이다. 그는 어려서부터 총명하고 지혜로웠으며 장성해서는 웅휘한 풍모가 남보다 뛰어났다. 안원왕 재위 3년에 태자가 되었다가 재위 15년에 왕이 세상을 떠나자 즉위했다.

그런데『일본서기』'흠명천황 7년(546)조'는 양원왕이 그리 순탄하게 즉위하지 못했다고 기록했다. 역시『백제본기』를 인용한 기록이다.

> 이때 고구려에 큰 난리가 일어나 전투 중에 죽은 자가 무릇 2천여 명이었다.『백제본기』에는 "고구려는 정월에 중부인中夫人의 아들을 세워 왕으로 삼았는데 나이가 8세였다. 안원왕은 부인이 셋 있었다. 정부인正夫

人은 아들이 없었다. 중부인이 세자(양원왕)를 낳았는데 그 사돈 집안은 녹군麁群이다. 소부인小夫人도 아들을 낳았는데 그 사돈은 세군細群이다. 안원왕이 병이 심하자 세군과 녹군은 서로 자기 집안의 외손을 세워 왕으로 삼으려 하였다. (그래서 두 집안이 서로 싸웠는데) 세군의 죽은 자가 2천여 명이나 되었다"고 전한다.

『일본서기』 '흠명천황조'가 『백제본기』를 인용해 재위 6년(545) 12월과 재위 7년 정월의 고구려 사정을 전한 기사는 사건의 상관관계가 뚜렷하다. 와병 중이던 안원왕은 외척인 녹군가와 세군가가 서로 사병을 동원해 평양성을 피로 물들이는 와중에 사망하고 말았다. 그의 죽음도 병사病死라기보다는 두 호족 가문의 무력충돌 과정에서 발생한 변란일 가능성이 크다.

『일본서기』가 전하는 『백제본기』의 기사가 맞는다면 안원왕의 뒤를 이어 즉위한 인물이 녹군가 출신인 양원왕이다. 『삼국사기』는 양원왕이 안원왕 재위 3년(533)에 태자가 되었다가 재위 15년(545)에 안원왕이 사망하자 즉위했다고 기록했는데, 양원왕이 태자가 된 나이를 다섯 살로 낮게 잡아도 17세의 장년이 된다. 그러나 현전하지 않는 『백제본기』를 인용한 『일본서기』는 8세에 즉위했다고 전한다. 『삼국사기』가 전하는 17세 장년의 양원왕과 『일본서기』가 전하는 8세의 어린 양원왕은 어느 기록이 진실일까? 8세의 어린 양원왕이 맞는다면 모후인 안원왕의 중부인이 섭정을 하게 되는 것은 당연하다. 중부인의 친정인 녹군가에서 사병을 동원해 세군가를 제거하고 세자를 왕으로 추대한 것이므로 실권이 양원왕이 아닌 녹군가에게 있었을 것은 자명한 일이다.

고구려의 왕권이 약해진 이유

『삼국사기』에 양원왕 재위 시절의 기록이 많지 않은 반면 당시 고구려가 혼란한 상황이었음을 전하는 기사는 적지 않다. 『삼국사기』 「열전」 신라 '거칠부居柒夫조'에는 거칠부가 백제군과 함께 고구려를 침공했다가 과거의 스승인 고구려의 혜량惠亮법사를 만나는 장면이 나오는데 이때 혜량은 거칠부에게 이렇게 말한다.

"지금 우리나라의 정사가 어지러워 멸망할 날이 얼마 남지 않았으니 나를 귀국으로 데려가기 바란다."

이때가 서기 551년으로 신라 진흥왕 12년이고, 고구려는 양원왕 7년이다. 이는 유혈 충돌 끝에 양원왕이 즉위한 후에도 고구려가 안정을 찾지 못했음을 뜻한다. 혜량이 침략군에게 서슴없이 자신을 기탁할 정도로 고구려 내정이 어지러웠던 것이다. 혜량을 맞이한 신라 진흥왕은 그를 곧 승통僧統으로 삼았다. 신라에서 이렇게 우대받을 인재가 나라의 멸망을 공언할 정도로 고구려는 심각한 내분을 겪고 있었다. 이 내분의 중심에는 귀족들의 권력투쟁이 있었다. 이는 다시 말해 왕권이 그만큼 약해졌음을 뜻한다.

고구려의 왕권은 왜 약해졌을까?

그 한 이유로 전쟁이 줄어든 것을 들 수 있다. 전쟁과 왕권강화는 밀접한 관련이 있다. 유럽의 십자군 전쟁이 제후의 몰락과 왕권의 강화를 가져왔음은 주지의 사실이다. 고구려 역사에서 정복전쟁을 수행한 임금들은 한결같이 왕권이 강했다는 특징을 지녔다.

고구려 역사상 가장 강력한 왕권을 지닌 호태왕은 나라 사람들이 영토를 크게 넓혔다는 뜻의 광개토경廣開土境으로 칭송할 정도의 위엄을 지니고 있었다. 호태왕이란 칭호 자체가 일반 왕들과는 다르다는 고구려 왕실의 자부심이 담긴 이름이다.『삼국사기』「백제본기」'진사왕 8년(392, 광개토태왕 2)조'의 기록은 광개토태왕의 권위가 어느 정도인지 잘 보여준다.

"고구려왕 담덕談德(광개토태왕)이 4만 명의 병력을 이끌고 백제 북변을 공격해 석현石峴 등 10여 성을 함락시켰다. 백제의 진사왕은 담덕이 용병에 능하다는 말을 듣고 감히 나가 맞서 싸우지를 못하니 한수漢水(한강) 이북의 여러 성이 함락되었다."

『삼국사기』는 즉위한 해를 원년元年으로 삼는 즉위년칭원법(유월칭원법踰月稱元法이라고도 한다)을 사용했으므로 이때는 광개토태왕이 즉위한 지 불과 1년 밖에 안 된 해다. 이때 벌써 위명이 백제까지 미쳤다는 것은 그가 즉위 초부터 정복전쟁에 나섰음을 뜻한다. 광개토태왕은 대규모 정복전쟁을 여러 차례 수행했는데 이런 정복전쟁은 나라 안의 모든 군사력을 왕당王幢이나 관군官軍이라고 부르던 자신의 통제 속에 넣음으로써 가능했다.

장수왕도 정복전쟁을 수행했다. '중원고구려비中原高句麗碑'를 세웠으며, 재위 63년(475)에는 백제의 수도 한성을 차지하기도 했다. 그러나 그의 이런 정복전쟁은 재위 15년(427) 수도를 평양으로 옮긴 이후의 일이다. 평양 천도는 국내성에 기반을 둔 전통 귀족들의 반발을 초래했으며, 이런 반발은 재위 60년(472)경을 전후해 귀족세력에 대한 대대적인 숙청으로 이어졌다. 백제의 개로왕이 북위에 보낸 국서에 "지금 연璉(장수왕)의 죄로 나라는 어육魚肉이 되었고, 대신들과 호족들의 살육됨이 끝이 없어 죄악이 쌓였으며"라는 구절은 장수왕의 귀족 숙청이 어느 정도로 진행되었는지 잘 보여준다. "장수왕 59년(471) 9월 고구려의 백성 노각奴各 등이 위나라로 도망하자

중원고구려비 충청북도 충주에 있으며 국보 제205호로 지정되었다.

위나라는 그들에게 밭과 집을 주었다"는 『삼국사기』 기록도 장수왕의 귀족 숙청 현황을 보여주는 것이다. 이름까지 전하는 이들은 일반 백성이 아니라 장수왕의 숙청에 피해를 입은 귀족들이다.

  귀족들의 반발에 맞서 장수왕은 부왕 광개토태왕처럼 대외진출로 풀지 않고 평양 천도와 귀족 숙청이라는 내적 방법을 동원해 대응했다. 이런 방식은 장수왕처럼 강력한 카리스마를 가지고 있을 경우 통용될 수 있다. 내부의 분쟁 가능성을 외부로 풀지 않고 내부에서 처리하는 경우 내분은 불가피한데 장수왕의 평양 천도는 문제를 내부에서 풀려는 소극적인 방식이었다.

  그나마 부왕의 강력한 왕권을 이어받은 장수왕은 내부 반발을 억압할 수 있었지만 그러지 못한 용렬한 임금이 즉위할 경우 귀족들의 반발을 막기는 쉽지 않다.

  양원왕의 즉위를 두고 녹군과 세군이 서로 시가전을 벌였다는 서기 545년의 『백제본기』 인용기사는 고구려의 평양 천도 1세기 만에 왕위계승자를 귀족들이 자력으로 결정하게 되었음을 말해준다. 왕위계승이 왕가의 법과 논리에 의해 이루어지는 것이 아니라 귀족들이 거느린 사병의 힘에 의해서 결정되는 혼란상이 연출된 것이다. 전사戰士국가 고구려가 평양 천도 후 대외전쟁이 뜸해지면서 이들의 무장력이 서로 부딪치는 상황이 된 것이다. 안장왕이 태자 시절 백제 영토인 한강 유역에 잠입했다는 기사는 이들이 서로 싸우는 사이 백제가 한강 유역을 장악한 상황을 말해준다.

귀족에게 선임권이 있었던 국정 최고 관직 대대로

고구려의 귀족들은 내부 전쟁의 결과 한꺼번에 수천 명이 죽는 피해와 한강 유역을 상실하는 손해를 겪은 후 휴전을 모색한 것으로 보인다. 백제에 이어 신라까지도 고구려의 영토를 위협하며 북에서는 새로이 돌궐突厥이 흥기하게 된 주변 상황의 변화도 귀족들 상호 간에 휴전과 타협의 틀을 마련하게 했을 것이다. 귀족들은 연립정권을 수립하는 선에서 서로 최대공약수를 도출했다. 그 결과 나타난 것이 대대로大對盧라는 관직이다. 대대로는 국정을 총괄하는 국정 최고 관직인데 그 선임권이 국왕이 아니라 귀족들 자신에게 있었다. 이에 대한 『구당서舊唐書』의 기록을 보자.

> 고구려의 관제 중 가장 높은 것은 대대로로서 중국의 1품品과 비슷한데, 국사의 전반을 총괄한다. 임기는 3년이지만 적합한 자라면 연한年限에 구애받지 않는다. 교체하는 날에 복종하지 않으면 서로 군사를 동원해 공격하는데 이기는 자가 대대로가 된다.

귀족들이 서로 사병을 동원해 이기는 자가 대대로가 되었다. 대대로 선임권이 국왕이 아니라 귀족들 스스로에게 있는 것이다. 신라의 왕권이 강화되는 시점에 고구려는 오히려 왕권이 극도로 약화되었다. 『구당서』는 "귀족들이 대대로를 차지하기 위해 싸울 때 왕은 다만 궁문宮門을 닫고 스스로 지킬 뿐 이들을 제어하지 못한다"고 전한다.

광개토태왕릉비에 '천제의 아들이요, 어머니는 하백의 딸'이고, 모두루묘지에 '하백의 손자요, 일월日月의 아들'이라고 기염을 토한 고구려 왕실의 후예가 귀족들이 대대로 자리를 차지하기 위해 사병을 동원해 싸우는데 궁문을 닫고 제어하지 못할 정도의 연약한 지위로 전락한 것이다. 전사국가 고구려가 대외확장을 중지하고 한반도라는 작은 영역에서 안주하려 한 것이 이런 엄청난 결과를 초래했다.

북주北周 5세世(557~581년) 25년간의 기록인 『주서周書』에도 "가장 높은 벼슬로는 대대로가 있고, 그 아래에 태대형太大兄 · 대형大兄 · 소형小兄 (……) 등 모두 열세 등급이 있어서 안팎의 일을 나누어 관장한다. 대대로는 세력의 강약에 따라 서로 싸워 이기면 빼앗아 스스로 대대로가 되고 왕의 임명을 거치지 않는다"고 적혀 있다.

6세기 중반 들어서 고구려는 왕권이 급속히 약화되고 대신 귀족들이 권력의 전면에 등장하게 된다. 이 무렵이 되면 국왕은 사실상 명목상의 존재에 지나지 않고 독자적인 사병을 지닌 귀족들이 고구려를 이끌어간다. 이런 비정상적인 정치체제가 고구려의 국력을 급속히 약화시켰을 것임은 쉽게 짐작할 수 있다.

이런 와중에 수나라가 남북조시대의 분열을 통합하면서 중국을 통일하고 있었다. 수나라는 583년 대흥성大興城, 곧 장안長安으로 천도한 데 이어 이듬해 돌궐을 공격해 승리를 거두었으며, 586년에는 탕구트와 토곡혼吐谷渾을 공격하여 항복을 받았다. 드디어 수문제隋文帝는 왕위에 오른 지 9년 만인 589년(고구려 평원왕 31)에 중국을 통일했다. 동아시아 정세가 근본적으로 변화한 것이다. 후한이 220년에 멸망한 지 369년 만에 중국 대륙에 드디어 통일왕조가 등장한 것이다. 이는 동아시아에 엄청난 충격을 준 사건이었다.

중국 대륙의 강자 수나라와 만주 대륙의 강자 고구려 사이에 한

수隋 시기의 서안당 유적지

판 대결이 불가피한 상황이 조성된 것이다. 이런 상황에 고구려는 왕권이 극도로 위축되어 있었다. 그야말로 개국 이래 최대의 위기였다. 중국 대륙의 통일정권 수립이란 거대 사건에 맞서는 유일한 길은 굳건한 지배체제의 확립이었다. 때마침 고구려는 이듬해 평원왕이 사망하고 수나라와의 전쟁을 이끈 영양왕이 즉위하게 된다. 파란과 시련, 그리고 승리의 영광을 누리는 영양왕 시대가 열린 것이다.

고구려인에게 싸움은 하나의 숙명이었다. 시조 추모왕이 비류국, 행인국, 북옥저를 정복한 것을 시작으로, 추모왕의 뒤를 이은 유리왕은 선비와 양맥을 멸망시켰다. 대무신왕은 개마국과 낙랑국을 멸망시켰고, 태조대왕은 동옥저와 갈사국까지 영토를 넓혔다. 고구려가 힘이 약하거나 싸움을 회피했다면 오히려 이들에게 정복당했을 것이다. 뿐만 아니라 고구려는 숙명적으로 당시 세계 최강대국 한나라와 싸워야 했다.

4부

중원과의 전쟁

19_ 고구려의 군사력이 강했던 이유는?

좌식자 1만여 명의 수수께끼

싸움이 숙명이었던 고구려인

고구려는 지리적 조건 자체가 강하지 못하면 생존할 수 없는 곳이었다. 고구려의 초기 성장 과정 자체가 주변 여러 부족은 물론 세계 최강대국 한漢나라와 싸워 이기는 과정이었다. 『후한서』「동이열전」 '고구려조'의 기록은 고구려의 이런 사정을 적나라하게 보여준다.

> 그 나라 사람들은 성질이 흉악하고 급하며, 기력氣力이 있고 전투를 잘하고 노략질하기를 좋아하여…….

고구려인들이 특별히 싸움을 좋아하는 이상한 성질을 타고난 것이 아니라 싸우지 않으면 생존할 수 없는 환경이었기 때문이다. 『양서梁書』 '고구려조'는 "고구려 사람들은 깨끗한 것을 좋아한다"고 했다. 깨끗한 것을 좋아하는 사람들은 질서 잡힌 것을 좋아하는 사

삼실총 벽화 속의 갑옷 입고 환두대도를 찬 무사

람들이다. 이런 사람들이 원래부터 싸움을 좋아했다고 볼 수는 없다. 고구려인에게 싸움은 하나의 숙명이었다. 고구려가 자리잡은 지역에는 고구려 이외에도 수많은 작은 나라들이 있었다. 고구려는 주변국들을 무력으로 정복하면서 성장한 나라였다.

시조 추모왕 자신이 정복군주였다. 그는 재위 2년(기원전 36)에 비류국沸流國을 정복한 다음 재위 6년(기원전 32)에는 태백산 동남방에 있는 행인국荇人國을 정복했으며 재위 10년(기원전 28)에는 북옥저北沃沮를 쳐서 없애고 성읍으로 만들었다.

추모왕의 뒤를 이은 유리왕도 마찬가지였다. 그는 재위 11년(기원전 9) 만주 북서쪽의 선비鮮卑를 쳐서 속국으로 삼았으며, 재위 33년(서기 14)에는 만주 서쪽의 양맥梁貊을 쳐서 그 나라를 없앴다. 제3대 대무신왕大武神王은 이름 자체가 정복군주였다. 그는 재위 9년(26) 개마국蓋馬國을 정복했으며, 같은 해 구다국句荼國이 항복했다. 재위 20년(37)에는 평양 지역의 소국 낙랑국樂浪國을 멸망시켰다.

제5대 모본왕은 재위 2년(49) 한나라의 북평·어양·상곡·태원

■ 고구려 초기 소국 통합

소 국 명	통 합 시 기	통 합 형 태
비류국沸流國	동명왕 2년(기원전 36)	송양왕松讓王으로 삼음.
행인국荇人國	동명왕 6년(기원전 32)	성읍城邑으로 삼음.
북옥저北沃沮	동명왕 10년(기원전 28)	성읍으로 삼음.
선비鮮卑	유리왕 11년(기원전 9)	속국屬國으로 삼음.
양맥梁貊	유리왕 33년(서기 14)	멸국滅國.
개마국蓋馬國	대무신왕 9년(26)	왕을 죽이고 군현郡縣으로 삼음.
구다국句茶國	대무신왕 9년(26)	왕이 나라를 바치고 항복함.
낙랑국樂浪國	대무신왕 20년(37)	왕이 딸(낙랑공주)을 죽이고 항복함.
동옥저東沃沮	태조왕 4년(56)	성읍으로 삼음.
갈사국葛思國	태조왕 16년(68)	왕의 손자가 나라를 바치고 항복함. 그를 우태于台로 삼음.
조나국藻那國	태조왕 20년(72)	왕을 사로잡음.
주나국朱那國	태조왕 22년(74)	왕자 을음乙音을 사로잡아 고추가古雛加로 삼음.

을 공격했다.

제6대 태조대왕은 재위 4년(56) 동옥저를 빼앗아 성읍으로 만들었고, 재위 16년(68) 지금의 연해주 지역인 갈사국葛思國까지 영토를 넓혔으며, 재위 20년(72)에는 조나국藻那國을 쳐서 그 나라 왕을 사로잡았으며, 재위 22년(74)에는 주나국朱那國을 쳐서 항복을 받았다.

만약 고구려가 힘이 약하거나 싸움을 회피했다면 오히려 이들에게 정복당했을 것이다. 뿐만 아니라 고구려는 숙명적으로 당시 세계 최강대국 한나라와 싸워야 했다.

중국인들이 고구려를 부정적으로 서술한 진짜 이유는 고구려가 끊임없이 자신들과 대립했기 때문이다. 고구려는 한나라의 여러 군현들과 한치의 양보도 없이 싸웠다. 유리왕 33년(14) 한나라의 현도군을 공격한 데 이어 모본왕 2년(49)에는 한나라의 (우)북평·어양·상곡·태원 등 4군을 습격했다. 고구려는 태조대왕 53년(105)에 후한 요동군의 6개 현을 공격했다. 태조대왕은 한나라를 여러 차례 공격했을 뿐만 아니라 재위 3년(55)에는 요서 지역에 10개의 성까지 쌓았다.

태조대왕 66년(118)에 후한 현도군을 습격하고 화려성을 공격했으며, 같은 왕 69년(121)은 전쟁으로 점철된 해였다. 그해 봄 후한의 유주 군사들이 침공하자 이들을 막는 한편 3천 군사를 보내 요동군·현도군을 공격했으며, 4월에는 선비 군사 8천 명을 동원해 후한의 요동군 요수현을 공격했으며, 신창에서 요동태수군을 전멸시켰다. 태조대왕 70년(122)에는 마한·예맥의 군사를 거느리고 요동군을 공격했으며, 같은 왕 94년(146)에는 요동군 서안평현을 공격해 낙랑태수의 처자를 생포하기도 했다.

후한의 공격도 거듭되었다. 신대왕 4년(168) 현도태수가 고구려를 공격한 데 이어 같은 왕 8년(172)에는 한나라 군사가 고구려 수도인 국내성까지 침공했으며, 동천왕 20년(246)에는 위魏나라의 관구검毌丘儉이 수도 환도성을 함락시키기도 했다. 뿐만 아니라 봉상왕 2년(293)과 5년(296) 모용선비군이 고구려를 공격하기도 했다.

이처럼 싸움은 고구려인의 기본적인 생존조건 중 하나였다. 강하지 못하면 곧바로 멸망하거나 다른 민족에게 복속되는 곳이 만주 지역이었다.

또한 고구려는 식량이 부족했다. 부족한 식량은 다른 지역에서 조달할 수밖에 없었다. 옥저와 동예가 부족한 식량을 조달하는 곳들이었다. 『후한서』 '동옥저조'의 기록을 보자.

> 그 나라(옥저)는 지역이 좁고 작은 데다가 큰 나라 사이에 끼어 있어서 마침내 고구려에 신하의 나라로 복속하게 되었다. 고구려는 그 지역의 대인大人을 뽑아 사자使者로 삼아서 그 지역을 감독하게 했으며, 조세租稅로 초피貂皮와 생선, 소금, 기타 해산물을 징수하고, 미녀를 뽑아 종이나 첩으로 삼았다.

고구려는 이처럼 다른 지역을 정복하고 그 지역에서 조세를 받아 생활을 꾸려나가는 형태였다. 고구려도 물론 농사를 지었겠지만 그것으로는 부족했다. 『후한서』 '고구려조'가 "농사지을 땅이 부족해서 힘껏 농사를 지어도 자급自給하기에 부족하기 때문에 그 습속이 음식을 아낀다"고 기록했듯이 식량이 부족한 고구려는 다른 지역을 점령해 조세를 받을 수밖에 없었다.

전문 전사집단 대가

고구려의 사회구조는 농사를 짓는 일반 백성들과 농사를 짓지 않는 대가大家들로 나뉘어 있었는데, 이 대가들이란 다름 아닌 전문 전사집단이다. 『삼국지』 「위서동이전」 '고구려조'를 보자.

> 그 나라의 대가들은 농사를 짓지 않는데, 이처럼 앉아서 먹는 자[坐食者]가 만여 명이나 된다. 하호下戶들이 먼 곳에서 곡식·소금·생선을 운반해 그들에게 바친다.

부경 고구려의 전문 전사집단이 소유한 창고로 오늘날까지 그 형태가 남아 있다.

같은 기록은 이 당시 고구려의 인구를 3만 호戶라고 적었다. 인구가 3만 호인 나라에서 무려 1만여 명이 앉아서 먹는 좌식자坐食者였다. 이들 좌식자는 과연 무위도식하는 존재들일까?

무려 1만여 명이 앉아서 먹는 나라, 이들 무위도식자에게 농사를 짓는 하호들이 먼 곳에서 양식을 갖다 바치는 사회라면 고구려는 진작 망했을 것이다. 따라서 이들은 중국인의 눈에는 앉아서 먹는 존재로 보였지만 이들은 무위도식하는 인구가 아니라 전문적인 전사집단이었다.

안악 3호분 벽화에 그려진 고구려의 부엌, 육고, 차고도의 모습

같은 책에 "큰 창고는 없고 집집마다 조그만 창고가 있는데, 그 이름을 부경桴京이라고 한다"는 기록이 있는데, 이 부경도 고구려의 3만 호가 모두 가지고 있는 것이 아니라 1만여 명에 달하는 전사집단만이 소유했다. 무려 1만여 명이 각각 부경을 가지고 있으니 중국인의 눈에는 '집집마다[家家]' 창고가 있는 것으로 보인 것이다. 아마도 이들 전사집단은 말을 탄 기병騎兵이었을 것이다. 같은 『삼국지』 '고구려조'의 기록을 다시 보자.

> 그 나라의 말은 모두 체구가 작아서 산에 오르기에 편리하다. 사람들은 힘이 세고 전투에 익숙하여, 옥저와 동예를 모두 복속시켰다.

　고구려의 수도였던 국내성과 산상왕 13년(209)에 수도로 옮긴 환

삼실총 벽화에 그려진 고구려의 기마전투 장수

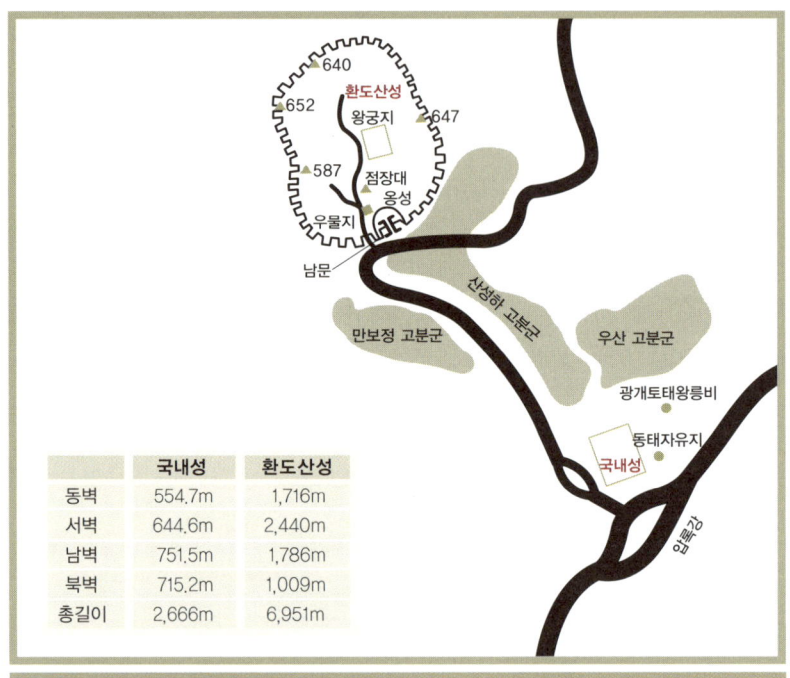

국내성과 환도산성

도성은 험준한 산악을 통과해야 닿을 수 있었다. 옥저나 동예도 험준한 산악을 넘어야만 도달할 수 있는 지역이었다. 따라서 고구려의 기병은 중국같이 허우대만 큰 말을 탄 기병이 아니라 산악지대라는 지형에 맞는 작은 체구의 말을 탄 효율적인 전사집단이었다. 이들 전사집단은 고구려의 지배층을 이루고 있으면서 외적이 침략하면 나아가 목숨 바쳐 고구려의 안전을 지키는 존재였다. 또한 옥저나 동예같이 먼 지역을 식민지로 만들어 매년 양식을 바치게 하는 존재였다. 결코 무위도식하며 백성들의 등골을 빼먹는 기생충 같은 존재는 아니었다.

자발적인 순장자들

고구려의 전사집단은 수장과 집단에 대한 충성심과 서로에 대한 전우애로 똘똘 뭉쳐 있었다. 임금이나 귀족이 죽었을 때 함께 죽는 순장殉葬은 강제적으로 행해졌을 가능성도 있지만 이들 전사집단에서 자발적으로 이루어졌을 가능성이 더 크다. 인간은 대부분의 경우 이익을 좇지만 어떤 경우에는 자신이 믿는 가치를 위해 목숨을 초개같이 버리기도 하는 존재다. 막부시대 일본의 무사들이 주군을 위해 죽는 것을 최대의 영광으로 여겼듯이 고구려의 전사집단도 그러했다.

고구려 동천왕 20년(246)에 위나라의 관구검에게 패배한 동천왕이 남옥저로 달아나고 군사가 거의 흩어졌을 때, 동부東部의 밀우密友가 사사死士, 곧 결사대를 모집해 적진에 달려가 죽기를 각오하고 싸운 것은 이들 전사집단의 사생관을 보여준다. 바로 그 동천왕이 죽었을 때의 모습은 순장을 마다 않는 고구려 지배층 전사집단의 사생관을 보여준다.『삼국사기』「고구려본기」'동천왕 22년(248)조'를 보자.

> 재위 22년(248) 9월에 왕이 세상을 뜨자 시원柴原에 장사하고 묘호를 동천왕이라 하였다. 이때 나라 사람들은 왕의 은덕을 생각하여 서러워하지 않는 사람이 없었으며, 근신近臣 중에는 자살하여 스스로 순장殉葬하려는 자가 많았다. 사왕嗣王(중천왕)이 예가 아니라 하여 금하였으나, 장일葬日에 능에 와서 따라죽는 이[殉死]가 매우 많았다. 나라 사람들이 섶[柴]을 베어 따라죽은 시체를 덮어주고 드디어 그곳을 시원이라 불렀다.

동천왕은 시자侍者가 수라상을 올리며 일부러 국을 왕의 옷에 엎질렀을 때도 성내지 않았을 정도로 인자한 임금이었지만 그것만이 그의 죽음에 순사자가 많았던 이유는 아니다. 밀우가 싸우는 틈을 타 도망가던 동천왕은 도중에 산곡山谷 사이에서 흩어진 군사를 모아 스스로 자위自衛하며 군사들에게 "밀우를 데려오는 사람이 있으면 큰 상을 주리라"고 말했다. 하부下部의 유옥구劉屋句란 자가 자청해 적지로 달려가 땅에 쓰러져 있는 밀우를 업고 돌아왔는데 동천왕은 밀우를 직접 무릎 위에 뉘고 깨기를 기다렸다.

삶과 죽음이 지척인 전쟁터에서 맺은 이런 진실한 전우애가 있기에 그가 죽었을 때 따라 죽겠다는 순사자들이 쇄도한 것이다.

물론 순장제도는 고구려에만 있던 것은 아니다. 고조선 시대의 강상무덤과 누상무덤에서도 그 흔적이 보이는 것으로 전해진다. 사왕인 중천왕이 "예가 아니다[非禮]"라면서 순장을 금지한 것은 순장이란 고대적 유제가 지닌 비합리성과 낭비를 제거하려 한 것이다. 이는 고구려 사회가 성숙된 단계에 도달했음을 말해준다.

이원적인 군사체제의 문제점

고구려의 전사집단에도 문제는 있었다. 가장 큰 문제는 이들 전사집단이 국가의 일원적인 군사체제에 편입된 세력이 아니라는 점이다. 이들은 국왕을 정점으로 하는 조직적인 군사체제의 일원이기보다는 자신이 속한 나부의 무력이었다. 물론 형식상 이들 부족들은 국왕에 속해 있었지만 무조건적인 복종체계는 아니었다.

고구려의 초기 군사조직은 계루부인 왕실에 속한 국왕 직속 부대와 각 나부에 속한 군사로 이원화되어 있었다. 이는 국왕이 고구려 내의 모든 무장 집단을 장악하지 못했음을 보여준다. 그만큼 왕권이 약했다. 국왕 직속 부대와 각 나부 소속 부대로 나뉜 이원화된 군사체제는 고구려의 전력을 약화시킨 결정적인 요인이었다. 물론 『구당서』의 기록대로 '성을 지키다 적에게 항복한 자나, 전쟁에서 패배한 자'는 목을 베었으므로 죽기를 각오하고 싸웠으나 일원화된 군사체제보다는 효율적이지 못한 것이 사실이다.

앞에서 말한 고구려 초기의 이상한 왕위계보는 바로 이 나부들이 서로 세력을 차지하기 위해 싸우는 과정에서 발생한 일이었다. 이 각 나부에 속한 전사집단을 국왕의 일원적인 군사체제에 편입시키는 일은 고구려가 강한 나라로 발돋움하기 위해 반드시 이루어야 할 일이었다. 그리고 고구려 사회는 점차 그런 방향으로 흘러갔다.

초기 5나부에 속해 있던 군사들은 왕권이 강화되면서 차차 국왕의 통제권 아래 들어오게 되었다. 미천왕 12년(311) 위魏나라의 태부太傅 사마선왕司馬宣王이 공손연公孫淵을 칠 때 미천왕은 각 부의 대가大加와 국왕 직속의 주부主簿를 보내 위나라를 돕게 한다. 이때 주부는 국왕 직속으로 나부 소속 군사를 국왕의 통제권에 들게 하는 역할을 했다. 또한 봉상왕은 재위 3년(294)에 국상 상루尙婁가 죽자 5부 중 하나인 남부南部의 대사자 창조리倉助利를 국상으로 삼고 동시에 그를 대주부大主簿로 삼았다. 나부의 대사자를 대주부로 부리게 된 것이다.

이런 경로들을 통해 각 나부에 소속된 군사들도 차차 국왕의 통제권 아래 들게 되었다. 이는 고구려가 미천왕 이후 선비족의 모용씨, 근초고왕이 이끄는 백제 등과 대규모 전쟁을 치르면서 전 주민을 국왕의 일원적 통제 아래 관리해 대응해야 생존할 수 있었던 역사적 경험의 소산이었다. 광개토태왕릉비에는 묘를 지키는 수묘인守墓人이 그 출신지와 숫자까지 자세히 기록되어 있다. 광개토태왕릉의 수묘인은 무려 220연호煙戶(가구)나 되는데 이들은 국연國煙과 간연看煙이라는 차등 있는 관직을 받았다. 국연은 국가에서 직접 관리하는 인물로 왕릉 수호와 제사 등 왕릉과 관련된 제반 사항을 책임지는 관리로 보이고, 국연 1연호당 10연호의 비율인 간연은 국연의 통제 아래서 실제 능묘를 지키고 능묘와 관련된 온갖 작업을 하는 인물로 파악된다. 그리고 그 구성도 고구려의 원래 주민들인 구민舊民과 정복전쟁으로 복속된 사람, 귀화한 주민들인 신래한예新來韓穢로 이루어져 있었다.

   수묘인의 이런 구성은 광개토태왕 당시 전국이 국왕의 통제 아래 있었음을 보여준다. 그리고 이 당시가 역사상 고구려의 군사력이 가장 강한 때였다. 그러나 고구려 후기 왕권이 약화되고 권력을 차지하기 위한 귀족들의 다툼이 격화되면서 고구려 사회는 또다시 위기에 빠지게 된다.

20_ 고구려는 왜 삼국을 통일하지 못했을까?

생포한 국왕들을 살려준 이유

광개토태왕은 왜 백제를 멸망시키지 않았을까?

시간은 한번 흘러가면 되돌릴 수 없기에 역사에 만약이란 존재할 수 없지만 우리 역사를 읽다보면 가슴속에 '만약'이란 가정어가 자신도 모르게 떠오르며 그 만약이 실현되지 못한 것을 아쉬워하는 대목이 몇 군데 있다. 그중 가장 아쉬운 대목 중 하나가 고구려가 삼국을 통일하지 못한 부분이다. '만약 고구려가 삼국을 통일했으면……' 하는 감정이 일었던 경험은 우리 역사를 읽은 사람이면 누구나 있을 것이다.

이는 식민지 시대라는 우리 근·현대사의 쓰라린 경험과 어울리면서 더욱 증폭되기도 하다. 북으로는 만주 지역과 남으로는 한강 유역을 점령하고 낙동강 유역까지 남하한 강국 고구려는 왜 삼국을 통일하지 못했을까?

사실 군사력만으로 따지면 고구려는 만주 지역을 장악한 고대 강국으로 발전한 5~6세기에 삼국을 통일할 기회가 여러 번 있었다. 광개토태왕릉비에는 영락 6년(396)에 백제를 공격해 백제 아신왕으로부터 항복을 받는 상황이 기록되어 있다.

> 왕께서 친히 수군을 이끌고 백제를 토벌하였다. 군사의 진로를 바꾸어 일팔성壹八城 등을 공취하고 진격하여 백제의 도성에 이르렀는데도 적들은 항복할 뜻이 없이 감히 나와서 교전하였다. 왕께서 크게 노하시어 아리수阿利水(한강)를 건너서 군대를 보내어 성을 공격하니 문득 성안에 있던 백제왕이 곤핍하여 남·여 천 명, 좋은 베 천 필을 바치고 대왕에게 귀복하여 맹세하기를 "지금부터 영원히 종이 되겠나이다" 하니 대왕께서 은혜를 내리시어 앞의 허물을 용서하시고 뒤의 순복한 정성만을 기억하기로 하셨다. 이에 58성과 700촌村을 빼앗으시고 백제왕의 동생과 백제의 대신 열 명을 데리고 군사를 돌리시어 도성都城으로 돌아가시었다.

이 기사에서 주목해야 할 부분은 백제 아신왕이 항복했는데도 백제를 멸망시키지 않았다는 점이다. 광개토태왕은 백제를 멸망시키지도, 백제 수도 한성을 빼앗지도, 아신왕을 죽이지도 않고 '백제왕의 동생과 백제의 대신 열 명을 데리고' 국내성으로 되돌아온다.

그런데 과거의 경험으로 따지면 광개토태왕은 백제왕을 살려둘 수 없었다. 이 사건이 일어나기 불과 25년 전인 서기 371년 백제의 근초고왕近肖古王(재위 346~375년)이 고구려의 고국원왕을 전사시켰다. 고국원왕은 바로 광개토태왕의 할아버지다. 당시 백제는 위대한 정복군주 근초고왕이 남북으로 정복전쟁을 개시하면서 고구려와 긴장이 극대화되었다. 고국원왕이 재위 39년(369) 보병과 기병 2만을 거느리고 백제를 공격하자 근초고왕은 태자 근구수를 보내 지름길에서 기다리다가 기습해 고구려군 5천여 명의 머리를 얻는 승리를 거두었다. 근구수 태자는 도망가는 고구려군을 추격해 황해도 신계 방면인 수곡성水谷城까지 뒤쫓았다. 주위의 만류로 추격을 그만둔 근구수 태자는 그곳에 표지標識를 만들고 그 위에 올라가 좌우를 돌아보면서 유명한 말을 남긴다.

"이 다음에 누가 다시 여기에 이를 수 있겠는가."

그러나 그 기회는 불과 2년도 안 되어 찾아왔다. 371년에도 고국원왕이 앞서의 패배를 만회하기 위해 백제를 공격했으나 근초고왕은 지금의 예성강인 패하浿河 강변에 군사를 매복시켰다가 기습공격을 가해 고구려군을 패퇴시켰다. 같은 해 겨울 근초고왕은 태자와 함께 정병 3만을 거느리고 고구려 평양성을 공격했는데, 고국원왕은 이 국난을 맞아 직접 군사를 내어 막다가 날아오는 화살에 맞아 그만 전사하고 말았다.

백제 왕실은 고구려 왕실의 원수였다. 근초고왕이 고국원왕을 전사시키고 후대에 백제 왕실에서 이를 자랑한 사실은 김부식으로부터 심한 말이라고 비판을 받기도 했다. 광개토태왕 재위 시보다 50여 년 후에 백제 개로왕蓋鹵王(재위 455~475년)이 위魏나라에 보낸 국서 중에 "쇠釗(고국원왕)의 머리를 베었습니다"라고 썼는데 이를 두고 "너무 지나친 말이다"라고 비판한 것이다. 광개토태왕이 항복한 아신왕을 죽이지 않고 돌아간 후에도 백제는 여전히 고국원왕을 전사시킨 것을 자랑했다. 그럼에도 광개토태왕은 아신왕의 '앞의 허물을 용서하시고 뒤의 순복한 정성만을 기억'해서 죽이지 않고 돌아왔다. 왜 그랬을까? 더구나 광개토태왕은 점령한 백제 수도 한성을 접수하지도 않고 아신왕의 동생과 백제 대신 열 명만을 볼모로 잡은 채 수도인 국내성으로 돌아왔다.

그러나 광개토태왕릉비에 따르면 '앞의 허물을 용서'받은 백제 아신왕은 '서약을 어기어 왜倭와 화통'한다. 이해 광개토태왕이 평양성을 순행했을 때 신라왕이 사신을 보내 "왜인倭人들이 나라 안에 가득하여 성城과 못을 부수니 이 종從(신라 내물왕)은 왕의 백성으로서 왕께 귀복하여 하명下命을 청하옵니다"라고 도움을 요청한다. 광개토태왕은 이듬해인 영락 10년(400) 기병과 보병으로 이루어진 5만의 대병력을 보내 신라를 구원케 했다.

고구려 중심의 천하체제

5만의 대병력을 동원한 서기 400년의 남정은 임나가라任那加羅(지금의 경상북도 고령)까지 빼앗을 정도로 성과를 거두었으나 끝내 백제와 왜를 멸망시키지는 못했다. 5만의 대병력으로 왜 두 나라를 멸망시키지 못했을까?

바로 고구려 서북방의 정세 때문이었다. 같은 해 후연後燕의 3만 병력이 고구려를 공격해 고구려 서쪽의 신성新城과 남소성南蘇城을 비롯한 700여 리의 영토를 빼앗은 사건이 발생한다. 후연은 고구려가 백제·왜와 싸우는 틈을 이용해 고구려 서북방을 공략한 것이다. 후연이 700여 리의 영토를 쉽게 빼앗은 것은 고구려가 남쪽으로 보낸 5만 병력의 공백이 그만큼 컸음을 말해준다.

또한 이는 고구려가 왜 삼국을 통일하지 못했는가에 대해 중요한

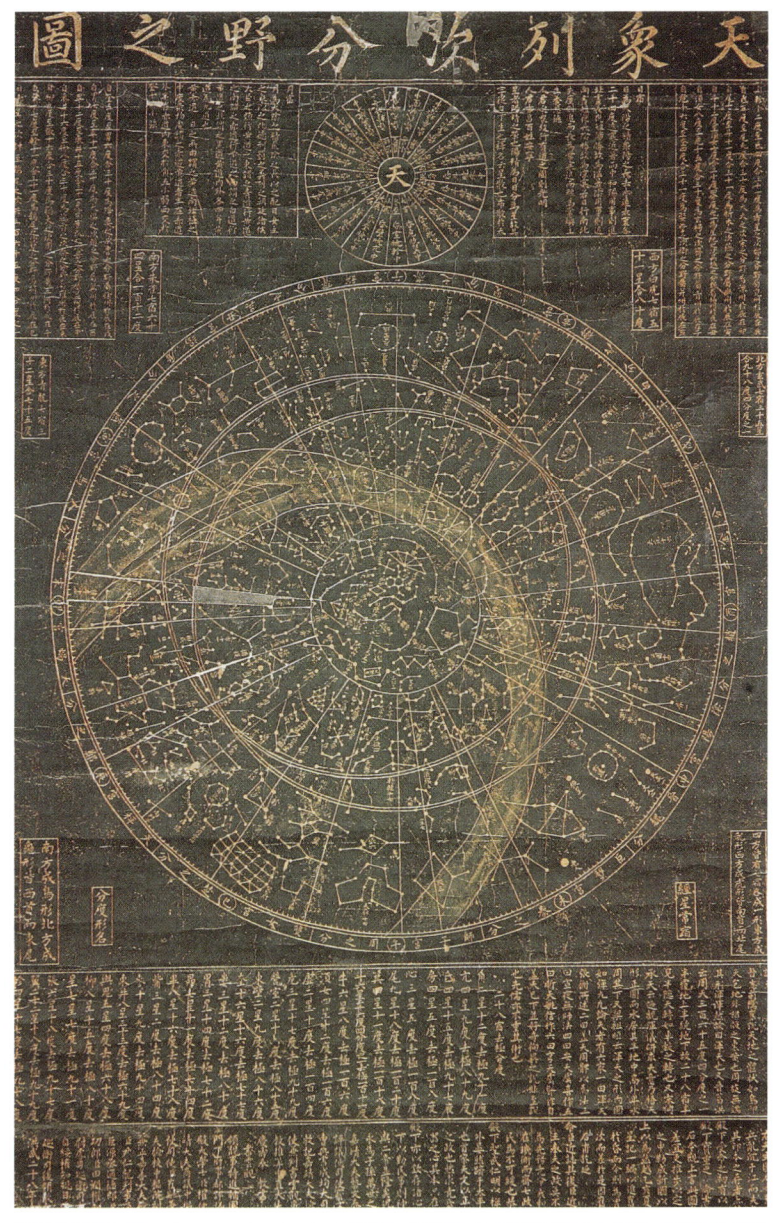

천상열차분야지도 天象列次分野之圖(고탁본) 천상도, 열차도, 분야도를 하나로 합친 고구려의 천문도로 독자적인 천하관이 반영되어 있다.

사실을 시사한다.

바로 고구려의 지형 때문이다. 백제는 남쪽의 왜와는 연합군을 결성할 정도로 우호적이었기 때문에 북쪽의 고구려와 동쪽의 신라만 신경 쓰면 되었다. 그러나 고구려는 남쪽의 백제와 왜 이외에도 북서쪽의 후연과 거란, 북쪽의 비려와 동부여, 동쪽의 숙신 등 수많은 이민족과 맞서 싸워야 했다. 여기에 중국 왕조의 동향에도 민감하게 신경을 써야 했다. 고구려가 낙동강 유역으로 진출한 틈을 타서 후연이 공격해 온 데서도 알 수 있듯이 백제와 전면전을 벌일 형편은 아니었다. 전 군사력을 동원해 백제와 싸울 수 없었던 것이다.

훗날 영양왕嬰陽王(재위 590~618년) 때의 일이지만 신라와 백제는 당시 중국을 통일한 수隋나라에 거듭 사신을 보내 고구려를 정벌하도록 청했다. 심지어 고구려와 수나라의 1차 전쟁 때 백제의 혜왕惠王은 사신을 보내 스스로 길잡이가 되겠다고 자청할 정도였다. 남북이 모두 적으로 둘러싸인 고구려로서는 전 군사력을 기울여 백제를 정벌할 수 없었다.

이런 상황은 고구려로 하여금 백제나 신라, 가야 지역을 점령하기보다 고구려를 중심으로 한 천하관에 따라 조공을 통한 복속 관계를 기본 전략으로 채택하게 했다. 약국이었던 신라는 고구려와 대항할 형편이 아니었으므로 장수왕이 평양으로 천도하기 전까지는 고구려 중심의 천하체제에 편입되는 것을 거부하지 않았다. 신라는 고구려가 자국 왕실의 독자성을 인정해주기만 하면 고구려 지배체제에 편입될 용의가 있었다. 사실 신라의 주적主敵은 서쪽의 백제와 서남쪽의 왜倭였다. 두 나라는 호시탐탐 신라를 멸망시키려 들었다. 신라의 사신이 광개토태왕에게 호소한 데서 알 수 있듯이 신라는 백제와 왜의 공세를 독자적으로 막아낼 형편이 못 되었다. 백제와 왜는 신라를 점령하면 신라 왕실의 독자성을 인정하지 않을 것이 분명했다. 이 경우 신라로서 최선의 선택은 고구려 중심의 천하체제에 편입되어 고구려의 우산 속에서 생존을 유지하는 것이었다.

『삼국사기』는 "신라 내물왕 37년(392)에 고구려에서 사신을 보내니 왕이 고구려가 강성하기 때문에 이찬伊湌 대서지大西知의 아들 실성實聖을 보내 볼모로 삼았다"고 기록했다. 이때 볼모로 간 실성은 내물왕의 뒤를 이어 즉위해 실성왕이 되는데, 내물왕의 아들이 있었으나 "나이가 어리므로 나라 사람들이 실성을 세워 왕위를 잇게 했다"는 기록을 보면 국왕의 아들을 제치고 실성이 임금이 된 데는 고구려의 영향력이 강하게 작용했음을 알 수 있다. 내물왕의 아들인 미사흔未斯欣은 실성왕 2년(403)에 실성 대신 왜국에 볼모로 보내진다. 그 후 재위 15년(416) 만에 사망한 실성왕의 후사를 둘러싸고 분쟁이 발생하자 장수왕이 개입해 눌지마립간을 옹립하는 등 고구려는 신라의 왕위계승을 좌우했다.

신라는 이처럼 고구려의 천하체제에 편입되어 조공을 바치고 인질을 보내면서 생존을 도모했다.

백제와 신라의 차이점

백제는 신라와는 달랐다. 백제는 고구려와 한반도의 패권을 두고 한치의 양보도 없이 서로 싸우던 사이였다. 개로왕이 재위 18년(472)에 북위에 보낸 편지에는 "백제와 고구려는 함께 부여에서 나왔으므로 선대先代에는 우의가 돈독했는데, 그들의 선조인 쇠釗(고국원왕)가 이웃간의 우의를 가볍게 깨뜨리고 몸소 군사를 거느리고 백제의 국경을 짓밟았습니다"라면서 두 나라의 우호가 깨진 이유를 고구려의 침입으로 들었다. 그러나 두 나라의 우호관계가 깨진 이유는 누가 먼저 공격했느냐는 지엽적인 것 때문이 아니라 당시 정국을 바라보는 두 나라의 세계관 자체가 근본적으로 달랐기 때문이다.

백제는 온조왕 원년(기원전 18년)에 부여의 시조 동명왕을 모신 사당인 동명왕묘東明王廟를 세우고 제사를 지냈으며 이후 백제의 임금들은 자주 동명왕묘에 배알했다. 고구려 또한 시조묘를 모셔놓고 역대 임금들이 즉위 직후 찾아 제사를 지냈다. 고구려와 백제가 각각 부여의 시조 동명왕의 사당인 동명왕묘를 설치해 자신들이 부여의 후계자임을 밝히고 있듯이, 두 나라는 서로 천제의 아들이라는 동명의 정통성을 계승함으로써 한반도의 패자가 되고자 했다.

백제는 자신들이 동명왕의 적자라는 자부심이 있었다. 그리고 실제로 이런 자부심을 현실로 만들 만큼 힘도 있었다. 백제는 신라와는 다른 강국이었다. 앞서 말한 대로 아신왕이 광개토태왕에게 패배해 동생과 대신들을 인질로 보내고 3년 후에 백제가 약속을 어기고 왜와 화통한 이유도 고구려의 천하관을 인정하지 않았기 때문이다. 백제는 고구려의 천하관을 절대 인정하지 않았다.

따라서 두 나라는 서로 확장정책을 펼치는 한 충돌이 불가피했다. 객관적인 전력을 비교해보면 고구려가 더 강했겠지만 북방 이민족들도 상대해야 하는 고구려는 대對백제전에 전력을 기울일 형편이 못 되었다. 반면 백제는 약소 신라 외에는 다른 위협이 없었기 때문에 대對고구려전에 전력을 기울일 수 있었다. 그러나 백제 역시 자력으로는 고구려를 멸망시킬 수 없었다. 백제의 정복군주 근초고왕이 고국원왕을 전사시키며 평양성을 빼앗았는데도 평양성을 획득하지 않고 한성으로 철수한 까닭도 이 때문이다. 마찬가지 이유로 광개토태왕은 백제의 한성을 정복하고도 이를 자국의 영토로 삼아 지배하지 않고 국내성으로 돌아간 것이다.

백제의 국력이나 고구려의 국력으로 서로 상대 지역을 식민지로 영유하기는 어려웠다. 어떤 지역을 정복해 다스리기 위해서는 항상 상대 지역의 반란을 진압할 수 있는 상비적인 군사력을 지니고 있든지, 피지배 지역민의 동의를 얻어야 한다. 그러나 당시 고구려나 백제는 상대 지역을 완전히 제압할 만한 전력을 지니지도 못했고, 자국의 지배에 대해 상대 지역민의 동의를 얻어내기도 어려웠다.

이런 현상은 고구려 장수왕의 경우에 더 두드러진다. 광개토태왕의 아들 장수왕이 수도를 만주의 국내성에서 평양으로 옮긴 것은 재위 15년(427)째였다. 장수왕이 평양으로 천도한 이유를 적극적인 남하정책의 의지로 해석하기도 하지만 장수왕이 막상 본격적인 남하정책을 단행해 백제의 수도 한성을 점령한 시기는 평양 천도 48년이 지난 재위 63년(475)으로 당시 그의 나이 여든두 살이었다. 서른넷의 한창 나이에 평양으로 천도해 청·장년 시절을 다 보내고 여든두 살의 나이로 한성을 공략한 것이다. 이때 장수왕은 위나라에 서신을 보내 필사적으로 도움을 요청하던 백제의 개로왕을 죽여 버리고 만다.

이때 백제 개로왕은 아들 문주文周에게 "나는 마땅히 사직을 위하여 죽겠지만 너도 여기서 함께 죽는 것은 무익한 일이다"라며 남으

공산성 성벽 백제의 도읍지 웅진을 방어하기 위해 축성한 산성으로 백제 때는 웅진성이라고 불렀다. (충청남도 공주 소재)

로 도주해 사직을 보존하라고 지시할 정도로 백제 왕실은 위기에 처하게 되었다. 이에 문주는 목협만치木劦滿致·조미걸취祖彌桀取와 함께 남으로 도망가는데, 수도가 함락한 상황에서 도망가는 문주가 고구려 대군의 공세를 이겨내며 존속하기는 어려운 상황이었다. 드디어 백제의 수도 한성은 고구려의 수중에 떨어지고 백제는 개국 이래 지켜오던 수도를 웅진으로 옮길 수밖에 없었다.

객관적인 전력상 장수왕이 끝까지 밀어붙였으면 백제를 멸망시켰을지도 모른다. 그러나 장수왕은 백제의 남녀 8천 명을 사로잡아 돌아왔을 뿐 도망간 문주를 쫓아가 백제를 멸망시키려 하지 않았다. 장수왕은 백제가 웅진에서 존속하는 것을 수용한 셈이다.

당시 동북아 정세는 중국으로 하여금 한반도 정세에 개입하는 것을 꺼렸으므로 장수왕이 끝까지 밀어붙였으면 백제는 일시 멸망했을 수도 있다. 당시 중국은 남북조시대라 부르는 분열시대로 내부적인 다툼에 바빴으므로 다른 지역의 정세에 개입할 여지가 적었다. 중국 화북 지역을 무대로 한 북조는 여러 이민족들이 각축을 벌이다 439년(장수왕 27) 북위北魏에 의해 통일되었으며, 화남 지역을 무대로 하는 남조는 동진東晉(317~420년), 송宋(420~479년), 남제南齊(479~502년)가 차례로 흥망을 거듭하고 있었다.

중국의 분열을 이용하는 장수왕

장수왕은 국제정세의 이런 변화를 적극 활용했다. 장수왕은 즉위하던 해(413년) 남조의 동진에 사신을 파견해 70년 만에 남중국 국가와 교섭을 재개한 이후 동진을 이은 송과 남제와도 계속해서 국교를 수립해 중국 남조 국가들과 유대를 맺었는데 이는 중국 남조와 가까운 백제를 견제하려는 의도가 강했다. 장수왕은 선비족이 세운 북위와 친밀한 관계를 맺는 한편 남조와도 수교해 지렛대 역할을 한 것이다. 이처럼 고구려는 중국이 남북조로 분열된 틈을 이용해 남북조 모두와 국교를 수립해 간섭을 배제하면서 남하정책을 강행했다.

　북위와 친밀한 관계를 구축한 장수왕의 외교전략은 많은 성과를 거두었다.

　장수왕의 침입이 임박해지자 개로왕은 재위 18년(472) 북위에 "만일 황제의 인자함과 간절한 긍휼이 멀리 미치지 않는 곳이 없다면 속히 장수를 보내 우리나라를 구해주소서"라는 내용의 표문을 보내 구원병을 보내달라고 요청했다. 그러나 이에 대한 위나라의 대답은 수사修辭는 화려하지만 내용은 싸늘한 것이었다.

"고구려는 선대先代의 조정에 번신藩臣이라 칭하며 온 지 오래고, 그대들과는 오래전부터 틈이 있었다 해도 우리에겐 아직 영을 어긴 허물이 없다."

이것이 백제의 절박한 요청에 대한 위나라의 공식 대응이었다. 이는 위나라가 고구려와 백제의 전쟁에 공식적으로 개입하지 않겠다는 뜻이었다. 위는 고구려의 우호국이었다.

또한 북방에서는 거란족과 돌궐족이 흥기하고 있었기 때문에 장수왕은 굳이 북방의 위험을 무릅쓰고 백제 멸망에 전력을 쏟아붓는 무리수를 쓰지 않았다. 고구려는 단지 만주와 한반도를 중심한 동북아시아에서 자국을 중심으로 하는 정치체제가 형성되는 것에 만족했다. 백제와 신라를 멸망시키고 그 지역을 직접 다스릴 만한 역량이 고구려에게는 부족했다. 고구려로서는 백제와 신라를 고구려 중심의 천하체제에 편입시키기만 하면 되었다.

다시 말해 고구려는 백제 · 신라와 전면전을 통한 통일이라는 모험을 하지 않은 것이다.

21_ 수나라 두 황제를 물리친 영양왕을 찾아서

수나라 두 황제의 침입을 격퇴한 위대한 군주

시조묘에 제사한 평원왕

고구려 제24대 양원왕은 외척가문 사이의 무력충돌의 승자로 즉위했으나 그의 후사는 정상적으로 결정되었다. 재위 13년(557) 4월에 양원왕의 맏아들 양성陽城이 태자로 책립되기 때문이다. 이때 내전內殿에서 군신群臣을 모아 연회를 베풀었는데 이는 단순한 연회가 아니었다. 양성의 태자 책립을 귀족들로 하여금 인정하게 하려는 조치였다. 국왕이 태자 책립을 계기로 귀족들을 모아 연회를 베푼다는 것은 그만큼 왕권이 강화되었음을 뜻한다. 양원왕 즉위 때처럼 귀족들 사이에 혈투가 벌어지는 대신 귀족들이 잔치로 태자 책립을 받아들이는 것이기 때문이다.

그러나 반발도 만만치 않았다. 바로 그해 10월에 환도성의 간주리干朱理가 반란을 일으킨 것이 이를 말해준다. 『삼국사기』는 "간주리란 자가 모반하다가 죽음을 당했다"라고만 기록되어 있어 그 자세한 내막은 알 수 없지만 태자를 책립한 지 6개월 만에 반란을 일으켰다는 것은 이 반란과 태자 책립이 연관이 있음을 시사해준다. 또한 간주리의 반란은 장수왕의 평양 천도 이후 새롭게 형성된 평양 귀족들의 독주에 대한 옛 수도 국내성과 환도성 세력의 반발일 수도 있다.

양원왕이 태자를 책립한 지 이태 만에 세상을 떠나고 양성이 즉위하니 그가 바로 제25대 평원왕平原王(재위 559~590년)이다. 31년 동안 재위한 평원왕은 약해진 고구려의 왕권을 추스르는 데 적극적인 인물로 보인다. 『삼국사기』는 그를 "담력이 있고 말을 잘 타고 활을 잘 쏘았다"고 기록했다. '담력'과 '말타기', '활쏘기'는 전사집단으로 출발한 고구려의 임금이 지녀야 할 가장 중요한 요소였다. 이 당시 귀족들의 전횡으로 왕권이 약화되었다 해도 고구려 왕실은 '천제의 아들'과 '하백의 외손'을 자처하는 성스러운 혈통이었다. 역량 있는 임금이 즉위하면 하기에 따라서 예전의 영화를 회복할 개연성은 얼마든지 있었다.

평원왕이 즉위 이듬해 졸본에 거동하여 시조묘始祖廟에 제사한 것은 그간 왕권에 도전할 만큼 성장한 귀족들에 대한 경고였다. 제24대 양원왕이나 제23대 안원왕, 제22대 안장왕은 모두 시조묘에 제사지냈다는 기록이 없는데, 평원왕이 시조묘에 제사한 것은 왕실의 신성함을 귀족들에게 과시한 것이다. 또한 그는 졸본에서 돌아오는 길에 주군州郡의 죄수 중 사형수를 제외하고는 모두 풀어주었는데 이도 역시 왕권의 위엄을 과시한 것이다. 평원왕의 졸본 거동과 죄수 석방은 왕권강화와 귀족권약화를 위한 의도적인 행위였다. 재위 7년(565) 정월에 맏아들을 태자로 책립한 것도 마찬가지다. 일찍 태자를 책립함으로써 태자의 지위를 확고히 해두려고 한 것이다.

당시 국제정세도 왕권강화를 요구했다. 중국 대륙에 통일의 기운이 일어나고 있었기 때문이다. 평원왕 재위 23년(581) 수나라가 건국되자 평원왕이 그해 12월 곧바로 사신을 파견한 것은 고구려가 대륙의 정세를 민감하게 주시했음을 보여준다. 평원왕은 한 달밖에 지나지 않은 이듬해 정월 또다시 사신을 수나라에 파견했으며, 그 이듬해인 재위 25년(583) 정월과 4월, 그리고 겨울에도 수나라에 사신을 보내 대륙 정세를 입수하려 애썼다. 고구려는 수의 등장으로 야기된 대륙의 정세 변화가 통일로 치닫는 것인지, 아니면 통상적인 왕조교체인지 예의 주시하고 있었던 것이다.

이 무렵 평원왕은 고구려의 전통적인 이이제이夷以制夷 외교정책을 수행했다. 수에 사신을 보내는 한편 남조의 진陳에도 사신을 계속 파견했는데, 이는 중국 남북조의 분열을 이용해 고구려의 위상을 강화하려 한 것이다.

그러다가 평원왕 31년(589) 수나라가 진나라를 멸망시키고 중국을 통일하자 커다란 충격을 받았다. 고구려는 수나라의 중국 통일이 무엇을 뜻하는지 직감적으로 알아차린 것이다.『수서』'고구려조'에는 이런 기록이 있다.

> 개황開皇(수문제의 연호) 초에는 입조入朝하는 사신이 자주 있었으나 진陳을 평정한 뒤로는 탕湯(평원왕)이 크게 두려워하여 군사를 훈련시키고 곡식을 저축하여 방어할 계획을 세웠다.

평원왕은 중국 대륙 통일이 고구려에게 무엇을 의미하는지 잘 알고 있었던 것이다. 그것은 전쟁의 조짐이었다. 평원왕은 수의 통일이 북방의 패자 고구려와 전면전을 예고하는 것일 수 있다는 생각에서 '군사를 훈련시키고 곡식을 저축하여 방어할 계획'을 세운 것이다. 그런데 수나라의 침입에 대비하던 평원왕은 수 통일 이듬해인 재위 32년(590)에 세상을 떠나고 말았다.

수나라를 선제공격하는 영양왕

평원왕의 죽음은 중국 통일이라는 대사건을 맞이한 고구려로서는 타격이었으나 일찍 책립한 태자가 있었으므로 그리 큰 혼란은 겪지 않았다. 새로 즉위한 제26대 영양왕(재위 590~618년)은 25년간의 태자 경험을 통해 국정의 핵심을 잘 꿰고 있었다. 이른바 준비된 임금이었다. 『삼국사기』에 영양왕은 "풍채가 준수하고 일찍이 제세濟世·안민安民을 자신의 임무로 생각했다"고 적은 것이 이를 말해준다. 영양왕은 재위 2년(591)과 3년에 수나라에 사신을 보냈으나 이는 조공朝貢이 목적이라기보다는 정보수집의 성격이 강했다.

영양왕 8년(597)에 수문제가 고구려에 보낸 국서가 이를 말해준다. 김부식은 이 국서가 영양왕이 아니라 평원왕에게 보낸 것으로 해석했지만 수가 진을 멸망시킨 서기 589년의 이듬해 평원왕이 사망한 사실을 상기하면 영양왕에게 보낸 것으로 보아야 옳다. 아니면 평원왕 말기와 영양왕 초기의 고구려·수 관계를 종합적으로 보여주는 것으로 볼 수도 있다.

수문제는 평원왕 26년(584)만 해도 수나라를 찾은 고구려의 사신을 위해 대흥전大興殿에서 잔치를 베풀어줄 정도로 고구려를 회유하려 했다. 그러나 평원왕의 뒤를 이어 즉위한 영양왕이 수와 대결 자세를 누그러뜨리지 않자 영양왕 8년(597) 국서를 보내 불만을 토로한 것이다. 그 국서의 일부를 보자.

> 왕이 남의 신하가 되었으면 모름지기 짐朕(수문제)과 덕을 같이 베풀어야 할 터인데, 오히려 말갈靺鞨(훗날의 여진족)을 못 견디게 괴롭히고, 거란을 금고禁錮시켰다. (……) 우리나라는 공인工人이 적지 않으니, 그대가 반드시 필요하다면 나에게 주청하는 것이 마땅한데도 여러 해 전에는 몰래 재물을 뿌려 소인을 움직여 사사로이 노수弩手(다연발 화살을 만드는 사람)를 빼어갔소. 병기兵器를 수리하는 목적이 나쁜 생각에서 나온 까닭에 남이 알까 봐 두려워서 그런 것이 아니겠는가?

'말갈을 괴롭히고 거란을 금고시켰다'는 표현은 당시 고구려가 말갈과 거란 지역을 장악하고 있었음을 보여준다. 고구려는 만주를 중심으로 한 자신의 천하관을 계속 유지하고 있었다. 만주는 여전히 수나라의 천하가 아니라 고구려의 천하였다.

'공인을 몰래 빼갔다'는 말은 영양왕이 수와의 전쟁에 대비해서 다연발 화살인 쇠뇌를 만들거나 쏠 줄 아는 장인들을 돈으로 매수해 고구려로 데려왔다는 주장이다. 마치 핵무기나 첨단무기를 연구하는 적국의 과학자를 포섭해오는 현재의 첩보전을 연상케 하는 고도의 전략이었다. 수문제의 불평은 계속된다.

> 왕은 짐의 사자使者를 빈 객관客館에 앉혀놓고 삼엄한 경계를 펴며, 눈과 귀를 막아 끝내 듣고 보지도 못하게 했다. 무슨 음흉한 계획이 있기

에 남에게 알리고 싶지 않아서 관원을 막으며 그 살피는 것을 두려워하는가? 또 종종 기마병을 보내 짐의 변경 사람을 살해하고…….

당시 고구려가 수나라에 보낸 사신이나, 수나라가 고구려에 보낸 사신은 통상적인 외교사절이 아니라 일종의 간자間者였다. 따라서 영양왕은 수나라의 사신이 고구려의 정세를 간파하지 못하도록 하기 위해 빈 객관에 가두어놓았다. 그리고 수나라의 변경지대에 군사를 보내 공략했다. 영양왕은 수나라의 공격에 대비해 모든 준비를 갖추고 있었던 것이다.

그러나 놀랍게도 상대방에게 먼저 공격을 개시한 나라는 수가 아니라 고구려였다. 『삼국사기』의 해당 기사를 보자.

영양왕 9년(598)에 왕이 말갈 군사 1만여 명을 거느리고 요서遼西 지방을 공격하니, 영주營州(지금의 조양시) 총관總管 위충韋沖이 이를 격퇴하였다. 수문제가 듣고 크게 노해 한왕漢王 양諒(문제의 넷째 아들)과 왕세적王世績을 원수로 삼아 수륙군水陸軍 30만을 거느리고 와서 치게 하였다.

영양왕이 수를 선제공격한 것은 보통 사건이 아니었다. 만여 명의 군사를 동원해, 그것도 국왕이 직접 요서를 공격했다는 사실은 전면전을 각오하지 않으면 할 수 없는 행위였다. 이 사건에서 주목해야 할 것은 영양왕이 동원한 군사가 고구려의 정예부대가 아니라 말갈 군사라는 점이다. 영양왕은 통일제국 수나라를 선제공격하면서 왜 고구려 정예부대가 아니라 말갈 군사를 이용했을까?

당시 영양왕은 자신의 친위군을 가지고 있었을 것이다. 『구당서』

'고구려조'는 고구려 귀족들이 대대로 자리를 놓고 싸울 때 "왕은 다만 궁문宮門을 닫고 스스로 지킬 뿐 이들을 제어하지 못한다"고 적었다. 다시 말해 이는 고구려 국왕은 스스로를 지키는 군사, 곧 친위군을 지니고 있었다는 말이다. 그럼에도 영양왕은 친위군이 아니라 상대적으로 약체인 말갈 군사를 동원해 수나라를 선제공격한 것이다.

말갈 군사를 동원한 요서 공략은 당연히 실패로 끝날 수밖에 없었다. 영양왕도 말갈 군사를 가지고 수나라를 꺾을 수 있다고 생각하지는 않았을 것이다. 이는 영양왕의 수나라 선제공격이 다른 목적을 지닌 의도적인 행위였음을 시사한다. 영양왕의 수나라 선제공격은 수의 기세를 꺾는다는 대외적 측면만이 아니라 고구려 국내를 겨냥한 대내적 측면도 함께 지닌 행위였다. 통일제국 수나라를 선제공격할 경우 극도의 긴장이 조성될 것이 분명했다. 이 경우 고구려 국내는 내부 분쟁을 중지한 채 전시체제에 돌입할 수밖에 없었다. 이 전시체제의 정점에는 당연히 영양왕이 있었다. 중국에 통일 왕조가 들어설 경우 고구려와 한판 대결이 불가피하다고 영양왕은 판단하고 있었다. 이 경우 수나라가 체제를 완전히 정비하기 전에 싸우는 것이 낫다고 판단하여 선제공격을 감행한 것이다. 또한 선제공격을 통해 전시체제를 갖춤으로써 국내의 귀족들을 국왕권 아래 편재하려 한 것이다. 영양왕의 선제공격은 이런 다각적인 목적을 지닌 의식적인 공세였다.

1차 전쟁

수문제는 즉각 응전했다. 대륙 통일의 위업을 달성한 왕으로서 수문제는 통일을 달성한 지 얼마 안 되어 요서 지역을 선제공격함으로써 통일제국 수의 권위를 손상시킨 고구려를 좌시할 수는 없었다. 문제는 넷째 아들 한왕 양과 왕세적을 원수로 삼아 육군과 수군 30만의 대병력을 주어 고구려를 치게 했다. 고구려와 수나라의 1차 전쟁이 시작된 것이다.

수나라 군사는 산해관 서북 지역인 임유관을 지나 공세를 시작했다. 이 지역은 만리장성의 동쪽 끝 지역으로 전략상 요충지였다. 그러나 임유관을 기세 좋게 통과해 고구려 영토로 진격을 개시한 수나라 군사에게는 가혹한 시련이 기다리고 있었다. 그러나 이상하게도 『삼국사기』에는 30만 대군을 동원한 이 대전쟁에 대해 별다른 기록이 없다. 다만 그해 9월에 수군이 철수했는데 죽은 자가 열에 여덟아홉이나 되었다고 기록했을 뿐이다. 기록상 수나라의 철수는 기후 때문이라고 되어 있다. 육군은 장마를 만나 군량의 수송이 끊어지고 전염병이 돌았으며, 고구려 수도 평양성으로 향하던 수군도 폭풍을 만나 병선兵船을 많이 잃어버렸기 때문에 철수했다는 것이다.

『수서』는 이런 기후 외에도 수나라 대군을 두려워한 영양왕이 사신을 통해 보낸 표문을 예로 든다.

> 원元(영양왕)도 두려워하여 사신을 보내어 사죄하고 표문을 올리는데 '요동 분토糞土(썩은 흙)의 신臣 원元 운운' 하여서 고조高祖(수문제)는 이에 군사를 거두어들이고 과거와 같이 대우하였다.

『삼국사기』도 "영양왕이 두려워하여 사신을 보내어 사죄의 글을 전했는데 요동 분토의 신 모라고까지 일컬었다"면서 『수서』의 이 기록을 인용했다. 마치 영양왕이 자세를 낮추고 잘못을 빌어서 철수했다는 식의 내용이다. 그러나 장마나 폭풍, 분토의 신 운운은 수나라의 대패를 감추기 위한 의도적인 기록에 불과하다. 수나라가 철수한 음력 9월이면 장마나 폭풍은 이미 다 지난 때였다. 또한 아직 겨울이 본격 다가오기 전이었다.

　요동반도에서 평양성으로 가는 뱃길은 황해를 곧장 가로지르는 직항로가 아니라 연안을 따라서 항해하는 우회로였다. 폭풍을 만나면 해안에 정박해 잠시 피한 후 바람이 멎으면 다시 항해하는 식이었다. 이런 식의 항해는 장마와 폭풍으로 인한 피해를 최소화시킬 수 있었다. 따라서 고구려군과 싸우지도 않고 장마와 폭풍 때문에 병력의 8~9할이 죽을 수는 없었다. 물론 장마와 폭풍이 전혀 없지는 않았을 것이다. 그러나 이 경우에도 고구려군이 장마와 폭풍 그리고 지리를 이용해서 수나라 대군을 기습해 대파했다고 보아야 합리적일 것이다. 이런 대패를 뼈아프게 여긴 수문제가 그 내용을 숨기기 위해 자연재해와 영양왕의 표문을 빌미로 삼은 것이다.

　영양왕은 말갈 군사를 동원해 요서를 공격할 때 수나라가 응전하리라는 사실을 충분히 예상하고 있었다. 말갈 군사를 동원한 요서 공격은 사실상 영양왕의 유인책이었다. 영양왕은 만반의 준비를 하고 있다가 반격을 가해 수나라 대군을 섬멸해버렸다. 김부식은 중국 측 기록만을 보고 수나라와의 1차 전쟁을 기록했기 때문에 『수서』와 비슷하게 적은 것이다.

　단재 신채호 선생은 지금은 전하지 않는 『대동운해大東韻海』와

『서곽잡록西郭雜錄』이란 책을 인용해 수나라와의 1차 전쟁 때 큰 공을 세운 고구려 장수의 이름을 강이식姜以式이라고 밝혔다. 또한 당시 고구려군은 수나라 군사의 출발지인 임유관 유역에서 맞붙어 큰 승리를 거두었는데 수나라 사람들이 자신들의 패배를 감추기 위해 역사를 왜곡했다고 주장했다. 『수서』나 『삼국사기』의 기록보다는 신채호의 이런 주장이 훨씬 설득력이 있다. 고구려는 수나라 군사가 고구려 영토 깊숙이 올 때까지 기다리지 않고 접경지대까지 가서 매복하고 있다가 선제 기습 공격해 섬멸했다. 변변히 싸워보지도 못하고 대군을 잃은 수나라는 이 사실을 숨기기 위해 자연재해와 영양왕의 표문을 빌미로 삼은 것이다.

수나라 30만 대군을 일거에 격퇴한 영양왕의 위세가 드높았을 것은 쉽게 짐작할 수 있는 일이다. 영양왕이 수나라의 1차 침략을 물리치고 2년 후에 태학박사 이문진李文眞에게 고구려 역사서인 『신집新集』(전5권)을 편찬하도록 한 것은 통일제국 수나라를 완패시킨 자부심의 표현이었다. 이는 국초부터 있던 100권짜리 고구려 역사서 『유기留記』를 수정한 것인데 이 승전의 내역이 기록되었을 것임에는 틀림없다.

2차 전쟁과 살수대첩

수문제가 고구려에 대패한 것은 수나라 정세에도 소용돌이를 몰고 왔다. 고구려에 대패한 것이 수문제의 권위에 여러 세력이 도전하는 빌미를 주었기 때문이다. 수문제는 내환內患에 시달리던 끝에 고구려 영양왕 15년(604) 7월 태자 광廣에게 시해되고 말았다. 그해

8월에는 고구려에 쳐들어 왔던 한왕 양이 기병하자 양소楊素가 진압하는 등 수나라는 내부 혼란이 계속되었다.

아버지를 죽이고 즉위한 수양제에게 고구려 정복은 반드시 해결해야 할 과제였다. 만주 벌판을 차지하고 수나라와 당당히 맞서는 고구려를 정복하지 않고서는 진정한 통일을 이룩했다고 말할 수 없었다.

수양제

반면 고구려 영양왕은 이제 수나라를 두려워하지 않았다. 『수서』는 영양왕이 전쟁 후에도 "해마다 사신을 보냈다"고 기록했으나 이는 패전의 수모를 감추기 위한 왜곡이고, 실제 영양왕이 수나라에 사신을 보낸 것은 수나라 대군을 전멸시키고 2년 후인 재위 11년(600) 단 한 번뿐이다.

제위帝位에 오른 수양제는 낙양에 새로운 대궁궐을 짓고 대운하를 만들고 만리장성을 수축하는 등 황제권을 강화하기 위한 각종 조치를 취했으나 고구려를 복종시키지 못하는 한 진정한 황제권강화는 요원했다. 만주 일대에 독자적인 천하관을 지닌 고구려가 존재하는 한 통일제국 수나라의 황제권은 불완전할 수밖에 없었다. 수양제가 만리장성을 수축한 이유는 기세가 오른 고구려가 중원으로 쳐들어올까 봐 우려했기 때문이다. 어차피 두 나라 사이에 동아시아의 패권을 둘러싼 또 한번의 전쟁은 불가피한 것이었다.

그런데 고구려의 고민은 남쪽의 백제와 신라도 상대해야 한다는 점이었다. 세계 최강의 수나라와 싸우면서 남방의 백제·신라와도 싸우는 두 개의 전선을 유지해야 하는 것이 고구려의 딜레마였다.

『수서』는 고구려와 수나라의 1차 전쟁 때 백제의 혜왕惠王이 사신을 보내 고구려 침략군의 길잡이가 되겠다고 자청했다고 전한다. 그러나 이때는 수나라 대군이 고구려에 일격을 당해 패퇴해 철수한 뒤였다. 수문제는 "고원高元(영양왕)의 군신君臣이 두려워하여 죄를 스스로 인정하고 복종하므로, 짐은 이미 죄를 용서해주었기 때문에 토벌할 수가 없다"면서 백제의 호의를 거절했다. 그러나 수문제는 백제의 사신을 후하게 대접해 자신의 쓸쓸한 마음을 달랬다. 이 소식을 들은 영양왕은 군사를 내어 백제 땅을 공격했다. 수나라의 길잡이가 되겠다고 자청한 데 대한 보복전이었다.

영양왕은 신라도 공격했다. 재위 14년(603)에 장군 고승高勝을 보내 신라가 장악한 북한산성을 빼앗기 위해 공격한 것이다. 그러나 한강 유역은 신라도 사력을 다해 지키려는 요충지였다. 신라 진평왕이 직접 군사를 이끌고 거세게 저항하여 영양왕은 뜻을 이루지 못했다. 신라는 대고구려전에 전력을 투입할 수 있었으나 고구려는 그러지 못했다. 고구려는 전 병력을 백제나 신라와의 싸움에 투입할 수가 없었다.

재위 18년(607) 5월 영양왕은 군대를 파견해 백제의 송산성松山城을 쳤으나 성공하지 못했다. 그러나 석두성石頭城을 쳐 남녀 3천여 명을 사로잡아온 데 이어, 이듬해 2월에는 군사를 파견해 신라의 북쪽 영역을 공격해 8천여 명을 포로로 잡아왔으며, 4월에는 신라의 우명산성牛鳴山城을 빼앗았다. 고구려는 두 개의 전선을 넘어 세 개의 전선을 운영해야 했다. 이런 상황에서 수나라와의 2차 전쟁이 다가오고 있었다.

607년 수양제는 지금의 몽골 지역에 있던 돌궐족 임금 계민가한 啓民可汗의 장막으로 거동했다. 그만큼 수나라에게 북방 영역은 중요한 곳이었다. 그런데 공교롭게도 이때 마침 영양왕도 계민가한에게 사신을 보냈고, 수양제와 고구려 사신은 계민가한의 장막에서 만나게 되었다. 영양왕은 돌궐족과 연합전선을 맺어 수나라를 압박하려 했다. 이때 수양제는 고구려 사신에게 강력하게 경고했다.

"영양왕은 내년에 북경으로 직접 입조入朝하라. 안전은 보장하겠다."

그러나 영양왕은 직접 입조하기는커녕 사신도 보내지 않았다. 사신은커녕 수나라의 사신이 백제나 신라 등으로 가는 길을 막아 수양제의 표현대로 "사명을 받든 수레(사신의 수레)가 해동海東에 갔을 때 길을 가로막고 왕인王人(사신)을 거절"했다. 뿐만 아니라 백제, 고구려 등의 사신들이 수나라로 가는 길도 막았다.

그러자 611년(영양왕 22년)에 수양제는 군사를 일으켜 직접 고구려 침략에 나섰다. 직접 입조하기는커녕 사신도 보내지 않은 영양왕을 응징하겠다고 결심한 것이다. 이때 수나라 침략군의 규모는 수문제가 보낸 1차 침략군과 비교가 되지 않았다. 113만 3,800명으로 통칭 200만 대군이라고 일컫는 역사상 유례없는 대부대였다. 군량과 기타 군수품을 운반하는 보급부대의 숫자는 이것의 배가 되었으니 무려 300~400만의 대부대가 고구려 침략에 나선 것이다.

고구려 요동성 해자 지금은 중국 요양의 요동성 터에 아파트가 들어서고 해자만 수로로 이용된다.

수양제는 침략군을 일으키기 전에 만반의 준비를 갖추었다. 그는 이 정벌전쟁을 하늘에 고했다. 천자天子를 자처하는 황제로서 침략의 명분과 정당성을 하늘에서 찾기 위해 북경에 제단을 만들어 상제上帝와 토지의 신 그리고 성신星神에게 제사지낸 후 고구려 정벌에 나선 것이다. 좌군과 우군으로 나뉜 수나라 군대는 좌·우 각기 12군으로 편성되었는데, 각 군이 출발 간격을 40리 정도로 유지하여 선두부대에서 마지막 후미 부대까지 40일이나 걸리고, 그 대열이 960리가 될 정도로 장대한 규모였다. 『삼국사기』의 표현대로 "근고近古 이래 보지 못하던 장대한 출진"이었다.

그해 백제 무왕武王은 사신을 보내 출병 시기를 물었다. 수양제는 자신이 고구려 북쪽과 서쪽을 공격하는 동안 백제가 남쪽을 공격하면 효과적이리라는 생각에 크게 기뻐하면서 상서기부랑尚書起部浪 석율席律을 보내 침략 시기를 알려주었다. 자칫하면 고구려는 두 개의 전쟁을 동시에 치러야 하는 상황에 빠질 수도 있었다.

수양제가 직접 이끄는 군사와 고구려 군사는 요하遼河를 마주보고 대치하게 되었다. 고구려가 굳건히 지켜서 강을 건널 수 없게 된 수양제는 공부상서에게 명해 다리를 만들어 건너려 했다. 그런데 그만 완성한 다리가 강 건너편 기슭까지 한 발 남짓 짧아 뭍에 닿을 수가 없었다. 다리가 짧아 수나라 군사가 우왕좌왕하는 틈을 이용해 고구려군이 총공세를 취하자 수나라 군사는 언덕에 이르지 못하고 죽는 자가 매우 많았다. 이때 수나라 선봉군의 장수 맥철장麥鐵杖과 전사웅錢士雄 등도 전사했다.

그러자 수양제는 강 서안西岸으로 군사를 옮겨 다리를 완성한 다음 요하를 건넜다. 요하를 건넌 수나라군은 고구려 서북방의 요충지인 요동성遼東城을 포위했다.

한편 수군 총사령관인 좌익위대장군左翊衛大將軍 내호아來護兒가 지휘하는 수나라 수군은 뱃길로 대동강 하구에 도착했다. 이때 수군의 규모는 수나라 24개 침략군軍 중 7개 군으로 적은 숫자가 아니었다. 수나라 수군은 고구려 수도인 평양성에서 60여 리 되는 곳까지 진군해 고구려군과 싸웠는데 그만 고구려군이 패하고 말았다.

내호아는 내친 김에 평양성을 점령해 수도를 빼앗는 전과를 올리려 했다. 고구려가 나성羅城, 곧 평양성의 외성에 있는 빈 절에 군사를 숨겨두고 거짓 패배해 내호아를 유인하자 그는 나성까지 따라와 약탈을 자행했다. 이때를 이용해 빈 절에 숨어 있던 고구려 복병이 휘몰아치자 수나라 군사는 대패하고 내호아는 겨우 몸만 빠져나왔다. 이때 수나라 수군은 생환자가 불과 수천 명에 지나지 않을 정도로 큰 패배를 당했다.

수양제는 요동성을 계속 포위했으나 고구려가 요동성을 굳건히 지켜 함락시키지 못했다. 수양제는 요동성을 계속 포위한 가운데

을지문덕 신채호의 『을지문덕전』에 그려진 모습이다.

좌익위대장군 우문술宇文述, 우중문于仲文 등에게 9개 군 30만 5천 명을 주어 평양성을 직접 공격하게 했다. 자신이 요동성을 포위한 동안 고구려 수도인 평양성을 함락시킴으로써 고구려의 전열을 흐트러뜨리려 한 것이다.

우중문이 이끄는 이 부대는 수나라의 정예 부대였으나 대릉하 하류와 요하 서쪽에서부터 평양까지는 너무 먼 길이었다. 이들 군사들은 100일분의 양식과 무기 등을 지니고 평양으로 가라는 명령을 받았으나 이들 군수품들이 너무 무거운 데다 갈 길이 멀어 중도에 식량 등을 버리는 자가 많았다.

이들이 압록강 유역에 도달하자 을지문덕乙支文德은 직접 강을 건너 적정을 파악했다. 을지문덕은 수나라 군사의 주린 기색을 보고 바로 이 점이 적의 약점임을 알아차렸다. 수나라 군사가 압록강을 건너 한반도 내로 들어오자 을지문덕은 하루 동안에 일곱 번 거짓 패해 수나라 군사를 더욱 피로하게 했다. 그러나 이 거짓 패배에 고조된 수나라 군사는 거침없이 진군해 살수薩水(청천강)를 건너 평양성에서 북쪽으로 30리 되는 곳에 진영을 설치했다. 식량이 떨어져 굶주리는 부대가 내륙 깊숙이 들어온 것은 무모한 행위였다. 고구려가 즐겨 쓰는 전술 중에 청야淸野전술이 있다. 이는 고구려 영토에 진입한 적군이 어떠한 식량도 얻지 못하게 하는 전술로, 모든 식량을 성안으로 옮기고 나머지는 모두 태워버리는 것이다.

을지문덕은 수나라 장수 우중문에게 그 유명한 시를 지어 보낸다.

신기한 전략은 하늘의 이치를 꿰뚫었고
기묘한 책략은 땅의 이치를 통달했네.
싸움에 이겨 공이 이미 높으니
그만 만족하고 돌아간들 어떠리.

神策究天文 妙算窮地理 戰勝功旣高 知足願云止

중국인들이 좋아하는 도교道敎의 경구를 인용한 이 시를 보고 우중문은 자신이 을지문덕의 계략에 빠졌음을 알아차렸다. 일부러 져주면서 자신들을 끌어들인 사실을 깨달은 것이다. 다른 부대와의 연결도 끊어진 상황에서 계속 버티다가는 전멸할 우려가 있음을 깨달은 우중문은 철수하기 위해 살수를 건넌다.

고구려군은 이미 이런 상황을 예상하고 살수 상류에 임시 제방을 만들어 물을 저장해두었다. 수나라 군사가 살수를 건널 무렵 제방을 터뜨려 물을 쏟아내자 군중에는 커다란 혼란이 일었다. 이 기회를 이용해 고구려 정예군사가 공격하니 30만에 달하는 수나라 군사 중 불과 2,700명만이 살아서 요동성으로 돌아올 수 있었다.

역사상 가장 대규모 병력을 동원한 수양제는 뼈아픈 통한을 남기

살수대첩을 묘사한 기록화 (전쟁기념관 소장)

고 철수할 수밖에 없었다. 아버지 수문제를 죽이고 즉위한 수양제 또한 아버지처럼 고구려를 침공했다가 깊은 수렁에 빠진 것이다. 수양제는 고구려를 정벌하지 못하면 제위 또한 계속 유지할 수 없었다.

고구려에 패퇴한 이듬해인 영양왕 24년(613) 4월에도 수양제는 다시 군사를 일으켜 직접 고구려를 침공했다. 요하를 건너 또다시 요동성을 포위했으나 6월에 회군할 수밖에 없었다. 수양제가 고구려 친정親征에 나선 틈을 이용해 예부상서 양현감楊玄感이 반란을 일으켜 10만 대군으로 성장했기 때문이다. 당시 수나라 내부에는 고구려 정벌을 비판하는 소리가 드높았다. 중국인들은 수백만 대군을 물리친 고구려에 근본적인 공포감을 갖게 되었고, 이런 공포감이 정벌에 대한 반발로 이어진 것이다. 양현감의 반란을 진압한 수양제는 이듬해인 614년 다시 군사를 일으켜 고구려를 공략했으나 역시 별다른 성과를 거두지 못한 채 물러나고 말았다.

한마디로 고구려의 완승이었다. 후한이 멸망하고 369년 만에 중국 대륙을 통일해 한껏 기세가 오른 수나라에 선제공격을 가한 영양왕, 문제와 양제 두 황제의 전력을 기울인 침략군을 일거에 무너뜨린 영양왕은 우리 역사상 가장 위대한 군주 중 한 명이다. 그는 실로 광개토태왕 못지않은 위대한 군주다.

22_ 대막리지 연개소문 일대기

당나라의 조직적 악마 만들기에 희생된 영웅의 복원

(1) 연개소문은 왜 쿠데타를 일으켰을까?

『삼국사기』는 왜 연개소문을 부정적으로 서술했을까?

연개소문淵蓋蘇文에 대해서는 많은 사람들이 부정적 인식을 갖고 있다. 그가 무자비한 독재자이고 고구려의 멸망에 책임이 있다는 기간의 통설 때문이다. 이런 부정적 내용이 실린 책이 김부식의『삼국사기』라는 점에서 별 의심 없이 받아들여왔다. 연개소문의 성격과 그가 주도한 정변에 대한『삼국사기』의 기록을 보자.

> 그 부친인 동부대인東部大人 대대로大對盧가 죽자 개소문이 마땅히 그 자리를 잇게 되었는데, 나라 사람들이 그 성품이 잔인하고 모질다며 미워하여 그 자리를 얻지 못했다. 소문蘇文은 여러 사람들에게 머리를 조아리며 사죄하고 그 자리에 임시로 있어보아 만일 불가한 일이 있으면 폐하여도 후회하지 않겠다고 간청하므로 여러 사람들이 가엾게 여겨 허

락하였다. 그런데 아버지의 자리를 이은 개소문은 흉포하고 잔인하여 부도不道하므로 여러 대인大人들이 왕과 몰래 의논해 그를 죽이려 했는데 일이 누설되었다. 개소문이 동부 군사를 모아 마치 열병하는 것처럼 하면서 성의 남쪽에 술과 음식을 성대히 베풀어놓고 모든 대신들을 초청해 함께 관람하자고 하였다. 손님들이 오자 개소문은 그들을 모조리 죽여버렸는데 그때 피살된 자가 백여 인이나 되었으며, 개소문은 이어 궁중으로 달려가 왕을 시해한 다음 그 몸을 몇 도막으로 잘라 개천에 버렸다.

이 기록에 따르면 연개소문은 간교한 꾀로 대인들을 끌어들여 죽이고 심지어 국왕마저도 시해하고 그 시신을 토막 낸 희대의 악한이다. 이 기록은 연개소문이 정변을 일으킨 이유를 그의 흉포한 성격을 두려워한 국왕과 대인들이 죽이려 한 데 대한 반발로 그렸다.

정변 이후 연개소문의 모습을 『삼국사기』에서 계속 살펴보자.

연개소문이 전국을 호령하며 나랏일을 제멋대로 하는데 매우 위엄이 있었으며, 몸에 다섯 개의 칼을 차고 있으니 좌우의 사람들이 감히 쳐다보지 못했다. 말에 오르내릴 때마다 항상 귀족이나 무장들을 땅에 엎드리게 하여 발판으로 삼았으며, 출행할 때에는 반드시 대오隊伍를 벌려서 앞에서 인도하는 자가 긴 소리로 외치면 사람들이 구렁텅이나 골짜기라도 가리지 않고 달아났으니, 나라 사람들이 심히 괴롭게 여겼다.

이 기록은 연개소문을 승·하마 때 귀족이나 무장들을 발판으로 사용할 정도로 안하무인이며 백성들을 괴롭히는 독재자로 묘사했다. 『삼국사기』의 이런 기록들이 사실들이라면 연개소문은 무자비한 독재자일 수밖에 없다.

그런데 김부식을 비롯한 『삼국사기』 편찬자들은 무슨 사료를 근거로 연개소문을 이렇게 기술했을까? 김부식이 『삼국사기』를 편찬한 고려 인종 23년(1145)은 연개소문이 사망한 지 이미 500여 년이 지난 뒤다. 곧 이들은 그때까지 남아 있는 사료들을 바탕으로 『삼국사기』 「열전」 '연개소문조'를 기록한 것이다.

문제는 당시 김부식이 인용한 거의 모든 사료가 중국 측 자료라는 점이다. 또한 연개소문이 고구려군을 이끌고 싸운 대당 전쟁에 관한 모든 기록도 고구려 측의 자료가 아니라 중국 측의 자료에 근거해 쓰였다는 점이다. 『삼국사기』는 중국 사서인 『자치통감資治通鑑』·『북사北史』·『수서隋書』·『구당서舊唐書』·『신당서新唐書』 등을 인용해 연개소문과 대당 전쟁을 기술했는데 그중에서도 특히 중국 송나라 사마광司馬光이 11세기 후반에 편찬한 『자치통감』에 많이 의지했다. 당시 고구려 측의 사료가 거의 남아 있지 않았기 때문이다. 물론 『삼국사기』는 신라를 정통으로 보는 사관에서 기술했기 때문에 중국 측 사서의 내용을 거의 무비판적으로 사용한 점도 있다.

『삼국사기』 '연개소문조'의 시작도 이런 사관을 반영하는 증거 중 하나다.

> 개소문(혹은 개금蓋金이라고 한다)의 성姓은 천씨泉氏인데, 자칭 수중水中에서 출생하였다고 하여 여러 사람들을 미혹하게 하였다.

개소문의 성은 연씨淵氏인데, 왜 『삼국사기』는 천씨泉氏라고 기록했을까? 이 역시 중국 측 자료를 베꼈기 때문이다. 현재 중국 하남성 개봉도서관開封圖書館에는 연개소문의 아들들인 남생男生 등의 묘지명이 보관되어 있다. 남생과 그 아우 남산南山, 남생의 아들 헌성獻誠, 헌성의 아들 비毖 등 연개소문 일가의 묘소와 묘지명이 출토된 곳은 하남성 낙양의 북망산이다. 그런데 이 묘지명들은 한결같이 이들의 성을 모두 연씨가 아니라 천씨로 기록했다.

이는 당나라 고조高祖의 이름이 이연李淵이기 때문에 이를 피하기 위해 천씨라고 기록한 것이다. 『자치통감』은 "고려 동부대인 천泉개소문이 그 왕을 시해했다. 천은 성이다. 『신서新書』에서 말하기를 개소문이란 자는 혹 개금이라고도 부른다. 성이 천씨인 것은 그 스스로 물속에서 출생했다고 여러 사람들을 미혹시켰기 때문이다"라고 기록했다. 이는 『신서』, 곧 『신당서』의 내용을 그대로 베낀 것이다.

『삼국사기』에 그려진 연개소문의 모습은 고구려인들이 그린 연개소문의 참모습이 아니라 연개소문의 적국인 당나라인들이 덧칠한 연개소문의 모습이다. 과연 연개소문의 참모습은 무엇일까?

일례로 물속에서 출생했다고 여러 사람들을 미혹케 했다는 기록도 중국인들의 의도적인 폄하이고 사실은 고대 동북아시아의 여러 민족이 가지고 있던 시조전설의 하나로서 연씨 집안에 내려오는 가문전설의 일환으로 보아야 한다. 동진東晉의 간보干寶가 편찬한 『수신기搜神記』에는 잉어를 타고 다닌 금고琴高의 이야기나 주周나라 시대 임벽양군林碧陽君의 시첩侍妾이 두 마리 용을 낳은 이야기 등 물과 관련된 전설이 많다. 연개소문의 성이 '못 연淵' 자를 쓰는 것은 주몽의 어머니가 물의 신 하백河伯과 관련이 있는 것과 마찬가지로 그의 시조가 물과 관련이 있기 때문이다.

비사성

고구려가 수·당과 전쟁할 때 적군의 침략을 막는 최전선 산성 역할을 했다.
작은 사진은 동북공정 이후 중국식으로 복원한 모습이다.

연개소문은 왜 정변을 일으켰을까?

연개소문이 정변을 일으킨 이유에 대한 앞의 『삼국사기』 기록도 『구당서』·『신당서』·『자치통감』 등 중국 기록들을 옮겨 적은 것이다. 이 기록들은 모두 연개소문의 흉포함을 미워한 영류왕과 대인들이 그를 제거하려 하자 연개소문이 열병식에 초청해놓고 정변을 일으켜 대인들과 영류왕을 죽였다고 한다.

백여 명을 죽인 후 왕의 몸을 몇 도막으로 잘라 개천에 버렸다는 이 무시무시한 정변 기록은 몇 가지 의문점을 던져준다. 연개소문 제거를 모의하는 와중에 그가 초청한 열병식에 백여 명의 대인들이 왜 아무런 의심도 없이 참석했을까 하는 점이다. 이들의 연개소문 제거 모의가 사실이라면 이들은 연개소문의 의심을 살까 두려워해 참석한다 할지라도 나름대로 방비책을 마련했을 것이다. 예를 들면 대인 한 사람에 호위병 몇 사람만 붙인다면 연개소문이 그리 쉽게 이들을 몰살하지는 못했을 것이다. 더욱이 영류왕이 아무런 방비도 취하지 않고 있다가 연개소문에게 시해당했다는 점은 더욱 의심이 가는 대목이다.

과연 연개소문은 자신을 제거하려는 모의에 대응하는 즉자적 차원에서 정변을 일으켰을까? 이 점을 생각해보기 위해서 살펴볼 대목이 있다. 『삼국사기』 '영류왕조'에 따르면 영류왕은 재위 2년(619), 4년, 5년, 6년, 7년에 거듭 당에 사신을 보낸다. 재위 8년(625)에는 사람을 보내 불교와 도교의 교법敎法을 구했으며, 재위 9년에는 고구려가 당나라로 가는 길을 막는다고 신라와 백제가 당나라에 항의하자 당에 사과하는 글월을 보내기도 했다.

영류왕은 재위 11년(628)에는 당태종이 돌궐 임금 힐리가한頡利可

汗을 사로잡은 것을 치하하면서 고구려의 봉역도封域圖(강역도)를 바쳤으며, 재위 12년에도 사신을 보내 조공했다. 어느 정도 상세한 봉역도인지는 알 수 없지만 수나라와 전쟁을 치른 지 얼마 안 지난 상황에서 군사기밀인 지도를 보낸다는 것은 정상적인 상황은 아니다.

영류왕은 드디어 재위 23년(640) 세자 환권桓權을 보내 조공하기에 이르렀다. 매년 사신을 보내는 것도 부족해 다음 왕이 될 세자를 보내 조공하는 저자세 외교에 대해 고구려 조정의 의견이 둘로 갈라졌음을 짐작하기는 어렵지 않을 것이다. 물론 영류왕은 당나라의 침략을 우려해 재위 14년(631)에 천리장성을 완성하지만 이 역사는 선왕인 영양왕이 시작한 것이다.

영류왕이 당에 봉역도를 보내고 돌궐의 힐리가한을 사로잡은 것을 축하하는 사절을 보낸 것은 연개소문 같은 대당 강경론자들의 심기를 불편하게 했을 것이다. 영양왕 18년(607)에 고구려 사신과 수양제가 돌궐 임금 계민가한啓民可汗의 장막에서 만난 일이 있었다. 고구려는 서북방의 돌궐과 연결해 수·당에 대항하는 외교정책을 펴고 있었다. 영류왕이 이런 외교정책과 달리 돌궐 임금의 생포를 축하하는 사절을 보낸 것은 당연히 대당 강경세력의 반발을 샀을 것이다. 돌궐뿐만 아니라 영양왕 9년(598) 수나라가 쳐들어왔을 때 고구려가 말갈 군사 1만 명을 동원한 데서 알 수 있듯이 돌궐족이나 말갈족은 유사시에 연합할 수 있는 세력이었다.

게다가 영류왕은 재위 14년(631) 대수對隋 전승기념탑인 경관京觀을 당나라의 요청에 의해 헐어버렸는데 이는 연개소문 같은 대당 강경파의 격렬한 반발을 사기에 충분한 일이었다.

『후한서』「황보숭皇甫嵩열전」에는 "황보숭이 적군 10여 만 명의

당태종

목을 베어 성의 남쪽에 경관을 쌓았다[築京觀於城南]"는 구절이 있고, 『수서隋書』 「동순董純열전」에도 "동순이 정예군사로 돌궐을 공격해 대파한 후 머리 수만 급을 베어 경관을 쌓았다[斬首萬餘級築爲京觀]"는 구절이 있다. 따라서 경관은 적군의 머리를 베어 쌓아둠으로써 다시는 함부로 공격하지 못하게 경고하는 두골탑頭骨塔인 셈이다. 『구당서』 「태종본기」의 "사신을 보내 고구려의 경관을 헐고 수나라 사람들의 유골을 수습해 제사함으로써 장례를 치러주었다"는 구절이 이를 말해준다. 수·당 사람들에게는 공포의 탑이지만 고구려 사람들에게는 중원의 패자 수나라를 꺾은 전승기념탑이자 다시 공격할 경우 마찬가지 꼴이 될 것이라고 경고하는 경고탑이었다. 이런 전승기념물을 당나라의 요청에 따라 헐어버린 영류왕에게 대당 강경파들이 반발했을 것임은 당연하다.

이처럼 대당 굴욕외교를 거듭하던 영류왕이 급기야 태자를 보내 입조入朝하자 대당 강경파의 반발은 극에 달했을 것이다. 태자의 입조는 일반 신하들을 사신으로 보내는 것과는 근본적으로 다른 것으로 완전한 속국을 자처하는 행위이기 때문이다. 당태종은 여기에 한술 더 떠 직방낭중職方郎中 진대덕陳大德을 답례로 보냈는데 진대덕은 답례사答禮使라기보다는 당나라의 간첩이었다.

『삼국사기』에 따르면 진대덕은 역로歷路의 성읍마다 그 관수자官

守者(지방장관)에게 예물을 주면서 고구려의 산천과 지형을 염탐했다. 심지어 그는 고구려와의 전쟁 때 포로가 된 중국인들을 만나 중국 내 친척들의 동향을 전해주기도 했다.『삼국사기』는 "진대덕은 사신을 받드는 예절에 의해 아국我國의 허실을 엿보았지만 우리는 그것을 알지 못했다"고 썼다. 하지만 "진대덕이 가는 곳마다 사녀士女들이 길 좌우에 늘어서서 보았"는데 고구려에서 진대덕의 동태를 몰랐다는 것은 말이 되지 않는다. 연개소문 같은 대당 강경파는 이런 행위를 묵인하는 영류왕의 굴욕적인 처신에 분개해 쿠데타를 결심한 것으로 보인다.

귀국한 진대덕이 "고구려가 고창高昌(지금의 중국 신강성에 있던 나라, 투르판Turfan)의 멸망을 듣고 매우 두려워하여 사신 접대가 보통 이상으로 후했습니다"라고 보고하자 당태종은 이렇게 말한다.

"고구려는 본래 4군郡의 땅이다. 내가 수만의 군대를 내어 요동을 치면 그들은 반드시 모든 국력을 기울여서 요동을 구원하러 나올 것이다. 이때 수군을 동래東萊에 보내 바닷길로 평양으로 가서 수군과 육군이 합치게 하면 고구려를 빼앗기 어렵지 않을 것이다. 그러나 산동山東 주현州縣들이 전쟁의 상처가 아직 회복되지 않았기 때문에 나는 그들을 괴롭히지 않으려 한다."

당태종은 고구려가 아무리 저자세 굴욕외교로 나와도 내부 여건만 갖추어지면 고구려를 침공하려는 생각을 가지고 있음을 알 수 있다.

진대덕이 돌아간 이듬해인 재위 25년(642) 정월에 영류왕은 또다시 사신을 당나라에 보낸다. 그리고 그해 연개소문에게 장성長城을 쌓는 역사를 감독하게 했다. 막리지인 그를 장성 축조를 담당하는 한직으로 보낸 것이다. 이는 단순한 전출이 아니라 대당 강경파를 대표하는 연개소문을 한직으로 보냄으로써 이들의 세력을 무력화하려 한 것이다. 연개소문은 전출된 지 얼마 후에 드디어 정변을 일으켜 대인들과 영류왕을 살해하고 정권을 장악한다.

따라서 이는 단순한 쿠데타라기보다는 대당 굴욕외교로 일관한 영류왕과 그 세력에 대한 대당 강경파의 군사정변이다. 곧 단순한 쿠데타가 아니라 다른 세계관을 가진 세력에 의한 혁명이다. 말하자면 연개소문은 고구려의 독자적인 천하관을 지닌 정치세력을 대표하는 인물이었다. 반면 영류왕은 고구려의 독자적인 천하관을 포기한 정치세력의 대표였다. 이 정치세력은 독자적인 천하관을 포기하고 당나라에 복속됨으로써 존속을 도모하는 정치세력이었다. 서로 세계관이 다른 두 세력의 충돌이 연개소문의 정변이다.

『삼국사기』에 관철된 당태종의 연개소문관

당태종은 644년(고구려 보장왕 3, 당태종 18) 드디어 고구려를 침공하기 위해 군사를 일으킨다. 군신들이 이 전쟁에 반대하자 그는 이렇게 말한다.

"근본을 버리고 곁가지[末]를 취하며, 높은 데를 버리고 낮은 데를 취하며, 가까운 것을 버리고 먼 것을 취하는 이 세 가지는 모두 좋지 않은 일인데 고구려를 치는 것이 이러함을 나도 안다. 하지만 (연)개소문은 임금을 시해하고 대신들을 도륙했으니 한 나라의 백성들이 모두 목을 늘이고 구원해주기를 기다리고 있다."

연개소문이 영류왕을 시해하고 대신들을 도륙해서 고구려 백성

중국 서안성 북문인 현무문

들이 구원해주기를 기다린다는 명분이다. 자고로 전쟁 도발자들은 이러저러한 명분을 내걸지만 이는 다른 사람은 몰라도 당태종 이세민李世民으로서는 내세울 수 없는 명분이었다.

이세민은 당나라를 세운 고조高祖 이연李淵의 둘째 아들이고 그의 형 건성建成이 태자였다. 그런데 그는 626년 수도 장안長安의 북문인 현무문玄武門에서 황태자 건성과 동생인 제왕齊王 원길元吉을 죽이는 이른바 '현무문의 변'이란 쿠데타를 일으킨 인물이다. 이 쿠데타로 이세민은 권력을 장악했고 당고조는 그에게 황위를 내어주고 물러날 수밖에 없었다. 친형과 친동생을 주살하고 아버지를 몰아낸 인물이 '시해', '도륙' 운운하는 것은 언어도단이다.

당태종이 재위한 시기를 중국에서는 정관의 치[貞觀之治]라 하여 태평성대로 기록하고, 그의 시대를 다룬 『정관정요貞觀政要』가 오늘날까지 회자되지만 아버지를 내쫓고 친형제들을 살육한 그의 즉위 과정은 왕조국가의 정상적인 즉위체제를 벗어난 것이며, 더욱이 인류적으로는 용납할 수 없는 것이다.

그러나 『삼국사기』 편찬자는 고구려 마지막 왕인 '보장왕寶藏王 조'를 쓰면서 당태종에 대해 이렇게 덧붙였다.

> (사신史臣이) 논하여 말하기를, 당태종은 현명함이 세상에 드문 임금으로 난亂을 평정함은 은나라의 탕왕湯王과 주나라의 무왕武王에 견주고, 다스리는 이치는 주나라의 성왕成王과 강왕康王에 가깝고……

『삼국사기』 편찬자는 당태종을 고구려를 멸망시킨 임금으로서가 아니라 불세출의 업적을 남긴 명군으로 바라보았다. 그리고 고구려와 당나라의 전쟁도 고구려인의 시각이 아니라 중국인의 시각에서 기술한 자료를 토대로 적었다. 고구려와 당나라는 왜 싸워야만 했을까?

두 세계관의 충돌

사실 연개소문과 당태종의 격돌은 예고된 일이었다. 그것은 두 개인의 충돌이라기보다는 두 사람이 대표하는 세계관의 충돌이었다. 중국 대륙에서 통일왕조가 들어서면 동아시아 전체 질서를 자국 중심으로 재편하려 하기 마련이었다. 중국인들은 중화中華사상으로 표현되는 자국 중심의 세계관을 갖고 있었다. 이 경우 가장 문제가 되는 나라가 고구려였다. 고구려도 중국처럼 자국 중심의 세계관을 갖고 있었기 때문이다. 고구려의 이런 세계관은 장수왕 2년(414)에 세운 광개토태왕릉비를 비롯해 여러 차례 확인할 수 있다.

> 옛날 시조 추모왕께서 창업하신 터다. 왕은 북부여에서 오셨으며 천제天帝의 아들이고, 어머니는 하백河伯의 따님이다.

중국의 역대 황제들은 자신들을 하늘의 아들이란 뜻에서 천자天子라고 불렀다. 그리고 주변 여러 나라의 왕은 이 천자의 위임을 받아 정해진 영토를 다스리는 제후로 인식했다. 중국인들이 보기에 고구려는 제후국에 불과했으나 고구려는 스스로 천제의 아들, 곧 천자라고 선포한 것이다. 「광개토태왕릉비문」의 제1면 5행에는 "영락대왕(광개토태왕)의 은혜와 혜택이 하늘에까지 이르고, 대왕의 위력威力은 사해四海에 떨쳤다"고 기록되어 있다. 이는 적어도 만주 일대에 관한 한 천하의 지배자가 중국이 아니라 고구려임을 선포한 것이다. 고구려의 이런 천하관은 광개토태왕릉비가 있는 곳에서 가까운 길림성 집안현 하양어두下羊魚頭 근처에서 발견된 모두루묘지牟頭婁墓誌에서도 나타난다.

> 하백河伯의 손자이며 일월日月의 아들인 추모성왕은 원래 북부여에서 오셨으니, 천하 사방은 이 나라 이 고을이 가장 성스러운 곳임을 알 것이다.

모두루는 광개토태왕과 장수왕 때 지방관으로 활동한 인물인데, 광개토태왕릉비의 천하관이 모두루묘지에서 거듭 나타나는 것은 이런 천하관이 당시 고구려 지배층에서 일반화된 사상임을 의미한다.

모두루묘지 광개토태왕릉비문에 나타난 고구려의 천하관을 모두루묘지문에서도 볼 수 있다.

　광개토태왕은 백제를 공격해 아신왕의 항복을 받아내고 60여 개 성을 빼앗는 대승을 거두었으며, 나아가 신라에 침범한 왜를 물리치고 신라를 복속시켰으며, 북으로는 거란·숙신·동부여를 복속시켰다. 이처럼 고구려의 주변국을 정복하는 과정에서 나타난 것이 고구려의 자국 중심 천하관이다.

　물론 고구려가 중국에게까지 자국 중심의 천하관을 요구하지는 않았다. 다만 고구려는 만주 일대와 한반도를 아우르는 천하의 주인공이라는 의식이 있었다. 그러나 중국으로서는 이를 인정할 수 없었다. 중국의 통일왕조들은 고구려까지 자신들이 관할하는 천하의 범주에 넣으려고 했기 때문이다. 이런 양자의 세계관이 충돌한 것이 고구려와 수나라의 전쟁이다. 이 전쟁에서 고구려가 승리한 것은 결국 고구려인들이 자신들의 천하관을 힘으로 지킨 것을 의미한다. 수나라가 고구려와의 전쟁에서 패한 것은 중국 대륙에 엄청난 충격을 주었다. 수나라를 이어 중국 대륙을 통일한 당나라는 건국 초기 고구려의 천하관을 인정하려 했다. 곧 고구려가 만주와 한반도 일대의 실질적인 지배자라는 사실을 인정하려 한 것이다.

『구당서』의 다음 기사를 보자. 당나라 시조인 고조高祖가 군신들에게 이렇게 말한다.

> 명실名實은 서로 상부해야 한다. 고구려는 수隋에 칭신稱臣했지만 끝내 양제煬帝를 거부하고 말았다. 어찌 이런 신하가 있겠는가? 짐은 만물 중에 공경받지만 교귀驕貴하고 싶지는 않고, 다만 영토 안에서 모든 백성들이 편안히 살 수 있도록 힘쓸 뿐이지 어찌 반드시 (고구려로 하여금) 칭신하도록 하여 스스로 존대尊大함을 자처하겠는가?

고구려에게는 칭신받지 않아도 좋다는 말이었다. 이는 당나라가 고구려를 얼마나 두려워했는지 여실히 보여준다. 고구려 정복에 나선 수나라가 끝내 멸망했음은 다른 나라 일이 아니기 때문이다.

그러나 새로운 통일왕조 당나라로서는 고구려를 예외적인 존재로 인정하면 중화中華적 세계 질서를 유지할 수 없다는 고민이 있었다. 당고조의 이런 언급에 대해 신하들이 "고구려 땅은 주周나라 때 기자箕子의 나라였다"라든지 "한漢나라 때에는 현도玄菟였다"라는 논리로 일제히 반박하고 나선 것은 이 때문이다. 그러나 당고조 때는 국가체제가 채 정비되지도 않았고, 수나라의 전철도 있었기 때문에 고구려의 독자성을 인정할 수밖에 없었다. 물론 고구려도 당나라에 사신을 보내 공식적이고 형식적인 외교관계는 유지했다.

연개소문의 유화책

연개소문에게 죽음을 당한 영류왕 이전의 제26대 영양왕은 대수對隋 전쟁을 승리로 이끈 임금이다. 당연히 영양왕 당시 고구려의 사기는 드높았으며 경관京觀은 이런 고구려의 자부심을 상징하는 기념물이다.

당나라에 굴욕외교로 일관한 영류왕에게 반발해 정변을 일으켜 정권을 장악한 대당 강경파 연개소문은 무작정 당나라에 강경책만을 쓰지는 않았다. 연개소문은 보장왕 2년(643) 3월 보장왕에게 이렇게 말한다.

"삼교三敎(유교·불교·도교)는 발이 셋 있는 솥[鼎]처럼 그 하나라도 없어서는 안 됩니다. 지금 유교와 불교는 함께 성盛하지만 도교는 그러지 못하니 천하의 도술道術을 갖추었다고 할 수 없습니다. 엎드려 청하건대 사신을 당나라에 보내 도교를 받아들임으로써 나라 사람들을 가르치게 하소서."

도교는 당나라의 국교 같은 것이었다. 이런 도교의 수입을 자청하는 것은 연개소문이 무지막지한 독재자가 아니라 고구려의 독자적인 천하관을 유지하면서도 전술의 유연성을 택할 줄 아는 정치가임을 보여준다. 당태종 또한 이를 거부할 이유가 없어서 도사 숙달叔達 등과 『노자도덕경老子道德經』을 보내 고구려의 요청에 부응했다. 그러나 연개소문이나 당태종이나 이런 유화 조치들이 일시적인 것임은 잘 알고 있었다. 바로 그해 윤 6월 당태종은 "연개소문은 그 임금을 죽이고 국정國政을 제 마음대로 하니 진실로 참을 수 없다"라며 고구려를 침공하려는 의사를 보이는 데서도 이런 사정은 잘 나타난다. 그러나 이에 대해 장손무기長孫無忌가 말린다.

"연개소문은 자기의 죄가 큼을 스스로 알고 대국大國의 정벌을 두려워하여 엄하게 수비하고 있으니 폐하께서 꾹 참고 계시면 그는 스스로 안심하고 반드시 교만하고 나태해질 것이니, 그런 뒤에 치더라도 늦지 않습니다."

당태종으로서는 고구려가 확실하게 신속臣屬하지 않는 한 당나라 중심의 세계 질서를 수립하기 위해 고구려 정복전쟁에 나서지 않을 수 없었고 그 결과 벌어진 것이 고구려와 당나라의 전쟁이다. 이 전쟁에서 중요한 것은 당태종이 직접 정벌에 나섰다는 점이다. 중국 내에서 벌어진 전쟁이 아닌 정복전쟁에 황제가 직접 나서는 것은 이례적인 일이었고, 그만큼 당태종으로서는 고구려를 정복하는 것이 중차대한 일이었다.

신라를 침공하지 마라

당태종은 고구려 정복전쟁의 명분으로 앞에 든 연개소문의 전횡 외에 하나를 더 들었다. 당태종은 고구려로 출병하던 해인 644년(고구려 보장왕 3, 당태종 18) 사신 현장玄奬을 보내 이렇게 위협한다.

"신라는 우리나라에 귀의하여 조공이 끊이지 않으니 고구려는 백제와 더불어 각기 전쟁을 정지하라. 만일 또다시 신라를 친다면 내년에는 군사를 발하여 너희 나라를 칠 것이다."

신라와 전쟁을 중지하지 않으면 공격하겠다는 협박이었다. 그러나 이는 고구려로서는 받아들일 수 없는 요구였다. 당시 신라는 이미 예전의 소국小國이 아니었다. 신라의 진흥왕은 재위 12년(551) 백제의 성왕과 함께 고구려를 공격해 서울 근교 10군郡의 땅을 빼앗았다. 이 땅을 차지한 것이 신라가 도약하는 계기는 되었지만 그 대가로 신라는 백제뿐 아니라 고구려의 공격에 시달리게 되었다. 고구려가 영양왕 14년(603)에 북한산성을 공격한 것은 이 지역을 회복하려는 노력의 일환이었다. 그러자 신라 진평왕은 재위 30년(608)과 33년(611)에 거듭 수나라에 사신을 보내 고구려를 치라고 요청하기도 했다. 수양제가 고구려를 공격한 것은 이듬해인 영양왕 23년(612)이었다.

이처럼 신라가 중국에 거듭 사신을 보내 고구려를 공격하도록 요청하는 마당에 고구려가 당태종의 국서 한 장에 굴복해 신라를 공격하지 않을 수는 없는 노릇이었다. 실제로 연개소문은 현장이 당태종의 위협적인 국서를 휴대하고 고구려 경내에 진입하자 직접 군사를 이끌고 신라를 쳐서 두 성을 빼앗았다. 당태종에게 우리의 일에 관여하지 말라는 군사적 시위를 한 것이다. 현장이 연개소문에게 신라를 공격하지 말라고 달래자 연개소문은 이렇게 대답한다.

"우리가 신라와 간극이 벌어진 지는 벌써 오래다. 지난번 수나라가 쳐들어왔을 때 신라는 그 틈을 타서 우리 땅 500리를 빼앗아 그 성읍을 모두 차지했으니 그 땅을 돌려주지 않으면 싸움은 아마 그칠 수 없을 것이다."

신라가 그 땅을 빼앗은 것은 수나라가 침공했을 때가 아니라 진흥왕 12년(551)이지만 이 땅을 되찾는 것은 고구려의 숙원이었다. 연개소문이 정권을 장악한 해 신라의 김춘추金春秋가 백제를 공격할 군사지원을 요청하자 고구려에서 그 땅을 되돌려주는 것을 선결요건으로 제시하며 김춘추를 억류한 것도 그 때문이다. 당나라가 신라를 공격하지 말라고 요구한 것은 고구려에게 그 땅을 포기하라는 의미였고, 연개소문이 이를 거부하자 전 국력을 기울여 당태종이 직접 대군을 몰고 쳐들어온 것이다.

당태종이 고구려를 침공하려 하자 수나라 때 고구려 정벌에 나선 전 의주자사 정천숙鄭天璹이 "요동은 길이 멀어 양곡을 수송하기가 어렵고 동이東夷는 수성을 잘하여 갑자기 항복시킬 수 없습니다"라고 반대했다. 그러나 당태종은 "지금은 수隋에 비할 바가 아니니 공公은 나의 뜻을 좇기만 하라"고 침공을 강행한다. 당태종이 고구려를 침공한 진정한 이유는 그 자신이 지금의 하북河北인 정주定州에 도착해 사신들에게 한 말에서 잘 나타난다.

"요동은 본래 중국의 땅인데 수隋가 네 번 군사를 일으켰으나 취하지 못하였다. 내가 지금 동정東征함은 중국을 위하여 자제子弟의 원수를 갚고 고구려를 위하여 군부의 치욕恥辱(연개소문이 영류왕을 시해한 것)을 씻으려 할 뿐이다. 또 사방이 크게 평정되었는데 오직 고구려만 평정되지 않았으니 내가 아직 늙기 전에 이를 취하려 한다."

이중에서 '군부의 치욕' 운운은 그 자신이 아버지의 자리를 빼앗은 점에 미루어볼 때 허위적인 명분이고 중요한 것은 '사방이 크게 평정되었는데 고구려만 평정되지 않은 것'이 침공의 진정한 이유다. 고구려로서는 독자적인 천하관을 유지하기 위해서는 당에 맞설 수밖에 없었다. 따라서 서로 자국 중심의 세계관을 가진 두 나라는 충돌할 수밖에 없었다.

(2) 동북아의 운명을 건 대전쟁

운명의 안시성 혈투

당태종은 주위의 반대를 무릅쓰고 고구려 정벌에 나섰다. 보장왕 4년(645) 3월 요하遼河를 건넌 당나라 대군은 개모성蓋牟城을 포위 공격하여 함락시킴으로써 고구려인 1만 명을 포로로 잡고 성안에 보관된 곡식 10만 석을 빼앗았으며, 그 여세를 몰아 고구려 서북방 최대의 요충지인 요동성을 포위, 공격했다. 이때 연개소문은 신성과 국내성에서 군사 4만 명을 차출해 요동성을 구원하게 하지만 요동성은 그해 5월 하순 끝내 함락되고 군사 1만 명과 남녀 백성 4만여 명, 군량 50만 석을 빼앗기는 패배를 당한다.

요동성이 함락되자 동북쪽의 백암성 성주 손대음孫代音은 스스로 항복하고, 요동반도 남단의 비사성도 당나라 수군에게 정복당하는 등 불운이 잇따라 고구려군의 사기가 크게 저하된다. 당태종은 그해 6월 20일 안시성安市城으로 추측되는 지금의 영성자산성英城子山城에 도착했다. 유명한 안시성 전투가 시작된 것이다.

안시성 싸움은 당과 고구려의 운명을 건 대회전이었다. 연개소문은 남부욕살 고혜진高惠眞과 북부욕살 고연수高延壽에게 15만 대군을 주어 안시성을 구하게 했다. 이때 대로對盧 고정의高正義가 '지연전술을 쓰면서 당군의 보급로를 끊어 식량이 떨어지게 하자'는 전술을 제시했으나 고연수는 이를 무시하고 정면승부를 벌이다 참패 당하고 고연수와 고혜진은 3만 6천여 고구려군과 항복하고 말았다.

그러나 이런 패배에도 연개소문과 안시성은 굴하지 않았다. 당태종은 연인원 50만 명을 동원해 60여 일간 쉬지 않고 흙으로 산을 쌓

안시성도 18세기에 그린 작자미상의 그림이다.

백암성 당태종이 고구려를 침공했을 때 성주 손대음의 항복으로 함락되었다.

아 안시성보다 높은 토산을 만들었다. 그러나 기초가 허약한 토산이 무너지면서 안시성의 일부 성벽이 함께 무너졌는데 이때 고구려군은 재빨리 무너진 성벽 틈으로 달려나와 토산을 점령해버렸다. 당군은 토산을 빼앗기 위해 3일간 총공세를 펼쳤으나 토산을 빼앗지 못했다. 모든 공격이 실패로 끝나자 당태종은 드디어 그해 9월 18일 철군하고 만다.

안시성 성주의 이름은 『삼국사기』에는 전하지 않는데, 김부식도 "그 성주는 가위 호걸로 보통 사람이 아니라고 할 수 있는데, 사기史記에 그 성명이 전하지 않으니……"라고 한탄했다. 그러나 그 성주의 이름은 조선 중기 이후에 알려지는데 유신儒臣 송준길宋浚吉의 『동춘당선생별집同春堂先生別集』에 그 이름이 전한다. 현종 재위 10년(1669) 임금이 안시성 성주의 이름을 묻자 '양만춘梁萬春'이라고 대답한다. 현종이 그 근거를 묻자 "돌아가신 부원군 윤근수尹根壽가 중국에서 들은 것을 기록한 것을 봤습니다"라고 대답한다. 또한 박지원朴趾源은 『열하일기』에서 "세상에 전하기를 안시성 성주는 양만춘이라고 한다"고 기록했다. 윤근수는 선조 5년(1572) 명나라에 다녀온 적이 있고 박지원도 정조 4년(1780) 청나라에 다녀온 적이 있는데 이때 들은 내용들이다.

당태종이 철수한 진짜 이유

당태종이 645년 9월 18일 철군을 단행한 이유를 『삼국사기』는 이렇게 적었다.

당주唐主(당나라 임금)는 요동 지방이 일찍 추워 풀이 마르고 물이 얼어 병마가 오래 머물기 어렵고, 또 양식이 다하려 하므로 군사를 거두게 하였다.

그러나 이는 지나치게 상투적인 분석일 뿐이다. 당태종은 왜 갑자기 회군하게 되었을까? 『삼국사기』는 주로 중국 측 자료에 의지해 썼기 때문에 당군이 패배한 기사 등은 제대로 반영되지 않았다. 그러나 『삼국사기』의 다음 기록은 당군이 왜 부랴부랴 철군을 단행했는지 짐작하게 해준다.

유공권柳公權의 소설에 "주필산駐蹕山 전투에서 고구려와 말갈을 합친 군대가 40리에 뻗치었는데, 태종이 이를 바라보고 두려워하는 빛이 있었다"고 적혀 있다. 또 육군六軍(황제가 거느리는 군대)은 고구려에 패배해 거의 떨치지 못하였고, 염탐하는 자가 고하기를 "이세적李世勣이 거느리는 흑기黑旗가 포위되었다고 하자 당주唐主가 크게 두려워하였다"고 했다. 비록 스스로 빠져나왔으나 저처럼 위험했는데 『신·구당서』와 사마광의 『자치통감』에서는 이를 언급하지 않았으니, 이는 자기 나라를 위하여 수치를 감춘 것이 아닌가 한다.

다시 말해 당군이 패배한 것은 안시성에서뿐만이 아니었다. 당태종은 매번 이기다가 안시성에서 한번 패배해 물러난 것이 아니라 황제인 자신이 두려움을 느낄 정도로 고구려군에게 여러 차례 패배를 당한다. 『구당서』는 오대五代 후진後晉 때 편찬한 사서이고, 『신당서』와 『자치통감』은 송宋나라에서 편찬한 사서인데 편찬의 토대가 되는 기본 사료는 당에서 작성한 사료다. 당나라에서 최고의 군주로 치는 태종의 패전 기록을 자세히 남길 수는 없었을 것이다. 박지원의 『열하일기』에는 "당태종이 화살에 맞아 눈이 멀었다"고 적었는데 이는 1천여 년이 흐른 후에도 중국에서 당태종이 당한 치욕적인 패배에 관한 구전이 광범위하게 퍼져 있었음을 의미한다.

당나라가 철군한 이유 중 "양식이 다하려 하므로 군사를 거두게 하였다"는 기사는 고구려가 당나라의 보급로를 차단했음을 짐작하게 해준다. 당나라 수군에 관한 기록이 비사성을 점령한 것 이외에는 없다는 사실은 당 수군이 더 이상 승리하지 못했음을 의미한다. 곧 고구려 수군에게 패배한 것이고, 이는 수군에 의한 식량보급이 차단되었음을 뜻한다. 임진왜란 때 이순신 장군의 수군에 의해 왜군의 보급로가 끊긴 것과 같은 상황이 전개된 것이다. 당나라는 개모성과 요동성에서 무려 60만 석의 식량을 빼앗은 기록으로 볼 때 양식을 걱정할 처지는 아니었을 텐데 '양식' 운운하며 철군을 단행한 것은 두 성에서의 승전 기록이 과장되었거나 이 양식을 다시 고구려군에 빼앗겼기 때문일 것이다.

단재 신채호는 『조선상고사』에서 이때 연개소문이 북경 북쪽의 상곡 지방을 공격했다고 기록했다. 이는 당군이 안시성에 발이 묶여 있는 동안 연개소문이 중국 대륙을 기습공격한 것을 의미한다. 이것이 사실이라면 당태종이 커다란 두려움을 느꼈음은 당연할 것이다. 자신들이 요동에서 고전하는 동안 고구려군이 중국 내지를 공격하면 자신들은 그야말로 양쪽으로 포위당하는 처지가 되기 때문이다. 또한 수나라처럼 나라가 망할 수도 있었다.

당태종은 결국 굴욕을 무릅쓰고 철군하지 않을 수 없었다. 이때

고구려의 산성

당태종은 안시성 성주 양만춘에게 비단 100필을 주고, 또 연개소문에게도 궁복弓服을 주었다. 대륙의 황제로서 마지막 자존심을 살리려 한 것이지만 이는 패장의 허세에 지나지 않았다.

당태종이 철군길을 요하 하구로 잡은 사실도 음미할 만한 대목이다. 물론 요하 하구가 안시성에서 중국 대륙으로 철군할 때 가장 가까운 지름길이기는 하지만 이곳은 갯벌이 펼쳐진 늪지대여서 많은 장비를 지닌 군사가 지날 길은 아니었다. 실제 이곳은 "진흙과 물이 있어 마차가 통하지 못하는" 곳이었다. "풀을 베어 길을 메우고 물이 깊은 곳은 수레로 다리를 삼아야" 건널 수 있었고, 당태종 자신이 "스스로 말의 칼집에다 장작을 매어 일을 도와야 할" 정도였고, "풍설風雪이 사나워 사졸士卒이 젖고 죽는 자가 많았다"는 험로였다. 굳이 이런 길을 선택한 것은 이 길 이외의 다른 길은 고구려군이 장악하고 있었기 때문이라는 결론이 나올 수밖에 없다.

이처럼 당태종과 연개소문 사이에 동북아시아의 운명을 두고 벌어진 이 대회전은 당태종에게 씻을 수 없는 수치만을 안긴 채 연개소문의 승리로 끝났다. 중국 기록들이 연개소문을 극악한 인물로 그린 것은 세계 제국 당나라에 씻을 수 없는 패배를 안겨준 인물이기 때문이다. 『삼국사기』는 "당주唐主가 돌아가려고 할 때 궁복弓服을 주었는데, 연개소문은 이를 받고도 사례하지 않고 더욱 교만하고 방자하여……"라고 기록했다. 당태종으로서는 연개소문의 존재 자체가 뼈아픈 것이었다. 당태종은 고구려 원정에 실패한 후 이렇게 말한다.

"태종이 경사京師(장안)로 돌아와 이정李靖에게 '내가 천하의 군사로서 작은 오랑캐에게 괴로움을 당한 것은 무슨 까닭이냐?'라고 물었다."

　여기에서 말하는 작은 오랑캐란 물론 고구려이고, 직접적으로는 연개소문을 지칭하는 것이다. 당연히 당나라의 기록에서 연개소문은 부정되고 저주받아야 할 인물일 수밖에 없다.

　그러나 고구려의 자리에서 생각할 때는 거꾸로 연개소문은 당시 세계 최강대국 당나라가 전 국력을 기울여 쳐들어온 전쟁을 당당하게 승리로 이끌어 고구려를 멸망의 구렁텅이에서 구한 용장이자 영웅이다.

연개소문의 비도술

앞서 살펴보았듯이 모든 기록이 연개소문은 등에 다섯 자루의 칼을 차고 다녔다고 한다. 그 이유에 대해 지금까지는 '연개소문이 위엄을 나타내기 위해서'라고 설명해왔다. 그러나 연개소문이 주인공으로 등장하는 여러 경극京劇들은 전혀 다른 이유가 있음을 말해준다. 연개소문이 등장하는 경극은 확인된 것만 '독목관獨木關', '분하만汾河灣', '살사문殺四門', '어니하淤泥河' 등 네 종인데, 이중 독목관에서 연개소문은 '날아다니는 칼[飛刀]', 곧 비도술飛刀術을 사용하는 장수로 묘사된다. 연개소문은 고구려의 전통무예인 비도술의 전수자이기 때문에 다섯 자루의 칼을 차고 다녔다는 것이다. 1967년 상해의 명나라 선성왕 묘에서 출토된 『신간전상당 설인귀 과해정료 고사新刊全相唐薛仁貴跨海征遼故事』(이하 『고사』라 약칭함)는 명明 성화成化 7~14년(1471~1478)에 북경에서 간행된 사화다. 『고사』에 실려 있는 「막리지 비도대전莫利支飛刀對箭」이란 그림은 연개소문이 사용한 비도술의 실상을 잘 보여준다. 오른쪽 위에 '천자'라고 쓴 당태종이 있고, 왼쪽 아래에 '신통한 능력이 있는 화살'인 신전神箭을 든 설인귀薛仁貴가 있고, 오른쪽에 칼을 든 연개소문이 설인귀에게 칼을 던지는 그림이다. 물론 중국에서 만든 이런 사화나 경극은 설인귀가 최종적으로 승리하는 것으로 각색되어 있다. 이런 사

비도 5자루를 차고 있는 연개소문 연개소문이 주인공으로 등장하는 경극에 묘사된 모습이다.

화나 경극들의 뿌리는 송나라 때의 평화平話에 뿌리를 두는데, 송나라 때 이런 이야기가 만들어졌다는 사실은 전 왕조인 당나라 백성들이 연개소문이 칼을 던지는 것을 목격했음을 뜻한다. 연개소문이 칼을 던지는 것을 목격한 당나라 백성들은 큰 충격을 받고 이 장면을 두고두고 이야기했고 그것이 송나라 때는 평화平話로 원나라·명나라 때는 사화史話 형식의 소설로, 청나라 때는 경극京劇으로 전승된 것이다. 이는 다시 말해 연개소문이 패주하는 당태종을 쫓아 당나라 내륙 깊숙한 곳까지 쳐들어갔음을 말해준다.

그 후의 일들

645년 11월 돌아온 당태종은 연개소문에게 당한 치욕을 잊을 수 없었다. 그는 2년 후인 647년 이세적 등을 시켜 다시 고구려를 공격했으나 실패하며, 이듬해에도 설만철薛萬徹을 시켜 압록강 하구의 박작성泊灼城을 공격하지만 역시 실패하고 만다. 드디어 649년 5월 당태종은 고구려를 정복하지 못한 한을 남긴 채 세상을 떠나고 만다. 재위 23년이었다. 그는 죽을 때에야 비로소 유조遺詔를 남겨 고구려 정벌을 중지시킨다. 죽음에 임박해서야 마지막 자존심을 꺾은 것이다. 그는 평시에도 고구려 정벌을 후회해 "만일 위징魏徵이 살아 있다면 나에게 이 원정을 하지 못하게 했을 것이다"라고 말했다.

당태종이 죽은 후에도 당과 고구려의 국지전은 계속된다. 658년 (고구려 보장왕 17, 당고종 현경顯慶 3) 6월 정명진程名振, 설인귀 등이 이끄

중국식으로 복원한 박작성 중국에서는 이곳을 만리장성의 끝이라고 주장한다.

는 당군이 고구려를 침공했으며, 이듬해 11월에도 설인귀가 이끄는 당군이 고구려로 쳐들어왔다. 물론 이런 공격들은 모두 실패로 돌아갔지만 고구려 또한 항상적인 전시상태에 돌입해야 했으므로 많은 국력이 소진되었다.

이런 와중인 660년 7월 당군 13만과 신라군 5만으로 구성된 나당 연합군이 백제를 멸망시킴으로써 동북아시아 정세는 급변하게 된다. 당은 백제를 멸망시킨 여세를 몰아 그해 11월부터 고구려를 공격한다. 이 공격이 실패하자 이듬해 정월에는 하남河南·하북河北·회남淮南에서 뽑은 4만 4천여 명이 다시 고구려를 침공했으며, 그해 4월에는 무려 35군軍이 수륙水陸 양면으로 공격해 왔다. 수나라가 113만 대군으로 고구려를 공격했을 때의 군대 수가 24개 군임을 감안하면 이때의 당나라 군사의 규모를 짐작할 수 있다. 이때 당고종은 직접 출병하려다 주위의 만류로 그만두기도 했다.

그해 8월에는 소정방蘇定方이 이끄는 당군이 고구려군을 패강浿江(대동강)에서 파하고 마읍산馬邑山을 빼앗아 드디어 평양성을 포위했다. 다음 달 연개소문은 평양을 포위한 당군에게 지원군이 가세하는 것을 끊기 위해 아들 남생에게 수만 대군을 주어 압록강을 지키게 했다. 그러나 강물이 언 것을 이용해 당 장수 계필하력契苾何力이 이끄는 당군이 압록강을 넘어 쳐들어와 고구려군이 대패하고 남생만 겨우 몸을 건져 살아난다. 그런데 마침 당고종의 명령으로 철군했다고 기록되어 있는데 이는 여러모로 의심스럽다. 한창 승리하는 와중에 소정방이 평양성을 포위한 상태에서 느닷없이 철군령을 내린다는 것은 이치에 맞지 않기 때문이다.

소정방이 평양성을 포위한 가운데 662년 정월에는 연개소문이 직접 전투에 나섰다. 연개소문은 당의 장수 방효태龐孝泰가 이끄는 당군과 사수蛇水에서 싸워 방효태와 그 아들 열세 명을 포함한 당군 전원을 몰살시키는 대승을 거두었다. 사수에 대해서는 평양 부근의 합장수라는 설과 송화강 지류라는 설이 있는데 소정방이 평양성을 포위한 당시 정황으로 볼 때 합장수가 맞을 것이다. 방효태가 이끄는 당군이 연개소문에게 대패하자 소정방도 평양 포위를 풀고 물러갈 수밖에 없었다. 『삼국사기』는 대설大雪을 만나 물러났다고 기록했지만 그보다는 고립을 피하기 위해 부랴부랴 철군했다고 보는 것이 맞을 것이다.

이 662년 정월의 전투는 고구려의 운명을 놓고 생각해볼 때 중대한 의미가 있다. 백제를 멸망시킨 여세를 몰아 고구려까지 정복하려던 당나라의 공세가 연개소문이 이끄는 고구려군의 무력에 의해 좌절되었기 때문이다.

이처럼 고구려는 백제가 망하고 고립된 상황에서도 당나라의 대군을 맞아 한치의 양보도 없이 싸워 이기고 있었다. 고구려가 이런 저력을 발휘한 데에는 당태종과 맞대결해 승리한 연개소문의 지도력이 결정적인 역할을 했음에 틀림없다. 실로 나라의 운명이 걸린 비상시기에 연개소문의 역할은 지대했다. 나라가 망하느냐 존속하느냐 하는 비상시국의 지도자를 독재자 운운하며 비난하는 것은 전혀 이치에 닿지 않는다. 연개소문은 단순한 독재자가 아니라 북쪽과 서쪽에서는 당나라가, 남쪽에서는 신라가 공격하는 고립된 상황에서 고구려의 자존을 지키며 존속을 이루어낸 영웅이다.

이후 연개소문이 살아 있을 때는 당나라가 더 이상 침공하지 못했다. 당나라와 신라가 다시 움직인 것은 연개소문이 사망하고 난 이

후다. 연개소문이 사망한 시점을 『삼국사기』는 보장왕 25년(666)이라고 적었으나 그의 장자 남생의 묘지명에는 665년으로 나온다. 남생의 묘지명이 당대의 기록이란 점에서 더 신빙성이 있을 것이다.

연개소문이 죽자 고구려는 극심한 혼란에 빠졌다. 비록 그의 아들 남생이 뒤를 이어 막리지가 되었으나 남생으로는 고립된 상태의 고구려를 이끌고 나라를 존속시킬 수가 없었다. 연개소문의 공백은 국력 통합의 구심점의 공백을 의미했고, 그 공백은 곧 동생과 아들의 권력투쟁으로 변했다. 남생은 동생들과의 분쟁으로 당에 투항했고, 연개소문의 동생 연정토淵淨土는 신라에 투항했다. 그리고 연개소문의 사망이 초래한 공백은 당나라와 신라에게 다시 고구려를 공격할 기회가 되었다. 그리하여 668년 고구려는 나당 연합군에 의해 멸망하고 말았다. 그리고 연개소문에 대한 모든 기록은 그를 저주한 당나라 측의 기록만이 남게 되었고, 오늘날까지 우리는 당나라인들의 시각으로 그를 바라본 것이다.

연개소문에 대한 새로운 해석은 민족주의 사학자 단재 신채호 선생이 이미 시도했다. 『독사신론讀史新論』에서 그가 갈파한 연개소문 상은 민족적 영웅을 고스란히 복원하는 것이다.

> 살펴보건대 연개소문은 우리 4천 년 역사에서 첫째로 꼽을 수 있는 영웅이다. (……) 왕(영류왕)이 적국의 위세를 두려워하여 비열한 정책으로 한 때를 구차히 지내고자 하므로, 연개소문이 간하기도 하고 협박하기도 하여 중지하게 하였으나 끝내 신의가 없이 몇몇 간신들과 같이 모의하고 공손한 말과 후한 폐백으로서 적국과 내통한 후에 그를 해치고자 하니, 이에 국가가 중요하고 임금은 가벼운 곳이기에 (……) 왕의 목을

베어 장대를 높이 달고 온 나라에 호령함은 크롬웰과 같다. 아, 우리 연개소문은 우리 광개토왕의 자손이며, 을지문덕의 어진 동생이요, 우리 만세의 후손들에게 모범이 되거늘 이제 『삼국사기』를 읽으매 첫째는 흉악한 사람이라 하며, 둘째는 역적이라 하여 구절구절마다 오직 우리 연개소문을 저주하는 말뿐이다. 이것은 무슨 까닭인가. 아, 나는 이것으로서 후세 역사가들의 어리석음을 꾸짖는 바이다.

고구려인들은 고구려가 천하의 중심국이라는 사상을 당연한 것으로 여겼다. 고구려인들은 이런 천하관에 따라 동북아 지역 인접 국가들과의 관계를 조공관계로 규정하고, 하늘의 후예인 고구려왕은 이런 국제질서를 담당하는 주체로 자임했다. 곧 현실적인 힘이 미치는 한 천하의 주인은 자신들이라고 생각했다.

5부
고구려인의 사상과 풍속

23_ 고구려식 천하관과 중국식 천하관

광개토태왕릉비와 모두루묘지에 나타난 고구려인의 생각

두 비문과 『삼국사기』의 차이점

김부식이 편찬한 『삼국사기』는 우리 고대사에 대해 가장 풍부한 내용을 담고 있는 중요한 자료지만 어떤 부분은 너무 자세한 반면 어떤 부분은 너무 소략해 일부 연구자들에게서 불만을 사기도 하다. 그리고 유학적 합리주의와 사대주의의 잣대로 편찬한 결과 삼국이 중국의 역대 조정에 조공한 기록은 자세한 반면 고대 한반도인들의 독자적인 세계관을 파악할 수 있는 내용은 찾기가 쉽지 않다. 그러나 한국 고대사에 관한 문헌자료가 극히 부족하기 때문에 『삼국사기』는 한국 학자들은 물론 한국 고대사를 연구하는 외국 학자들에게까지도 거의 절대적인 자료로 이용되고 있다.

그러던 중 고구려인들이 직접 비문을 작성한 광개토태왕릉비가 1880년대에 중국 집안현에서 발견되어 고대 한韓민족의 세계관을 직접 접할 수 있게 되었고, 광개토태왕릉비와 비슷한 시기에 제작한 모두루묘지도 발견되어 우리는 고구려인들의 세계관을 알 수 있는 단편적 자료를 갖게 되었다. 광개토태왕릉비와 모두루묘지에는 천하에 대한 고구려인들의 생각이 잘 드러나 있기 때문이다. 두 금석문에 나타난 고구려인들의 천하관은 놀랍게도 자신들을 천하의 주인으로 생각하는 것이었다. 이는 중국을 천하의 중심으로 생각해 조공관계를 자세하게 기술한 『삼국사기』의 세계관과는 분명히 다른 것이었다. 과연 고구려의 천하관과 중국의 천하관은 어떻게 같으며 어떻게 다를까?

가공되지 않은 고구려인의 세계, 두 비문

광개토태왕릉비와 모두루묘지의 비문을 살펴보자.

광개토태왕릉비는 과거 고구려의 수도인 압록강 북안北岸 국내성 근처인 중국 길림성 집안현集安縣 태왕향太王鄉 구화리九華里에 당당한 모습을 드러내며 서 있다. 6.39미터의 웅장한 높이에 무게만도 37톤에 달하는 거대한 응회암凝灰巖 비석인데 인공적으로 꾸미기보다는 야성 그대로를 좋아하는 고구려인들의 취향답게 가공하지 않은 자연 그대로의 모습이다. 오른쪽 윗부분이 경사진 장방형長方形 기둥 모양의 비는 윗면과 아랫면은 약간 넓고 중간인 허리 부분은 약간 좁은 모습이다. 화강암으로 된 거대한 받침돌이 능비를 받치고 있는데 중국 당국에서는 1982년부터 주황색 기와로 비정碑亭을 세워 능비를 보호하고 있다.

당시 유행하던 예서체의 글씨는 고풍스러우면서도 힘이 넘쳐나 강인한 고구려인의 기상을 잘 보여주는데 현재 능비의 글씨체를 로

광개토태왕릉비 위대한 정복군주 광개토태왕의 업적을 기리기 위해 아들 장수왕이 세웠다. 6미터가 넘는 응회암 비석으로 야성 그대로를 좋아하는 고구려인의 기상이 잘 드러나 있다.

고로 이용하는 곳이 있을 정도로 단아한 멋이 있다. 비의 네 면에 새긴 글자 수는 원래 총 1,775자이지만, 탈락되었거나 마모되어 판독할 수 없는 글자가 141자 있어서, 이 글자들의 해석을 둘러싸고 한국, 일본, 중국, 북한 사이에 벌어진 논쟁이 아직도 끝나지 않을 정도로 논란이 많다.

광개토태왕릉비를 세운 이는 아들 장수왕으로 아버지가 세상을 떠나고 2년 후인 재위 2년(414)에 '광개토경廣開土境'이라고 부르던 위대한 정복군주의 업적을 기리기 위해 세웠다. 이 비는 문헌자료가 절대적으로 부족한 우리나라 고대사의 많은 부분을 보완해주는 일차 자료로서 가치가 있다.

비문 내용은 대체로 세 부분으로 나눌 수 있다. 첫째 부분은 고구려 시조인 추모왕鄒牟王(주몽)의 신비스런 출생과 건국 이야기, 왕가의 내력, 호태왕好太王(광개토태왕)의 치적治積, 비를 세운 목적을 간단히 기록했다. 둘째 부분은 호태왕이 정복사업을 벌인 이유와 과정, 결과를 열거했는데 바로 이 부분을 둘러싸고 한국, 일본, 중국, 북한 사이에 치열한 논쟁이 벌어지고 있다. 정복전쟁의 결과 거란과 백제를 정벌했고, 신라에 침범한 왜를 격퇴시켜 신라를 구했으며 동부여 등을 멸망시켜 정복한 지역이 총 64성 1,400촌이었다는 내용이다. 셋째 부분은 왕릉을 관리하는 묘지기에 대한 규정을 상세히 기록했다.

이런 내용들은 『삼국사기』, 『삼국유사』 같은 후대의 사서史書에는 거의 보이지 않는데, 우리나라 최고最古의 역사서인 『삼국사기』(1145년)보다 무려 731년이나 앞선 일차 사료이기 때문에, 후세 사람들이 불완전한 사료史料를 모아 편찬한 사서들보다 훨씬 신빙성이 있는 것으로 평가받는다.

그런데 비문은 고구려가 천하의 주인이라는 사실을 당당히 밝혀 주목받고 있다. 『삼국사기』는 고구려가 중국의 남북조 왕조에 조공을 바친 일은 자세히 기록한 반면, 광개토태왕릉비는 이런 사실은 일체 기록하지 않고 오히려 자신들이 천하의 주인공임을 과시하고 있기 때문이다.

「광개토태왕릉비문」은 첫머리부터 당당한 선언문을 연상케 한다.

> 옛날 시조 추모왕께서 창업하신 터다. 왕은 북부여에서 오셨으며 천제의 아들[天帝之子]이고, 어머니는 하백河伯의 따님이다. 알을 깨고 세상에 나오셨는데…….

천제란 천하의 만물을 주재하는 절대적인 존재인 천신天神을 뜻하는데, 추모왕이 천제의 아들이니 곧 황제를 뜻하는 천자인 것이다. 추모왕의 어머니를 낳은 하백은 물의 신을 뜻한다. 곧 추모왕의 아버지는 하늘의 신이고, 어머니는 물의 신을 이었으니 그 아들인 추모왕이 천하의 주인임은 당연하고 이런 성스런 왕통을 이은 고구려왕이 천자인 것 또한 당연하다.

「광개토태왕릉비문」에서 추모왕은 "나는 황천皇天의 아들이며 어머니는 하백의 따님이신 추모왕이다. 나를 위해 갈대를 연결하고 거북은 떠올라라[爲我連葭浮龜]"고 말한다. 천자이자 하백의 외손인 자신에게 강물과 그 속에 사는 생물은 복종하는 것이 당연하다고 말하는 것이다. 「광개토대왕릉비문」은 이에 감응해 갈대가 연결되고 거북이 떠올라 다리를 만들어 건너갔다고 전한다.

『삼국사기』'동명성왕조'는 조금 다르다. 북부여에서 나온 동명왕이 엄사수에서 "나는 천제天帝의 아들이오, 하백의 외손이다. 오늘 도망가는데 추격자들이 다가오니 어찌하면 좋은가?[今日逃走 追者垂及如何]"라고 말한다. 물론 이때도 물고기와 자라가 다리를 만들어 건널 수는 있었지만「광개토태왕릉비문」이 명령이라면『삼국사기』는 부탁문이라는 점에서 차이가 난다. 고구려인들이 직접 쓴「광개토태왕릉비문」은 추모왕이 천제의 아들이자 하백의 외손 자격으로 자연물에 당당히 명령하는 것으로 나오는 데 비해 고려인들이 편찬한『삼국사기』는 '천제의 아들이자 하백의 외손'이라고는 기록하면서도 명령보다는 부탁하는 형식이다. 유학자로서 중화사상에 어느 정도 영향받은『삼국사기』편찬자들은 고구려인들의 천하관을 일정 부분 변경한 것이다.

비문은 이처럼 능비의 주인공인 광개토태왕이 시조 추모왕으로부터 면면히 이어지는 신성한 왕통을 계승했음을 상기시키면서 호태왕의 탁월한 업적으로 이룩된 고구려의 영광과 평화를 과시하고 있다. 또한 왕릉의 묘지기에 대한 규정을 선포함으로써 앞으로 다가올 미래를 탄탄하게 보장받으려는 강한 의지를 나타내고 있다.

「광개토왕릉비문」의 제1면 5행에 "영락대왕(광개토태왕)의 은혜와 혜택이 하늘에까지 이르고, 대왕의 위력은 사해에 떨쳤다"고 기록했는데, 이는 광개토태왕이 사해, 곧 천하의 지배자임을 과시한 말로 고구려가 천하의 중심국이라는 고구려인의 천하관을 나타낸다.

고구려를 천하의 중심으로 생각하는 이런 표현은 광개토태왕릉비가 있는 곳에서 가까운 길림성 집안현 하양어두下羊魚頭 근처의

하해방촌下解放村에 있는 모두루묘지에는 더욱 직접적으로 나타난다. 모두루는 광개토태왕 때 북부여 방면에서 지방관으로 있던 인물인데, 그의 묘지에서 발견된 묘지문의 첫머리도 「광개토태왕릉비문」만큼이나 당당하다.

> 하백의 손자이며 일월의 아들[日月之子]인 추모성왕은 원래 북부여에서 오셨으니, 천하 사방은 이 나라 이 고을이 가장 성스러운 곳임을 알 것이다.

"천하 사방은 이 나라 이 고을이 가장 성스러운 곳임을 알 것이다"라는 구절은 당시의 고구려인들이 고구려가 천하의 중심국이라는 사상을 당연한 것으로 여기고 있었음을 보여준다. 고구려인들은 이런 사상에 따라 고구려를 중심으로 천하의 모든 국가들이 고구려에 복속되거나 복속되어야 할 대상으로 간주했다.

천하라는 말은 하늘[天] 아래의 모든 세상을 뜻하는데, 천자天子의 통치 아래 있는 온 세상을 뜻하는 말이기도 하다. 이 온 세상이 어떻게 구성되어 있고, 그 가운데 자신의 나라는 어떤 위치를 차지하고 있으며, 나아가 인접 나라와 비교해 자신의 나라가 지니는 특성이 어떠한가에 대한 인식이 곧 천하관天下觀이다.

중국의 천하관과 고구려의 천하관

천하관은 중국의 춘추시대에 나타나서, 전국시대와 진한秦漢 대를 거치면서 일정한 내용을 갖춘 정치적 개념으로 정립되었는데, 이는 중국의 왕조들이 정치적·군사적·문화적 우월성을 배경 삼아 동아시아 한자문화권 내의 여러 나라로 전파시켰다. 물론 중국인의 천하관은 중국사의 구체적인 경험을 토대로 생성된 것인 만큼, 그 내용은 지극히 중국적이다. 중국인들은 이런 천하관에 따라 자신들을 중화中華로 격상시켜 인식하면서 주변 여러 나라와 민족들을 오랑캐로 격하시켰다. 중국 주변의 이민족들을 남만南蠻·북적北狄·서융西戎·동이東夷라며 '네 오랑캐'라는 뜻의 사이四夷로 부르는 것은 이 때문이다. 우리의 고대 국가에 대한 중국 역대 사서들의 명칭이 한결같이 '동이열전東夷列傳'이나 '동이전東夷傳' 등인 것은 이 때문이다.

이런 중국적 천하관은 주변 나라의 정치상황에 따라 다양한 형태로 수용되었는데, 특히 한자문화권 내의 여러 나라가 국제질서 속에서 자국의 위상과 인접국과의 관계를 규정하는 데 일정한 영향을 끼쳤다.

그러나 고구려인들은 자신들을 중국인이 규정한 '동이'가 아니라 '천하의 주인'으로 인식했다. 중국 역대 황제들이 써온 천자라는 말을 시조 주몽부터 '천제의 아들'이라고 사용한 것이 이를 단적으로 말해준다. 고구려인들의 이런 천하관은 광개토왕릉비와 모두루묘지뿐만 아니라 중원고구려비에도 하늘을 지킨다는 뜻의 '수천守天'이란 용어로 나타나 있다.

고구려인들은 자신들을 천하의 주인이라고 여겼는데, 고구려인들의 이런 천하관은 어떻게 형성되었을까?

광개토태왕릉비를 세운 5세기 초, 고구려는 동북아시아의 새로운 패자로 발돋움하고 있었다. 당시 중국 대륙은 여러 나라로 분열되어 있었다. 북중국에서는 북방 민족이 세운 나라들이 연이어 들어섰다가 멸망을 거듭했고, 요동·요서 지역에서 세력을 떨치던 선비족의 후연後燕도 쇠퇴했다. 남쪽의 신라는 아직 힘이 미약했고, 가야는 작은 나라로 나뉘어 있었다. 상무尙武정신을 지닌 고구려가 세력을 확장하기에 좋은 국제정세였다.

이 당시 고구려의 적수는 한반도의 백제와 백제의 배후에 있던 왜였다. 백제의 근초고왕은 371년에 고구려 고국원왕을 전사시킬 정도로 고구려의 남쪽 국경을 위협하며 고구려의 남하를 저지하고 있었다. 광개토태왕릉비에 따르면 고국원왕의 손자 광개토태왕은 백제를 공격하여 아신왕의 항복을 받아내는 대승리를 거두고 60여 성을 빼앗았다. 나아가 신라에 침범한 왜를 물리치고 신라를 복속시켰으며, 북으로 거란·숙신·동부여를 복속시켰다. 광개토태왕은 주변 나라들을 복속시키고 동북아시아의 패자로 등장한 것이다.

고구려인들은 이 시기에 이르러 시조 주몽 때부터 내려온 자신들이 천하의 중심이란 생각을 실천에 옮길 수 있는 현실적인 힘을 갖게 되었다. 이 힘을 배경으로 고구려는 주변 나라를 고구려에 신속臣屬한 존재로 여기게 되었다. 따라서 능비에 "백제와 신라는 예부터 속민屬民으로 고구려에 조공해왔다", "동부여는 추모왕의 신민臣民이었다"라고 기록했듯이, 고구려는 자신의 인접 나라들을 조공국으로 간주한 것이다.

조공국인 신라와 북부여는 고구려에 각각 가珂(옥)나 금 같은 특산물을 보냈고, 신라의 예에서 볼 수 있듯이 조공국 왕실에서는 때로 고구려에 방문하여 신하의 예禮를 치렀다. 경주의 서봉총瑞鳳冢에서 나온 은합우銀盒杅에 고구려 장수왕의 연호인 연수延壽라는 글자가 새겨진 것은 이 당시 신라가 실제로 고구려의 속국임을 자인했음을 말해준다. 이런 조공품에 대해 고구려는 이에 상응하는 물자를 답례품으로 주었다. 중원고구려비에 고구려가 신라를 '동이東夷'라고 기록하고 신라왕을 '동이 매금寐錦(신라왕의 칭호)'이라고 부른 것은 고구려의 천하관을 잘 보여준다.

또한 고구려는 조공국이 외침을 받았을 때 실제로 원병을 보내 구원하기도 했다. 광개토태왕 재위 10년(400)에 왜가 고구려의 속국인 신라를 침공했을 때와 모용선비慕容鮮卑가 4세기 후반에 북부여를 침략했을 때 구원군을 보내 구원했다. 이렇게 고구려는 군사적으로 조공국의 안전을 보장하는 대신에 조공국에 정치적 영향력을 미쳐, 고구려를 중심으로 한 국제질서를 유지하려고 했다. 또한 고구려인들은 중원고구려비에서 신라를 동이東夷라고 표현했듯이, 고구려와 그 인접국을 화華와 이夷로 구분했다.

그런데 이러한 고구려의 천하관은 중국의 그것과는 차이가 있었다. 고구려의 천하는 고구려왕의 지배력이 실질적으로 미치고 있거나 미쳐야 한다고 여기는 범위의 지역이다. 이는 고구려의 인구가 중국에 비해 턱없이 적은 데도 원인이 있을 것이다. 중국의 천하는 하늘 아래의 모든 세상을 뜻하는데, 고구려인들은 이 천하가 몇 개의 지역권으로 구성되었다고 인식했다. 고구려는 몇 개로 나뉜 지역권 중 하나의 중심이라고 인식한 것이다.

당시 고구려의 대외정책도 이런 천하관에 기초했다. 5~6세기 동아시아 국제정세는 중국의 남·북조, 북아시아의 유연柔然, 동북아시아의 고구려, 티베트 고원 서북 사면斜面의 토곡혼吐谷渾 등의 주요 국가들이 중심이 되어 세력 균형을 유지하고 있었다. 그 가운데 가장 강대한 북위北魏를 사이에 둔 남조와 유연 그리고 고구려 중에서 어느 나라도 일국의 힘으로 국제정세를 일방적으로 주도하지는 못했다.

고구려는 서로 적대관계에 있던 중국의 남·북조와 각각 외교관계를 맺었는데 이는 중국인들이 주변 나라들을 갈라놓아 힘을 합하지 못하게 하는 이이제이夷以制夷 정책과 비슷한 외교정책이었다. 고구려는 동아시아에서 가장 강대하고 팽창적인 북위와 국경을 맞대고 있었는데, 이 북위와 외교관계를 맺어 평화를 유지하는 한편 남조, 유연과 연결하여 북위를 견제하는 세련된 외교정책을 구사한 것이다.

요컨대 중국의 남북조와 몽골 지역의 국가와는 병존책을 추구하고, 자신의 세계라고 여긴 동북아시아에서는 패권을 유지하려 한 것이다. 광개토태왕릉비에는 '호태왕好太王'이란 표현이 있다. 고구려의 임금은 백제나 신라 등 인접국의 왕보다 위에 있다는 의도적인 표현이다. '태왕'은 보통 왕들보다 등급이 높은 표현이다. 중국의 임금들이 다른 나라의 왕들을 제후諸侯라고 표현하며 자신들은 황제皇帝라고 표현하는 것과 마찬가지 의미다. 고구려는 중국의 임금들이 자신들을 황제라고 높인다는 사실을 알고 있었을 것이다. 그러나 같은 황제라는 표현 대신 태왕이라고 자칭한 것은 중국과의 마찰을 두려워해서라기보다는 중국과 같은 표현을 사용하지 않겠다는 독자적인 자부심 때문이었다.

신라처럼 고구려에 복속하지 않고 저항하는 백제를 '백잔百殘'이라고 부른 것도 중국이 주위 나라들을 동이東夷나 남만南蠻 등으로 부른 것과 마찬가지 표현이다. 고구려인들은 이런 천하관에 따라 동북아 지역 인접 국가들과의 관계를 조공관계로 규정하고, 하늘의 후예인 고구려왕은 이런 국제질서를 담당하는 주체로 자임했다. 곧 현실적인 힘이 미치는 한 천하의 주인은 자신들이라고 생각하는 당당한 천하관의 표현이 광개토태왕릉비와 모두루묘지 등에 나타난 고구려인들의 천하관이다.

24_ 고구려인들의 종교 생활

고구려 벽화에 불교와 도교가 함께 그려진 이유

소수림왕이 불교를 선뜻 받아들인 이유

우리 옛 고구려 선조들은 어떤 종교를 믿으며 살았을까? 현재 가장 많은 유적이 남아 있는 것은 불교지만 그 외에 도교도 있었고, 토착 종교도 있었다. 먼저 오늘날까지 많은 신도를 가지고 있는 불교에 대해 살펴보자. 기록상 삼국 중 불교를 가장 먼저 받아들인 나라는 고구려다.

소수림왕 2년(372) 6월 전진前秦왕 부견苻堅이 사신과 승려 순도順道를 고구려에 보낸 것이 최초의 기록이다. 순도는 불상과 불경을 함께 가지고 와서 소수림왕에게 전했다. 이때 소수림왕은 지체 않고 사신을 보내 전진왕 부견에게 답례품을 전하면서 사례했다. 2년 후인 재위 4년(374)에 승려 아도阿道가 왔는데 소수림왕은 이듬해 초문사肖門寺와 이불란사伊弗蘭寺 두 절을 열어 순도와 아도를 주지로 삼았다. 김부식이 "이것이 해동 불법의 시초였다"고 부기해 그 의

5부 고구려인의 사상과 풍속 | 319

의를 높이 평가했듯이 두 절은 우리나라 최초의 사찰이다.

　이는 아무런 갈등을 느낄 수 없는 단순한 기록이지만 그 속 내용을 알고 보면 그리 단순하지 않다.

　불교가 신라에 전파되는 상황을 적은 『삼국사기』 법흥왕 때 기록을 보면 위 내용이 간단치 않음을 알 수 있다.

> 제19대 눌지왕訥祇王(417~458년) 때 사문沙門(승려) 묵호자墨胡子가 고구려로부터 일선군一善郡에 들어오자 일선군 사람 모례毛禮가 집안에 굴을 파고 그를 있게 하였다.

　고구려에서는 승려가 오자 임금이 곧 받아들이고 사신을 전진에 보내 사례하고 나라에서 절을 세워 불교를 환영하는 데 반해, 신라에 온 승려는 굴을 파고 숨어야 할 정도로 지배층에게서 환영받지

모례의 집 우물 묵호자는 모례의 집에 머물며 불교를 포교했다. (경상북도 선산 소재)

못했다. 묵호자는 '얼굴이 검은 오랑캐'란 뜻이므로 고구려에서 왔다고 해서 고구려 사람이 아니라 인도 사람을 뜻한다. 그는 마치 조선 말기 프랑스 출신의 천주교 신부들이 대원군의 박해로 숨어서 전교해야 했던 것처럼 신라에 온 인도 승려 묵호자는 모례의 집에서 굴을 파고 불교를 전파해야 했다.

왜 이런 현상이 발생했을까? 이는 당시 두 나라 왕권이 처한 상황의 차이에서 비롯된다. 고구려 소수림왕은 선왕 고국원왕이 백제 근초고왕의 공격을 받아 사망하는 바람에 즉위한 임금이다. 고대국가에서 국왕의 전사는 초유의 위기였다. 고구려는 국왕을 중심으로 하는 일원적인 국가체제를 구축함으로써 국가적 위기에 대처하려 했다. 이 경우 필요한 것은 무력만이 아니라 사상계를 통일하는 정신적인 것도 있었다.

고구려 5나부 중 하나인 연노부가 "자신들의 종묘를 세우고 영성靈星과 사직에 따로 제사를 지낸다"는 『삼국지』의 기록은 고구려의 사상계가 통합되지 않은 상황을 보여준다. 왕실 이외에 따로 영성과 사직에 제사를 지낸다는 것은 지배층의 사상이 하나로 통일되지 않았기 때문이다. 이런 상황은 외국의 침입에 맞서 효율적으로 싸워야 하는 위기 상황에 별로 도움이 되지 못했다. 소수림왕이 불교를 환영한 까닭은 이처럼 혼란한 사상계를 고등종교인 불교를 통해서 통일하기를 바랐기 때문이다. 그래서 고구려 왕실은 선뜻 이 외래종교를 받아들인 것이다. 그리고 선왕의 전사라는 국가적 위기를 경험한 고구려의 귀족들 사이에 불교를 통한 사상계의 통합에 표면상 반대하지 않는 공감대가 형성된 것이 고구려의 불교 수용이 수월했던 이유다.

신라의 불교 수용이 어려웠던 이유

고구려와 달리 왕권이 극도로 약했던 신라는 귀족들의 반발로 불교를 공인하지 못했다. 묵호자에 대한 『삼국사기』의 기록을 좀 더 보자.

> 이때 왕녀(王女)가 병이 대단하여 묵호자를 불러 향을 피우고 기도하게 하니 왕녀의 병이 곧 나았다. 왕이 기뻐서 후히 예물을 주었는데, 갑자기 그가 간 곳을 알 수 없었다.

이는 신라의 눌지왕이 왕녀의 치료에 효험을 보인 불교를 수용하려 했는데도 귀족들의 반발로 뜻을 이루지 못하는 상황을 말해준다. 신라의 국왕은 불교를 받아들이고자 했으나 귀족들의 반대 때문에 뜻을 이루지 못하다 법흥왕 14년(527)에야 비로소 이차돈의 순교를 계기로 귀족들과 타협을 통해 불교를 공인할 수 있었다.

고구려의 불교는 왕권강화에 상당한 도움이 되었다. 광개토태왕의 아버지 고국양왕故國壤王(재위 384~391년)이 재위 8년(『삼국사기』에는 재위 9년이라고 잘못 기록됨) 3월 "불교를 믿어 복을 구하라"는 하교를 내린 것은 단순한 기복신앙이 아니라 불교가 그만큼 왕권강화와 밀접한 관련이 있음을 보여준다. 우리나라 불교의 오랜 호국 전통은 초기 불교의 이런 성격과 관련이 있다. 불교와는 어울릴 것 같지 않은 정복군주 광개토태왕이 즉위 이듬해 평양에 무려 아홉 개의 사찰을 세우는 이유도 불교 전교와 왕권강화의 상관관계를 보여준다. 그해 광개토태왕은 북으로 거란을 치고 남으로 백제를 공격하면서도 사찰을 건립했다. 피를 수반하는 광개토태왕의 정복사업과 자비를 바탕으로 하는 불교의 이념은 왕권을 강화하는 최대공약수로 모순 없이 어울릴 수 있었다.

장수왕이 백제 수도인 한성漢城을 공격하기 이전에 백제 진영을 교란시키기 위해 보낸 간첩이 승려 도림道琳인 것도 마찬가지 상황이다.『삼국사기』에 따르면 도림은 백제 개로왕에게 성을 쌓고 궁실·왕릉 수축 등의 대역사를 일으키도록 해서 국력을 낭비하게 한 다음 고구려군이 남하하게 하는데 도림 역시 호국불교의 교리에 충실했던 승려다.

고구려는 제21대 문자명왕 7년(498)에 금강사金剛寺를 창립하는데 1938년 평양 대동강 가의 청암리清岩里에서 발견된 옛 절터를 이 절터로 보기도 한다.

그러나 왕실의 보호로 성하던 고구려 불교는 후기에 접어들어 쇠퇴한 것으로 보인다. 영양왕 22년(611) 수양제가 침입했을 때 고구려군이 평양성의 외성에 있는 빈 절에 군사를 숨겨놓았다는 기사는 다름 아닌 불교가 쇠퇴한 상황을 말해준다. 조선시대의 기록인『동국여지승람』'안주安州조'에는 안주에 있는 칠불사七佛寺의 일곱 승려가 나서서 수나라군을 살수로 유인해 무찔렀다는 기록이 있으니 완전히 황폐하지는 않았을 테지만 광개토태왕이나 장수왕 시절보다는 쇠퇴한 것이 사실이다. 고구려 후기의 승려들 중 중국에서 삼론학三論學을 전파한 승랑僧朗이나 영양왕 6년(595)에 일본으로 가서 성덕聖德태자의 스승이 된 혜자惠慈, 영양왕 13년(602)에 역시 일본으로 간 승륭僧隆과 운총雲聰 등의 존재는 이들이 이 시기에 왜 고구려를 떠나야 했는지에 대해 의문을 던져준다. 비슷한 시기에 다른 곳도 아닌 도성인 평양 나성 안에 빈 절이 있었다는 것은 불교 쇠퇴 이외에는 설명할 길이 없다.

도교의 융성과 고분벽화

고구려에서 불교가 쇠퇴한 이유는 무엇 때문일까? 아마 고구려 지배층에서 도교가 유행한 것이 중요한 이유가 될 것이다. 『삼국사기』는 고구려에 도교를 수입한 장본인을 연개소문이라고 전한다. 연개소문이 보장왕寶藏王(재위 642~668년)에게 이렇게 권한다.

> 들으니 중국에는 삼교三敎(유교·불교·도교)가 함께 있는데 우리나라는 아직 도교가 없습니다. 사신을 당에 보내 구해오기를 바랍니다.

이에 따라 보장왕은 당나라에 표문表文을 보내 도교를 전파해주기를 청했고, 당은 도사道士 숙달叔達 등 여덟 명과 함께 『노자도덕경老子道德經』도 보내 적극 호응했다. 공식적으로는 이 기록이 도교 전래의 첫 기록으로 전한다.

그러나 도교는 연개소문이 집권하기 이전에 이미 고구려에 들어온 것이 분명하다. 연개소문 이전에 을지문덕이 남긴 "그만 만족하고 돌아간들 어떠리[知足願云止]"란 시구는 인위적으로 무엇을 만들지 말고 주어진 상황에 만족하라는 도교의 핵심 사상이다. 을지문덕의 시보다 이른 기록으로는 광개토태왕릉비가 고구려의 도교 전래를 보여준다. "(추모왕은) 세상 왕의 지위를 즐기지 않아 하늘에서 황룡을 내려보내 왕을 맞게 하니, 추모왕은 홀본忽本 동쪽에서 용의 머리를 밟고 승천하셨다"는 비문의 내용이 그것이다. 용은 선향仙鄕이자 천제의 도읍지인 곤륜산에 선인을 태우고 가는 교통수단이었다. 또한 도가나 선가仙家에서 신선이 타는 동물이 바로 용이다.

추모왕이 용을 타고 승천했다는 기록이 광개토태왕릉비에 나오

고구려 고분벽화 오회분 4호묘에 그려진 용 타고 나는 신선 고구려 고분벽화에 도교에 대한 그림이 많이 그려진 것으로 보아 당시 고구려에 도교가 성행했음을 알 수 있다.

오회분 4호묘에 그려진 해와 달의 신

는 것은 당시 고구려에 도교가 성행했다는 증거다. 또한 『삼국사기』에도 연개소문 이전에 도교가 성했음을 말해주는 기록이 있다. 영류왕 7년(624)에 당고조가 도사에게 신선상인 천존상天尊像과 도법道法을 가지고 『노자도덕경』을 강연하니 왕과 나라 사람들이 모두 들었다는 기사가 그것이다.

고구려에 도교가 성행했다는 더욱 많은 증거들은 다름 아닌 고구려 고분벽화의 그림들에서 볼 수 있다. 물론 고구려 고분벽화에는 도교에 관한 그림들만 나오는 것은 아니다. 장천 1호분에 여래불에 참배하는 귀족 부부의 그림이 있는 것과, 같은 벽화에 연화대蓮花臺에 서 있는 보살들의 그림이 나오는 것이 이를 말해준다. 장천 1호분이나 삼실총 등에 불교의 초현실적인 탄생법 중 하나인 연꽃 화생化生 그림이 있는 것도 이를 말해준다.

그러나 고구려 고분벽화에는 불교에 대한 그림보다는 도교에 대한 그림이 훨씬 더 많다. 그 대표적인 것이 벽화 속에 신선이 있는 신선도神仙圖다. 매산리의 사신총四神冢이나 무용총을 비롯해, 통구通溝의 사신총·감신총龕神冢·강서대묘·통구 4호분과 5호분·복사리伏獅里 고분 등에서 신선의 모습을 볼 수 있다. 이들 고분의 연대를 추정해보면 신선도는 고분벽화 발생 초기부터 그려진 것으로 볼 수 있다. 고고학자 김원룡金元龍은 복사리 고분과 매산리 사신총을 5세기 전반에 만든 것으로 추정하는데 이는 적어도 연개소문이 보장왕에게 도교 수입을 권하기 훨씬 이전부터 고구려 왕실을 비롯한 귀족들이 도교를 신봉했음을 보여준다. 당대 최고의 화가들이 그렸을 고분벽화에 신선도가 거듭 나타난다는 사실은 무덤의 주인공이 죽어서도 도교의 신선들처럼 영원히 살기를 바라는 도교적 신앙을

평양 일대의 주요 고구려 고분벽화

무용총 벽화 고구려 고분벽화는 신선과 연꽃이 함께 그려지는 등 선불仙佛의 혼재 현상이 나타난다.

가졌기 때문이다.

고분벽화에는 천제의 사절로서 천계天界의 길목이자 선향仙鄕인 곤륜산을 오르내리는 신조神鳥인 봉황도도 자주 등장한다. 연화총·쌍영총·수산리 고분·안악 1호분·강서대묘·약수리 고분 등이 그것인데, 이 역시 도교의 영향이며, 덕흥리 고분과 무용총에 사람의 얼굴을 한 괴조怪鳥들이 나오는 것 또한 마찬가지다. 도교 경전 중 하나인 『산해경』에는 사람 얼굴을 한 새가 자주 등장한다.

고구려 고분벽화에 자주 등장하는 사신도四神圖도 마찬가지다. 청룡靑龍, 백호白虎, 주작朱雀, 현무玄武를 뜻하는 사신은 동·서·남·북의 네 방향과 봄·여름·가을·겨울의 네 계절과 관련이 있으며, 하늘의 28수[宿] 별자리와도 관련이 있다. 각 벽면의 한쪽을 차지하고 있는 사신은 각각 우주 한 방향의 방위신이자 무덤 주인을 지키는 수호신이기도 한데, 도가에서는 선인仙人을 돕는 보조자 역할을 한다. 청룡은 황도黃道상의 동방 일곱 별자리를 상징하며, 백호는 서

무용총에 그려진 악기 연주하는 선인仙人

강서중묘 주작도

방 일곱 별자리를, 주작은 남방 일곱 별자리를, 현무는 북방 일곱 별자리를 상징한다.

그러나 고구려 고분벽화는 도교가 불교적 요소와 함께 나타나는 것도 적지 않다. 선불仙佛의 혼재 현상이 나타나는 것이다. 신선과 연꽃이 함께 그려지는 것이 대표적인데 감신총·무용총·통구 4호분·강서대묘 등이 그렇다. 또한 연화총과 쌍영총·수산리 고분에서 보이는 연꽃과 봉황의 혼재 현상도 이를 말해준다.

그러나 고구려 후기로 갈수록 국가에서는 적극적인 도교진흥책을 쓰면서 불교를 억압한다. 보장왕 때 연개소문의 요청에 따라 당에서 도사가 오자 그들의 거처를 다름 아닌 절로 정한 것이 이런 상황을 보여준다. 이는 도교가 불교의 탄압 위에서 발전하는 현상을 보여주는 것이다.

이보다 훨씬 이른 기록이기는 하지만 양원왕 7년(551) 신라의 거칠부가 백제군과 함께 고구려를 침공했을 때 고구려의 혜량법사가 '귀국으로 데려다달라'며 고구려를 버린 것은 표면상 '우리나라의 정사가 어지럽다'는 것이 이유였으나 고구려의 호국불교의 전통을 생각할 때 당시 불교 상황에 대한 불만으로도 해석할 수 있다. 보장왕 9년(650)에 연개소문이 도교를 숭상하면서 불교를 억압하자 고구려 반룡사盤龍寺에 있던 보덕화상普德和尙이 백제로 망명한 것은 그 단적인 예다.

고구려에서 불교는 국왕의 적극적인 의지로 수용되어, 고분벽화가 보여주는 것과 같이 도교와 혼재하는 상황에 이르렀다가, 연개소문이 정책적 필요에 의해 적극적으로 도교를 전파하면서 억압받는 상황에 도달했다.

그러나 이 당시 억압받던 불교는 남북국시대와 고려시대를 거쳐, 성리학 사회 조선에서 또 한 번 시련을 겪었음에도 오늘날까지 성행하지만, 이를 억압한 도교는 오늘날 고구려 고분벽화 외에는 자취를 찾을 수 없음은 무엇을 뜻하는 것일까?

25_ 고구려의 혼인제도는 데릴사위제였나?

고구려의 데릴사위와 옥저의 민며느리에 대한 오해들

별채 뒤에 사위집을 둔 이유

우리 속담에 "겉보리 서 말이면 처가살이를 안 한다"는 말이 있다. 처가살이는 결혼 후 신부가 신랑집에 와서 사는 것이 아니라 신랑이 신부집에 와서 사는 결혼살이를 말하는데, 근거 없는 남성 우월주의가 판치는 우리나라에서는 남자의 수치로 인식되고 있다. 우리나라의 남자들은 남자다운 남자는 겉보리 서 말만 있어도 처가에서 독립해 여자에게 호통 치며 산다는 고정관념 속에서 살고 있다. "처가와 뒷간은 멀수록 좋다"는 말도 마찬가지 의미다. 편견을 가진 사람은 불행하다. 인종차별이 편견임에 틀림없듯이 성性 차별도 편견 중 하나인데 우리나라에서는 아직도 그렇게 생각하지 않는 사람들이 상당수 있는 것이 사실이다. 신부가 시부모를 모시는 것은 당연하지만, 신랑이 처부모를 모시는 것은 특이한 일로 취급당하는 것이 이런 편견을 입증하는 사례 중 하나다.

최근까지도 국사교과서에서는 이를 두고 고구려는 데릴사위제 풍습이 있었다고 기술하기도 했다.

과연 고구려의 혼인풍습은 어떠했기에 이렇게 기록되었을까? 고구려의 혼인풍습을 살펴보기 위해 먼저 이에 대한 중국의 고대 기록들을 살펴보자.

『후한서』「동이열전」'고구려조'에는 이런 기록이 있다.

> 고구려의 혼인풍습은 신랑이 신부의 집에 가서 살다가, 자식을 낳아 장성한 후에야 신랑의 집으로 돌아온다.

『삼국지』에는 이 내용이 좀 더 자세히 실려 있다.

> 고구려의 혼인풍습은 혼인하기 전에 말로써 미리 신랑 신부를 정하면, 여자의 집에서는 몸채(대옥大屋) 뒤편에 작은 별채(소옥小屋)를 짓는데 이를 '사위집(서옥壻屋)'이라고 부른다. 날이 저물 무렵에 신랑이 신부의 집 문 밖에 도착해 자신의 이름을 밝히고 절하면서 신부와 함께 잘 수 있도록 해달라고 요청한다. 이렇게 두세 번 거듭 요청하면 신부의 부모는 그때서야 사위집에 가서 자도록 허락하고, 신랑이 가져온 돈과 폐백은 사위집 곁에 쌓아둔다. 그 후 아들을 낳아서 장성하면 남편은 아내를 데리고 본집으로 돌아온다.

아주 재미있는 이 혼인풍습에서 알 수 있는 사실은 혼인 초기에는 신랑이 신부의 집에 가서 살다가 아이가 장성한 다음에 신랑집으로 되돌아온다는 점이다. 이는 처갓집에 가서 상당 기간 사는 것을 의미한다. 이 기간은 처가살이라고 부를 수 있을 것이다. 그러나 이것을 과연 겉보리 서 말이 부족해 처가살이하는 데릴사위제라고 말할 수 있을까?

『삼국지』「위서동이전」에는 "동옥저는 음식이나 사는 곳, 의복이나 예절들은 고구려와 비슷하다"고 기록했다. 『삼국지』는 『위략魏略』을 빌어 흥미로운 혼인풍습을 전하고 있다.

> 동옥저의 혼인풍습은 여자의 나이가 열 살이 되기 전에 혼인을 약속하고, 신랑집에서는 그 여자를 맞이하여 장성하도록 기른 다음 아내로 삼는다. 여자가 성인이 되면 다시 친정으로 돌아가게 한다. 여자의 친정에서는 돈을 요구하는데, 신랑집에서는 돈을 지불한 후 다시 신랑집으로 돌아온다.

이런 혼인풍습을 가지고 현행 국사교과서는 "옥저에는 민며느리의 풍습이 있었다"고 기록했다. 민며느리제는 장차 며느리를 삼으려고 어린아이를 민며느리로 데려가 기른 다음 장성하면 혼인시키는 것을 뜻한다.

신랑이 신부의 집에 가서 사는 데릴사위제와 어린 계집아이를 데려다 장성할 때까지 키우는 민며느리제는 그 형태상 정반대다. 데릴사위제는 신랑이 신부의 집에 가서 사는 것이므로 신부가 중심이 된다면, 민며느리제는 신부가 어릴 때부터 신랑의 집에 가서 사는 것이므로 신랑이 중심이 된다. 이처럼 판이한 성격임에도 위에서 읽은 두 제도의 모습이 무언가 비슷한 느낌을 받는 것은 무슨 까닭일까?

옥저의 민며느리제는 신랑이 중심이 되는 듯한 느낌이 들지만 고구려의 데릴사위제는 신부가 중심이 되는 듯한 느낌이 들지 않는다. 서로 모순된 두 상황을 모순되지 않게 연결해주는 가장 큰 매개체는 바로 '돈'이다. 위의 『삼국지』에 나타난 고구려의 혼인풍습은 고구려의 데릴사위가 '겉보리 서 말'이 부족해 처가살이하는 처지는 분명 아님을 보여준다. 고구려의 데릴사위는 겉보리 서 말이 부족하기는커녕 '돈과 폐백(전백錢帛)'을 신부 부모에게 줄 수 있는 부자다. 다시 말해 고구려는 돈과 폐백이 있어야 장가갈 수 있다는 말이다.

이때 신랑이 가져오는 돈과 폐백을 사위집 옆에 쌓아둔다는 점에 주목해 여자의 집에서 딸 내외의 새살림을 위해 미리 마련해두는 혼인자금으로 파악하는 견해가 있다. 그러나 이는 여성이 혼수를 마련하는 후대의 혼인풍습을 고대 고구려 사회에 무비판적으로 대입시킴으로써 나타난 잘못된 해석이다.

그 돈과 폐백이 신부의 집에서 마련한 혼인자금이라면 굳이 사위집 옆에 쌓아둘 필요가 없다. 사위가 본가에 돌아가는 것은 둘 사이에 낳은 아이가 장성했을 때다. 최소한 10여 년 이상의 세월을 남자는 여자의 집에서 살아야 하는 것이다. 그 긴 기간 동안 재물을 사위집 곁에 쌓아둘 필요는 없다.

데릴사위제와 민며느리제는 모두 매매혼

남성이 여성의 집에 머무는 것이나 신랑이 신부의 집에 갈 때 돈과 폐백을 가져가는 것은 좀 더 정확히 말하면 신부를 돈 주고 사는 것이다. 신랑이 신부의 부모에게 바치는 돈과 폐백은 신부값의 일부다. 나머지 신부값은 신랑이 신부의 집에서 아이가 장성할 때까지 제공해주는 노동력이다. 신랑은 결혼 후 둘 사이에서 낳은 아이가 장성할 때까지 오랜 기간 동안 사냥도 하고, 목축도 하고, 때로는 농사를 짓는 노동력으로 신부값을 대신 치르는 것이다.

신랑이 결혼 후 신부집에 상당 기간 머무르는 이런 혼인풍습을 '서류부가혼속壻留婦家婚俗'이라 하는데 이 제도는 고구려를 지나 고려시대는 물론, 조선 초기까지도 널리 행해진 우리 민족의 전통적인 혼인풍습이다. 조선 중기 들어 사림파들이 신랑이 신부의 집에 기거하는 것은 문제가 있다고 거듭 반론을 제기하여 신부가 신랑집에 기거하는 친영親迎을 실시하려 했으나, 오랜 기간 지속된 풍습을 바꾸는 것은 쉽지 않았다. 근래까지 첫 아이는 처가에서 낳는 풍습이 유지된 것은 신랑이 신부집에 기거하는 이 혼인풍습이 얼마나 뿌리 깊은 것인지 알게 해준다.

그러나 어쨌든 고구려 데릴사위제의 시작은 신부를 돈으로 사는 매매혼賣買婚의 일종이다. 고구려의 혼인제도는 여성을 하나의 상품으로 간주한 남녀차별 시대의 혼인풍습이었다. 이를 신랑이 신부의 집에 장기간 거주하는 것에만 초점을 맞추어 데릴사위제라고 엉뚱하게 해석한 것이다.

『후한서』나 『삼국지』는 '고구려는 부여의 별종別種'이므로 말이나 풍속, 법칙 등이 부여와 같은 점이 많다고 기록했으므로 당시 부여의 남녀관계를 살펴보면 고구려의 남녀관계를 유추할 수 있다.

『삼국지』 「위서동이전」 '부여조'에는 이런 기록이 있다.

남녀 사이에 음란한 짓을 하거나 부인이 투기하면 모두 죽였다. 투기하는 것을 더욱 미워하여 죽이고 나서 그 시체를 나라의 남산南山에 버려서 썩게 한다. 친정집에서 그 부인의 시체를 가져가려면 소와 말을 바쳐야 내어준다. 형兄이 죽으면 형수를 아내로 삼는데 이는 흉노의 풍습과 같다.

"투기하는 것을 더욱 미워하여"라는 기록은 가부장을 중심으로 한 일부다처제一夫多妻制 사회를 유지하기 위해 여성을 억압한 사실을 적나라하게 보여준다. "형이 죽으면 형수를 아내로 삼는다"는 말은 부인을 하나의 인격체라기보다는 일종의 재산으로 취급하는 사회상황을 보여주는 동시에, 일부일처제 사회가 아니었음을 말해준다. 나아가 친정집에서 투기한 "부인의 시체를 가져가려면 소와 말을 바쳐야 내어준다"는 구절에서 중요한 것은 소와 말을 '누구'에게 바치느냐다.

이는 나라에 바쳤다기보다는 그 부인의 '남편'에게 바쳤다고 보는 것이 합리적일 것이다. 부인의 주인인 남편에게 돈을 바친 후에야 시신을 가져갈 수 있었던 것이다.

여성에게 더 관대했던 고구려 사회

고구려는 부여보다는 여성을 억압하지 않았다. 부여 관련 기록에는 "부인이 투기하는 것을 더욱 미워하여 죽이고 나서"란 구절이 있으나 고구려에는 이런 처벌 규정은 보이지 않는다. 대신 『후한서』에는 "고구려의 풍속은 음란하고, 모두 깨끗한 것을 좋아하며, 밤에는 남녀가 떼 지어 노래 부른다"란 구절이 있으며, 『삼국지』에는 "고구려 백성들은 노래와 춤을 좋아하여, 나라 안의 촌락마다 밤이 되면 남녀가 떼 지어 모여서 서로 노래하며 유희를 즐긴다"는 기록들이 있다. 『삼국지』에도 "그 풍속은 음란하며……"라는 구절이 있다. 반면 부여처럼 음란한 남녀를 죽인다거나 하는 처벌 규정은 보이지 않는다. 대신 중국 북주北周(557~581년) 5세 25년의 상황을 7세기 초에 당나라에서 편찬한 『주서周書』에는 이런 기록이 있다.

> 풍속이 음란한 것을 부끄럽게 생각하지 않는다. 유녀遊女가 있는데, 그녀에게는 일정한 남편이 없다.

일정한 남편이 없이 여러 남자를 상대하는 유녀는 직업적 매춘부일 가능성이 높다. 이는 고구려 사회가 여성을 극단적으로 억압하지는 않았음을 말해준다. 고구려의 혼인제도는 매매혼의 일종이지만 부여처럼 극단적으로 여성 억압적인 제도는 아니었다. 그렇다고 해서 경제 능력이 없는 남성이 여성의 집에 들어가 사는 후대적 의미의 데릴사위제도 아니었다. 따라서 고구려의 혼인제도는 일종의 매매혼적 데릴사위제라고 불러야 할 것이다.

『주서』 '고구려조'의 다음 구절은 사실상 매매혼인 오늘날 우리 사회 상류층의 결혼 관행에 경종을 던질 것이다.

> 혼인에는 대체로 재물이나 폐백이 없어, 만일 재물을 받는 사람이 있으면 '계집종으로 팔아먹었다'고 하여 매우 부끄럽게 여긴다.

3세기의 『삼국지』에 나오는 매매혼적 데릴사위제는 7세기 초의 기록인 『주서』에 이르면 완전히 사라진다. 대신 매매혼이 아니라 사랑이 결혼의 중요한 풍습이 된다. 4세기 말에서 7세기 초에 중국 북조北朝의 역사를 기록한 『북사北史』에는 고구려와 관련해 이런 구절이 있다.

> 혼인에 있어서는 남녀가 사랑하면 바로 결혼시킨다. 남자 집에서는 돼지고기와 술만 보낼 뿐이지 재물을 보내주는 예는 없다. 만일 여자 집에서 재물을 받는 사람이 있으면, 사람들은 모두 수치스럽게 여기며 '딸을 계집종으로 팔아먹었다'고 말한다.

이때로부터 1,500년이 더 지난 오늘날, 소위 판사·검사·변호사·의사 등 '사' 자 들어가는 남성과 결혼하려면 아파트, 고급승용차 등의 열쇠 세 개가 있어야 한다는 말이 공공연히 떠도는 상황을 고구려인들이 들었으면 '아들을 남종으로 팔아먹었다'고 수치스럽게 여길지도 모르겠다.

26_ 형제의 부인이 된 왕후 우씨

고국천왕의 능 앞에 일곱 겹 소나무를 심은 까닭

한밤중에 시동생을 찾은 왕후

고구려 제9대 고국천왕은 재위 19년 만에 세상을 떠났는데, 그의 사망은 커다란 문제를 낳았다. 아들이 없었기 때문이다. 왕후 우씨 于氏는 이런 상황을 이용해 자신의 권력을 강화하기로 했다. 그녀는 남편의 죽음을 비밀에 부치고 발상發喪하지 않았다. 그리고 밤중에 고국천왕의 큰 동생 발기發岐를 찾아갔다. 한밤에 느닷없이 찾아온 형수를 보고 놀라는 발기에게 우씨는 이렇게 말한다.

"왕이 후사가 없으니 그대가 왕위를 계승하라."

그러나 발기는 고국천왕이 사망한 사실을 아직 몰랐으므로 거절했다.

"하늘의 운수는 따로 돌아갈 곳이 있으니 경솔하게 논의할 수 없습니다."

임금이 살아 있는데 후사 운운하는 것은 옳지 않다고 여긴 것이다. 발기는 형수를 꾸짖었다.

"하물며 부인으로서 한밤에 나다니는 것을 어찌 예禮라 할 수 있겠습니까."

우씨는 시동생의 꾸중에 창피해하면서도 괘씸하게 여겼다. 그녀는 대궐로 돌아가는 대신 그 길로 발기의 동생인 연우延優를 찾아갔다. 연우는 발기와 달리 갑자기 나타난 형수를 보고 놀라지 않았다. 연우는 일어나 의관을 갖추고 문에 나와 맞아들였다. 그리고 자리에 돌아와 주연을 베풀었다. 연우는 왕비가 한밤중에 찾아온 데는 분명 무슨 곡절이 있으리라고 여긴 것이다. 고국천왕에게는 아들이 없는 데다가 태자도 아직 책봉하지 않은 상황이었다.

우씨는 연우에게 발기를 만난 상황을 왜곡되게 전했다.

"대왕이 갑자기 돌아가셨는데 아들이 없으니 맏아우 발기가 응당 뒤를 이어야 할 터인데, 발기는 내게 다른 마음이 있는지 내게 난폭하고 오만하여 예의 없이 대하기 때문에 그대에게 온 것이다."

이 말을 들은 연우는 형수를 극도로 예우하기 위해 직접 칼을 잡고 고기를 잘랐다. 연우는 잘하면 생각지도 않던 왕위가 자신에게 돌아올지도 모른다는 생각에 그만 손가락을 베고 말았다. 이에 왕후 우씨가 직접 치마끈을 풀어 시동생의 다친 손가락을 싸매주었다. 연우의 환대에 남편을 잃은 슬픔을 다 잊은 우씨는 환궁하면서 이렇게 요청했다.

"밤이 깊어 무슨 뜻하지 않은 일이 있을까 염려스러우니 당신이 나를 대궐까지 바래다달라."

이 말을 들은 연우는 직접 칼을 차고 형수를 궁궐까지 바래다주었다. 왕후는 시동생 연우의 손을 잡고 궁으로 들어갔다.

이튿날 날이 샐 무렵에 왕후는 고국천왕의 죽음을 전하면서 선왕先王의 유언이라고 꾸며 여러 신하들로 하여금 연우를 세워 왕으로 삼게 했으니 이가 바로 제10대 산상왕山上王(재위 197~227년)이다. 뒤늦게 연우가 임금이 되었다는 소식을 들은 발기는 발끈해 군사를 모아 왕궁을 포위하고 부르짖었다.

"형이 죽으면 맏아우가 뒤를 잇는 것이 예의이거늘 너는 순서를 뛰어넘어 왕위를 찬탈했으니 이는 큰 죄악이다. 속히 나오너라. 그러지 않으면 네 처자까지 죽여버리겠다."

그러나 연우는 왕궁 문을 닫고 3일 동안 나오지 않았다. 그런데 나라 사람들도 발기를 따르는 자가 없었다. 이에 발기는 이기기 어렵다는 사실을 깨닫고 처자들을 거느리고 요동遼東으로 도망갔다. 발기는 후한後漢의 요동태수 공손도公孫度를 찾아가 이렇게 말했다.

"나는 고구려왕 남무男武와 한 어머니에게서 태어난 맏아우인데, 나의 아우 연우가 형수 우씨와 짜고 왕위에 올라 천륜天倫의 의리를 무시했소. 이에 분개하여 상국上國(후한)으로 귀순했으니 원컨대 군사 3만을 빌려주어 고구려의 난리를 평정하게 하기를 바랍니다."

후한은 항상 고구려 때문에 골치를 썩던 터라 선왕의 동생이 현왕과 전쟁을 하겠다는 요청을 거부할 리 없었다. 발기가 요동 군사를 끌고 고구려로 쳐들어오자 산상왕은 또 다른 동생 계수罽須를 보내 막게 했다. 그러나 남의 나라 왕위계승 문제에 개입하기 위해 먼 길을 온 한나라 군사는 그만 고구려 군사에게 크게 패하고 말았다. 패배한 발기는 달아났는데 동생 계수가 뒤쫓자 발기가 부르짖었다.

"네가 지금 늙은 형을 죽이려고 하느냐?"

계수는 형제간의 정이 있어 차마 해치지는 못하고 대신 형을 꾸짖었다.

"연우가 나라를 양보하지 않은 것은 의리가 아니지만, 그대가 한때의 분함을 이기지 못하고 조종祖宗의 나라를 멸망시키려 함은 무슨 까닭이요? 사후에 무슨 면목으로 선왕들을 보겠소?"

이 말을 듣고 부끄러워진 발기는 배천까지 달아나서 스스로 목을 찔러 죽었다. 이렇게 왕위를 둘러싼 논란은 발기의 자살로 매듭지어졌다.

형수를 아내로 삼은 산상왕

『삼국사기』는 산상왕은 본래 우씨 때문에 대위大位를 얻게 되었으므로 장가를 들지 않고 우씨를 세워 왕후로 삼았다고 기록했다. 시동생이 형수를 취해 아내로 삼은 것이다. 『한국여성사』 등에서는 이를 고구려의 형사취수兄死取嫂의 결혼풍습으로 들고 있다. 이는 과연 형이 죽으면 동생이 형수를 취하는 형사취수 풍습 때문일까?

사실 형사취수제는 유교적 세계관에 젖은 중국인들이 여타 민족들을 야만족이라고 비난하는 주요한 근거가 되었다. 그러나 형사취수제는 유교적 윤리관의 밖에 있는 다른 부족들의 처지에서는 부도덕한 것이 아니었다. 흉노는 심지어 아버지가 사망하면 자신을 낳은 생모가 아닌 한 다른 어머니를 데리고 사는 '부사취모제父死娶母制'까지 있었다. 이는 가족 단위의 재산 개념을 지닌 유목민들이 여성을 재산으로 보는 사회 관념에서 나온 것이다. 어떤 측면에서는 전쟁이 일상화되어 남성의 사망률이 높은 고대 유목민 사회에서 여성에게 불가피한 제도라는 측면도 있다. 고대 유목사회는 남성 없이 여자 홀로 살아가기는 어려운 사회였기 때문이다.

우리 조상들에 대한 옛 중국 기록들 중 형사취수 풍습이 자주 기록되는 곳은 부여다. 『후한서』 「동이열전」 '부여조'는 "형이 죽으면 그 형수를 아내로 삼는다"고 기록했다. 『삼국지』 「위서동이전」 '부여조'는 "형이 죽으면 형수를 아내로 삼는데 이는 흉노匈奴의 풍습과 같다"고 전한다.

고구려에도 형사취수 풍습이 존재했다는 기록이 있다. 『양서』 「동이열전」 '고구려조'는 "형이 죽으면 형수를 아내로 삼는다"고 전한다. 『양서』는 『삼국지』와 『후한서』의 기록을 기본 사료로 삼아 기술한 책인데 『삼국지』와 『후한서』에 없는 고구려의 형사취수 내용이 실린 데는 나름의 이유가 있을 것이다.

『양서』의 이런 기록과 산상왕의 예를 고구려 형사취수 풍습의 실례로 들면서 고구려에도 형사취수 풍습이 있었다고 해석하기도 한다. 고구려는 과연 형사취수 풍습이 남아 있었을까? 산상왕이 재위에 오른 때는 서기 197년인데 2세기 후반의 고구려 사회에 이런 유제가 남아 있었을까?

형사취수라는 흉노나 부여의 유제는 여성을 재산으로 여기던 고대 사회의 한 풍습이다. 그리고 가부장적인 가족 제도 아래서 가족 집단을 중요시하던 관념을 나타내는 것이다. 그런데 형사취수제가 유지되기 위해서는 일부다처제가 남녀 공히 아무런 문제제기 없이 받아들여져야 한다. 그러나 형수를 아내로 삼은 산상왕의 경우에 한정시켜보면 산상왕이나 왕후 우씨가 일부다처제를 어쩔 수 없는 사회관습으로 받아들였다고 보기에는 무리가 있다.

주통천의 여인을 투기하는 왕후 우씨

산상왕은 재위 7년(203)에 이르도록 아들을 낳지 못했다. 선왕 고국천왕도 재위 19년(197)에 이르도록 아들이 없이 죽은 것을 보면 왕후 우씨는 석녀였을 것으로 보이는데, 아들이 없는 것이 못내 아쉬운 산상왕은 재위 7년 3월 아들을 달라고 산천에 제사를 지낸다. 그랬더니 같은 달 15일 밤 꿈에 천신天神이 나타나 이렇게 말한다.

"너의 소후小后(둘째 왕비)가 아들을 낳을 것이니 근심하지 마라."

잠에서 깬 산상왕은 여러 신하들에게 꿈 이야기를 했다.

"꿈에 천신이 소후에게서 아들을 얻을 것이라고 말했지만 내게는 소후가 없으니 어쩌면 좋으냐."

신하들인들 없는 소후에게서 아들을 낳을 것이라는 천신의 말을 해석할 리 만무했다. 다만 진대법을 만든 주인공 국상國相 을파소만이 이렇게 대답했다.

"천명天命은 헤아릴 수 없으니 왕은 기다리소서."

을파소가 말한 천명이 온 것은 천신이 꿈에 나타난 지 무려 5년 후인 재위 12년(208) 11월이었다. 제사에 쓸 돼지인 교시郊豕가 주통천이란 곳까지 달아났는데 관리가 잡지 못하자 스무 살쯤 된 아름다운 여인이 웃으며 돼지를 잡아 바쳤다. 이 이야기를 들은 산상왕은 이상하게 여겨서 밤에 미행하여 그 여인의 집을 찾았다. 시종을 시켜 여인을 달랬는데 찾아온 사람이 다름 아닌 임금임을 안 여인은 감히 거절하지 못했다. 산상왕이 방으로 들어가 그 여인을 불러 동침하려 하자 여인은 이렇게 말한다.

"대왕의 명을 감히 어길 수 없지만 행여나 아이가 생기게 되면 저 버리지 마시기 바랍니다."

산상왕은 이 청을 허락해 동침한 후 밤늦은 시각에 환궁했다. 이듬해 3월, 왕이 주통촌 여인과 동침한 사실을 알게 된 왕후 우씨가 투기하여 몰래 군사를 보내 죽이려 했다. 주통촌 여인은 이를 알고 남자 옷으로 갈아입고 도망갔으나 날랜 군사들을 따돌릴 수는 없었다. 군사들이 여인을 죽이려 하자 여인이 꾸짖었다.

　"너희가 지금 나를 죽이려는 것은 왕의 명령이냐, 왕후의 명령이냐? 지금 내 뱃속에는 아이가 들어 있으니 이는 실로 왕의 유체遺體다. 내 몸을 죽이는 것은 좋지만 감히 왕자까지도 죽이려 하느냐?"

　뱃속에 왕의 아이가 자라고 있다는 말에 군사들은 차마 죽이지 못하고 돌아와 왕후에게 그 연유를 고했다. 질투에 사로잡힌 왕후는 기필코 이 여인을 죽이려 했으나 선왕의 유체가 뱃속에 있다는 말에 군사들이 그녀를 죽이려 하지 않았다. 이러는 사이 이 소문이 산상왕에게까지 전해지자 왕은 주통촌 여인의 집에 가서 물었다.

　"네가 지금 가진 아이는 누구의 아이냐?"

　"첩이 평생 형제와도 한자리에 앉지 않는데 하물며 남자를 가까이 하겠습니까. 지금 뱃속에 있는 아이는 실로 대왕의 유체입니다."

　이 말을 믿은 왕은 매우 후하게 선물을 주어 위로하고 돌아와 왕후에게 말하니, 왕후도 결국 여인을 해치지 못했다. 그해 9월 주통촌 여인이 마침내 아들을 낳으니 산상왕은 기뻐하여 이렇게 말했다.

　"이는 하늘이 나에게 주신 나의 뒤를 이을 아들이다."

　처음 제사용 돼지인 교시 때문에 그 여인을 만나 아이를 얻게 되었으므로 그 아이의 이름을 교체郊彘라 부르고 그 여인을 작은 왕비(소후小后)로 삼았다. 산상왕의 뒤를 이어 왕위에 오른 제11대 동천왕東川王(재위 227~248년)이 바로 이 아이다.

고구려는 과연 형사취수제 풍습이 있었나?

앞의 이야기에 나오는 것처럼 왕후 우씨는 일부다처제를 인정하기는커녕 왕의 아이를 밴 여인을 죽이려고까지 했다. 또한 고구려에 형사취수제 풍습이 있지 않았음은 왕후 우씨의 입을 통해서도 확인된다. 우씨는 동천왕 8년(234) 9월 세상을 떠나면서 이런 유언을 남긴다.

"내가 일찍이 행실을 잃었으니 무슨 낯으로 국양國壤(고국천왕)을 지하에서 보랴. 만일 군신이 차마 나를 구렁텅이에 버리지 않으려거든 나를 산상왕릉 곁에 묻어주기를 바란다."

동천왕은 한때 뱃속의 자신을 죽이려 한 이 여인의 말을 들어주어 산상왕릉 곁에 묻어주었다.

그런데 무자巫者(무당)가 고국천왕의 꿈을 빙자해 고국천왕의 분노를 대신 전했다.

"국양왕이 나에게 강림하여 말하기를, '어제 우씨가 산상山上에 온 것을 보고 내가 분함을 이기지 못하여 드디어 그와 싸움을 하였다. 물러와 생각하니 그 낯이 뻔뻔함을 차마 볼 수 없으니 네가 조정에 고해 무슨 물건으로 나를 가리어달라고 전하라'고 했습니다."

당시 고구려에 형사취수 풍습이 있었다면 왕후 우씨가 행실을 잃었다고 부끄러워할 이유도, 고국천왕이 왕후 우씨가 동생에게 시집간 것을 분해할 이유도 없었다. 그러나 남편이 죽자 시동생에게 시집간 우씨나 죽은 후 왕비가 동생에게 시집간 것을 지하에서 안 남편 고국천왕이 모두 이 사실을 문제 삼는다는 것은 당시 고구려에 형사취수 풍습이 없었음을 의미한다.

동천왕은 백부인 고국천왕의 소원을 들어주어 왕의 능 앞에 소나무를 일곱 겹으로 심어 보이지 않게 가렸다. 『삼국지』 '고구려조'에 "(고구려인들은) 장례를 성대하게 지내어 금·은 등의 재물을 모두 장례에 소비하며 돌을 쌓아서 봉분을 만들고 소나무·잣나무를 그 주위에 벌려 심는다"고 기록했듯이 무덤 주위에 소나무를 심는 것은 고구려의 풍습이기도 했는데, 동천왕은 이 풍습을 이용해 백부의 소원을 들어준 것이다.

고국천왕과 산상왕 그리고 두 형제를 남편으로 맞이한 왕후 우씨를 둘러싼 갈등은 2~3세기의 고구려에 이미 형사취수 풍습이 사라졌음을 보여준다.

발해를 건국한 대조영은 당나라와 긴장관계를 유지하기보다 이 지역을 지배하는 국왕으로 독립적인 지배권을 인정받고자 했다. 당현종은 발해 세력을 인정해 713년 대조영을 발해군왕으로 봉했고, 이후 안녹산·사사명의 난을 계기로 '발해군'에서 '발해국'으로 부르게 됨으로써 발해는 명실상부하게 고구려 옛 땅을 차지하는 독립왕국이 되었다. 이로써 만주 지역은 고구려가 멸망한 후에도 230년 가까이 우리 민족이 호령했다.

6부
고구려인과 망명객 그리고 유민들

27_ 고구려에 온 중국 망명객들

중국인 장하독 위에 쓰여진 묵서명의 비밀을 찾아서

묵서명이 있는 고분벽화

1949년 황해도 안악군 오국리에서 발굴된 안악 3호분에는 고구려 귀족들의 생활상을 알 수 있는 화려한 벽화가 그려져 있다. 그런데 안악 3호분은 누구의 무덤인가를 두고 논란이 많다. 이런 논란을 제공한 것은 고분벽화의 '묵서명墨書銘'이다. 안악 3호분과 평안남도 대안시 덕흥리 고분에는 묵서명이 있어서 무덤에 대한 상당한 정보를 제공하는데 오히려 이 묵서명들이 두 고분의 주인공인 피장자被葬者가 누구인가에 대해 논란을 불러일으킨다.

고분의 주인공에 대해서는 동수설, 미천왕설, 고국원왕설로 나뉜다. 여기서는 고분의 주인공에 대한 관심보다 동수라는 인물이 주목된다.

안악 3호분은 주인공 부부를 중심으로 깃발을 들고 있는 의장 기수를 비롯해 왕의 호위무관인 장하독帳下督과 도끼를 든 무사인 부

안악 3호분 묘실 투시도

안악 3호분 전실前室 동벽東壁 벽화 배치도

월수斧鉞手 등 생동감 있는 벽화가 살아 있는 듯 그려져 있다. 벽화는 돌벽 위에 직접 그렸다. 문칸에는 무덤에 묻힌 주인공을 호위하는 위병을 그렸으며, 앞칸에는 의장대와 수박희(태껸), 음악, 무용 등의 장면들을 그렸다. 서쪽 곁칸에는 고구려에서 왕만이 썼다는 '백라관'을 쓰고 화려한 비단옷을 입은 주인공인 왕이 문무관들을 거느리고 정사를 보는 장면과 왕비가 시녀들을 거느리고 있는 장면을 그리고, 동쪽 곁칸에는 여인 세 명이 일하는 부엌, 노루·돼지 등의 고기가 쇠갈고리에 매달려 있는 푸줏간, 우물, 방앗간, 외양간, 마구간, 차고 등을 그려 당시 고구려 지배층의 생활 모습을 잘 보여준다. 회랑에는 백라관을 쓰고 소수레를 탄 주인공이 '성상번기', '뚝기', '정절' 등 고구려왕만이 가지는 의장기들과 문무백관들, 고취악대들과 무사들의 호위를 받으면서 위풍당당하게 나아가는 대행렬도를 그렸다.

벽화 중에서 특히 잘 묘사된 것은 주인공이 등장하는 그림들이다. 인물도는 신분의 높이에 따라 크기를 달리하여 그리는 위계법을 적용했는데, 우리나라 초상화의 오랜 연원을 밝혀주는 귀중한 그림이다. 행렬도 역시 여러 줄의 복잡한 종대행렬이 겹치는 상태를 부감도식으로 능숙하게 표현했다.

이 수많은 등장인물 중 바로 호위무사인 장하독 그림 위에 묵서명이 있는데 그 주인공이 다름 아닌 동수冬壽라는 인물이어서 논란이 되었다. 묵서명의 주인공인 동수가 과연 이 안악 3호분의 피장자인지에 관해 논란이 이는 것이다. 그럼 먼저 묵서명의 내용을 살펴보자.

영화 13년 10월 무자삭 26일 계축에 사지절, 도독제군사, 평동장군, 호무이교위이며 낙랑상, 창려, 현도, 대방 태수요, 도향후인 유주 요동군 평곽현 도향 경상리 출신 동수의 자는 □안인데 나이 69세에 벼슬을 살다가 죽었다.

永和十三年十月戊子朔二六日 使持節都督諸軍事 平東將軍護撫夷校尉樂浪 舊昌黎玄菟

帶方太守都 鄕侯幽州遼東平郭 都鄕敬上里冬壽字 □安年六十九薨官

(원문은 북한 과학원출판사의 『안악 3호 고분발굴 조사보고』에 따름)

이처럼 분명한 묵서명이 나왔기 때문에 그 피장자가 묵서명의 주인공 동수라는 설이 일찍이 제기되었다. 동수가 무덤의 주인공이 아니라면 이런 글을 무덤에 남길 이유가 없다는 주장이다. 또 묵서명의 양식이나 문장 체제가 그 당시 다른 묘지명과 유사하므로 동수의 무덤이 분명하다는 것이다. 또한 동수 정도의 관직이면 고분벽화에 나오는 사람들을 충분히 거느릴 만하다는 것이 그가 무덤의 주인공이라는 주장의 내용들이다.

그런데 안악 3호분의 피장자에 대해 이런 논란이 이는 이유는 이 동수라는 인물이 고구려인이 아니라 중국 연燕나라 출신이기 때문이다. 동수가 고구려인이 아니라 연나라 출신이란 점이 계속되는 논란을 제공하는 것이다. 『진서晉書』와 『자치통감資治通鑑』「진기17」 '성제 함강 2년(336)조'에 따르면 동수는 연나라왕 모용황慕容皝이 왕위에 오르자 이에 반발해 반란을 일으킨 아우 모용인慕容仁에게 가담하여 싸우다 모용인이 패배하자 고구려로 망명해 온 사람이다. 모용황은 반란세력을 대부분 죽였는데 모용유, 모용치, 동수, 곽충 등이 동쪽으로 달아나 고구려로 도망할 수 있었다고 한다.(慕容皝

慕容稚 佟壽 郭允 皆東走 壽 · 允奔高麗)

일찍이 안악 3호분을 발굴한 북한도 발굴 초기에는 중국인 동수의 무덤이라고 해석했다. 1958년 북한의 과학원출판사에서 펴낸 『고구려 고분벽화 연구』에서 김용준은 동수가 무덤의 주인공이라고 해석했다. 1960년대 중반 이후에는 미천왕의 무덤이라고 견해를 수정했다가, 1980년대 후반부터는 다시 고국원왕의 능으로 재수정 하는 등 견해가 여러 차례 바뀌었다.

남한 학자들 사이에서는 이론도 있지만 현재까지는 동수의 무덤으로 보는 견해가 다수이고, 중국과 일본 학자들 대다수도 중국인 동수의 무덤으로 보고 있다.

과연 안악 3호분의 주인공은 연나라 출신 동수일까?

왜 장하독 위에 묵서명을 썼을까?

안악 3호분의 동수설을 반대하는 학자들은 무덤의 주인공이 동수가 아니라 고구려의 임금이라고 주장한다. 그러한 근거로 무덤의 규모가 방대하고 주인공이 쓴 흰 비단으로 만든 백라관白羅冠은 임금만이 쓸 수 있다는 점을 들고 있다.

주인공이 쓴 백라관에 대해 살펴보자. 고구려에서는 신분에 따라 복식, 특히 관모를 달리 썼다. 『구당서』에는 고구려가 신분에 따라 관의 색깔을 달리했음을 말해주는 기록이 전한다.

오직 임금만이 백라관白羅冠을 쓰며, 벼슬이 높은 자는 푸른 비단으로 만든 청라관青羅冠을 쓰고, 그 다음은 붉은 비단으로 만든 관緋羅冠을 쓴다.

안악 3호분 벽화 속 주인공 임금만이 쓸 수 있는 백라관을 쓰고 있어 무덤의 주인공을 임금으로 추측하는 근거가 되고 있다.

'오직 임금만이' 쓸 수 있는 백라관을 일개 신하인 동수가 쓸 수는 없다는 주장이다. 동수는 고구려로 망명한 사람으로 그가 받은 벼슬은 앞의 묵서명에 보이는 대로 대단히 많지만 이는 순차적으로 하나씩 받은 벼슬이 아니고 실제로 수행한 실직實職이 아닌 것도 많다. 도독제군사, 평동장군, 호무이교위는 태수급의 장군 벼슬이며, 낙랑상은 낙랑군의 장관인데 태수와 같다. 또 창려, 현도, 대방 태수는 군의 장관이며, 도향후는 태수들이나 그와 같은 급의 장군들에게 주는 작위다. 곧 동수가 받은 세 개의 장군, 네 개의 태수, 한 개의 작위는 그 품계가 같다.

동수는 과연 누구에게서 이런 벼슬을 받았을까? 먼저 동수는 전연前燕에서 망명한 인물이므로 연나라에서 받았을 가능성을 생각해 볼 수 있지만 그는 연나라왕을 내쫓으려다 망명한 인물이므로 그런 동수에게 벼슬을 주지는 않았을 것이다. 그렇다면 고구려에서 받았다고 볼 수 있다. 고구려는 동수와 같은 망명객인 동리佟利라는 인물에게 벼슬을 준 적이 있다. 덕흥리 고분의 무덤 벽돌에는 "영화永和 9년 3월 10일, 요동遼東·한韓·현도玄菟 태수령太守領을 지낸 동리가 만들었다"는 명문이 있다.

　동수가 받은 관직이나 동리가 받은 관직은 모두 명목상의 관직에 불과했다. 동수가 관직을 받은 낙랑·창려 등은 당시 전연이 차지하고 있던 지역이기 때문이다. 따라서 이를 고구려가 준 것으로 본다면 고조선의 옛 영토를 회복하려는 의지의 표현으로 전연에서 망명한 동수에게 이런 관직을 주었다고 볼 수 있다.

　안악 3호분 벽화의 핵심 그림은 '정사도政事圖', 곧 무덤의 주인공이 중앙에 앉아 좌우의 신하들에게 보고를 받거나 명령을 하는 그림이다. 고구려 고분벽화는 신분에 따라 그 크기가 다른데 가장 큰 주인공의 왼쪽에 두 남녀가 서 있다. 앞의 남자는 좀 크고 뒤의 여자는 아주 작아서 두 사람의 신분 차이를 읽을 수 있다. 앞의 남자는 왼손에는 홀을 들고 오른손으로는 붓을 들고 주인의 분부를 기록하는데, 뒤의 여인은 두 손으로 홀을 맞잡고 있다. 남자 위에는 붉은 글씨로 '기실記室', 여자 위에는 '소사小史'라고 적혀 있다. 이들 남녀는 무언가 기록하는 관직으로 추측된다.

　주인공의 오른쪽에는 두 남자가 시립하고 있는데 역시 앞의 사람이 크며 뒤의 사람은 작다. 앞사람은 무슨 문서를 들고 주인공에게 보고하고 있으며, 뒷사람은 두 손으로 홀을 잡고 서 있다. 앞사람의 머리 위에는 역시 붉은 글씨로 '성사省事', 뒷사람 위에는 '문하배門下拜'라고 적혀 있다. 『자치통감』에는 연나라왕 모용황에게 복무하던 봉유封裕가 '기실감記室監'이 되었다는 기록이 있는데 이는 기실이 임금에게 속한 관직임을 보여준다.

안악 3호분 벽화에는 출입구 좌우에 검장을 짚고 서 있는 수문장 격인 무관이 있는데 그들 옆에 붉은 글씨로 '장하독帳下督'이라는 관직명이 적혀 있다. 장하독은 『위서』·『진서晉書』·『수서隋書』 등에도 나오는 관직명인데 『자치통감』에는 장영張英이 연나라왕 모용황의 장하독이라는 기록이 보인다. 이 또한 장하독이 임금에게 속한 벼슬임을 보여준다.

안악 3호분의 주인공이 동수가 아니라는 결정적인 증거가 바로 이 장하독에 있다. 동수의 묵서명은 주인공의 머리 위가 아니라 두 명의 장하독 중 왼쪽 장하독 위에 쓰여 있다. 이 묵서명은 동진東晉 성제成帝 함강咸康 2년(336)에 고구려로 망명한 동수가 21년 만인 고국원왕 27년(357)에 죽었음을 보여준다.

탈취당한 미천왕의 시신

안악 3호분에는 여러 깃발을 든 의장행렬이 있는데 그중에 주인공의 수레 앞에 '성상번聖上幡'이라고 쓴 표식기를 든 인물이 나온다. 글자 그대로 '성상의 깃발'이란 뜻이다. 모두루묘지와 광개토태왕릉비에는 광개토태왕을 '국강상광개토지호태성왕國岡上廣開土地好太聖王'이라고 기록했다. 이처럼 성왕聖王이나 성상聖上이란 표현은 국왕만이 사용할 수 있다. 수레 앞에 성상번이란 깃발을 든 의장대열이 있다는 것은 안악 3호분의 주인공이 임금임을 말해준다.

또한 회랑에는 10.5미터에 걸쳐 무려 250명이 넘는 인물이 등장하는 무덤 주인의 '출행도出行圖'가 그려져 있다. 북과 종, 요 등 타

악기와 작은 뿔나팔을 부는 고취군악대만 64명에 달하는 장엄한 행렬 그림이다. 그러나 이 장엄한 행렬도는 행렬의 전부가 아니라 일부만을 그린 것이다. 행렬 전체는 500여 명에 이르는 대규모였을 것으로 짐작된다. 이런 대규모 행렬을 나라를 다스리는 임금이 아니라 황해도 일부 지역을 다스리는 토호 정도의 행차에 동원할 수는 없을 것이

안악 3호분에 그려진 의장 기수도

다. 동수가 세상을 떠난 것과 비슷한 시기인 고국원왕 23년(353)에 죽은 동리의 무덤이 안악 3호분보다 규모 면에서 훨씬 작은 것도 안악 3호분의 주인공이 임금임을 말해준다. 동수나 동리나 모두 태수급 인물인데 유독 한 인물에게만 국왕의 무덤과 같은 규모의 무덤을 만들 이유는 없을 것이다.

전연에서 망명한 동수를 만주가 아니라 황해도에 살게 한 것은 그가 발호하지 않도록 억제하려 했기 때문이다. 후대의 일이지만 북위의 공세에 쫓겨 고구려에 의탁한 북연 임금 소성제昭成帝 풍홍馮弘을 장수왕이 지금의 개평蓋平 부근인 평곽平郭으로 옮겼다가 다시 북풍北豐으로 이주하게 한 후 끝내 죽여버린 일은 이들 이주세력에

게 세력을 허용하기 곤란한 상황을 말해준다. 하물며 고구려 임금과 같은 규모의 영화를 누리게 허용할 리는 만무하다.

따라서 안악 3호분의 주인공은 동수가 아니라 고구려의 임금으로 보는 것이 타당할 것이다.

그럼 무덤의 주인공은 어느 왕일까? 미천왕美川王(재위 300~331년)과 고국원왕故國原王(재위 331~371년)이 거론되고 있다. 북한은 동수의 무덤이 아니라고 말을 번복한 후 미천왕이라고 주장하다가 다시 고국원왕이라고 재수정했지만 여러 정황상 고국원왕보다는 미천왕일 가능성이 더 높다.

고구려의 제15대 임금 미천왕은 재위 32년 만인 331년 2월에 사망한다. 그를 장사지낸 곳이 미천원美川原이므로 장지葬地의 이름을 따 임금의 시호를 짓는 고구려의 풍습에 따라 미천왕으로 부른 것이다. 그런데 미천왕은 동수보다 26년 전에 죽은 인물이다. 따라서 안악 3호분이 미천왕의 무덤이라면 이곳에 동수의 묵서명이 있는 것은 미천왕이 사망한 지 26년 후에 동수가 죽자 왕릉을 열고 들어가 글씨를 썼다는 것이 된다. 안악 3호분의 주인공을 동수로 보는 측은 이미 조성된 왕릉에 들어가서 글씨를 쓴다는 것은 말이 안 된다고 주장한다.

또한 고국원왕은 동수보다 14년 후에 세상을 떠난 임금이다. 따라서 안악 3호분이 고국원왕의 무덤이라면 이미 죽어 매장한 동수의 시신을 파내어 고국원왕릉에 배장했다는 결론에 다다른다. 바로 이런 점이 안악 3호분을 동수의 무덤이라고 주장하게 했다. 북한에서 당초 동수묘라고 주장한 김용준의 말을 들어보자.

"고국원왕보다 14년 전에 죽은 동수의 시체를 딴 데 묻었다가 14

년 후에 (……) 일부러 파서 왕릉에 배장한다는 것도 말이 안 되거니와…….”

동수가 미천왕(331년 사망)과 고국원왕(371년 사망)의 사망연대 사이인 357년에 죽었다는 사실이 이 무덤의 주인공을 묵서명의 장본인 동수라고 해석하게 한 것이다. 그러나 세 사람이 사망한 시점을 합리적으로 해석한 이런 견해들은 중요한 변수 하나를 간과했다. 바로 미천왕 시신 절도 사건과 그 부인 주씨 피랍 사건이다. 전연의 모용황이 이 사건을 저지른 장본인이다.

당시는 요동 서쪽에 선비족이 세운 전연이 기세를 떨칠 때였다. 고국원왕은 무력도 있고, 즉위 다음해 시조묘에 제사하고 나서 백성들을 위로하며 늙고 병든 자에게 물품을 내려줄 정도로 애민의 군주이기는 했으나 재위기간 내내 시련을 겪고 끝내 백제의 근초고왕에게 전사한 비운의 임금이다. 그는 재위 9년(339) 전연의 모용황이 쳐들어오자 화맹을 요청해 그를 돌아가게 했다. 이듬해 세자가 모용황을 찾아가 조근朝覲한 것을 보면 화맹 조건 중 하나가 세자의 입조였을 것으로 추측된다.

고국원왕은 재위 12년(342) 환도성과 국내성을 수축해 전연의 침략에 대비했는데 그해 11월 모용황이 직접 정병 4만을 포함해 모두 5만 5천 명의 대군을 이끌고 침략했다. 고국원왕은 아우 고무高武에게 정병 5만을 주어 나가게 하고 왕 자신은 약졸을 거느리고 남도南道를 방어했으나 고무가 대패하는 바람에 단기로 단웅곡斷熊谷으로 도주할 수밖에 없었다. 그러자 모용황은 왕모王母, 곧 미천왕의 왕비인 주씨와 고국원왕의 왕비를 사로잡아갔다. 그러면서 고구려 남녀 5만여 명과 미천왕의 시신을 파헤쳐 싣고 돌아갔다.

아버지의 시신을 빼앗긴 고국원왕은 눈물을 머금고 이듬해 2월 동생을 연나라에 보내 천千을 헤아리는 진이珍異한 물건과 함께 칭신稱臣 입조入朝할 수밖에 없었다. 그러자 연나라왕 모용황은 비로소 미천왕의 시신을 돌려주었다. 당초 미천왕의 무덤은 다른 고구려 임금들처럼 국내성 지역에 있었을 것이다. 그러나 미천왕의 왕릉이 파헤쳐지고 시신까지 탈취당한 고국원왕은 같은 곳에 시신을 모시지 않았을 것이다. 미천왕의 시신이 되돌아온 재위 13년(343) 7월 고국원왕은 평양 동황성東黃城으로 이주하는데 『삼국사기』는 이곳을 당시의 평양의 동쪽 목멱산중이라고 기록했다.

이때의 천도는 영구적인 것이 아니고 전연의 위협이 사라질 때까지 일시적으로 천도한 것이다. 수도까지 남쪽으로 옮긴 판국에 고국원왕이 부왕 미천왕의 왕릉을 언제 파헤쳐질지 모를 국내성 지역에 다시 마련하지는 않았을 것이라고 해석하는 것이 합리적이다.

그러나 이렇게 해석해도 미천왕의 시신이 되돌아온 343년과 동수가 사망한 357년과는 14년이 차이가 난다는 문제를 제기할 수 있을 것이다. 그러나 이 문제를 해결할 수 있는 인물이 있으니 바로 모용황에게 끌려간 미천왕의 부인 주씨다.

고국원왕은 어머니를 돌려받기 위해 재위 25년(355) 12월에 연나라에 사신을 보내 다른 볼모를 바치며 왕모 주씨를 돌려보내 달라고 요청했다. 연나라왕 모용준慕容儁은 비로소 이를 허용해 왕모는 귀국할 수 있었다. 무려 13년간이나 연나라에 끌려가 고초를 겪은 왕모 주씨는 고국에 돌아온 후 사망했다. 주씨가 언제 죽었는지는 기록에 없지만 그녀를 미천왕과 합장하면서 동수를 배장했다고 볼 수 있다.

고국원왕은 새로 옮긴 평양과 가까우면서도 선비족의 손길이 미칠 수 없는 황해도 안악을 미천왕의 새 장지로 선정했고, 이곳에 귀국해 죽은 모후를 묻으면서 동수를 배장한 것이다. 가장 풍부한 벽화가 남아 있는 안악 3호분은 미천왕과 연나라까지 끌려가 13년 동안 인고忍苦의 세월을 보낸 불행한 왕비이자 왕모인 주씨의 부부 합장 무덤일 것이다. 미천왕의 무덤에 유독 동수의 묵서명이 있는 것은 동수가 모용황을 내쫓기 위해 싸운 전연 사람이라는 점과 관련이 있을 것이다. 모용황에게 시신을 탈취당한 미천왕과 모용황에게 13년간이나 납치된 왕비 주씨의 영혼을 달래기 위해서는 전연에서 망명해 온 동수가 제격이기에 유독 그의 그림 위에 묵서명을 남긴 것이다.

한인 포로들은 어디에 수용되었나?

평양 지역과 황해도 지역은 대방태수 장무이張武夷 등 포로로 잡혀 온 한인漢人들의 무덤인 고분들이 산재한 것으로 알려져 있다. 『삼국사기』에는 고구려 역대 왕들이 요동·현도 등 중국을 침입하여 한인들을 포로로 잡아온 기록들이 있다. 미천왕 3년(302) 현도군을 침공하여 8천 명을 사로잡아 평양으로 데려오고, 같은 왕 14년(313)에는 낙랑군을 침공하여 남녀 2천여 명을 사로잡았다. 같은 왕 16(315)년에도 현도성을 쳐서 사로잡은 자가 매우 많았다고 기록했다. 고국양왕 2년(385)에는 요동과 현도를 함락시켜 남녀 1만 명을 사로잡아왔다. 정복군주인 광개토태왕 때는 포로로 잡은 이민족이 더욱 많았다. 이들은 주로 한반도의 서해안 지역에 포로수용소를 설치하여 함께 수용한 것으로 보인다. 평양과 황해도 지역에 산재한 토성이 대개 그런 유적들인데 학계에서는 이를 낙랑군이나 대방군의 군치郡治였다고 주장한다. 평양과 황해도 일대의 중국계 유적은 낙랑군이나 대방군의 유적이 아니라 중국 출신 망명자들의 유적이다.

28_ 덕흥리 고분벽화의 유주자사 진

난하 부근까지 진출한 고구려

13군 태수들이 하례하다

1976년 평안남도 대안시 덕흥리에서 발견된 고분벽화는 묘지명을 통해 피장자의 신분이 밝혀져 4세기 말부터 5세기 초의 고구려 역사와 문화를 연구하는 데 큰 진전을 가져왔다. 고분벽화에 나타난 명문에 따르면 무덤의 주인공은 유주자사幽州刺史 진鎭으로 77세에 죽어 광개토태왕 18년(408)에 이곳에 묻혔다. 유주자사는 지금의 하북성 일대를 관할하는 자로 그 휘하에 13군의 태수를 거느린 것으로 나타났다. 특이하게도 고분벽화에 이 13군의 태수가 주인공인 유주자사에게 하례하는 모습이 그림으로 뚜렷하게 남아 있다.

유주자사 진의 묘지명에 의해 그에게 제수된 벼슬을 살펴보면 다음과 같다.

건위장군建威將軍

덕흥리 고분벽화의 전체 투시도

덕흥리 고분벽화 전실前室 서벽西壁 투시도

국소대형國小大兄

좌장군左將軍

용양장군龍驤將軍

요동태수遼東太守

사지절 동이교위使持節 東夷校尉

유주자사幽州刺史

그에게 제수된 벼슬은 무려 일곱 가지나 된다. 이중에서 건위장군, 용양장군은 『남제서』 '백제조'에 보이는 것처럼 대륙백제의 백제장군들의 벼슬과 일치한다. 이처럼 중국 땅에 개척한 식민지를 다스리는 관원에게 중국식 관작명을 하사한 것은 백제나 고구려가 같음을 알 수 있다. 이는 식민통치를 원활하게 하기 위한 통치술로 알려져 있다.

덕흥리 고분벽화 중 13태수 하례도 오른쪽이 주인공인 유주자사 진이고 왼쪽이 13개 군의 태수다.

이 가운데 소형, 대형은 고구려 고유의 관작명으로 『수서』에 의하면 최고의 관작이 태대형太大兄, 다음이 대형大兄, 다음이 소형小兄, 다음이 대로對盧 등으로 되어 있어(『수서』 「권81 열전 46 동이」 '고려조') 대형과 소형이 상당히 고위 관직임을 알 수 있다. 소대형小大兄이 또 다른 관직인지는 자세히 알 수 없다.

주목할 것은 사지절 동이교위란 직위인데 사지절이란 천자의 임명부절을 가지고 전권을 위임받은 사령관임을 밝히는 것이다. 여기에서 천자란 중국과는 또 다른 천하관을 가지고 있는 고구려의 광개토태왕을 지칭한다. 동이교위를 중국 측에서 내린 벼슬로 오랑캐를 관리하는 직위라고 잘못 이해해서는 안 된다. 이 또한 점령 지역의 주민들을 통치하기 위한 통치술의 하나로 이해해야 한다. 점령지 백성들에게 익숙한 중국식 표현을 쓴 것은 그 때문이다.

무덤의 주인공 진의 관계官階나 위계位階는 막강했을 것으로 보인다. 행정 책임자인 요동태수를 지내고 군사 책임자인 유주자사까지 겸했다는 것은 그의 지위가 매우 높았음을 말하며 유주와 요동이 긴밀한 관계였음을 보여주는 것이기도 하다.

뿐만 아니라 유주자사 진을 알현하고 정무보고를 하는 13개 군의 태수의 면면을 보면 유주의 관할 지역을 알 수 있다. 이들 13개 군의 태수는 다음과 같다.

범양范陽태수, 어양魚陽태수, 연군燕郡태수, 상곡上谷태수, 광녕廣寗태수, 대군代郡태수, 북평北平태수, 요서遼西태수, 창려昌黎태수, 요동遼東태수, 현도玄菟태수, 낙랑樂浪태수, 대방帶方태수

『진서』「지리지」 '유주幽州조'에 의하면 유주는 일찍이 진나라가 연나라를 멸한 후 이곳에 어양, 상곡, 우북평, 요서, 요동의 5군을 설치했고, 한나라 고조 때는 상곡을 나누어 탁군을 설치했으며 무제가 전국에 13주를 설치할 때 유주는 옛 명칭을 개정하지 않고 그대로 사용했다. 그 후 현도, 낙랑을 그에 속하게 했다. 또한 한나라 소제昭帝 원봉 원년(기원전 80) 연을 광양군으로 하고 유주는 9개 군을 거느렸다. 후에 위나라 때 동이를 다스리기 위해 평주를 설치하고 요동, 창려, 현도, 대방, 낙랑의 5군을 설치했다.(『진서』「지리지 상 유주, 평주」)

청나라 초기에 만든 『독사방여기요讀史方輿紀要』에서도 진나라와 십육국 시기 유주의 치소는 탁군(지금의 북경 부근)이며 속군은 범양, 연, 북평, 상곡, 광녕, 대, 요서군이며, 평주는 치소가 창려(난하 갈석산 부근)이며 속군으로는 창려, 요동, 낙랑, 현도, 대방군이다.(『독사방여기요』「권 3, 역대주역형세 3, 유주·평주」)

결국 유주를 나누어 평주를 설치했고, 후대에 오면 유주는 요서군을, 평주는 요동군을 중심으로 군현을 설치했음을 알 수 있다.

일찍이 고구려는 모본왕 때 중국 동북부 지역 깊숙이 진출했다. 『삼국사기』'모본왕 2년(49)조'의 기록을 보자.

(모본왕) 2년(49) 봄에 장수를 보내어 한나라의 북평, 어양, 상곡, 태원 등을 습격했는데, 요동태수 채동이 은혜와 신의로 대하므로 다시 화친하였다.

春 遣將襲漢北平漁陽上谷太原 以遼東太守蔡彤以恩信待之 乃復和親

이 기록은 『후한서』「동이열전」 '구려조'에도 실려 있다.

(광무제) 25년(49) 봄에 구려가 우북평, 어양, 상곡, 태원을 침입하니 요동태수 채융이 은혜와 신의로 초유하므로 국경이 모두 회복되었다.

春 句麗寇右北平漁陽上谷太原 而遼東太守蔡肜以恩信招之 皆復款塞

고구려 모본왕이 한나라의 북평, 어양, 상곡, 태원을 차례로 습격했을 때 한나라 요동태수 채융(채융蔡肜과 채동蔡彤은 동일 인물인데 판본에 따라 차이가 있다)이 은혜와 신의로 대하므로 화친했다는 그곳이 바로 유주며, 평주요, 요동임을 알 수 있다. 유주가 속한 지역인 범양, 연, 광녕, 상곡, 어양, 대 지역은 오늘날의 북경을 중심으로 한 하북성, 산서성 지역에 해당한다. '은혜와 신의' 운운한 위의 기록은 요동태수 채융이 고구려에 항복하고 많은 전쟁보상금을 주고 화친을 맺었다는 중국적 표현이다. 요동태수가 이 지역까지 와서 항복을 청했다는 것은 그가 관할하던 지역이었기 때문일 것이다. 아니라면 그가 요하의 동쪽 끝에 있었다는 요동 지역에서 이곳까지 달려온 이유가 무엇일까?

요동 지역이 어느 곳인지에 대해서는 학계에서 치열한 논란이 있었다. 그동안 요동은 요하 동쪽으로 인식되었고 요동군의 치소는 양평襄平이라 했다. 또한 양평은 지금의 요녕성 요양시遼陽市로 비정하고 있다. 그런데 『후한서』「원소·유표열전 하下」에 요동군에 대해 기록하면서 당나라 이현李賢 등의 주註를 다음과 같이 인용했다.

양평현은 요동군에 속하는데 그 고성이 지금의 평주 노룡현 서남쪽에 있다.

襄平縣 屬遼東郡 故城在今平州盧龍縣西南

앞에서 설명했듯이 평주의 치소가 노룡현인데 이곳에 요동군의 고성이 남아 있다는 것이다. 지금도 노룡현은 창려현과 갈석산의 북쪽, 산해관의 서쪽, 난하 하류의 동쪽에 현존한다. 이곳이 늦어도 당나라 시기 이현이 생존했을 때까지 요동군이었다는 것이다.

유주자사 진에게 알현한 태수들의 근무지는 중요한 사실을 시사해준다. 대형大兄 등의 관직으로 보아 그는 고구려 사람이 분명한데 그가 유주자사와 요동태수를 지냈고, 13개 군의 태수들이 와서 알현했다는 사실은 고구려가 한때 이 광대한 지역을 지배했음을 말해준다.

29_ 고구려 유장들의 궤적

당의 장수가 된 고선지와 발해를 세운 대조영의 궤적

서양에 위명을 떨친 고선지

나라가 망했을 때 사람들의 대응방식은 같지 않다. 백제를 예로 들면 계백같이 끝까지 싸우다 순사殉死한 사람이 있는가 하면, 흑치상지같이 부흥운동을 거쳐 당나라로 가서 무장이 된 사람이 있다. 그중에는 일본으로 건너가 구원병을 요청하거나 일본의 귀족이 된 사람도 있다. 백제는 적국이 아닌 일본이란 배후 세력이 있었기에 바다를 건너 몸을 의탁할 수 있었지만 배후 세력이 없는 고구려 사람들은 그럴 수도 없었다. 그러나 대륙을 호령하고 세계 최강국 수·당과 싸워 이긴 고구려이고 보니 그 유민들의 삶도 그리 만만하지 않았다. 그중에는 고선지高仙芝처럼 당나라의 장수가 되어 서양까지 그 위명을 떨친 사람이 있는가 하면, 대조영같이 고구려 영토에 새로운 나라를 세운 창업자도 있고, 이정기처럼 중국 대륙 한복판에 나라를 세운 위인도 있다. 또한 당현종의 혁명동지로서 당나라의

중국 신강성 쿠처[庫車] 당나라 때 설치한 안서도호부가 있었다.

권력을 독차지한 왕모중王毛仲도 있고 당나라 병부상서兵府尚書와 하동절도사를 역임한 왕사례王思禮 같은 인물도 있다.

먼저 고구려의 유장에서 당나라의 장수로 변해 이슬람 세력과 싸운 고선지를 살펴보자.

『신·구당서』「열전」'고선지조'를 보면 본래 고구려인인 고선지의 아버지는 당나라에서 사진교장四鎭校將이란 벼슬을 지낸 고사계高舍雞다. 성이 국성國姓인 고씨인 것은 그의 집안이 고구려의 귀족이었음을 뜻한다.

20세 때 아버지를 따라 당나라 안서安西로 가서 음보蔭補로 유격장군에 등용되었는데 고주몽의 후예답게 말을 잘 타고 활을 잘 쏘아 20세 때 장군이 되었다. 뛰어난 무술 솜씨로 안서절도사의 신임을 얻어 언기진수사焉耆鎭守使가 되었다가, 2천 명의 병력을 이끌고 천

파키스탄 카슈미르 북서부의 길기트 소발률국이 있던 곳으로 고대로부터 교통의 요충지였다.

산天山산맥 서부의 달해부達奚部를 정벌한 공으로 안서부도호安西副都護로 승진했다가 이어 사진도지병마사四鎭都知兵馬使로 승격했다.

당태종은 서북의 여러 유목민족을 세력권에 넣었으나 두 차례에 걸친 고구려 정벌은 실패하고 말았다. 그 뒤를 이은 고종은 신라와 연합해 고구려를 멸망시켰을 뿐만 아니라 서돌궐(서튀르크)을 장악했으며 중앙아시아의 여러 성곽城郭 국가들을 정복해 파미르 고원 동쪽의 광대한 지역뿐 아니라 서쪽까지 세력을 확대했다. 이는 서쪽의 사라센 제국과 대립하는 결과를 초래했는데, 현종玄宗 천보天寶 6년(747) 사라센 제국이 티베트[吐藩]와 동맹을 맺고 당나라 세력을 막기 위해 동진한 것은 이 때문이다.

고선지는 이때 행영절도사行營節度使가 되어 1만의 군사를 거느리고 티베트족의 군사기지인 연운보連雲堡를 격퇴한 다음 소발률국小

勃律國의 수도인 아노월성을 점령한 후 사라센 제국과의 유일한 통로인 교량橋梁을 파괴해 티베트와 사라센의 연대를 끊는 군공을 세웠다. 그는 이 원정에서 72개국의 항복을 받고 사라센의 동진을 막은 공로를 인정받아 귀국한 후에 특진겸좌금오대장군동정원特進兼左金吾大將軍同正員으로 승진했다. 그러나 소발률국을 정복하는 와중에 상관인 절도사를 거치지 않고 조정에 바로 승전보를 올렸다는 이유로 절도사에게서 '개 창자 씹을 놈, 개똥 씹을 고려 종놈'이란 모욕을 당했을 정도로 고구려 유장의 행보는 순탄하지만은 않았다. 한인漢人들보다 최소한 몇 배는 뛰어나야만 두각을 나타낼 수 있었기 때문이다.

서기 750년에 고선지는 두 번째 원정을 단행해 사라센과 동맹을 맺으려는 타슈켄트[石國]를 토벌하고 국왕을 생포해 온 공로로 개부의동삼사開府儀同三司가 되었다. 그런데 당나라가 장안으로 끌려온 타슈켄트 국왕을 참살하자 이에 분개한 사라센이 서쪽 여러 나라와 연합해 쳐들어오는 결과를 낳았다.

드디어 사라센 제국과 당 제국은 751년 유명한 탈라스에서 맞붙게 되었는데 7만의 당나라 군사를 이끈 수장이 바로 고선지다. 역전의 장수 고선지는 동서양의 운명을 건 이 탈라스 전투에서 패배하고 말았다. 당나라의 동맹군을 가장한 카르룩군이 배후에서 공격하는 바람에 패배한 것이다. 그런데 이 전투는 의외의 결과를 낳았다. 이 전투에 참가한 당나라 군사가 사라센 제국에 체포되었는데 그가 제지술을 알고 있었기 때문이다. 이때 서방세계에 제지술이 전해져 이후 서양사 발전에 큰 영향을 끼쳤다.

안녹산安祿山의 반란이 일어나자 고선지는 총사령관이 되어 10만 군사를 이끌고 낙양 서쪽의 유명한 삼문협三門峽을 지키려 했으나 봉상청封常淸이 이끄는 선발군이 이미 패배했음을 전해듣고, 이곳을 지키기 어렵다는 판단에 따라 군수품과 양곡을 사졸들에게 나누어 준 후 남는 것은 모두 불태워버렸다. 그리고 삼문협 서쪽의 요충지인 동관潼關으로 후퇴해 일전의 의지를 다졌다. 이 행위가 자신을 죽음으로 몰고갈 줄은 고선지 자신도 몰랐을 것이다.

이 과정에서 고선지에게 금품을 요구했다 거절당한 적이 있는 환관 출신 감군監軍 변영성邊令誠이 그를 현종에게 무고한 것이다. 고선지가 멋대로 후퇴했고 사졸들에게 나누어 줄 양곡과 군수품을 가로챘다는 내용이었다. 이 무고에 마음이 흔들린 현종은 고선지에게 사형을 명했다. 고선지가 사형장에 다다랐을 때 선발군을 이끌었던 봉상청은 이미 사형을 당해 시신이 땅에 뒹구는 상황이었다. 이를 본 고선지는 탄식했다.

"그대는 내가 천거했고, 또 나를 이어 절도사가 되었으니 그대와 함께 죽는 것이 어찌 운명이 아니랴. (……) 내가 후퇴한 것은 죄이니 죽음도 마다하지 않겠다. 그러나 나를 도적으로 몰아 양곡과 군수품을 가로챘다는 것은 무고다."

고선지가 자신이 이끌던 군사들에게 "내게 죄가 있다면 그렇다고 말하고 그렇지 않으면 억울하다고 외쳐라!" 하자, "억울하다"고 외치는 소리가 진중을 뒤흔들었다. 고선지가 자신을 지지하는 군사들과 함께 봉기하면 당나라를 멸망시킬 수도 있는 상황이었으나 고선지는 조용히 죽음을 맞이했다.

영국의 동양학자 마크 오렐 스타인Mark Aurel Stein이 "일찍이 유럽의 어느 유능한 사령관보다 탁월한 전략과 통솔력의 소유자였다"

고 격찬한 고선지는 이처럼 비참하게 무고로 생을 마쳤다. 백제 출신으로 고선지처럼 티베트와 돌궐을 공략해 큰 공을 세운 흑치상지黑齒常之도 689년 조회절趙懷節의 모반사건에 관련되었다는 주흥周興의 무고로 교형絞刑에 처해졌다. 뿐만 아니라 왕모중과 연개소문의 손자로 당나라 우무위장군에 오른 연헌성淵獻誠도 내준신來俊臣의 무고로 죽었으니 이는 망국 출신으로 그 적국을 위해 공을 세운 걸출한 영장들의 운명인지도 모른다.

발해를 건국한 대조영

발해의 건국자 대조영大祚榮에 대해서 살펴보자.

   고구려가 멸망한 후 대조영의 아버지 걸걸중상乞乞仲象은 대릉하 강가에 있는 지금의 요녕성 조양 지역인 영주營州에 정착했다. 걸걸중상은 『태백일사太白逸史』에 의하면 고구려가 멸망하던 해에 '중광重光'이란 연호로 '후고구려'를 건국했다고 전하는 인물이다.

   걸걸중상과 대조영은 고구려가 멸망한 지 약 30년이 지난 696년 5월 거란족 이진충李盡忠과 그의 처남 손만영이 당나라에 반란을 일으킨 것을 독립의 계기로 삼았다. 거란추장 이진충이 당나라 영주도독 조홰趙翽를 살해한 틈을 타 집단적으로 영주를 빠져나와 옛 고구려 지역으로 향한 것이다. 이진충의 반란 초기에 당나라는 돌궐 추장 묵철默啜의 힘을 빌려야 할 정도로 당황했으나 나중에는 측천무후의 명을 받은 당나라의 20만 대군이 대대적인 공세를 취하면서 전세가 뒤집히기 시작했다.

   걸걸중상과 대조영은 말갈추장 걸사비우乞四比羽가 이끄는 세력과 연합해 요하를 건너 요동 지방 북쪽으로 피신했다. 이들이 옛 고구려 땅에서 세력을 확장해나가자 당나라는 이들을 무마하고자 걸걸중상에게 진국공震國公, 걸사비우에게 허국공許國公이라는 작위까지 내려주었으나 이들은 이를 단호하게 거부했다. 이는 고구려를 멸망시킨 당나라에 대한 반감에서 나온 것이었다.

이처럼 대당 강경노선을 걸은 대조영 집단은 당나라 군대의 공세에 밀려 다시 이주할 수밖에 없었다. 영주를 떠나 요수遼水를 건너 천문령天門嶺 서쪽에 정착한 대조영 집단은 당나라 군사가 공격하자 천문령 고개를 넘어 다시 동쪽으로 이주했다.

이 무렵 아버지 걸걸중상이 병으로 사망하고, 당나라에 항복한 후 이들을 쫓던 거란 출신 장수 이해고李楷固에게 걸사비우마저 사망해 대조영은 위기에 빠졌다. 그러나 대조영은 이런 위기 속에서 고구려군과 말갈군을 규합해 이해고가 이끄는 군사를 천문령에서 맞서 싸웠는데 역습을 가해 크게 승리했다.

대조영은 태백산太白山(백두산) 동북쪽 기슭 목단강 상류 일대로 동진해 지금의 길림성 돈화현의 동모산東牟山 아래에 도성을 정하고 개국했으니, 서기 698년으로 고구려가 멸망한 지 정확히 30년 만이었다.

이때의 이름은 진국振國 또는 진국震國이라고 했다. 진국振國은 '세력을 크게 떨치다'라는 뜻이고, 진국震國은 '동방의 나라'라는 뜻이다. 『주역』에서 '진震'이 동방을 가리키기 때문에 이런 이름은 지은 것이다. 대조영은 이렇게 발해 시조 고왕高王이 되었다.

일단 건국에 성공한 대조영은 당나라와 긴장관계를 유지하기보다 이 지역을 지배하는 국왕으로 독립적인 지배권을 인정받고자 했

중국 흑룡강성 발해진 동경성 발해의 마지막 수도인 상경용천부가 있었다.

다. 그가 천통天統(발해 고왕의 연호) 7년 아들 대문예大文藝를 당나라 수도 장안으로 보내 숙위宿衛하도록 한 것은 갓 건국한 나라를 지키고자 하는 고육책이었다. 대조영은 이와 함께 돌궐에도 사람을 보내 연합전선을 구축했다. 당나라의 침략에 대비한 것이었다.

대조영은 이런 유연한 강온전술을 사용해 시간을 버는 한편 주변 지역을 정복해 대제국을 건설해나갔다. 드디어 당현종은 713년 대조영을 발해군왕渤海郡王으로 봉할 수밖에 없었다. 이미 고구려 구토舊土를 장악한 발해와 전면전을 벌이는 대신 세력을 인정하겠다는 의도였다. 이후 발해는 거란족에게 멸망하는 926년까지 230년 가까이 만주와 연해주를 아우르는 패자가 되었다.

대조영은 재위 21년(719) 만에 사망하고 대무예大武藝가 제2대 임금으로 즉위했으니 그가 바로 무왕武王이다. 대조영은 당대에 고구려 유민과 말갈족을 아울러 고구려의 구토에 거대한 대제국을 건설하고 세상을 떠난 것이다.

그런데 대조영이 어느 민족 출신인가에 대해서는 학자들 사이에 의견이 엇갈린다. 중국 사료들의 기술 자체가 통일되어 있지 않다는 사실이 어려움을 더한다. 『구당서』 '발해말갈조'는 "발해말갈의 대조영은 본래 고구려의 별종이다"라고 기록한 반면 『신당서』 '발해조'는 "발해는 본래 속말말갈粟末靺鞨로 고구려에 부속되어 있었으며 성은 대씨大氏다"라고 기록한 것이다.

발해를 고구려의 후예라고 주장하는 한국 학자들은 대체로 『구당서』를 인용해 '고구려 별종' 출신이라고 주장하는 데 비해, 발해를 중국의 지방사라고 주장하는 중국 학자들은 『신당서』를 근거로 '속말말갈'이라고 주장한다. 대조영에 관한 사료 자체가 극히 부족한 형편이어서 그를 둘러싼 수수께끼를 풀기가 쉽지 않다. 신라 말의 명문장 최치원이 "발해의 원류를 따져보면 본래 속말말갈족의 무리였으니, 처음에 혹처럼 아주 조그만 집단이었다가 마침내 번성하게 되었다"고 말한 것이 대조영을 말갈족 출신으로 이해하는 근거가 되기도 하지만 『구당서』와 『신당서』 자체의 대씨에 관한 기록이 다른 판국이니 결국 두 사료를 종합해서 합리적으로 해석해야 할 것이다.

발해사를 연구하는 경성대의 한규철 교수는 이 두 주장을 통합해 '고구려의 송화강 시골 출신 대조영'이라는 해석을 시도했는데 이것이 합리적인 해석일 것이다. 그렇지 않고 대조영과 걸사비우가 모두 말갈족 출신이라면 발해가 일본에 사신을 보낼 때 스스로를 고구려의 후예라고 주장한 이유를 설명할 수 없게 된다. 일본 기록에 "발해는 말갈족이 많고 고구려 사람이 적지만, 고구려 사람들이 모두 이들을 지배하고 있다"는 기록도 마찬가지다. 또한 최치원도 "옛날의 고구려가 지금의 발해가 되었다"고 전하는데 이런 기록들은 대조영 등 발해의 건국 세력이 고구려의 유민이 아니라면 나올 수 없는 기록이다.

현재 성씨가 알려져 있는 발해인은 유민까지 합쳐서 모두 380명인데, 그중 왕족인 대씨가 117명으로 가장 많으며, 귀족인 고씨는 63명, 왕씨는 30명, 장씨는 20명 등인데 왕족인 대씨를 제외하고 나머지 귀족들을 분석하면 고씨가 전체의 47퍼센트에 달한다. 이는 발해를 실질적으로 지배하고 있던 세력은 분명 고구려의 후예들이라는 것을 의미한다. 또한 대조영이 사망한 후 그의 시호를 고왕高王으로 올린 것도 심상한 일이 아니다. 곧 발해는 고구려의 후예다. 또한 말갈은 한족漢族들이 볼 때 동이東夷에 속하는 민족으로 고구려의 방계 민족 중 하나였다. 고구려와 말갈의 언어도 통역이 필요 없을 정도로 같았다. 방언 정도였다.

당나라도 안녹산·사사명의 난을 계기로 '발해군渤海郡'에서 '발해국渤海國'으로 바꿔 부를 수밖에 없었다. 발해는 명실상부하게 고구려 옛 땅을 차지하는 독립왕국이었다. 이로써 만주 지역은 고구려가 멸망한 후에도 230년 가까이 우리 민족이 호령했다.

30_ 잊혀진 건국영웅 이정기

당나라 한복판에 치청왕국을 세운 이정기 일가의 발자취

당나라에 파견되는 신라군

고구려는 비록 668년에 멸망했으나 그 생명력은 끈질겼다. 멸망한 지 150년이 지난 후에도 그 발자취를 남겼다. 그것도 한반도나 만주 대륙이 아닌 중국 대륙에 끼친 발자취다.

『삼국사기』「신라본기」'헌덕왕憲德王(재위 809~826년) 11년(819)조'에는 이와 관련해 우리의 주목을 끌 만한 내용이 있다.

> 7월에 당나라 운주절도사 이사도李師道가 반란을 일으키자 당헌종憲宗이 양주절도사 조공趙恭을 보내 우리 군사들을 징발하니 헌덕왕이 황제의 명이므로 순천군장군順天軍將軍 김웅원金雄元에게 군사 3만을 거느리고 가서 당의 군사를 돕게 했다.

이 기록은 그간 비중 있게 다루어지지 않았지만 신라의 3만 대군이 당나라로 출병해 운주절도사가 이끄는 군사와 싸웠다는 놀라운 기록이다. 지금의 산동성 지역인 운주로 무려 3만의 신라 대군이 파견되어 이사도의 군사와 싸웠다는 것이다. 고려 원종 15년(1274)에 여몽연합군麗蒙聯合軍이 일본으로 출병한 것보다 무려 455년이나 이른 시기에 대규모 파병이 이루어진 것이다.

신라는 왜 이런 대규모 출병을 단행했을까? 당시 신라도 그리 여유 있는 형편이 아니었다. 당에 파병하던 그해 3월 신라 곳곳에 초적草賊이 일어나서 헌덕왕이 여러 주군州郡의 도독·태수에게 진압하도록 명하던 상황이었다. 외국의 내전에 개입해 대군을 파견할 상황이 아니었다.

신라 헌덕왕이 이런 상황을 무릅쓰고 파병을 단행한 이유는 무엇일까? 『삼국사기』는 '황제의 명이므로'라는 이유를 댔지만 그보다는 반란을 일으킨 운주절도사 이사도가 고구려인의 후예라는 데 있을 것이다. 이사도는 산동 지역에 당나라에 맞서 독립된 권력을 누리던 치청왕국淄靑王國을 세운 고구려인 이정기李正己의 손자다.

이정기는 『구당서』에 따르면 본명이 회옥懷玉인데 고구려가 나당 연합군에게 멸망(668)한 지 64년이 지난 732년에 영주營州에서 태어났다고 전한다. 그가 태어난 영주는 고구려 멸망 후 대조영 일가가 이주해 살았다는 데서 알 수 있듯이 고구려 유민들이 대거 강제 이주당해 살던 곳이다.

고구려 멸망 직후인 669년 당나라는 무려 20여만 명에 달하는 고구려인들을 강제로 이주시켰다. 그 대상은 평양성을 비롯해 당나라의 침략에 끝까지 저항한 지역의 지배층과 백성들이었다. 고구려인들을 분산시킴으로써 고구려 부흥운동을 원천적으로 봉쇄하려고 한 것이다.

  당나라는 고구려를 멸망시킨 후 수도 평양에 안동도호부安東都護府를 설치한 후 당나라 장수 설인귀薛仁貴를 안동도호로 임명하고 군사 2만을 주둔시켜 식민지로 지배했다. 그러나 고구려인 검모잠劍牟岑 등이 평양 부근에서 당의 지방관을 죽이고 안승安勝을 임금으로 추대해 고구려 부흥운동을 일으켰다가 실패해 신라로 도망간 사건이 보여주듯 당의 고구려 지배는 쉬운 일이 아니었다. 결국 나당전쟁 와중에 안동도호부는 신라군에 쫓겨 676년 요동으로 도망갈 수밖에 없었다.

  당나라는 보장왕을 요동으로 불러와 요동도독조선군왕遼東都督朝鮮郡王으로 임명해 고구려 유민들을 회유하려 했으나 보장왕은 오히려 옛 복속민이던 말갈족 등과 통모해 반당거사를 도모했다. 그러자 당나라는 보장왕의 손자 보원寶元을 조선군왕으로 임명했으며, 699년에는 안동도호부를 안동도독부로 격하시키고 보장왕의 아들인 덕무德武를 안동도독으로 임명하기도 했다.

  그리고 보장왕과 고구려 유민들을 당의 내륙 깊숙한 곳으로 끌고 가 분산 소개시켰다. 이들 중에는 당나라 수도 장안長安이나 요동 서쪽으로 끌려간 이들도 있지만 오늘날 내몽골 서쪽의 감숙성甘肅省과 섬서성陝西省, 산서성山西省 일대로 끌려간 이들도 있었다. 이 일대의 황막한 사막지대를 여행하다 보면 옛 고구려 유민의 후예를 만날지도 모를 일이다. 또 산동반도 이남인 강소성江蘇省과 안휘성安徽省 일부 지역도 이에 포함된다. 만주 서쪽인 요녕성 조양 지역인 요서의 영주 일대에 정착한 고구려 유민들 중에 치청왕국을 세운 이정기가 나타나는 것이다.

안녹산의 난을 계기로 성장

당시 요서 일대에는 영주를 근거지로 삼은 평로군平盧軍이 있었는데 이정기는 이 평로군의 비장裨將이었다. 평로군에는 이정기의 고모 아들로 내외종간인 후희일侯希逸이 함께 근무하고 있었다. 요서 지역의 비장에 불과하던 그가 역사의 무대에 등장하게 된 계기는 안녹산安祿山의 반란이다. 안녹산의 난이 한창 기세를 떨치자 이정기는 안동도호 왕현지王玄志와 손잡고 안녹산의 친장親將으로 평로절도사로 부임한 서귀도徐歸道를 죽이는 전공을 세웠다. 그는 왕현지를 평로군사平盧軍使로 옹립했으나 공교롭게도 왕현지는 758년 9월 병사하고 만다.

그러자 당 조정은 왕현지의 아들을 후임 절도사로 임명시키려 했지만 이정기는 이에 반발해 그 아들을 죽이고 내외종인 후희일을 평로병사로 추대한다. 이정기 자신이 직접 평로병사에 부임하지는 않았지만 드디어 이정기 집안이 평로군을 장악한 것이다. 후희일은 안녹산이 사신을 보내 회유하자 그를 참수할 만큼 철저한 반안녹산 노선을 견지했으나 이에 분개한 안녹산이 대군을 보내는 바람에 쫓기게 되었다. 설상가상으로 북방 해족奚族의 침공이 겹쳐 극심한 어려움에 빠진다.

이정기와 후희일은 이런 어려움을 집단 이주를 통해 풀기로 했다. 761년 후희일은 이정기와 근왕병勤王兵 2만 명과 함께 발해만을 건너 산동성山東省 등주登州에 상륙한다. 드디어 중국 대륙에 집단적인 모습을 드러내게 된 것이다.

후희일·이정기가 이끄는 군사는 등주에서 내륙 쪽으로 더 들어간 청주青州에서 당나라 관군과 만나 합류한다. 안녹산의 반란에 골

등주성 이정기는 안녹산의 난 때 후희일과 함께 군사를 이끌고 발해만을 건너 산동성 등주로 온다.

머리를 썩던 당 조정은 안녹산과 합류하지 않고 관군을 찾아온 이들을 가상하게 여겨 후희일을 산동성의 치주淄州·청주 등 6개 주를 관장하는 평로치청절도사平盧淄靑節度使로 임명한다.

이러한 성취에 만족한 후희일은 정사에 태만하고 사찰을 건립하는 등 큰 역사를 일으켜 군사들의 불만을 샀다. 이 불만은 자연 이정기에 대한 신망으로 이어졌는데, 이를 우려한 후희일이 이정기를 해임하려 하자 군사들은 거꾸로 후희일을 내쫓고 이정기를 추대했다. 당 조정은 이정기를 문책하는 대신 그의 실권을 인정해주는 회유책을 썼다. 당 조정은 그에게 당의 황성皇姓인 이李씨 성을 하사하고 회옥懷玉이던 그의 이름을 '자신을 바로 세웠다'는 뜻의 정기正己로 바꾸어주면서 평로치청절도관찰사 겸 해운압발해신라양번사海運押渤海新羅兩蕃使로 임명했다. 비록 명목상이지만 그에게 발해·신라양번사의 관직을 준 것은 그가 고구려 유민의 후예라는 점을 고려한 것이었다.

안녹산은 둘째 아들 안경서安慶緖에게 피살되었으나 안녹산의 부장이던 사사명史思明이 그의 뒤를 이어 계속 난을 일으켜 전후 9년(755~763)까지 계속되었다. 이정기가 이 난을 계기로 산동에 상륙했듯이 이 난은 종래 변경을 방어하기 위해 파견한 절도사가 국내 요지로 들어오는 계기가 되어 전국에 번진藩鎭, 곧 군벌이 할거하게 되었다. 중요 번진 중에는 하북 방면의 위박魏博, 성덕成德, 노룡盧龍 절도사가 있었으며 산동에 치청번진이 있었는데 이 치청번진의 주인공이 바로 이정기다.

그러나 이정기는 이에 만족하지 않았다. 그는 산동성 일대로 세력을 확장해 10개 주를 치청군에 복속시켰다. 그의 군사는 무려 10만 대군으로 성장했다. 그야말로 『자치통감』의 기록대로 "이웃 번진들이 모두 두려워하는" 강한 번진으로 성장한 것이다.

독자적인 권력을 행사하는 이정기

고구려의 후예 이정기는 이 지역을 자신의 독자적인 세력으로 삼았다. 관리를 임명하고 조세를 수취하는 권한을 스스로 행사하면서 이웃 번진들과 혼인 등을 통해 연합전선을 형성했다. 그는 777년 이영요李靈曜의 난을 토벌하는 과정에서 지금의 강소성江蘇省인 서주徐州와 조주曹州 등 내륙 5개 주를 추가로 점령했다. 이정기는 드디어 당 조정에 맞서는 최대 세력이 된 것이다. 이로써 조주를 기준으로 중원의 동부 지역은 이정기가 지배하는 형상이 되었으니 당 조정은 사실상 조주 서부 지역만 다스리는 분열왕조가 된 셈이었다. 이정기에 대해『구당서』「열전」'이정기조'는 이렇게 적었다.

> (이정기는) 처음 치주·청주·제주·해주·등주·래주·기주·밀주·덕주·체주(淄·青·齊·海·登·萊·沂·密·德·棣) 등 여러 주를 차지했다. (……) 대력 연간에 설숭이 죽고 이영요李靈曜가 난을 일으키자 여러 절도사들이 함께 그 지역을 공격했는데, 점령하는 대로 자신의 영토로 만들었다. 이정기는 이때 다시 조주·복주·서주·연주·운주(曹·濮·徐·兗·鄆) 등 모두 15개 주를 얻었는데, 같은 절도사들도 이정기를 겁내게 되었다. (……) 일찍이 전승사를 공격한 적이 있어서 인근의 적들이 모두 두려워했다.

더구나 이정기는 당초 치청왕국淄青王國의 치소治所인 청주를 아들 이납李納에게 맡기고 여기보다 서쪽의 운주運州를 치소로 삼아 계속 서쪽으로 세력을 확장했다.

갓 즉위한 당의 덕종德宗은 780년 변주에 성을 쌓고 이정기의 치청군의 서진을 막는 전초기지로 삼았다. 이정기도 이에 정면 승부하기 위해 변주와 가까운 조주 제음에서 군사를 훈련하는 동시에 사촌형인 이유에게 서주를 맡겨 반격 태세를 취한다. 드디어 이정기 군사는 당군과 맞붙어 승리를 거두었는데 이 승리로 서주 근교의 용교埇橋와 와구渦口를 점령한다. 용교와 와구의 장악이 중요한 이유는 이곳이 중국의 남북을 잇는 대운하의 중심인 강회조운江淮漕運의 요충지였기 때문이다. 이 지역을 장악했다는 사실은 대운하를 통해 올라오던 중국 남부 지방의 물산운송을 두절시켰음을 뜻한다.

남부에서 물산이 올라오지 않게 되자 당의 수도 장안은 경제적 위기에 봉착하게 되었고, 거꾸로 이정기의 치청왕국은 전성기를 구가하게 되었다.

산동성, 안휘성, 강소성을 아우르는 치청왕국 건설
당군과 싸워 승리한 이정기는 한반도와 마주보는 산동성은 물론 안휘성과 강소성 일대까지 다스리는 치청왕국을 이룩했다. 이는 당시 한반도 중남부를 장악한 신라보다 몇 배 넓은 영토였다.

그러나 이때 변수가 발생한다. 변주에서 당군과 격전을 거두어 승리를 거둔 이듬해인 781년 이정기가 급서한 것이다. 원인은 등창이며 그의 나이 49세 때였다. 치청왕국의 주축은 이정기이므로 그의 죽음은 치청왕국의 급격한 약화를 가져왔다.

설상가상으로 이정기와 동맹관계였던 산남동도山南東道의 양숭의梁崇義가 당군과의 전투에서 대패하고 전사함으로써 한 축이 무너졌다. 아들 이납은 이정기의 죽음이 가져올 세력약화가 두려워 아버지의 죽음을 숨기고 전열을 정비했으나, 이정기가 서주자사로 임명한 당숙 이유가 덕주德州의 이사진李士眞 등을 이끌고 당에 투항하는 등 악재가 잇따랐다.

운하 개통을 둘러싸고 당 조정과 일진일퇴가 거듭되었다. 당으로서도 용교와 와구를 탈환하지 않을 수 없었다. 물산이 풍부한 남부의 경제적 후원 없이 유지되기에 장안은 너무 서쪽에 위치한 오지였다. 드디어 당에 투항이 잇따르면서 치청왕국이 분열된 것을 계기로 운하통운이 재개되었으나 이듬해인 782년 이납이 회서淮西의

이희열李希烈과 함께 용교와 와구를 재탈환하고 운하를 다시 불통시
켰다.

　상황이 이렇게 되자 당 조정은 치청왕국을 무너뜨리지 않으면 존
립이 위태롭다는 판단에 따라 전국적으로 군사 총동원령을 내리고
선무절도사 유현좌劉玄佐에게 치청왕국을 정벌하게 했다. 당나라와
치청왕국의 한판 대결이 불가피한 상황이 조성된 것이다.

　그러나 이 당시 당나라는 무리한 군사징발로 군사들의 불만이 팽
배해 있었다. 치청왕국 정벌을 위해 동원된 경원군涇原軍이 반란을
일으켜 수도 장안을 점령해버린 것이 이런 상황을 단적으로 보여준
다. 당의 덕종이 부랴부랴 양주梁州 등지로 피난할 정도로 치청왕국
과 경원군의 반란은 당나라의 위기였다.

치청왕국 영토

자칫 당의 멸망이 눈앞에 닥치자 다급해진 덕종은 반당反唐 번진을 이끈 인물들에게 높은 관직을 내리면서 회유했다. 치청왕국의 이납도 그런 회유대상 중 한 사람이었다. 이납은 전국시대에 산동 지역에 있던 제齊나라를 국호로 사용했다. 드디어 왕위에 오른 것이다. 이납은 명목뿐만이 아니라 실제로 산동 지역을 다스리는 명실상부한 임금이 되었다.

이납은 당 조정과 극단적인 대립은 피하면서 세력을 온존시키는 전략을 세웠다. 그러나 이씨 일가는 수명이 짧았다. 그는 서른넷의 나이로 792년에 요절하고 그의 아들 이사고李師古가 뒤를 이었다. 이사고는 이납의 후기 정책을 계승하여 당 조정과는 극단적 대립을 피하면서 내부 세력을 보존하려 했다. 이로써 당 조정과의 갈등은 격화되지 않았으나 번진과의 충돌은 더욱 빈번해졌다. 치청왕국은 성덕成德번진과 소금 산지인 체주와 덕주를 두고 치열한 경쟁을 벌였다. 이런 와중에 806년 이사고마저 죽고 이복동생 이사도李師道가 뒤를 이었다.

이 무렵은 치청왕국뿐만 아니라 중국 조정도 변화가 있었다. 한 해 전에 당나라의 순종順宗이 재위 1년을 못 넘기고 세상을 떠나고 헌종憲宗(재위 805~820년)이 즉위했는데, 헌종은 각 지방을 배경으로 독자적 권력을 행사하는 절도사를 억압하고 황제권을 강화하기 위해 전력을 기울였다.

즉위 초부터 군소 군벌들 토벌에 나선 헌종은 815년 12월부터는 투항한 다른 번진들을 앞세워 치청왕국 토벌에 나섰다. 치청왕국의 이사도는 방어 진지를 구축하고 장안에 자객을 보내 번진 토벌론을 주창하는 재상 무원형武元衡을 암살하는 등 전력을 다해 저항했다.

대부분의 번진들이 당헌종의 공세에 무너져 치청 토벌전에 가담하는 상황이었으므로 치청왕국은 고립무원이었다. 그러나 고구려인의 후예 이사도는 정면대결에 나섰다.

그러자 당나라는 치청을 멸망시키기 위해 신라에 출병을 요청했다. 당시 치청왕국은 발해와 우호적인 관계였다. 같은 고구려의 뿌리인 치청, 곧 제나라와 발해가 한편이 되고, 당과 신라가 다른 한편이 되는 국제관계가 조성되었다. 신라는 발해와 적대국이었듯이 치청왕국과도 우호적일 수 없었다. 발해나 치청왕국은 모두 고구려 유민의 후예였기 때문이다. 여기에는 신라가 매년 당나라에 보내는 사신길을 막은 것도 한몫했다. 치청왕국이 산동을 장악한 이후에는 신라의 대당 사신 파견이 여의치 않았다. 황해뿐만 아니라 동중국해로를 이용해 대운하를 거쳐 장안으로 들어가는 길도 치청왕국이 장악했다. 때문에 이정기 일가가 세운 치청왕국이 당과 대립하던 40여 년 동안 신라는 겨우 일곱 차례밖에 대당 사신을 보내지 못할 정도로 당과의 외교관계에 심각한 장애를 겪었다.

신라로서는 당이 무너지면 북쪽의 발해와 서쪽의 치청과 대립해야 하는 상황이 되기 때문에 독자적으로 존속하기 어려웠다. 이런 사정으로 신라는 국내 사정이 어려운데도 대규모 파병을 결정하게 되었다. 신라군이 치청왕국과 싸웠다는 직접적인 기록은 중국 자료에 나오지 않는다. 그러나 치청 토벌군의 선봉인 무령군武寧軍에 신라인 장보고가 가담했다는 사실은 시사하는 점이 크다. 결국 당군과 각 번진들에다 신라인들까지 합세한 공세 때문에 치청왕국은 무너지게 되었다. 이사도의 수하로 도지병마사都知兵馬使인 유오劉悟가 정세의 불리함을 느껴 이사도를 죽이고 당에 투항한 것이다.

서기 819년 2월의 일이었다. 군사들에 의해 평로치청절도사로 추대된 지 54년, 이영요를 토벌하고 조주·서주 등을 점령해 15개 주를 손아귀에 넣고 독자권을 행사한 지 41년 만이었다. 고구려 유민의 아들로 대륙의 한복판을 장악한 이정기 일가는 이렇게 역사의 뒤안으로 사라져갔다. 『구당서』 「조화曹華열전」에는 이정기 제국의 성격을 짐작케 하는 구절이 있다.

> 처음 이정기가 청주, 운주 등 12주를 훔쳐 4대를 세습하며 50년에 이르렀다. 치청 사람들의 풍속은 완고하고 거만해 예교禮教를 몰랐다. 조화曹華는 장리將吏에게 "추노鄒魯(공자의 고향)는 유자儒者의 고향인데 예의를 잊음은 마땅하지 않다"라고 말했다. 그는 몸소 유사儒士가 되어 예를 행했는데, 제기祭器의 형상을 되풀이 연습해 춘추로 공자묘에 제사지내고 경서를 강경하자 유학자들이 사방에서 운집했다.

만주에서 건너온 고구려인의 후예인 치청 사람들은 한족漢族과 달랐다. 이정기와 함께 영주에서 건너와 치청왕국의 지배층이 된 2만여 명은 당의 지배층과는 다른 인물들이었다. 고구려 유민을 포함해 여러 번족들로 구성된 2만여 명이 만든 치청의 풍속은 당과는 다른 독자성을 갖고 있었다. 그런 독자성은 치청왕국의 붕괴와 함께 차차 사라져갔다.

중국이 아무리 자국사라고 우겨도 광개토태왕릉비는 고구려인의 목소리로 고구려인의 이야기를 들려준다. 나는 호태왕비 앞에 설 때마다 "옛날 시조 추모왕께서 창업하신 터다. 왕은 북부여에서 오셨으며 천제의 아들이고 어머니는 하백의 따님이다. 알을 깨고 세상에 나오셨는데……"라는 비문이 저절로 떠오른다. 광개토태왕릉비는 추모왕이 '천제의 아들이며 하백의 외손'이라고 당당하게 포효하고 있다. 이 포효 앞에 '고구려는 중국의 지방 봉건정권'이라는 억지는 가소로울 따름이다.

7부
답사기로 읽는 고구려사

31_ 발로 쓴 고구려사

이덕일의 고구려 유적 답사기

고구려의 첫 도읍지 환인에서 관전의 고구려 산성까지

2007년 4월 13일 금요일
서울→심양→환인

해외답사, 그것도 오지답사를 떠나기 전 며칠 동안은 늘 바쁘기 마련이다. 이메일이 불통일 테니 약속된 원고들을 미리 써놓고 가야 하기 때문이다. 며칠을 강행군한 끝에 겨우 원고 일정을 맞춰놓았다. 약속한 10시 30분경 인천공항 H카운터에 도착하니 김병기 선생과 한가람역사문화연구소의 이주한 국장, 그리고 설완식 기획위원 등 함께 떠날 사람들이 다 모여 있었다. 금요일인데도 웬일인지 출국 카운터가 한산하다. 12시 45분 비행기는 인천공항을 떠나 심양으로 향한다. 심양공항 입국장에는 기사 유劉씨가 기다리고 있었다. 한국어는 한마디도 못하는 반면 우리가 찾아다니는 곳에 다행히도 별 관심이 없기에 더욱 믿음직한 사람이다. 기사 유씨를 만난 나는 A선생을 찾았다. 만주와 내몽골의 고조선, 고구려 유적 답사를 많이 한 현지 민족사학자다. 심양공항에서 고구려 국내성 자리였던 집안集安을 향해 출발했을 때는 이미 2시가 넘어 있었다. 그러나 12인승 봉고버스에 일곱 명뿐이어서 오랜만에 좌석이 여유 있는 답사였다.

차가 출발하자 A선생이 미리 부탁해놓은 자료들을 이 국장이 건넸다. 양주동梁柱東 선생이 필사한 『규원사화揆園史話』와 관련 논문 몇 편이다. 『규원사화』는 북애노인北崖老人이 양란兩亂(임진왜란·병자호란)을 겪은 뒤 을묘년인 숙종 2년(1676)에 썼다고 서문에서 밝혔는데, 양주동 박사가 1940년에 발표한 필사본과 국립중앙박물관 소장본이 있다. 강단사학계에서는 대체로 후대의 위서僞書로 보는 반면 재야사학계와 민족사학계 쪽에서는 진본으로 보고 있다. 서문에서 북애노인은 "고려 이후에 조공 바치는 사신을 수백 년 동안 보내면서도 한스럽게 여기지 않다가 졸지에 만주(청나라)를 피맺힌 원수로 여기는 것은 무슨 까닭인가?"라고 비판했다. 한족漢族의 송宋·명明에 대한 조선조 유학자들의 사대주의를 비판하고 청나라를 옹호하는 듯한 글이기에 처음 접했을 때 놀란 기억이 있는 책이다.

"만약 한 줄기 강물인 압록강을 넘어서기만 하면 거기는 이미 우리 땅이 아니다. 슬프다! 우리 조상이 살던 옛 강토가 남의 손에 들어간 지 이미 천 년이나 되었다. (……) 다시 평양으로 돌아오니 마침 조정에서 을지문덕 장군의 사당을 세운다고 한다. 장군은 수나라 군사 백여만을 무찌른 고구려의 대신이다."(『규원사화』서문)

『숙종실록』 3년(1677) 11월 12일 기사에는 "예관禮官을 보내어 고구려 을지문덕의 사우祠宇에 액호額號를 내려주고, 인하여 치제致祭하게 하였다"는 구절이 있어 『규원사화』 서문에서 말한 내용과 시기가 같은데, 이는 『규원사화』를 무작정 후대의 위작이라고 부정할 수만은 없는 근거가 있음을 말해준다. 북애노인은 서문에서 고려 말 이명李茗이 쓴 것으로 알려진 『진역유기震域遺記』를 보고 썼다고 했는데, 『진역유기』는 현전하지 않지만 『조대기朝代記』라는 책을 보고 쓴 것이다. 『조대기』는 조선 세조가 재위 3년(1457) 팔도 관찰사에게 민간인이 갖고 있기에 적당하지 않은 책에 대해 수압령을 내릴 때 관청에 바치도록 명한 『고조선 비사古朝鮮秘詞』・『삼성기三聖記』 등과 함께 나라에 바치라고 명시되어 있어 적어도 세조 3년까지는 있었음이 분명한 책이다. 수압령을 내렸다고 모두 관청에 갖다 바치지는 않았을 테니 숙종 때 북애노인이 보았다는 것을 무조건 후대의 창작이라고 볼 수는 없다.

A선생은 가방에서 안경을 꺼내더니 『규원사화』에 대한 논문을 읽었다. 처음 부탁받았을 때 우리는 『규원사화』에 대한 두 시각의 논문을 모두 준비했다. 『규원사화』가 위서라는 강단사학계의 논문과 진서라는 재야사학계의 논문이다. 두 시각을 다 살펴보고 자신의 견해를 세우라는 뜻이었다. A선생이 먼저 본 논문은 『규원사화』를 위서라고 보는 시각의 것이었다. 차가 심양 시내를 빠져나와 시골로 접어들자 논문을 다 본 A선생이 묻는다.

"이 선생, 이런 생각을 가진 학자가 한국에 몇 명이나 됩니까?"

A선생은 한국 국사학계의 태두라고 일컬어지는 이李 모 박사의 이름을 대면서 이런 견해를 가진 이들이 모두 그의 제자냐고 묻는다. 직속 제자는 아니고 제자의 제자들이라고 대답해주었지만 A선

생이 몰라서 묻는 것이 아님을 잘 알고 있다. 만주의 궁벽한 오지에 사는 A선생이 이런 사실들을 간파하고 있다는 사실을 확인할 때마다 새삼 놀라지만 북애노인처럼 고령의 A선생도 우리 역사에 한이 있기 때문이란 것도 안다.

길가에 차를 세우고 점심식사를 하기 위해 식당을 찾아 들어갔다. 주방장과 종업원이 마침 식사를 하고 있는데, 흰 가운이 오랫동안 빨지 않아 검은색으로 변해 있었다. 잠시 망설이는데 기사 유씨가 다른 곳으로 가잔다. 한참을 더 가다 차를 세운 곳은 국도 변의 식당으로 일종의 기사식당이었다. 아까 식당보다는 훨씬 깨끗했다.

일행들이 자리를 잡는 동안 나는 기사 유씨와 함께 주방으로 들어갔다. 재료를 보고 직접 고를 수 있는 식당이었다. 탕은 시키지 않았다. 국물 반, 기름 반인 탕을 먹을 수 있는 한국인은 거의 없기 때문이다. 볶음밥을 주식으로 정하고 물고기 튀김과 간단한 요리를 몇 가지 시켰다. 시키고 나서도 과연 예상대로 음식이 나올까 염려했는데, 다행히 입맛에 맞는 음식들이었다. 게다가 기사식당답게 빨리 나왔다.

식사를 마치고 나오니 4시가 가까웠다. 앞으로 다섯 시간 정도 더 가야 한다는데 현재 상태로 봐서는 훨씬 더 걸릴 것 같았다. 과거에는 무조건 일정표대로 움직였지만 오지답사를 여러 번 하고 보니 나름의 요령이 생겼다. 굳이 먼 집안을 고집할 필요가 없다는 생각이 들었다. 집안에서 환인桓仁·관전寬甸을 거쳐 심양으로 되돌아오는 것이 일차 여정이지만 순서를 바꾸어 환인에 먼저 가는 것이 나을 듯했다. 환인은 집안까지 가는 시간의 반 정도밖에 걸리지 않는 데다 고구려 시조 추모왕의 첫 도읍지로 추정되는 환인에 먼저 가는 것이 고구려 역사 시간표에도 맞기 때문이다. 즉석 구수회의 끝에 환인으로 노정을 바꾸었다. 누구보다 기사 유씨가 좋아한다. 과거 내몽골 답사 때는 새벽 5시에 출발해 밤 11시까지 강행군한 적도 있기 때문에 이번에도 밤늦게 도착할 것을 각오한 눈치였다. 환인에 도착했을 때도 이미 8시가 넘어 주위가 어두웠다. 집안으로 가지 않기를 잘했다는 생각이 다시 든다. 재작년에 왔을 때 묵었던 고려성高麗城이 생각났으나 기사가 초행이라 찾기 어려울 것 같아 시내 호텔에 묵기로 했다. 이성급二星級 호텔인 금항대주점金港大酒店으로 가니 정식 가격표는 표준방이 248원이지만 비수기라 120원으로 할인해주었다. 냉장고는 없었지만 깨끗한 편이었다.

늦은 저녁을 먹기 위해 시내로 나섰다. 환인은 만주족 자치현이지만 조선족도 꽤 많이 사는 곳이다. 중국의 만주족 자치현은 허울이라고 보면 대부분 맞다. 만주족 자치현은 여러 곳이지만 만주족 민족학교는 한 군데도 없는 것이 이를 말해준다. 만주족 자치현이 많은 이유는 역설적으로 만주족의 실체가 없기 때문이다. 만주어도 한 마디 못하는 만주족을 간판으로 내세워놓고 실제로는 한족漢族이 모든 것을 주도하는 것이 대부분의 만주족 자치현의 실정이다.

호텔 주변에 불고기 집이 몇 군데 있었는데 그중 서울식당이라는 뜻의 한도韓都식당이 있었다. 조선족이 아니라 중국인이 운영하는 식당이지만 불고기는 그럭저럭 먹을 만했다. 식사 후 호텔 북쪽 상업가商業街 안의 조선족 식당을 찾아 들어갔다. 배가 부른 상태였지만 꼬치 몇 개와 맥주 몇 병을 시켰다. 밖으로 나오니 추운 바람이 밀려왔다. 4월까지 추운 곳, 바로 만주였다.

2007년 4월 14일 토요일
환인(오녀산성, 상고성자 무덤군, 하고성자성)

　새벽 일찍 눈을 떴다. 커튼을 걷고 밖을 내다보니 비가 내리고 있었다. 답사와 비는 상극이지만 달리 방법이 없었다. 7시 30분에 식당에 모여 식사를 하면서 일정을 잡았다. 오녀산성과 상고성자 무덤군, 하고성자성, 장군묘 답사가 오늘의 일정이다.

　첫 일정인 오녀산성은 고구려의 첫 도읍지로 추정되는 곳이다. 그러나 여기에도 이견이 많다. 옛 기록부터가 조금씩 다르다. '광개토태왕릉비'는 추모왕이 "비류곡沸流谷 홀본忽本 서성산西城山 위에 도읍을 세웠다"고 전한다. 『삼국사기』 「고구려본기」 '시조 동명성왕조'는 추모왕이 부여에서 내려와 "졸본천卒本川에 이르러 그곳 땅이 기름지고 산천이 험하고 견고함을 보고, 마침내 거기에 도읍을 정하려 했다. 그러나 미처 궁실을 지을 겨를이 없어서 다만 비류수沸流水(불류수라고도 읽는다) 가에 집을 지어 살면서 나라 이름을 고구려라 하고 이로 말미암아 고高로써 성씨를 삼았다"고 기록했다. 광개토태왕릉비는 '홀본 서성산 위에 도읍을 세웠다'고 기록한 반면 『삼국사기』는 '비류수 가에 집을 지어 살았다'고 조금 다르게 기록한 것이다.

　이 두 기록의 차이를 종합 정리한 듯한 기록이 『삼국유사』다. 『삼국유사』 '고구려조'는 "졸본주卒本州에 이르러 드디어 도읍을 정했다. 미처 궁실은 짓지 못해서 다만 비류수 위에 옥사屋舍를 지어 거처하며, 국호를 고구려라 하고 국호로 인하여 고高로써 씨氏를 삼았다"고 전한다. 추모왕이 '졸본주'에 이르러 도읍을 정했으나 미처 궁실을 지을 겨를이 없어서 비류수 위에 건물을 지어 궁실로 삼았

오녀산성 전경 오녀산성은 2004년 유네스코 세계문화유산으로 지정되었다. 중국과 맞서 싸운 고구려의 산성이 중국의 문화유산이 된 아이러니의 현장이다.

다는 뜻이다. 비류수는 지금의 혼강渾江이고 비류수 위의 궁실이 오녀산성으로 추정된다. 혼강 위의 오녀산성은 임시 도읍지였다.

뒤쫓아오는 부여군을 엄리대수奄利大水에서 따돌리고 비류수까지 왔지만 언제 부여의 추격대가 닥칠지 알 수 없었던 추모왕의 심정으로 오녀산성을 바라본다. 오녀산은 깎아지른 듯한 험한 산세지만 정상은 평평한 상자 같은 특이한 모습이다. 안개비를 맞으며 오녀산성으로 향했다. 2년 전에는 강 아래에서 버스를 갈아타고 입구의 오녀산성 관리소까지 올라갔지만 비수기여서인지 버스를 운행하지 않아 우리 봉고버스로 입구까지 올라갔다. 산성관리소 앞에 2004년 7월 세계문화유산으로 지정되었다는 안내판이 있다. 중국과 맞서 싸운 고구려의 산성이 중국의 문화유산이 된 아이러니의

안개에 싸인 혼강

현장이다.

　입맛 쓴 일이지만 모든 세상사에는 음양이 있는 법이다. 중국이 오녀산성을 세계문화유산으로 등록하고 난 이후부터 한국인들이 이 성을 답사하는 데 제한이 없어졌다. 세계문화유산의 등록 요건 중 하나가 접근성이기 때문이다. 과거에는 이 성에 오르려다 한국인이라는 이유로 제지당한 일이 무수히 많았다. 입장료 60원씩을 주고 산성을 오르는데, 안개비가 내려서 그런지 우리 외에 아무도 없었다. 깎아지른 절벽에 돌계단이 무수히 놓여 있었다. 오녀산성을 오르는 길은 이 길과 맞은편의 일선천一線天 둘뿐이다. 당나라 사람들이 "고구려는 산에 의지해서 성을 쌓았기 때문에 갑작스럽게 함락시킬 수 없다(『삼국사기』 '보장왕조')"고 한 경험담이 오녀산성에 오르면 자연스레 이해된다. 고구려의 산성이 왜 난공불락難攻不落인지 저절로 깨닫게 되는 것이다.

맨몸으로 올라가기에도 숨이 차는 판국에 갑옷에 무기까지 짊어져야 하는 데다 성 위에서 돌을 굴리거나 화살을 쏘아대면 올라갈 방법이 없는 것이다. 이렇게 험준한 산길을 800여 미터 올라 정상에 도달하면 넓은 평지가 나타난다. 정상에는 신비롭게도 우물에서 물이 솟아나고 있다. 우물은 우리나라 산성과 다른 나라의 성들을 구별해준다. 우리나라 산성은 장기 농성을 전제로 쌓기 때문에 성 안에 우물이 반드시 존재해야 한다. 오녀산성이 아무리 난공불락의 요새라 할지라도 물이 없으면 무용지물이다. 오녀산성 우물은 우물이라기보다는 연못이라고 부르는 것이 더 정확한데 현지에서는 우물 '정井' 자가 아니라 못 '지池' 자를 써서 '천지天池'라고 부른다. 길이 12미터, 너비 5미터, 깊이 2미터의 천지는 성안의 병사들이 갈증을 해소하고 밥을 지어 먹는 데 전혀 부족하지 않았을 것이다.

안개비를 맞으며 올라간 정상에는 4월 중순인데도 눈이 쌓여 있었다. 천지와 고구려 군사들이 주둔하던 주거 건축 유지遺址를 지나 동쪽 끝으로 가면 요녕제일경遼寧第一景이란 부제가 붙은 점장기點將基가 나타난다. 해발 804미터라는 설명이 있는데, 재작년에 왔을 때는 아득한 절벽 아래로 댐에 갇힌 태극 모양의 푸른 혼강 물결을 볼 수 있었지만 지금은 운해雲海 천지여서 한치 앞도 보이지 않았다. 댐에 수장되기 전에는 고구려인들의 집단 무덤떼인 고려묘가 많이 있었다는 곳이다. 점장대에서 눈길에 미끄러지지 않게 조심하며 일선천으로 향했다. 재작년에 왔을 때 내려갔던 길인데 깎아지른 절벽 사이로 한 사람이 겨우 지나갈 만한 잔도棧道가 나 있었다. 일선一線으로 올라가면 하늘에 닿는다 해서 일선천이라고 하는데, 충무공

이순신의 "한 사내가 오솔길의 길목을 지키면 천 사내를 두렵게 할 수 있다[一夫當逕 足懼千夫](『난중일기』)"는 말이 생각나는 곳이다.

이 천혜의 산성을 정복한 이가 조선 태조 이성계다. 『동국통감』에 따르면 공민왕 19년(1370) 정월 이성계는 기병 5천과 보병 1만 명을 거느리고 압록강을 건너 여진족을 공격했다. 여진족 동녕부동지東寧府同知 이오로첩목아李吾魯帖木兒는 '험준한 곳에 웅거해 막으려고' 우라산성亐羅山城에 진을 쳤다는 기록이 있는데, 우라산성이 바로 오녀산성이다. 이오로첩목아는 야돈촌也頓村에서 이성계에게 패전한 후 "나의 선조는 본래 고려 사람"이라며 300여 호를 거느리고 항복했으나 다른 우두머리 고안위高安慰가 우라산성에 은거해 저항했다. 명사수 이성계가 편전片箭 70여 대를 쏴서 모두 명중시키자 성안의 기세가 꺾였는데, 『동국통감』은 "고안위는 처자를 버리고 줄에 매달려 성을 내려가 밤에 도망했다"고 적었다. '줄에 매달려 내려갈' 수밖에 없는 이유를 오녀산성에 올라와보면 알게 된다. 산성을 쌓은 이도 활의 명수인 주몽이고, 이를 정복한 이도 활의 명수인 이성계이고 둘 다 개국시조이니 묘한 인연이라 하지 않을 수 없다.

일선천은 물론 그 부근에도 눈이 쌓여 있고 출입금지 팻말이 있었다. 갑자기 아래에서 누군가 출입금지 팻말을 헤치고 올라왔다. 뜻밖에도 한국어를 사용하는 조선족 여인인데, 환인현 문화국에 근무한다고 했다. 그에게 재작년에 묵었던 고려성에 대해 물으니 잘 알고 있었다. 고려성 주인 역시 조선족 여사장이니 서로 잘 아는 모양이다. 고려성에서 점심을 먹기로 하고 산성을 내려왔다.

고려성은 혼강 강가 언덕 위에 있는 식당 겸 여관이다. 여사장 문씨에게 2년 전에 왔었다고 하니 비로소 기억하고 반갑게 맞아준다.

잠시 후 오겹살과 혼강에서 잡은 작은 물고기로 만든 튀김, 두릅, 더덕 같은 야생 채소가 한 상 가득 나왔는데, 마치 국내 잔칫상차림 같았다. 여사장 문광옥文光玉 씨는 일제시대 때 만주로 건너온 이주동포의 후예가 아니라 300~400년 전에 이주한 조선인들의 후예다. 광해군 때 강홍립姜弘立 장군과 함께 들어왔거나, 병자호란 때 포로로 잡혀온 선조들의 후예일 것이다. 한국어가 능숙하지는 않지만 그 긴 세월 동안 조선어를 잊지 않고 계승하면서 민족적 정체성을 지켜왔다는 사실이 신기하다.

한창 식사를 하는데 비바람이 몰아치기 시작한다. 중국 답사 중에 보는 비로는 이례적으로 굵은 빗줄기다. 오후 답사가 걱정이지만 시원하게 내리긋는 빗줄기는 일단 기분을 좋게 한다. 비가 그치지 않으면 하룻밤을 환인에서 더 자야 했다. 식사를 마칠 때쯤 빗줄기가 약해지기에 일단 상고성자上古城子 무덤군과 하고성자下古城子성을 찾아나섰다.

혼강 가 육도하자향 하고성자촌에 있는 상고성자 무덤군의 안내표지판에는 "고구려 초기 평원성平原城인 하고성자성과 일정한 관계가 있다"고 적혀 있다. '평원성인 하고성자성'이란 고구려 첫 도읍지인 졸본성을 말한다. 졸본성에 살던 고구려 사람들의 공동묘지로 추측되는 곳이다. 1960년대까지만 해도 200여 기가 있었으나 1988년 재조사할 때는 27기만 남아 있었다. 문화대혁명 때 큰 묘지는 봉건 귀족들의 잔재라는 이유로 홍위병들이 모두 파괴했기 때문이다. 상고성자 무덤군이 정비(?)된 것도 불과 몇 년 되지 않는다. 당시 목격자들에 따르면 몇 년 전 인부 10여 명이 한 달 만에 20여 기의 돌무덤, 곧 적석총積石冢을 복원했다고 한다. 고구려 무덤의 특성

상고성자 무덤군과 표지석(작은 사진)

에 대해 무지한 이들이 남아 있는 흔적을 찾아 대충 돌무더기를 쌓아놓은 형태였다. 한국인들 상대로 입장료를 받기 위해 매표소도 설치했지만 찾아오는 사람이 없어서인지 비어 있는 상태였다.

　상고성자 무덤군에서 혼강을 따라 남쪽으로 1.5킬로미터쯤 더 가면 졸본성으로 추정되는 하고성자성이 나온다. 현재의 시각으로 보면 성벽의 흔적마저 찾기 어려워 유적지가 맞는지 의문이 들 정도였다. 마을의 조선족 교포를 찾으려는데 마침 가게에서 나오는 두 아주머니가 우리말을 한다. 하고성자 성터가 맞느냐고 물으니 따라오라며 앞장선다. 종일 내리다 그치기를 반복하는 비 때문에 길바닥이 진창인데, 아주머니는 아랑곳하지 않고 '하고성자 유적[下古城子址]'이란 안내석으로 안내했다.

　아주머니를 따라 집으로 가니 경상북도 안동 부근이 고향이라는

하고성자 마을 돌담과 표지석(작은 사진) 마을 사람들이 고구려 성의 벽돌을 사용해 담을 쌓았다.

팔순의 시아버지가 맞아주었다. 이 마을에 처음 온 1958년 당시에는 20여 미터의 성벽이 남아 있었다는데 동네 사람들이 담으로 사용하면서 흔적도 없어졌다고 한다. 마을 집의 돌담들이 고구려 선조들이 쌓은 성벽돌인 것이다. 노인은 민족사에 관심이 있어서 고구려사를 틈틈이 공부했다면서 현지 학자들처럼 하고성자가 고구려의 첫 도읍지인 졸본성이고 오녀산성은 피난성이라고 주장했다. 그러나 이곳이 졸본성이 아니라는 주장도 여럿 있어왔다. 북한의 손영종은 환인 북동쪽 신빈新賓현의 흑구산성을 졸본성이라고 주장하기도 했는데, 현재로서는 결론을 낼 근거가 부족하다. 현재의 하고성자성 자취가 워낙 초라하다 보니 "대제국 고구려의 초기 도읍지가 이렇게 초라할 수 있는가?"라는 현재적 감정이 전혀 개재되지 않았다고 볼 수는 없다.

나는 환인과 집안을 답사할 때마다 환인이 집안보다 도읍지로 적격으로 생각되어 고구려가 왜 이곳을 떠나 집안으로 천도했는지 잘 이해되지 않았다. 환인은 농토도 비옥하고 오녀산성이라는 천혜의 피난성도 있기 때문이다. 반면 집안의 평원성인 국내성이 무너질 경우 피난성의 기능을 하는 환도성은 난공불락의 요새로 보기에는 미흡하다. 그래서 고구려의 천도 이유는 군사적인 것보다는 정치적인 데서 찾아야 한다. 이런 점에서 유리왕이 이곳 토착세력이 아니라 주몽이 있던 북부여에서 온 이주세력이라는 사실은 천도 이유에 중요한 점을 시사한다.

하고성자 답사를 마치니 날이 어두워지기 시작했다. 장군묘를 답사하기에는 이미 시간이 늦었고 비도 그치지 않기에 다시 고려성으로 향했다.

2007년 4월 15일 일요일
환인(미창구 장군묘) → 집안(장수왕릉, 광개토대왕릉비, 광개토태왕릉) → 압록강

아침 일찍 창밖을 보니 여전히 안개가 끼어 있었다. 장군묘 가는 길이 걱정이지만 더 이상 지체할 수는 없었다. 최악의 경우 비 내리는 장군묘라도 보고 집안으로 떠나야 했다. 고려성을 출발해 장군묘가 있는 미창구米倉溝로 출발했다. 아하雅河라는 혼강 지류 부근의 아하촌雅河村에서 좌회전해서 한참을 더 가야 미창구가 나오는데, 중도에 비가 그치고 햇빛이 비치기 시작했다. 본계시本溪市 소속인 미창구촌에 차를 세우고 마을 북쪽으로 걸어 올라갔다. 한가롭고 평화로운 농촌마을이었다. 언덕 위에 현지에서 장군묘라고 부르는 커다란 봉분 하나가 나타났다. 높이 8미터에 둘레 150미터의 왕릉급 무덤으로 원래는 벽화가 있는 봉토封土 석실묘石室墓지만 여러 차례 도굴되어 다 없어지고 봉토와 석실만 남아 있다.

A선생은 장군묘에 다섯 번째 오는 길이라면서 환인에서부터 걸어온 적도 있다고 말했다. 장군묘가 논란이 되는 것은 무덤에 묻힌 피장자被葬者 때문이다. 고구려 발상지 환인 일대에서 왕릉급 무덤은 이것밖에 없기 때문에 시조 추모왕의 능일 수도 있다는 추론과 관련된 논란이다. 광개토태왕릉비는 추모왕이 "세상 왕의 지위를 즐기지 않아 하늘에서 황룡黃龍을 내려보내 왕을 맞게 하니, 추모왕은 홀본忽本 동쪽에서 용의 머리를 밟고 승천하셨다"고 전하고, 『삼국사기』 '동명성왕조'는 "재위 19년(기원전 19) 가을 9월에 왕이 승하했으니 나이가 40세였다. 용산龍山에 장사지내고 동명성왕이라고 이름하였다"고 전한다. 황룡을 타고 승천했다고 기록한 광개토대왕릉비와 용산에 장사지냈다고 기록한 『삼국사기』의 공통점은 용과 관련된 것이다.

최근 미창구 장군묘 벽화를 조사한 중국 무가창武家昌의 「미창구 장군묘 벽화 및 제諸 벽화 피장자 연구」라는 논문에 따르면 서로 목을 맞댄 두 마리 용이 그려져 있었다고 한다. 또한 '왕王' 자가 여러 곳에 쓰여 있었다고 한다. '용'이나 '왕' 자 도안은 장군묘의 피장자를 추모왕으로 추론하게 하는 근거가 되는데 문제는 연화蓮花문양이다. 연화문양은 고구려에 불교가 들어온 이후에 그려졌을 것이기 때문이다. 『삼국사기』 '소수림왕조'는 소수림왕 2년(372) "전진왕 부견符堅이 사신과 중 순도順道를 파견하여 불상과 경문經文을 보내왔다"고 전하고, 소수림왕 5년(345)에는 "처음으로 초문사肖門寺를 세워 승려 순도順道를 두고, 또 이불란사伊佛蘭寺를 지어 아도阿道에

추모왕릉으로 추정되는 미창구 장군묘 전경

▲ 미창구 장군묘 유적지에서 출토된 기와와 벽돌 조각

◀ 미창구 장군묘 근처의 옛 우물

게 맡겼으니 이것이 해동海東 불교의 시초이다"라고 전한다. 이것이 기록상 고구려에 불교가 전래한 첫 흔적이지만 실제로도 이때에야 불교가 전래되었는지 생각하게 한다.

중국에 불교가 들어온 시기에 대해서는 기원전 138년 월씨국月氏國에 파견된 장건張騫이 처음 전래했다는 주장과 후한後漢 명제明帝(재위 58~75년)가 꿈을 꾸고 나서 불경을 구하러 사람들을 보낸 것이 시초라는 주장이 맞서고 있다. 보통 기원전 1세기부터 서기 1세기 사이로 추측하는데, 이는 고구려의 불교 전래 시기와 비교해 너무 차이가 난다. 건국 초부터 중국과 끊임없이 접촉한 고구려가 유독 불교 전래만 400여 년이나 차이가 난다는 것은 이해하기 어렵다. 그러나 현재로서는 『삼국사기』의 불교 전래 기록을 뒤엎을 만한 자료가 없기 때문에 『삼국사기』의 불교 전래 시기를 기정사실로 전제하고 논의를 전개해야 한다. 중국 학자들이 미창구 장군묘를 4세기 말에서 5세기 초에 축조한 것으로 추정하는 주요 근거도 연꽃 벽화 때문이다.

장군묘는 여러 차례 도굴되었지만 최근에 다시 발굴조사하면서 새로운 사실이 발견되었는데, 이 발견으로 장군묘의 피장자 문제는 새로운 국면으로 접어들게 되었다. 봉토를 열 때 묘실墓室 남쪽 밖에 세운 거대한 돌 하나를 발견했기 때문이다. 길이 3.4미터, 두께 0.5미터로 아래는 넓고 위가 좁은 무문석비無紋石碑였다. 이 석비는 능을 처음 축조할 때 세운 것이 아니라 훨씬 뒤에 봉토를 열고 묘실 바깥쪽에 세운 것으로 확인되었다. 왜 봉토를 열고 석비를 세웠을까?

이 수수께끼를 풀어줄 단서 한 구절이 광개토태왕릉비에 있다. 광개토태왕릉비는 "선조先祖 왕 이래 묘에 비를 세우지 않아 착오가 있었다"면서 광개토태왕이 "선조 왕묘 위에 비석을 세우고 연호를 새겨서 착오가 없게 했다"고 전하는데, 광개토태왕 때 비석이 없는 선조 왕릉에 일괄적으로 비석을 세웠다는 뜻이다. 미창구 장군묘 역시 광개토태왕 때 수건修建했을 수도 있다는 추측이 가능해진다. 곧 피장자가 추모왕일 가능성도 충분하다는 이야기다.

장군묘의 위치도 피장자가 예사롭지 않은 인물임을 말해준다. 호곡협虎谷峽이라 부르는 주위 산과 물의 정기가 모두 이 고분에 모이는 형국이다. 봉토에서 사방을 바라보면 이 마을 이름이 '쌀 창고 계곡[米倉溝]'인 이유가 자연히 이해된다. 유목과 농경을 함께 한 고구려인들이 중시했을 것이 분명한 곡창지대다. 또 풍수지리에 문외한이 보아도 명당이란 사실을 알 수 있는 곳이다.

감회에 젖어 있던 A선생이 의미 있는 이야기를 들려준다. 고구려는 새 왕이 즉위하면 100일 이내에 시조묘를 참배해 제사지내야 한다.『삼국사기』에는 고국원왕·안장왕·평원왕·영류왕 등이 시조묘에 제사지내기 위해 졸본을 찾았다고 전하지만 실제로는 모든 왕들이 즉위 직후 졸본을 찾았다는 것이다. 제사 후 시조묘 곁의 사당에서 밤을 보내면서 추모왕의 혼령이 나타나기를 기원한다. 이튿날 새 왕은 추모왕의 현몽現夢을 공표해야 하는데, 그 말을 가지고 국운을 점친다. 해석이 불길할 경우 새 왕이 쫓겨나는 수도 있다고 하니 고구려 사람들이 시조 추모왕을 얼마나 신성시했는지 알 수 있다는 것이다.

현재 북한에서는 평양에 있는 동명왕릉을 추모왕릉이라고 주장한다.『신증동국여지승람』평안도 중화군 '동명왕묘조'는 "고구려 시조가 승천하자 태자가 옥 채찍을 용산에 묻고 동명성왕이라고 했다"고 전한다.

장군묘 동쪽으로 가니 또 다른 고분의 흔적이 있다. 이곳에서는 옛 기와 조각들도 발견할 수 있었다. 고구려는 능묘 위에 사당을 세웠는데 기와 조각들이 고구려 것이라면 사당의 흔적일 것이다. 미창구 마을로 내려와 조선족 집을 찾았다. 40년 전에 이 마을에 왔다는 최씨 노인으로 고향은 단동丹東이었다. 집안에 고구려의 부경桴京 같은 창고가 있었는데, 최씨 노인은 일본 사람들이 석실 내의 물건을 다 가져갔다는 말을 들었다며 자신이 석실 내부에 들어가 봤을 때 연화무늬가 있고 '王(왕)'자가 위에서 아래로 새겨져 있었다는 목격담을 들려주었다. 이야기가 길어지자 부인이 점심을 먹고 가라고 권했다. 우리 민족 특유의 후한 인심이지만 시골마을에서 예정에도 없던 손님 여럿을 치러낼 재료가 있을 것 같지 않았고, 민폐를 끼치고 싶지도 않아서 말씀만으로도 고맙다고 사양하고 집안으로 향했다.

한참을 되돌아나와 아하雅河를 다시 건너 집안으로 향했다. 군데군데 포장이 망가졌지만 산길치고는 그리 나쁜 편은 아니었다. 조선족 마을에 차를 세웠지만 식당을 찾을 수 없었다. 대신 이 시골 마을에 교회가 있었다. 우리 민족의 남다른 영성靈性을 확인하게 된다. 조선족이 있는 곳에는 교회가 있었다. 다른 말로 교회가 있으면 조선족 마을이라고 생각하면 크게 틀리지 않는다. 겨우 조선족 식당을 하나 찾았으나 손님을 치러낼 것 같지 않자 기사가 집안으로 가자고 한다. 한 시간이면 간다는 것이다.

집안에 도착하니 아직 해가 남아 있었다. 빨리 움직이면 광개토태왕릉과 비, 그리고 장수왕릉을 볼 수 있는 시간이다. 시내의 조선족 식당을 찾아 들어갔다. 시간을 아끼기 위해 냉면만 하나씩 시켰다. 식초가 들어가 조금 시큼한 연길식 냉면이었다. 얼른 식사를 마친 후 동쪽으로 차를 몰았다. 광개토태왕릉비의 붉은 비각이 드러나고 멀리 장수왕릉이 햇빛에 반사되어 하얗게 빛나고 있었다. 지금은 능 입구에 매표소와 주차장이 마련되어 아주 편해졌지만 예전에는 집안시 박물관에 가서 개별적으로 관람 신청을 해야 했다. 과거에 그런 절차를 거쳐 들어간 선조들의 능陵과 비碑는 폐허 속에 방치된 것이나 마찬가지 상태였다. 동북공정을 진행하고 세계문화유산에 등재되면서 관람은 편하게 되었다.

장수왕릉으로 향하는 계단 몇 개를 오르니 '아' 하는 탄성이 터져 나왔다. 거대한 장방형 돌로 쌓은 7층짜리 장수왕릉이 대지를 발로 밟고 하늘을 떠받치듯 우뚝 서 있었다. 중국에서는 장군총將軍塚이라고 부른다. 중국인들은 고구려 분묘에 황제의 무덤을 뜻하는 능陵이란 표현은 절대 쓰지 않는다. 툭하면 무슨 묘고 무슨 총이다. 장수왕릉은 화강암을 장방형으로 잘라 쌓고 안은 돌로 채운 기단식 돌무지무덤[基壇式積石冢]으로 한 변의 길이가 34미터, 높이는 13미터다. 석재 중량만 2만 톤 이상으로 추측되는 엄청난 무게를 견디게 하기 위해 능 주위를 5미터가량 파고 안에 자연석과 강돌을 다져넣었다.

돌로 무덤을 만드는 것은 흉노와 우리 민족의 특이한 풍습으로 한족漢族들에게는 보이지 않는데, 몇 년 전 가보았던 동이족이 만든 홍산문화의 주요 유적지인 내몽골 우하량 선사 유적의 무덤들도 석관묘였다. 선사시대 내몽골 우하량에서 석관묘를 사용한 사람들과 고구려인들은 같은 계통이다.

장수왕릉 대지를 발로 밟고 하늘을 떠받치듯 우뚝 서 있는 모습이 탄성을 자아내게 한다.

장수왕릉 건축에 사용된 그랭이공법

장수왕릉은 자연재질을 그대로 살리면서 건축물을 만드는 그랭이 공법을 사용해 축조했는데 이 역시 우리 민족의 전통 공법이다. 돌의 원형을 살려가며 이를 맞추듯 접합시키는 그레질로 만드는 것인데, 접합에 성공하면 상하, 좌우가 밀착되어 매우 견고하다. 그랭이 공법은 경주 불국사의 축대나 서산 개심사 등의 기둥과 주춧돌, 일본 정창원正倉院을 비롯한 여러 신사에서도 사용되었다. 장방형 석재 테두리에 볼록한 홈을 만들고, 윗돌을 맞물리게 해서 압력이 가해져도 밀려나지 않게 하는 홈파기와 위로 갈수록 조금 작은 석재를 사용하는 들여쌓기로 그 오랜 세월을 원형 그대로 유지할 수 있었다. 시신을 모셨던 석실에서 서쪽을 바라보면 호태왕비와 호태왕릉이 일직선상에 놓여 있다. 이 역시 무슨 의미가 있을 것 같다. 네 변에 거대한 돌을 세 개씩 기대어 세워놓았는데 지금은 열한 개뿐이다. 이 거대한 돌은 맨 아래 기단석이 밀려나지 않도록 놓은 호석護石이라는 설과 십이지신상을 나타낸다는 설도 있으나 분명치 않다.

동북쪽에 딸린무덤[陪冢]이 있다. 원래는 5기가 있었다는데 현재는 하나밖에 남지 않았다. 고조선의 표지 유물인 고인돌과 비슷한 형태여서 더욱 신비롭다. 현지의 일부 중국인들은 장수왕의 첩의 무덤이라고 무책임하게 이야기하지만 그보다는 장수왕과 생사고락을 같이한 장군들의 무덤으로 보는 것이 더 설득력이 있는 듯하다.

장수왕릉 남서쪽에 유명한 광개토태왕릉비, 곧 호태왕비가 있다. 장수왕이 서기 414년에 세운 호태왕비는 그 자신의 생명력을 지니고 많은 이야기를 담고 있다.

조선 후기에 편찬한 『해동지도海東地圖』평안도 '강계부江界府 조'를 보면 압록강 위쪽에 '황제묘'가 있고, 그 옆에 커다란 석비石碑가 있는데, 이것이 광개토태왕릉비다. 문제는 금, 또는 요나라 황제비로 봤다는 점이다. 『용비어천가龍飛御天歌』「39편」의 주해註解는 "(대금 황제성) 북쪽 7리쯤에 비석이 있고, 그 북쪽에는 돌무덤[石陵] 2기가 있다"고 기록했고, 『신증동국여지승람』 평안도 강계부 '황제묘皇帝墓조'에는 "황성평皇城坪에 있으니, 세상에서 전해 내려온 말로는 금金나라 황제묘라 하고 돌을 갈아 만들었는데, 높이가 가히 10장이고 안에는 침상 셋이 있다. 또 황후묘와 왕자묘가 있다"고 전한다. 대금황제성이 석비 곁에 그려진 오국성五國城인데, 금나라 오국성은 송나라 휘종徽宗이 포로로 끌려와 억류된 곳이다. 호학好學의 고려·조선 선비들이 오국성이 고구려 국내성이고, 석비가 광개토태왕릉비라는 사실을 몰랐다는 것 자체가 커다란 수수께끼다. 오랑캐 유적이란 생각에서 그 내용에는 관심을 기울이지 않았기 때문일 것이다. 『오산설림五山說林』에는 수양대군의 계유정난에 반발한 이징옥이 나라를 세워 대금황제大金皇帝라 자칭하고 야인野人(여진족)에게 오국성으로 도읍을 옮기겠다고 하자 야인들이 모두 복종했다고 전한다. 황제를 자칭한 이징옥이 국내성을 도읍으로 삼으려 했다는 것인데, 수양대군이 명나라에 사대주의를 취한 것과 비교된다.

재작년에는 중국인 안내원이 "고구려는 중국의 지방정권으로……"라며 열변을 토하더니 지금은 우리 밖에 없어서인지 설명 대신 비각碑閣의 문만 열어준다. 중국이 아무리 자국사라고 우겨도 광개토태왕릉비는 고구려인의 목소리로 고구려인의 이야기를 들려준다. 나는 호태왕비 앞에 설 때마다 "유석시조추모왕지창기야, 출자북부여, 천제지자 모하백여랑, 부란강세惟昔始祖鄒牟王之創基也 出

自北夫餘 天帝之子 母河伯女郎 剖卵降世……(옛날 시조 추모왕께서 창업하신 터다. 왕은 북부여에서 오셨으며 천제의 아들이고, 어머니는 하백의 따님이다. 알을 깨고 세상에 나오셨는데……)"라는 비문이 저절로 떠오른다. 튀르크 제국의 카간(황제)들이 몽골 오르콘 강가에 세운 오르콘 비문과 비교되지만 오르콘 비문은 8세기경에 주로 세워졌고, 시조왕의 출자에 대해 불분명하게 기술했지만 광개토태왕릉비는 추모왕이 '천제의 아들이며 하백의 외손'이라고 당당하게 포효하고 있다. 이 포효 앞에 '고구려는 중국의 지방 봉건정권'이라는 억지는 가소로울 따름이다. 게다가 이 비문은 추모왕의 아들이나 손자가 아니라 건국 450여 년 후에 18세손 장수왕(『삼국사기』에는 19세손)이 세웠다는 사실도 의미심장하다. 건국 450여 년 이후에도 고구려 왕실은 자신들의 왕통을 천제의 아들, 곧 천자天子로 인식한 것이다. 고구려가 중국의 여러 왕조에 조공을 바쳤다고 설명하는 한국 학계의 조공사 인식 체계가 시급히 바뀌어야 하는 이유도 여기에 있다. 고려 말 이규보李奎報의 『동국이상국집』「동명왕편東明王篇」의 서두는 광개토태왕릉비의 포효가 고구려인의 상식이었음을 전해준다.

세상에서 동명왕東明王의 신이神異한 사적에 대해 많이 이야기한다. 심지어 여항의 남녀[愚夫駿婦]까지도 자못 그 일에 대해서 능숙하게 말한다. 나는 일찍이 그 이야기를 듣고 웃으면서 "옛 스승 중니仲尼(공자)께서는 괴력난신怪力亂神에 대해 말씀하지 않았다. 이는 실로 황당하고 기괴한 일이어서 우리들이 얘기할 것이 못 된다"고 말해왔다. (……) 지난 계축년(1193, 명종 23) 4월 『구삼국사舊三國史』를 얻어 「동명왕본기」를 보니 그 신이한 사적이 세상에서 얘기하는 것보다 더했다. 귀鬼나 환幻으로만 생각했으나 세 번 반복해서 탐미하며 점점 그 근원에 들어가니, 환幻이 아니라 성聖이고, 귀鬼가 아니라 신神이었다. 하물며 국사國史는 직필로 쓴 책이니 어찌 허탄한 것을 전하였으랴. 김부식金富軾 공이 국사를 중찬重撰할 때에 자못 그 일을 생략했는데, 공은 국사는 세상을 바로잡는 글이니 크게 이상한 일은 후세에 보일 것이 아니라고 생각하여 생략한 것이 아닌가? (……)

더구나 동명왕의 일은 변화의 신이한 것으로 여러 사람의 눈을 현혹한 것이 아니고 실로 나라를 창시創始한 신기한 사적이니 이것을 기술하지 않으면 후인들이 장차 어떻게 볼 것인가? 그러므로 시를 지어 우리나라가 본래 성인聖人의 나라라는 것을 천하에 알리고자 하는 것이다.

12세기 말~13세기 초의 인물인 이규보 때도 고려 사람들은 추모왕의 신이한 사적을 자연스레 이야기했다는 것이다. 지금은 전하지 않는 『구삼국사』에는 고려 사람들의 이야기보다 더한 신이한 사적들이 실려 있었다는 것이다. 여러 번 읽어본 결과 '환幻이 아니라 성聖이고, 귀鬼가 아니라 신神'이라는 이규보의 깨달음은 공자의 말씀을 지고지선으로 알던 유학자의 구각을 깬 것이었다.

1870년대 일본군 참모본부 소속의 첩보요원 사쿠오[酒勾景信] 중위가 이 비가 금나라 황제비가 아니라 광개토태왕릉비임을 발견한 사실이나 1907년 일본 군부에서 이 비를 반출하려고 시도했으나 집안현集安縣 지사 오광국吳光國이 거부하여 뜻을 이루지 못한 사실, 이때 반출되었다면 비문은 일제 침략을 합리화하는 내용으로 변조되었을 것이 분명하다는 사실 등은 6.39미터에 달하는 이 거대한 능비의 드라마틱한 운명을 잘 보여준다.

이 비문이 없었다면 우리는 광개토태왕의 위대성을 알 수 없었을 것이다. 『삼국사기』 '광개토왕조'는 위대한 정복군주의 모습이 제대로 드러나지 않을 뿐만 아니라 너무 소략하다. 광개토태왕뿐만 아니라 모본왕, 태조대왕, 미천왕 등도 비문이 존재한다면 중국 기록에 많이 의지한 『삼국사기』와는 다른 정복군주의 모습이 나타났을 것이 분명하다. 고조선의 옛 영토를 되찾겠다는 추모왕의 숙원 사업에 매진하는 다물多勿 군주들의 업적이 쓰여 있을 것이다.

이런 역사를 들려주는 광개토태왕릉비를 떠나 서북쪽으로 약간 떨어진 곳에 있는 광개토태왕릉으로 향한다. 현재 길이는 66미터, 높이는 14.8미터인데, 평면 면적으로 보면 장수왕릉보다 네 배는 큰 규모로 추정되지만 많이 무너져 내려 본래의 모습을 찾기 어렵다. 잔존 형태로도 7층 이상으로 조성했을 것으로 추측할 수 있다.

광개토태왕릉

▲ **신라시대의 무덤인 호우총에서 발견된 뚜껑 달린 청동 호우**
고구려에서 광개토태왕의 공적을 기념하여 장수왕 3년(415년)에 만들었다는 명문(을묘년국강상광개토지호태왕호우십乙卯年國岡上廣開土地好太王壺杅十)이 밑바닥에 새겨져 있으며, 이를 통해 고구려와 신라가 교류했음을 알 수 있다.
◀ **광개토태왕릉에서 출토된 청동방울** 광개토태왕릉임을 알 수 있는 명문이 새겨져 있다.

 이 능과 앞서의 장수왕릉 중 어느 것이 진짜 광개토태왕릉인가에 대해서는 논란이 끊이지 않고 있다. 중국 경철화耿鐵華의 『고구려 고고 연구高句麗考古研究』는 청나라 광서제光緒帝 때 이 능에서 "태왕릉이 산처럼 편안하고 큰 산처럼 견고하기를 기원한다[願太王陵 安如山 固如岳]"는 명문銘文 전돌이 발견된 이후 광개토태왕릉으로 비정되었다고 전한다. 1984년에도 같은 글자가 새겨진 명문 전돌이 발견되었으며, 최근에는 이곳에서 출토된 청동방울에 '辛卯年 好太王 □造 □九十六(신묘년 호태왕□가 만든 □구십육)'이란 명문이 새겨진 사실이 확인되면서 광개토태왕릉이 확실하다고 다시 주장되었다. 그러나 미천왕, 문자명왕, 양원왕 등도 '호왕好王'이라는 칭호를 사용했다는 반박 주장이 나오는 등 견해가 일치하지는 않는다. 장수왕릉이 광개토태왕릉이란 주장도 만만치 않은 형편이다.

 최근 이 일대를 정비하는 과정에서 장수왕릉과 광개토태왕릉 주변에서 대형 제단터 세 곳을 발견한 것이 주목된다. 광개토태왕릉

동쪽 제단은 길이 60미터, 폭 4~5미터 규모인데 큰 돌로 가장자리를 쌓고 안은 단단한 강돌로 채워넣었다. 이는 무덤 동쪽에서 제사를 지냈음을 말해주는 것으로 고구려인들의 내세관을 짐작하게 해주며, 우리 민족 특유의 태양 숭배 사상의 표현으로 이해된다. 추모왕의 어머니 유화부인이 햇빛에 감응해 임신했다는 사화는 이런 태양 숭배 사상을 단적으로 말해준다.

광개토태왕릉까지 답사하고 나오니 해가 어른어른 넘어가려 한다. 호텔을 찾아나섰는데, 예전에 묵었던 집안빈관集安賓館으로 갔으나 비수기인데 한푼도 깎아주지 않아 조선족이 운영하는 장백산 호텔에 짐을 풀었다. 시설은 떨어지지만 하룻밤 정도야 못 지내겠는가.

날이 이미 어둑어둑한 가운데 압록강변으로 향했다. 원래는 첫날 계획이 압록강변의 김영 불고기집을 찾는 것이었다. 주위에 몇 군데 비슷한 불고기 집이 있다. 숯불 화로의 석쇠에 쇠고기를 올리자 기름이 떨어지면서 불이 활활 타올랐다. 이렇게 강한 불에 익혀 먹는 불고기가 속칭 고구려식 불고기인데, 고구려인들이 실제로 이렇게 먹었는지 고증할 수는 없지만 타오르는 불 속에서 고기를 건져 먹는 것이 대륙적 기상을 느끼게 하는 것은 분명했다. 식사 후 밖으로 나와 압록강 대안의 북한 땅을 바라보니 불빛 두어 개만 어른거릴 뿐 짙은 암흑이었다. 저 어둠 속에 같은 민족이 살고 있다고 생각하자 가슴이 미어왔다.

2007년 4월 16일 월요일
집안(오회분 5호묘, 산성하묘구, 환도산성)→관전

장백산 호텔 맞은편의 작은 식당에서 만두와 죽, 계란과 야채 등으로 아침을 간단하게 때우고 집안시 박물관으로 향했다. 박물관 문은 닫혀 있었다. 눈치 없는 기사 유씨가 '한국인들'이라고 말하는 바람에 경비의 표정이 더 난색이 되었다. 중국이 고구려 역사를 일종의 장물로 여긴다는 사실은 수도 없이 확인한 터였다. 집안시 박물관을 떠나 오회분五盔墳으로 향했다. 다섯 고분이 투구를 엎어놓은 것처럼 생겼다고 해서 '투구 회盔' 자를 쓴 것이다. 이중 5호묘五號墓만 내부를 공개하고 있다. 5호묘는 원래 '사혈총四頁塚'이나 '통구通溝 17호분'이라고 불렀다. 일제시대 일본인들이 발굴조사할 때 묘실에서 네 개의 금엽金葉이 출토되어 '사엽총四葉塚'이라고 불렀는데, 잎사귀[葉]가 머리[頁]로 와전되면서 사혈총이라고 부르기도 했다. 길림성 문물고고연구소의 주임이었던 이전복李殿福은 『중국 내의 고구려 유적』에서 현지 주민들의 말을 빌려 현재 남아 있는 것은 원래 봉토의 3분의 1 정도라는 사실을 전했다. 이전복은 "이 묘는 결코 일반 통치계급의 묘장이 아니고 마땅히 왕릉이나 왕족의 묘장이었을 것이다"라는 설명을 덧붙인다. 그러나 정작 편호編號는 '5호묘'라고 평민 무덤의 이름을 붙였다.

 이 고분의 특징은 지하에 구축한 봉토 석실벽화분이라는 점이다. 1.98미터의 연도를 따라 지하로 내려가니 서늘한 기운이 느껴졌다. 묘실墓室로 들어서니 벽화의 다양한 내용과 화려한 색채에 넋을 잃은 기억이 되살아났다. 거대한 화강암에 석회로 틈을 메웠는데, 동서 길이 4.37미터, 남북의 폭은 3.56미터, 높이는 3.94미터다.

 연도의 양쪽 벽에는 역사力士가 한 명씩 연대蓮臺에 앉아 활시위를 당기며 묘문을 지키고 있는데 세밀하게 관찰하지 않으면 지나치기 쉽다. 5호묘는 4호묘처럼 사신도四神圖가 그려져 있다. 4호묘와

오회분 5호묘에 그려진 농사의 신

다른 점은 흰 옷에 소머리를 하고 달려가는 농사의 신과 불의 신이 그려져 있는 점이다. 기마민족인 고구려인들이 농경도 중시했음을 보여주는 벽화다. 오회분 4호묘와 5호묘의 공통점 중 하나가 삼족오三足烏다. 4호묘에는 해의 신이 삼족오가 담겨 있는 해를 들고 있고, 그 곁에는 달의 신이 두꺼비가 담겨 있는 달을 들고 마주 나는 벽화가 그려져 있고, 5호묘에도 삼족오를 들고 있는 해의 신이 등장한다. 태양 속에 까마귀가 산다는 양오전설陽烏傳說의 표현인데, 고구려처럼 태양을 숭배한 나라에서는 특히 많이 등장한다.『삼국유사』'연오랑延烏郎 세오녀細烏女조'에도 "동해 바닷가에 살던 연오랑 세오녀 부부가 일본으로 간 후 신라의 해와 달이 없어졌다"고 전하는데 이름에 모두 '까마귀 오烏' 자가 있고, 해와 달이 없어졌다는 점에서 이 역시 양오전설의 표현이다.

5호묘의 사신도는 거친 자연과 싸우며 생활하면서도 자연에 정복되지 않은 고구려인들의 기상을 나타낸다. 묘실의 사신도 벽화는 인위적으로 명당을 만들려 한 고구려인들의 세계관을 표상한다. 명당을 찾아 헤매는 것이 아니라 묘실 벽화 동쪽에 청룡青龍, 서쪽에

오회분 5호묘에 그려진 해와 달의 신 해의 신이 삼족오를 들고 있다.

백호白虎, 남쪽에 주작朱雀, 북쪽에 현무玄武를 그려넣어 명당을 조성한 것이다. 지금도 살아 꿈틀대는 듯한 사신도는 명당을 찾아 이리저리 헤매는 후손들의 기복祈福신앙을 꾸짖는 듯하다.

5호묘를 나와 고구려 무덤떼가 있는 통구通溝 평원으로 향했다. 통구는 집안 일대의 고분 등을 포괄할 때 쓰는 표현이고, 현지에서는 동구고묘군洞溝古墓群이나 산성하묘구山城下墓區라고 부른다. 1966년 중국은 통구 지역의 고분군을 여섯 지역으로 나누었는데, 산성하묘구는 그 위에 환도산성丸都山城이 있어서 붙은 이름이다. 예전에 왔을 때는 고분 사이로 달구지가 다니기도 했으나 이제는 고분 내 길은 모두 폐쇄했다. 멀리서 보기에는 그럴듯하게 정비한 것 같지만 가까이 가서 보면 전혀 다른 석

오회분 5호묘에 그려진 사신도 중 주작

재에 시멘트로 접합해놓은 흉물들도 여럿 있었다. 이 때문에 오히려 다른 고분의 고아古雅한 맛도 훼손시킨다. 단재 신채호가 『조선상고사』에서 "수백 원이 있으면 묘 한 장을 파볼 것이요, 수천 원 혹은 수만 원이면 능 한 개를 파볼 것이다. 그리하면 수천 년 전 고구려 생활의 활사진活寫眞을 보리라"고 갈파한 것처럼 고분 하나하나가 모두 고구려의 역사를 간직하고 있는 보고이건만 어찌 저렇게 망쳐놓았는지 개탄하지 않을 수 없다.

무덤떼를 거닐며 잠시 상상의 나래를 편 다음 무덤떼 뒤의 환도산성을 올랐다. 입장료 30원을 내고 서남성문西南城門을 통과하면 가장 먼저 눈에 띄는 것이 성안의 농군들이다. 입장료를 받으려면 대대적으로 정비를 하든지 농경을 방치하려면 입장료를 받지 말아야 마땅하겠지만 농경도 하고 입장료도 받는 중국식 계산법이다.

환도산성 내 망루인 점장대

지금은 산성 안 대부분의 지역이 농토로 변했지만 『삼국사기』 '산상왕 2년(198)조'가 환도산성을 쌓았다고 전하면서, 성을 완성하고 9년 후인 산상왕 13년(209) 겨울에는 도읍을 환도로 옮겼다고 전하는 것처럼 한때 고구려의 도읍지였다. 환도산성은 둘레가 7킬로미터나 되는 대형 산성이지만 전투가 일상화된 고구려의 피난성치고는 그다지 험준하지 않다. 산 중턱의 요망대瞭望臺(전망대)에서는 멀리 국내성이 보였고, 요망대 뒤쪽의 궁전 유적에서는 규칙적으로 배열된 기초석 사이로 깨농사 흔적이 낭자하다. 환도산성에 관한 중국 측 안내문에 빠지지 않는 것이 위나라 관구검毌丘儉에게 산성이 함락된 기사다. 동천왕 20년(246) 관구검은 동천왕이 4년 전에 요동 서안평을 공격한 데 대한 보복 공격을 감행했다. 이때 동천왕은 환도산성을 빼앗기고 남옥저로 피신하는데, 이렇게 쉽게 함락된 데서도 알 수 있듯이 환도산성은 고구려 산성치고는 그다지 험하지 않은 산성이다. 중국인들은 관구검의 환도산성 함락기사에서 뿌듯한 감정을 느끼지만 한국인들은 커다란 안타까움을 느낀다. 고구려가 어느 나라의 역사인지 가슴이 말해주는 것이다.

먼저 내려간 A선생이 부르는 소리가 들렸다. 남옹문南瓮門 근처까지 내려간 A선생의 손에 더덕이 들려 있었다. A선생은 고구려 병사들이 배가 고프면 캐 먹던 것이라며 더덕 캐는 방법을 강의한다. 꽃씨를 가지고 발견하는 것이란다. 환도산성을 내려오니 점심때가 되었다. 압록강에서 그리 멀지 않은 곳에 있는 '경복궁景福宮'이란 식당을 찾아갔다. 북한 출신 사업가의 조선족 여조카가 운영하는 식당이었다. 그런데 '경복궁'은 보이지 않고 그 자리에 '묘향산'이란 북한 음식점이 들어섰다. 물어보니 옛 경복궁이 맞는다고 대답했다. 이제는 북한에서 직접 운영한다는 것이었다. 무언가 사정이 있는 듯했으나 더 묻지 않았고, 2층 한라산에 안내되어 자리를 잡았다. 조미료를 거의 쓰지 않아 심심한 듯하지만 원료의 맛이 살아 담백한 것이 북한 요리들의 특징이다. 압록강에서 잡았다는 잉어와 육회, 전, 명태, 순대, 돼지고기 김치볶음 등과 냉면을 시켰다. 쉽게 접하기 어려운 음식들이어서 많이 시킨 편이었다. 1층에서는 여종업원이 부르는 노래 소리가 들려왔다. "찔레꽃 붉게 피는 남쪽 나라 내 고향~". 압록강변의 북한 식당에서 뽕짝으로 남북은 통일되어 있는 것이다.

오랜만에 제대로 된 식사를 하고 다시 차에 올라 관전寬甸 만족 자치현의 우모오진牛毛塢鎭으로 향했다. 그곳에 고구려 초기 산성이 있다는 기록이 있었다. 압록강 푸른 물결을 따라 달리는 길이었다. 강 건너 북한 쪽의 산에는 나무가 별로 없어 황량했다. '언제 압록강을 건너 국내성을 답사해볼 것인가'라는 감상이 절로 일었다. 한참을 달리는데 고마령古馬嶺이란 터널이 나와 차를 세웠다. 한국 독립운동사상 커다란 비극인 고마령 참변의 현장이었다. 백여 차례 이상이나 국내 진공작전을 전개한 '대한민국 임시정부 산하 육군 주만참의부'의 독립군 부대가 1925년 3월 일제 초산楚山경찰서의 경찰대 65명에게 포위되어 장장 네 시간여에 걸쳐 혈전을 벌인 곳이다. 기습당한 참의부의 참의장 겸 제2중대장 최석순과 29명이 전사함으로써 참의부는 크게 약화되었다. 고마령 전투에서 죽어간 독립군의 혼령을 기리며 다시 차에 올랐다.

고마령을 통과해 조금 더 달리자 요녕성이었다. 높은 산길 아래로 푸른 혼강이 넘실대며 흐르고 있었다. 중간에 보달원步達遠이란 곳이 나오자 A선생은 이곳이 독립운동가 오동진吳東振이 살던 곳이라고 설명한다. 평안북도 의주 출신의 오동진은 대한통의부大韓統義府와 정의부正義府의 핵심인물로 평안북도 초산경찰서의 추목주재소楸木駐在所와 벽동경찰서 여해주재소如海駐在所 등을 습격한 독립군 맹장이다. 1928년 체포된 후 무기징역을 언도받고 복역했는데, 그와 함께 마포형무소에서 복역한 독립운동가 이규창李圭昌은 자서전 『운명의 여진』에서 오동진이 만 48일 동안 단식투쟁을 하자 일본인 형무소장이 '가미사마[神]'라고 합장 배례했다는 목격담을 전해준다. 이규창에 따르면 오동진은 공주형무소에서 1944년 옥사했다고 한다. 70~80년 전에는 독립운동가들이 나라를 찾기 위해 청춘을 바치며 걷던 이 길을 우리는 역사를 찾기 위해 달리는 중이다.

날씨가 흐려져 4시 30분경이 되자 흐릿했으나 우모오는 나타나지 않았다. 길가에 차를 세우고 물으니 앞으로도 50킬로미터는 더 가야 한다고 대답한다. 이미 해가 질 시간이어서 관전에서 자고 내일 아침 일찍 우모오를 찾기로 했다.

독립운동의 주요근거지였던 관전현에 접어들자 감회가 새로웠다. 얼마나 많은 독립운동가들이 이 거리를 걸었을까? 관전빈관寬甸賓館에 짐을 풀고 저녁식사를 하기 위해 밖으로 나오니 차가운 바람이 강하게 불었다. 한참을 걸어도 식당이 없었다. 식당 천지인 중국에서는 드문 경우다. 신호등이 있는 길 끝까지 가서 오른쪽으로 꺾어지자 포장마차 같은 것이 두 줄로 길게 늘어서 있고 그 끝쯤에 큰 식당이 하나 있었다.

2007년 4월 17일 화요일
관전(성정산성)→심양

아침식사를 하러 관전빈관 내 식당으로 가니 100평은 넘을 큰 공간에 손님은 우리뿐이었다. 빵과 좁쌀죽, 계란과 짠지가 전부였다. 허기만 속이고 우모오로 향했다. 관전에서 그리 멀지 않다고 했지만 찾아가는 길은 순조롭지 않았다. 군데군데 비포장도로인 데다 길을 잘 알지 못했다. 한참을 헤매다 길가 노인들에게 물어보니 비로소 알려주었다. 우모오를 찾았으니 이제 고구려 산성이 있다는 성정산城頂山을 찾아야 했다. 몇 번을 더 물으며 헤매다가 문득 '저 산이다' 하는 생각이 들었다. 『관전여유지남寬甸旅遊指南』에서 환인의 오녀산성과 '자매산성'이라고 썼는데, 오녀산성처럼 탁자 모양의 험준한 산이 있었기 때문이다. 산 초입에 관리사무소 설치 공사가 한창 진행 중이었는데 입장료를 받았다. 60원씩이니 꽤 비싼 값이었다.

오녀산성처럼 돌계단을 만들어놓았는데 험준했다. 시신봉示神峰에 올라서 주위를 보면 이 산성 역시 오녀산성처럼 난공불락임을 느낄 수 있었다. 중턱에 여덟 신선이 놀았다는 팔선암八仙岩이 있는데, 이런 도교 유적들은 청나라 광서제 때 이 산에서 전진용문全眞龍門파라는 도교 유파가 창립된 것과 관련이 있다. 그만큼 성산聖山으로 생각했다는 뜻이다. 그러나 우리가 이 먼 곳까지 찾아온 이유는 도교 사원 때문이 아니었다. 한참을 올라가니 절벽에 유리왕의 황조가黃鳥歌를 음각한 황조암黃鳥岩이 나왔다.

추모왕의 장남 유리왕은 다물후多勿侯 송양松讓의 딸을 왕비로 삼았다가 사망하자 한인漢人 치희稚姬와 골천인鶻川人 화희禾姬를 맞아들였다. 유리왕이 사냥간 사이 둘 사이에 싸움이 벌어져 화희가 "너

성정산 황조암 유리왕이 지은 황조가가 음각되어 있다.

는 한나라의 천한 첩[婢妾]으로 어찌 이리 무례한가?"라고 꾸짖자 치희는 도망갔다. 유리왕이 쫓아갔으나 돌아오지 않자 "훨훨 나는 꾀꼬리는 / 암수 서로 정답구나 / 외로운 이 내 몸은 / 뉘와 함께 돌아갈까[翩翩黃鳥 雌雄相依 念我之獨 誰其與歸]"라는 황조가를 부른다.

『삼국사기』는 이때를 유리왕 3년(기원전 17)이라고 전하는데, 국내성 천도(서기 3) 19년 전이었다. 중국 측은 성정산을 유리왕이 치희를 찾으러 왔다가 황조가를 부른 곳이라고 주장한다. 산 중턱과 정상에는 유리왕과 아들 대무신왕의 여러 유적들을 조성해놓았다. 유리왕이 치희를 생각하며 눈물을 흘렸다는 상사천相思泉이나 대무신왕이 화희와 치희를 기리며 만들었다는 효모방孝母房은 근래에 조성한 유적인데 조잡하기 그지없다. 이는 고구려 유적이라는 아무런 증거가 될 수 없는 후대의 창작품들이다. 한참을 더 올라가자 자연석으로 쌓은 성벽이 나타났는데, 구운 벽돌로 쌓는 중국 성벽과는

관전의 성정산성 전경

유리왕이 지은 황조가의 무대로 전해오며, 정상이 평평한 상자 같은 모습이
환인의 오녀산성(작은사진)과 닮았다 하여 '자매산성'이라고 부르기도 한다.

확연히 구별되는 고구려 성벽이었다. 성정산 정상은 해발 537미터 정상 부근에 오녀산성 정상에서 본 연못과 같은 천지天池가 있었다. 길이 16미터, 너비 7미터의 천지는 고구려 군사들의 생명수로서 부족함이 없었다. 『관전여유지남』은 성의 총 면적이 84,042제곱미터이고 길이가 1,497미터라고 적었으니 대단히 큰 산성이었다. 무신왕부武神王府, 또는 태자부太子府라고 쓴 안내판이 있는데 무신왕이란 대무신왕을 뜻한다.

유리왕은 재위 20년(서기 1) 태자 도절이 죽자 3년 후 왕자 해명解明을 태자로 삼았다가 해명이 황룡국黃龍國 국왕이 보낸 강한 활을 부러뜨리자 크게 화를 내며 칼을 주어 자결하게 했다. 해명은 유리왕 28년(서기 9) 여진礪津의 동쪽 벌판으로 가서 창을 땅에 꽂고 말을 타고 달려가서 찔려 죽으니 나이가 21세였다. 이렇게 두 태자가 비명에 간 후 유리왕 33년(서기 14) 태자가 된 인물이 셋째 왕자 무휼無恤, 곧 대무신왕이다. 『삼국사기』 '대무신왕조'는 "대무신왕의 어머니는 송松씨로 다물국왕 송양의 딸"이라고 적었다. 대무신왕이 친모가 아닌 화희와 치희를 기리는 효사방을 꾸려놓았을 가능성은 희박하기 때문에 이 성이 유리왕이나 대무신왕과 관련 있는 성인지는 불분명하다. 그러나 성벽 유지나 출토 유물들은 이 성이 고구려 성이라는 사실만은 분명하게 말해주었다. 돌절구, 동전, 화살촉과 함께 말 등자鐙子가 출토되었는데, 이 험준한 곳까지 말을 끌고 올라왔다는 이야기다.

적병들이 이 산성으로 올라오는 길은 남문南門과 서문西門 둘뿐인데, 둘 다 가파르고 좁아서 열 명이 능히 수천 명을 상대할 수 있는 요지였다. 산성은 세 구역으로 나뉘는데 서문구西門區와 남문구南門

區, 고분 2구가 있는 고분구古墳區다. 서문구에는 길이 다섯 개 있고, 남문구에는 연병장과 말을 기르는 유마장留馬場이 있다. 『정려 관전 산수간情灑寬甸山水間』이란 책은 성정산성이 전한前漢 건소建昭(기원전 38~기원전 33년)에 건립되었다가 당태종 때인 정관貞觀(627~650년) 연간에 무너졌으니 700여 년 동안 존립했다고 적었다. 당태종이 고구려를 침략한 보장왕 4년(645) 무너졌다는 뜻이리라.

한국인으로서 이 산성에 오른 사람은 우리가 처음일지도 모른다. 아래로 내려오니 고령이어서 산에 오르지 못한 A선생은 선조들의 성 아래 왔다는 사실 자체만으로도 감회에 서린 듯했다.

성정산성까지 답사함으로써 이번 답사의 1단계가 끝난 셈이었다. 처음 도착했던 심양으로 향했다. 심양까지 가는 길은 거대한 공사판이었다. 대체도로를 만들어놓지 않고 공사를 강행하는 중국 특성 때문에 먼지깨나 먹었지만 달리 방법이 없었다. 중간의 작은 마을에서 간단하게 점심을 때우고 다시 한참을 달려 심단沈丹(심양-단동) 고속도로로 접어들자 비로소 차의 흔들림이 잦아들었다.

A선생과 헤어진 우리는 심양 서탑西塔 거리로 갔다. 속칭 한국인 거리인데, 약간 떨어져 있는 르네상스 호텔은 모든 종업원들이 한국어를 사용하는 조선족이다. 심양은 항상 사람들로 넘쳐나기 때문에 성수기, 비수기가 따로 없이 방 하나에 270원이었다. 북한 식당인 평양관에서 1단계 답사의 마지막 저녁식사를 했다. A선생과는 이미 헤어졌고, 설 위원과 성 대리도 내일은 귀국한다. 대신 모레는 사진작가인 권태균 선생이 정주鄭州에서 합류해 2단계 답사를 함께 하게 된다. 만나는 사람과 헤어지는 사람, 새로운 경치와 지나간 경치, 답사는 회리會離의 연속이다.

고구려와 북위의 뿌리를 찾아가는 길

2007년 4월 18일 수요일
심양

한국으로 돌아갈 일행들이 있어서 심양 시내 답사로 일정을 정했다. 청나라가 북경을 점령하기 전에 사용한 궁궐인 고궁故宮과 청나라 황제들의 무덤인 북릉北陵 그리고 소현세자가 인질 생활을 한 심양관瀋陽館 자리인 심양 아동도서관 등이 주요 일정이었다.

나는 여러 차례 가본 곳이어서 호텔방에 남아 원고 손질을 하기로 했다. 글감옥에서 벗어날 수 없는 운명이다. 12시쯤 되자 시내 답사를 마친 일행들이 돌아왔고 한국식당에서 점심을 먹은 후 신화서점新華書店 앞에서 헤어졌다.

기사 유씨는 두 사람을 공항까지 데려다주면 임무가 끝난다. 집안에서 우리가 사준 회화책으로 열심히 한국어를 공부하던 유씨는 "또 만납시다"라고 말하며 포옹했다. 나도 중국어로 "짜이 지앤(再見, 다시 만납시다)"이라고 답하며 포옹했다. 다시 만날 날이 있겠지만 이별은 항상 감상을 자아내게 한다.

신화서점에서 1차 사료 성격의 책을 여러 권 산 뒤 택시를 타고 호텔로 돌아왔다. 오랜만에 여유 있는 저녁시간이었으나 강행군을 한 탓인지 세 명 모두 지쳐 있었다. 반주로 맥주 한 잔 씩만 마시고 호텔로 돌아오는 길에 슈퍼마켓에 들러 한국산 소주 한 병을 샀다. 2단계 답사에서 특별히 쓸 데가 있었기 때문이다.

2007년 4월 19일 목요일
심양→정주→낙양

아침 8시 35분 하남성河南省 정주鄭州행 비행기를 타야 하므로 7시까지는 심양공항에 도착해야 했다. 설 위원과 성 대리가 남기고 간 컵라면으로 아침을 때우고 공항으로 향했다. 정주공항에 도착했으나 북경에서 12시 50분 비행기로 출발해 2시에 도착한다는 사진작가 권태균 선생을 만나려면 세 시간 넘게 기다려야 했다. 공항 내 뷔페식당으로 가서 이른 점심을 먹고 책을 보다가 권 선생을 맞으러 나갔다. 2시 40분이 지났으나 권 선생은 나오지 않고 대신 중학생쯤 되어 보이는 아이들 십여 명이 주황색 승복을 입고 플래카드를 펼쳐들었다. '대만노동조합연맹 위원장을 환영한다'는 내용인데 소림사少林寺 소속의 아이들이었다. 비로소 낙양洛陽 숭산에 소림사가 있다는 사실이 떠올랐다.

권 선생을 만났으나 네 명이 낙양까지 가는 방법도 문제였다. 짐을 갖고 정주 시내로 가서 버스 타기도 쉽지 않을 것 같아 택시를 이용하기로 했다. 현대 소나타 택시를 잡아 650원에 가기로 흥정하고 낙양으로 향했다. 차는 빠른 속도로 고속도로로 접어들었다. 고속도로를 보면 중국의 발전상을 짐작하게 된다. 과거 서너 시간씩 걸리던 길이 한두 시간으로 단축되었다. 고속도로 건설 속도는 중국이 전 세계에서 가장 빠를 것이다. 고속도로망에 관한 한 중국은 이미 선진국 수준에 도달했다. 그러나 도로를 운용하는 사람들은 그러지 못해서 연곽連霍고속도로의 낙양과 서안으로 갈라지는 길 앞에서 갑자기 경찰차가 도로를 가로막고 나섰다. 마침 우리 차가 제일 앞이었고 우리 차 뒤로 차들이 줄지어 밀려 서 있었다. 한국 같으면 난리가 날 상황이지만 아무도 내려서 항의하지 않았다. 십 몇 년 전 내가 처음 중국에 왔을 때 가장 놀란 장면들의 재연이었다. 나 역시 모택동의 신민주주의에 대해 많은 호감을 가지고 처음 중국에 왔지만 현실은 중국공산당 일당이 지배하는 경찰국가, 공안公安제국이었다. 지금은 많이 나아졌지만 시내 한복판에서 공안들이 시민을 구타하는 일이 그리 드물지 않았다. 경찰차 안의 공안은 한 발은 운전대 위에, 다른 한 발은 차창 밖으로 내밀고 앉아 있었다. 이런 상황을 중국인들은 숙명처럼 받아들인다. 국가 권력에 대한 공포는 본능이어서 체념이 일종의 생활철학이 된 것이다.

이유를 묻는 기사에게 공안이 한 말은 딱 하나 '한 시간 기다리라'는 것이었다. 그나마 한 시간이 되기 전에 풀려서 다행이었다. 고속도로 변에 수천 년 전부터 내려오던 토굴土窟이 남아 있는 것도 이채로웠다. 저 멀리 누렇게 넘실거리며 황하가 흐르고 시인 '두보의 고향'이란 뜻의 '두보고리杜甫故里'라는 입간판도 눈에 띄었다. 정주에서 낙양까지 144킬로미터인데 통행료가 70원이니 한국보다 두 배 정도 되는 비싼 값이다.

낙양은 서안西安과 함께 고대 중국의 2대 도시로서 아직도 고도古都의 풍모가 남아 있으나 지금은 크게 낙후된 도시이기도 하다. 당나라 시절에는 낙양을 동도東都, 서안을 서도西都라고 했는데 이제는 서안과 비교하기 어려운 도시가 되었다. 때마침 모란 축제 중이어서 방을 구하기가 쉽지 않았다. 신취화주점新聚和酒店이란 큰 호텔에 들어가 방이 있느냐고 묻자 예상외로 있다는 대답이 돌아왔다. 280원이라는데 큰 호텔이라고 무작정 결정하면 안 되는 법이어서 방을 보자고 했더니 3층으로 데려가는데 지저분한 룸살롱 비슷한 곳을 거쳐 룸살롱 아가씨들이 손님들을 맞다가 쉬는 곳 같은 방을 보여주었다. 게다가 악취까지 나서 다른 곳을 찾으려고 하니 기사가 빨리 돌아가야 한다고 재촉한다. 이런 경우에 익숙하기 때문에 "그러려면 버스타고 왔지 왜 비싼 택시 타고 왔겠느냐"고 답하며 길 건너 호텔로 갔다. 늘 당하는 일이지만 트렁크에 가득한 짐을 내려놓고 가겠다는 데는 괘씸한 생각이 들지 않을 수 없다. 아직 돈을 주지 않았으니 그이도 우리를 따를 수밖에 없을 것이다. 다행히 그 앞의 명원호텔을 250원씩에 얻었다. 객실에 냉장고만 있으면 금상첨화겠지만 이만 해도 다행이었다. 호텔에 짐을 풀고 거리 구경삼아 식당을 찾아나섰다. 한 식당을 찾아 음식을 네 가지 시키니 아르바이트 하는 학생인 듯한 여자아이가 음식의 양이 많다며 만류했다. 저 아이들이 기성세대가 되면 좀 나아지려는지 대화를 나누며 식사를 마치고 밖으로 나왔다. 남쪽이어서인지 무척 더웠다. 아무래도 반팔 티가 필요해서 세일하는 반팔 티 하나씩을 9원 90전씩에 사서 나누어 가졌다.

2007년 4월 20일 금요일
낙양

드디어 북위 효문제의 부인 문소황후文昭皇后의 능을 찾아가는 날이 밝았다. 한국인으로서 목적의식적으로 문소황후 능을 찾는 사람은 우리가 처음일지도 모른다. 호텔 앞에 대기하고 있는 작은 택시의 가격을 물으니 하루에 450원이라고 했다. 흥정을 하여 350원으로 정하고 맹진현孟津縣 장릉長陵으로 가자고 말했다. 드디어 고구려와 선비족의 위魏(북위)가 뒤얽힌 역사의 현장을 찾아가는 길이다. 『후한서』'구려조'는 "선비와 예맥이 해마다 노략질하여 백성을 잡아간 수가 수천 명이나 된다"는 구절이 있는데 여기에서 예맥은 바로 고구려를 뜻한다.『삼국사기』'태조대왕 69년(121)조'는 "태조대왕이 여름 4월 선비 군사 8천여 명과 함께 요대현遼隊縣(지금의 요녕성 해성시 서북쪽)을 공격하니 요동태수 채풍蔡諷이 전사했다"는 기록도 있다. 선비족은 공동 군사작전을 여러 차례 전개했을 정도로 고구려와 밀접한 민족이지만 그간 우리 역사의 음지에 묻혀 있었다.

한국 고대사를 제대로 인식하기 위해서는 시야를 넓혀야 한다. 고구려는 어떻게 선비족과 공동 군사작전을 전개했을까? 또 고구려는 왜 선비족과 공동으로 후한後漢에 맞섰을까? 이런 의문을 풀기 위해 백설로 뒤덮인 대흥안령 산맥을 넘은 것이 2007년 1월 말이었다.

대흥안령 산맥을 넘다

2007년 1월 말
서울→대련(비사성)→심양(백암성)→하얼빈→치치하얼→납하(부여 유적지)→눈강→내몽골→아리하(알선동굴)→만주리→하얼빈→서울

함석헌 선생의『뜻으로 본 한국역사』에서 우리 민족의 한 갈래가 중앙아시아에서 파미르 고원과 흥안령 산맥을 넘어 만주 평원으로 들어왔다고 쓴 글을 본 이후 흥안령 산맥을 넘는 것은 나의 오랜 꿈이었다. 그것도 한겨울에. 온 천지가 하얗게 뒤덮인 혹한의 대지를 달려보고 백설의 대흥안령을 넘어봐야 고구려를 이해하고, 선비족을 이해할 수 있다고 생각했다.

먼저 인천공항에서 대련大連에 도착해 고구려가 중국에 맞서 싸우는 최전선 중 하나였던 요동반도 끝 비사성卑沙城(대흑산산성)에 올랐다. 『삼국사기』는 "비사성은 4면이 깎은 듯하고 다만 서문西門 쪽으로만 오를 수 있다"고 기록했는데, 비사성에 오르니 천지가 발아래 드러났다. 이런 비사성도 보장왕 4년(645) 당태종에게 함락되었는데, "남녀 8천 명이 죽었다"는 『삼국사기』 기사는 남성뿐만 아니라 여성들도 당나라에 맞서 결사 항전했음을 말해준다.

대련에서 차를 달려 심양 근교 백암성白巖城에 도착했을 때 날은 이미 어두웠으나 백설이 뒤덮은 데다 달빛도 조금 있어 그리 어둡지는 않았다. 3면은 절벽과 성벽이고 다른 한 면은 태자하太子河가 흐르는 천혜의 요새이지만 이런 천혜의 요새도 지키는 사람이 부실하면 함락되기 마련이다. 당태종의 군대가 도착하자 백암성 성주城主 손대음孫代音이 몰래 심복을 보내 항복을 청하면서 "저는 항복하기를 원하지만 성안에 따르지 않는 자들이 있습니다"라고 내응했다. 지휘관이 이런 판국이니 부하들이 아무리 사생결단의 의지로 버틴들 지킬 수가 없었다. 당태종은 크게 인심을 쓰듯 항복을 받고 백암성을 암주巖州라고 고치고 손대음을 암주자사로 삼았다. 손대음은 고구려가 이길 수 없으리라고 판단했겠지만 이는 오산이었다. 당태종이 안시성安市城에서 발목이 잡혀 쫓겨간 후 손대음의 운명에 대해서는 더 이상 기록이 전하지 않지만 아마도 고구려에 사형당했거나 당태종을 좇아 도주했을 것이다. 천혜의 백암성은 못난 성주 때문에 고구려 산성으로서는 치욕적인 오명을 남기고 말았다.

심양에서 하얼빈까지 가는 600킬로미터는 야간열차를 타고 이동했는데, 대련에서 심양을 거쳐 하얼빈으로 올라가는 길은 고구려

천리장성을 따라가는 길이기도 하다. 그러나 말이 장성長城이지 고구려 장성은 중국 만리장성과 달리 성과 성을 연결하는 담이 없는 거점성들의 집합일 뿐이다. 성과 성을 연결하는 담은 없지만 목전의 산성을 함락시키지 못하고 다른 성 쪽으로 전진할 수는 없었다. 배후가 위험해지기 때문이다. 그래서 거점성들이지만 성과 성 사이의 빈 공간은 그 어느 담장보다 높고 튼튼하다는 점이 고구려 장성의 특징이었다. 최소의 경제력과 인원으로 최대의 효과를 거두는 방어체제였다. 새벽에 하얼빈에 도착해 아침을 먹고 버스를 이용해 북만주의 주요 거점 도시인 치치하얼[齊齊哈爾]로 향했다.

치치하얼은 하얼빈 북쪽에서는 소만 국경의 흑하黑河와 함께 가장 큰 도시다. 대개 하얼빈 북쪽으로는 특별한 목적이 없는 한 잘 가지 않게 된다. 치치하얼은 북방 도시여서 그런지 중국의 보통 도시들과는 그 느낌이 달랐다. 이상고온이라고 할 정도로 따뜻하다지만 그래도 북방의 추운 날씨가 확 느껴졌다. 이 먼 곳에 뜻밖에도 한국 음식점 '서라벌'이 있었다. 우리말을 할 줄 아는 종업원은 아무도 없지만 이 북방 고토에 한국 음식점이 있다는 자체가 신기했다. 그것이 전조였는지 치치하얼 박물관에서 구한 『눈수신운嫩水神韻』이란 작은 책자에 부여夫餘의 유적이 있다는 설명이 들어 있었다. '치치하얼 지구에는 삼가자三家子 묘장墓葬으로 대표되는 이른 철기시대 문화유적이 존재하는데, 그것이 바로 부여 유적'이라는 것이었다. 그 유적지는 치치하얼에서도 북쪽으로 수백 킬로미터 더 가야 하는 납하시納河市 부근에 있었다. '현장을 다니면 소득이 있다'는 말이 이런 경우에 해당할 것이다. 납하시는 통상 부여의 강역으로 여겨지는 곳보다 훨씬 북쪽이므로 이런 곳에 부여 유적지가 있다는 것은 새로운 발견이었다.

 덕분에 다음 날(1월 25일) 새벽 5시경으로 출발시간을 앞당겼다. 신새벽의 찬 공기를 가르고 세 시간가량 달리니 납하시가 나왔다. 흑룡강성과 내몽골의 접경지였다. 납하시를 가로지르는 납모이하納謨爾河 다리를 건너 왼쪽으로 부여 유적 발굴지 현장들이 남아 있었다. 추모왕이 내려왔다는 북부여가 여기 어디였을까? 우리가 잊고 있던 우리 민족 두 번째 국가 부여는 이렇게 우연하게 거대한 실체를 드러냈다. 그 이전에는 고조선 강역이었을 것이 분명하다.

 납하에서 북쪽으로 한참을 더 가면 내몽골과 접경지대인 눈강嫩江시가 나온다. 차는 곧 눈강을 지나 내몽골로 들어간다. 몽고蒙古는 몽매하다는 뜻처럼 비어로 사용한 것이고 원래는 몽골인들이 부르는 대로 몽골이라고 써야 한다. 몽골은 세상의 중심이란 뜻이다. 나

납하시 눈강 동쪽의 구릉지에 있는 부여 유적지

는 몽골 답사를 다니다 고구려 유적을 여럿 목도했다. 심양에서 북쪽으로 몇 시간 올라가면 내몽골에 소속된 통료通遼라는 도시가 나오는데, 여기에서 다시 북쪽으로 몇 시간을 더 가면 노북魯北이란 곳이 나온다. 몽골 발음으로는 짜루터치[扎魯特旗]라고 부르는 곳인데, 이 도시에서 그리 멀지 않은 초원지대에 현지인들이 고려성이라고 부르는 곳이 있었다. 현지 몽골인들은 이곳이 성의 유적이기보다는 고구려 장군이 주둔하던 곳이라고 했다. 이곳에서 왼쪽으로 몇 시간 떨어진 파림좌기巴林左旗에도 고구려 성의 유적이 있다고 했다.

 이는 기마민족 고구려의 활동 범위가 『삼국사기』나 중국의 기록들이 전하는 것보다 훨씬 넓었을지도 모른다는 생각을 하게 해주었다. 몽골 수도 울란바토르에서 남동쪽으로 초원과 사막지대를 1,500킬로미터 이상 달려야 닿는 소도시가 몽골과 중국의 국경 부근인 다리강가인데, 최근 답사했을 때 그 근처에 고구려식 적석총積石冢과 석성의 흔적이 남아 있는 것을 확인할 수 있었다. 그곳에는 아직도 옛 기와 파편들이 다수 남아 있었다. 한·몽골 공동학술조사에서 고구려 유적으로 결론지은 유적이기도 한데, 내몽골의 고구려 유적지라는 짜루터치나 파림좌기에서 북서쪽으로 멀지 않은 곳이었다.

 이런 지역을 답사하다 보면 후대의 문헌을 통해서 알게 되는 고구려의 강역과 실제의 강역이 다를 수 있다는 생각이 강하게 든다. 『삼국사기』는 이미 만주가 남의 강역이 된 상태에서 쓴 책이고, 중국은 변방인 몽골 지역에서 벌어진 일에는 큰 관심이 없기에 자세하게 기술하지 않았을 테니, 기록의 공백 지대가 상상보다 넓을 수 있다는 생각이 드는 것이다. 그간 우리는 농경민족의 시각으로 고

몽골공화국 남쪽 국경 부근에 있는 고구려 성의 흔적

▲ 내몽골 노북시 옛 고구려 성터에서 출토된 귀면와

◀ 몽골공화국 내 고구려 성에서 출토된 기와 더미

구려를 이해하려고 하지 않았는가 하는 반성이 든다. 기마민족의 이동 속도와 범위는 농경민족의 상상을 초월한다. 병자호란 때 인조가 강화도로 몽진하려다 청나라 군사가 이미 길을 끊어 할 수 없이 남한산성으로 들어간 일은 농경민족화된 조선인의 생각의 범주를 뛰어넘는 기마민족의 빠른 이동 속도를 잘 보여주는 사례다. 농경민족의 시각으로 바라보면 '고구려가 어떻게 이곳까지……'라고 생각하겠지만 기마민족의 시각으로 전환하면 여기보다 훨씬 먼 곳도 못 갈 이유가 없다. 또한 기마민족의 영토 개념도 농경민족의 영토 개념과는 다르다. 구구절절 설명할 것 없이 광활한 몽골 초원과 사막지대를 달려보면 땅에 대한 개념이 다르다는 것을 느끼게 된다.

눈강에서 내몽골로 들어가 북서쪽으로 200여 킬로미터 더 올라가면 악륜춘족자치기鄂倫春族自治旗가 나오는데, 아리하阿里河라는 아름다운 이름도 갖고 있는 도시다. 대흥안령은 언제 넘었는지 모를 정도로 고개라기보다는 거대한 구릉 같은 산맥이다. 대련에서부터 꼬박 나흘을 강행군하면서 아리하를 찾은 이유는 북위北魏를 세운 선비족 탁발씨의 발상지인 알선동굴嘎仙洞窟이 있기 때문이다.

선비족 탁발씨는 알선동에서 시작해 남서쪽의 거대한 호륜호呼倫湖 부근으로 이주해 살다가 내몽골 북부 시라무렌 강 근처로 이주했다. 258년 무렵에는 현재 내몽골 수도인 호화호특呼和浩特 아래 성락盛樂(지금의 내몽골 허흐호트[和林格爾]) 일대로 남하했는데, 그 수장인 탁발규拓跋珪(재위 386~409년)는 계속 세력을 확장해 386년에 대국代國을 세운다. 이 대국이 바로 북위의 전신인데, 이때만 해도 같은 선비족 모용慕容씨가 세운 연燕나라에 복속했으나 서연西燕 황실 내부에 골육상쟁이 벌어지자 탁발규는 국호를 위魏로 고치고 제위에 오르는데 그가 도무제道武帝다. 중국의 역사서는 조조曹操의 위魏와 구분하기 위해 북위北魏라고 부르는데, 조조의 위는 단명한 분열왕조 중 하나에 불과하지만 탁발씨의 위魏는 250여 년 이상 존속한 데다 화북 일대를 통일한 왕조이므로 조조의 나라를 조위曹魏라고 칭하고 탁발씨의 나라를 위魏라고 불러야 마땅하다. 이민족이 세웠다는 이유로 북위로 격하된 것이다. 북위는 수도를 평성平城(산서성 대동)으로 옮기고 제3대 태무제太武帝(재위 424~452년) 때 드디어 화북 지역을 통일한다.

바로 이 태무제의 연호인 태평진군太平眞君 4년(443) 북위의 속국으로 흥안령 산맥 동쪽에 있던 오락후국烏洛侯國에서 사신을 보내 흥안령 산맥 북단에 탁발씨의 발상지인 알선동굴이 있다는 사실을 전했다. 북위의 수도 평성에서 알선동굴까지는 직선거리로 따져도 1,500킬로미터가 넘는 먼 거리다. 알선은 고향이란 뜻인데 선조들의 고향에 대해 궁금했던 태무제는 곧바로 신하를 보내 제사를 지내게 했다. 『위서』 「오락후烏洛侯열전」에는 "태무제(세조)가 중서시랑中書侍郎 이창李敞을 보내 제사를 지내고, 벽에 축문을 새기고 돌아오게 했다[世祖遣中書侍郎李敞告祭焉 刊祝文於室之壁而還]"고 전한다.

『삼국지三國志』 「위서魏書」 '오환烏丸조'는 "오환과 선비는 예부터 동호라고 일컬었다"고 적었는데, 동호와 동이東夷는 한족漢族들이 동북쪽 민족들을 지칭할 때 사용하는 용어로 서로 통용되기도 한다. 선비와 고구려가 왜 공동으로 군사작전을 전개했는지 말해주는 단서이기도 하다. 『위서』 「예지禮志」에 축문 내용이 실려 있으나, 실제 축문을 새긴 곳이 어디인지는 베일에 가려 있다가 1980년대에

1천 명 이상도 넉넉히 수용할 수 있을 정도로 거대한 알선동굴

야 모습을 드러냈으니 무려 1,500여 년 만의 발견이었다. 비슷한 시기인 장수왕 2년(414) 세워졌다가 1,400여 년 만인 1870년대에야 알려진 광개토태왕릉비와 비슷한 운명이라고 할 수 있다.

눈길을 헤치며 찾아간 알선동굴의 내부는 1천 명 이상도 넉넉히 수용할 수 있을 정도로 거대했다. 옛날 이 동굴에서 선비족들이 군중대회를 열고 있는 모습이 연상되었다. 벽면에 "천자 신臣 탁발도拓拔燾는……"이라며 지상의 천자 태무제가 황천의 신[皇天之神]에게 제사지낸 축문이 새겨져 있었다.

알선동굴에서 선비족이 이주한 호륜호를 거쳐 중국과 러시아의 국경인 만주리滿洲里까지 갔다가 만주리에서 야간열차로 돌아와 하얼빈에서 비행기를 타고 인천공항으로 귀국한 것이 선비족과 고구려의 뿌리를 찾아간 지난 1월의 답사 여정이었다.

위나라 황후가 된 고구려 여인을 찾아서

다시 2007년 4월 20일 금요일
낙양(효문제 장릉, 문소황후 영릉, 선무제 경릉, 숭산 소림사, 용문석굴)

고구려와 북위 두 제국의 친연성의 유적을 찾아 낙양의 문소황후 능을 찾아가는 길이다. 『중국후비능묘中國后妃陵墓』에서 문소황후가 묻힌 영릉寧陵의 위치를 확인했지만 제대로 관리되어 있을 것 같지 않았다. 그녀의 남편인 효문제의 장릉長陵 곁에 있다고 했으므로 먼저 장릉을 찾아야 했다. 장릉을 찾아 떠나는 우리 택시 곁에 다른 택시 한 대가 바짝 붙어 달렸다. 호텔에서 우리에게 자기 차를 타라고 권하던 기사였다. 왜 자기 구역을 침범했느냐고 따지는 것이다. 진로를 방해하는 택시를 겨우 돌려보내고 다시 출발했으나 이번에 도착한 곳은 낙양 고묘박물관 앞이었다. 무덤을 찾는 사람은 무조건 고묘박물관부터 가야 한다고 생각하는 모양이다.

우리의 목적지는 장릉이라고 재차 설명했다. 고묘박물관에서 북쪽으로 조금 더 달리자 멀리서 큰 능이 하나 보였다. '저것인가?' 하면서도 중국 답사에서 이렇게 쉽게 유적을 찾은 적이 없기 때문에 '아니겠지'라는 예단이 앞섰다. 그런데 길가에 장릉이란 표지석이 명확히 보였다. 차를 세우고 주위를 살펴보니 동쪽으로 조금 떨어진 곳에 커다란 능이 하나 더 있었다. 영릉이었다.

낙양을 장악한 위나라의 황후로 추존된 고구려 여인이 1,500년의 세월을 누워 있는 안식처였다. 『중국후비능묘』는 1946년 도굴할 때 묘지석墓誌石이 나와 영릉임이 확실해졌다고 전하는데, 다가가니 온통 흰색, 분홍색의 모란꽃 천지였다. 이렇게 큰 모란꽃은 처음 보았다. 낙양의 모란 축제를 우리는 문소황후와 즐기는 셈이었다. 모란의 짙은 향내가 마치 문소황후의 향기인 듯싶다. 먼저 효문제의 장릉에 올랐을 때 동네 사람 셋이 따라 올라왔다. 노부부와 여성 한 명인데 중국인들도 외면하는 북위 황제의 능을 멀리 한국 사람들이 왜 찾아왔는지 궁금한 것이다. 우리가 문소황후 능으로 향하자 더욱 이상하다는 듯이 쳐다보았으나 적대적이지는 않았다.

『위서魏書』「문소황후 고씨열전」의 고씨라는 성씨가 말해주듯이 문소황후는 고구려 종성宗姓 출신이다. 수도를 평성에서 낙양으로 옮긴 위나라 중흥군주 효문제孝文帝(재위 471~499년)의 부인인데, 『위서』「고씨열전」은 그의 어린 시절에 관해 흥미로운 기사를 전해준다.

처음 후后가 어린 시절 집안에서 일찍이 꿈을 꾸는데 햇빛이 창으로 들어와 비쳤다. 햇빛이 작열해 덥자 후는 동서로 피신했으나 햇빛은 오히려 비껴들어와 비쳤다. 이런 일이 여러 저녁 계속되자 후는 스스로 괴이하게 여겼다.

이상하게 여긴 부친 고양高颺은 요동遼東 사람 민종閔宗에게 그 뜻을 물었다. 요동 사람이란 고구려 출신이란 뜻이다. 민종은 "이는 기이한 징조로 말할 수 없이 귀하게 될 것이다"라면서 "무릇 해라는 것은 임금君人의 덕이요, 제왕의 상징이다. 햇빛이 여인의 몸에 비치면 반드시 은명恩命이 미친다"고 덧붙였다. 그는 "예전에 꿈속에서 달이 들어와 임신해 천자를 낳았는데, 하물며 햇빛의 징조임에야. 이는 반드시 황제의 은명을 입어서 임금을 낳고 기를 징조다"라고 말했다.

이는 추모왕의 모친 유화부인이 "햇빛이 비춰 몸을 이끌어 피하니 햇빛이 또 따라가 비췄다"는 『삼국사기』 '동명성왕조'의 내용과 흡사하다. 주몽을 '동쪽의 햇빛이 밝은' 동명성왕東明聖王이라고 칭한 것은 고구려인들이 태양을 숭배했음을 말해주는데, 이런 전통이 북위로 이주한 고구려 사람들에게도 계승되었음을 뜻한다.

이렇게 햇빛에 감응되어 낳은 아들이 세종世宗 선무제宣武帝(재위 500~515년) 원각元恪이다. 원래 이복 장남 원순元恂이 황태자였으나 효문제에 의해 폐서인되었고, 후에 모반하다가 발각되어 죽음을 당해 효문제 태화太和 21년(497) 원각이 황태자로 책립되고, 499년 효문제가 남방 정벌 중 병사하자 제위를 이었다.

그러나 문소황후 고씨는 496년 북행궁北行宮에서 수도 낙양으로

문소황후의 영릉에 참배하는 모습

돌아오는 도중 돌연사한다. 모친은 의문사했지만 즉위에 성공한 아들 세종은 모친을 문소황태후로 추존하고, 손자 효명제孝明帝는 효문제의 장릉長陵 가까운 곳으로 천장遷葬했다. 『중국후비능묘』가 능 높이 23미터, 둘레 170미터라고 전하는 것처럼 거대한 능이었다. 나와 김병기 선생, 권태균 기자, 이주한 국장은 영릉에 참배하고 그제 심양에서 산 한국산 소주를 뿌려주었다. 위나라 멸망 후 1,500년 후에 고구려의 후예들이 올리는 술이었다. 역사의 질긴 인연의 끈이 우리를 휘감고 있음이 느껴졌다.

문소황후 능에 참배함으로써 이번 답사의 중요 목적은 모두 달성한 셈이었다. 우리는 가벼운 마음으로 다시 택시에 올라 고묘박물관으로 향했다. '성주풀이'가 읊조려졌다.

"낙양성 십리허에 / 높고 낮은 저 무덤은 / 영웅호걸이 몇몇이며

경릉 문소황후의 아들로 북위의 황제가 된 세종 선무제의 무덤이다.

/ 절세가인이 그 누구냐 / 우리네 인생 한번 가면 / 저기 저 모양 될 터이니 / 에라 만수 에라 대신이야."

성주풀이는 낙양 북망산을 두고 한 노래다. 고묘박물관이 있는 곳이 북망산北邙山인데 말이 산이지 낮은 구릉이었다. 낙양에 도읍한 여러 국가의 황제와 귀족들의 무덤군인데, 지하에 여러 무덤과 묘지석들을 전시했다. 주 전시장인 경릉景陵은 과거에 왔을 때는 그 의미를 전혀 몰랐다. 지하에 조성한 경릉이 바로 고구려 여인의 아들 세종 선무제의 능이다.

낙양으로 천도한 그의 부친 효문제는 탁발씨란 성까지 원元씨로 바꿀 정도로 한화漢化정책을 강행했다. 이 때문에 효문제는 한족 사가들에게 중흥군주로 평가받지만 한화정책이 잘된 것인지는 의문이다. 이 때문에 한족과 동화되면서 선비족 자체가 없어져버렸기 때문이다. 또한 효문제가 불교에 심취한 것도 상무정신을 옅게 해 북위의 국력을 약화시켰다. 원광법사의 임전무퇴처럼 호국불교로 변화하지 않는 한 불교 숭신이 국력약화로 귀결된 경우를 찾기는 어렵지 않다. 몽골족이 세운 원元 제국도 라마불교를 숭신해 한 집안에 한 명씩 승려로 출가하는 바람에 무사가 될 인구가 줄어들어 전력戰力이 결정적으로 약화된 것이 멸망의 한 원인이 되었다.

선무제는 16년 동안 재위했으나 사망할 때의 나이가 33세였으니 만 17세 때 제위에 오른 것이다. 효문제와 선무제 시절은 북위의 전성기였다. 북위의 양현楊衒이 쓴 『낙양가람기洛陽伽藍記』에 의하면 이 무렵 경사京師, 곧 낙양은 동서가 20리에 남북이 15리, 호수戶數가 10만 9천이었다. 효문제 시절 북위에는 사찰이 6,478개소에 승려가 77,200명이었는데, 낙양에만 421개의 사찰이 있었다. 북망산 위에도 풍왕사馮王寺란 절이 있었다고 전한다.

위나라와 고구려는 장수왕 때 결혼동맹을 맺게 되었는데 그 상징적 인물이 문소황후 고씨다. 『위서』는 문소황후를 '사도공司徒公 고조高肇의 동생'이라고 전하고 있고, 고조는 '발해수인勃海脩人'이라고 적었다. 발해수인이란 고구려 출신이란 뜻이다. 『위서』는 선무제가 "즉위 직후 외삼촌들을 그리워해서 불렀다"면서 이때까지 선무제는 외삼촌들을 만나보지 못했다고 전한다. 이는 문소황후가 원래 위에 있던 인물이 아니라 고구려에서 시집왔음을 시사한다. 고조 등 선무제의 외숙들이 고구려에서 낙양에 오자마자 정권을 장악했다는 사실은 이들이 단신으로 오지 않고 고구려 병력을 거느리고 왔을 가능성을 말해준다. 위의 정권을 장악한 고조는 514년 서쪽 촉蜀 지역을 정벌할 때 대장군으로 임명되는데, 이듬해 선무제가 급서하자 낙양으로 달려왔다가 태위太尉 고양왕高陽王과 영군領軍 우충于忠 등에 의해 살해된다. 그러나 고씨 일가는 고조 사후에도 위에서 상당한 영향력을 갖고 있었다.

『자치통감』은 장수왕이 세상을 떴을 때 "효문제가 하얀 위모관과 포심의를 입고 동쪽 교외까지 나가 애도하는 예절을 거행했다"고 적었는데 이는 황제가 죽었을 때의 예절처럼 느껴진다. 장수왕이 중원으로 향하지 않고 평양으로 천도한 것도 위와 고구려의 특수관계 때문이었을 것이다. 두 나라는 거의 형제국 수준이었다.

선무제의 경릉에서 나와 숭산嵩山 소림사로 향했다. 무술보다는 경내의 비석들을 보려 한 것인데 한 시간 남짓 걸려 찾아가니 사찰이 아니라 관광지였다. 난장도 이런 난장이 없는 데다 입장료가 무려 100원이었다. 괜히 문소황후 영릉과 선무제 경릉에서 받은 감동만 상할까 봐 용문석굴龍門石窟로 곧장 향했다.

세계문화유산인 낙양 용문석굴을 만든 인물도 문소황후의 남편 효문제다. 494년 낙양으로 천도하면서 석굴을 조성하기 시작해 이후 동·서위東西魏, 북제北齊, 북주北周, 수·당隋唐을 거쳐 송宋까지 400여 년 동안 조성한 석굴이다. 산서성 대동大同의 운강석굴雲崗石窟, 돈황敦煌의 천불동千佛洞석굴, 곧 막고굴莫高窟과 함께 중국의 3대 석굴이다. 1킬로미터가 넘는 긴 절벽에 2천여 개가 넘는 동굴과 불감佛龕, 40여 개의 불탑, 수를 셀 수 없는 크고 작은 불상이 즐비한데, 10만 개가 넘는다는 이야기도 있다. 용문석굴 근처에는 당나라 시인 백거이白居易의 고가古家가 있는데, 그는 "낙양의 네 교외[四郊] 모두 산수가 승하지만, 용문이 그중 제일이다"라는 말을 남겼을 정도로 푸른 강을 끼고 있는 용문석굴은 아름답다.

용문석굴 문소황후의 남편 효문제 때 조성하기 시작하여 400여 년 만에 완성되었다.

　수많은 작품을 관람할 때 초입에서 많은 시간을 보내면 정작 보물은 놓치기 마련이다. 청나라 때 분류했다는 '용문이십품龍門二十品'에 집중하는 것이 현명한 관람법이다. 용문이십품은 위나라에서 조성한 걸작 20개를 말하는데, 19개는 고양동古陽洞에 있고 나머지는 자향굴慈香窟에 있다. 가장 큰 것은 당나라 측천무후 때 만들기 시작한 봉선사奉先寺 석굴인데, 중앙의 노사나盧捨那 불상은 높이가 17.14미터이고, 두상이 4미터, 귀 길이만 1.9미터다.

　용문석굴 관람을 마치고 나오다가 입구에서 봐둔 중고서점으로 들어갔다. 자료가 될 만한 고서적이 있는지 살펴보기 위해서였다. 귀한 자료는 없었지만 중국 고대 금서禁書 몇 권을 사 낙양 호텔로 돌아왔다.

2007년 4월 21일 토요일
낙양(낙양박물관)→정주→서울

아침에 낙양박물관을 관람했다. '궁중유물 진보珍寶전'이 열리고 있었지만 나의 관심을 끄는 것은 2004년 북위의 양기楊機 묘에서 출토된 토용土俑들이었다. 무사와 말이 모두 갑옷을 입은 개마鎧馬무사였기 때문이다. 고구려 특유의 개마무사상이 북위 귀족 묘에서 출토된 데서도 선비족 북위와 고구려의 친연 관계가 분명히 드러난다. 박물관에서 나와 낙양 신화서점에 들른 후 서점 근처 식당가가 있는 뒷골목으로 갔다. 면과 만두를 파는 식당으로 들어가 온주초면溫州炒麵 두 그릇과 해선면海鮮麵 두 그릇, 만두인 대포자大包子 여덟 개를 시켰다. 면 한 그릇에 만두 두 개씩 먹을 예정이었는데, 만두 한 개가 주먹만큼 컸다. 앞에 '대大' 자가 붙은 것을 간과한 것이다.

북위의 양기 묘에서 출토된 토용

정주鄭州로 떠나기 전 대형 슈퍼마켓에 들러 서점에서 산 책들을 넣을 가방을 산 뒤 어제 사용했던 택시를 다시 타고 고속도로로 나가 정주로 향했다. 정주에서 기사는 오숙오식惡宿惡食하는 대신 책을 사는 우리 방침을 모르고 비싼 호텔로 들어갔다가 저렴한 곳으로 가자는 말에 몇 군데 호텔을 전전하다 하남빈관河南賓館에 자리 잡았다. 삼성三星급 호텔인데 비수기여서 360원짜리 객실을 180원으로 할인해주었다. 객실에 냉장고는 없었지만 별관 입구의 매점 냉장고에 시원한 청도 맥주가 있었다. 두 캔을 사서 김병기 선생과 하나씩 나누어 마셨다. 이번 답사에서 마시는 맥주 중에 가장 맛있는 맥주였다.

정주는 예전 제濟 왕국을 세운 고구려 유민 이정기李正己 일가의 행적을 답사할 때 와봤는데 그 당시에는 시간이 없어서 박물관만 보고 지나쳤다. 저녁을 먹기에는 이른 시간이기에 시내 구경 겸 정주 신화서점에 들렀다. 1층에서 4층까지 모두 서점이니 꽤 큰 규모였다. 그리고 사람도 많았다. 나는 중국 각지의 대형 신화서점마다 사람이 가득 찬 것을 보고 중국의 저력을 느낀다. 중국을 이끌어가는, 그리고 앞으로 이끌어갈 인물들은 서점에서 책을 고르는 이 사람들이다. 반면 우리의 서점들, 특히 지방 서점들은 너무 한산하다. 중국 공산당 관련 서적들이 가장 좋은 매대賣臺를 차지하고 있는데, 이 매대만 한산하다. 가끔 노인 한 두 명만이 옛날을 회상하듯 들러볼 뿐이다.

호텔로 들어가는 길목에 대당수상찬청大塘水上餐廳이란 식당이 있었다. '당나라 당唐' 자가 아니라 '못 당塘' 자를 쓴 데서 알 수 있듯이 시내를 흐르는 작은 강물 위에 세운 식당이데, 중국 전통 요리점이었다. 양이 많지 않고 가격도 그다지 비싸지 않은 좋은 식당이었다. 호텔로 돌아오며 택시 기사에게 말해 내일 새벽 정주공항에 가기로 약속했다.

 4월 22일 새벽 5시, 전날 받아둔 온수를 컵라면에 부으니 잘 익지 않았다. 반도 채 익지 않은 면으로 허기를 속이고 공항으로 갔다. 공항에 도착했으나 인천행이 보이지 않았다. 이곳은 국내선이고 국제선은 따로 있었다. 국제선은 국내선 북쪽의 허름한 임시건물이었다. 국제선은 인천행과 홍콩행으로 단출했다. 이렇게 심양에서 시작해 만주 일대와 낙양 일대를 거친 고구려 답사는 끝나고 있었다.

32_ 산성의 나라 고구려

박찬규의 고구려 산성 답사기

산성을 가장 잘 이용한 나라

'고구려는 산성山城의 나라다.' 이 문구만큼 고구려의 국가적 성격을 한마디로 드러내주는 명세는 없다. 그만큼 고구려의 정치·군사·경제·건축 등 모든 분야의 특성이 고구려 산성에 응축되었다. 고구려에서 산성은 단순한 방어용 기능만이 아니라, 때로는 그 지역의 행정 소재지로서 또는 국가 도성의 기능까지도 담당한 중요한 시설이었다. 한반도 중부에서 만주까지 고구려가 쌓은 산성의 수는 엄청났을 것이다. 하지만 그 정확한 숫자는 아직 모른다. 그중 일부만이 조사 보고되었기 때문이다. 현재 고구려 성이라고 주장되는 것만으로도 요녕성遼寧省과 길림성吉林省 일대에 204개, 북한 지역에 109개, 남한 지역에 10여 개 정도다.* 이 가운데는 산성이 아닌 평지

---
* 고구려연구회, 「고구려산성연구」, 1999년.

1998년에 답사한 만주 지역 주요 고구려 산성

성이나 규모가 작은 보루도 있다. 또한 위의 성을 모두 고구려의 것이라고 할 수도 없다. 그중에 정식 조사를 거쳐 고구려 것으로 확인되지 않은 것도 상당수 있기 때문이다.

그렇다 하더라도 이러한 점이 고구려를 산성의 나라라고 규정짓는 데 방해가 되지는 않는다. 당시 중국을 포함한 동아시아에서 산성을 가장 많이 쌓고 제일 잘 이용한 나라는 고구려였기 때문이다. 이웃인 백제나 신라, 일본 큐슈 지방에도 산성이 존재하기는 하나, 규모나 수에서 고구려와는 비교가 되지 않는다. 오죽했으면 당태종 이세민이 두 번째로 고구려를 정벌하고자 할 때, 신하들이 "고구려는 산에 의지하여 성을 쌓았기 때문에 갑작스럽게 함락시킬 수 없습니다"라고 만류할 정도였다[『삼국사기』「고구려본기」'보장왕 6년(647)조']. 이만큼 산성은 고구려 역사를 이해하는 데 중요한 요소다.

이런 생각에서 나는 만주滿洲 지역, 곧 중국 요녕성·길림성 일대의 고구려 산성 몇 곳을 소개하려 한다. 이 지역은 너무 광대한 데다 고구려 산성도 너무 많기 때문에 모든 산성을 다룰 수는 없다. 나는 1998년 여름 요녕성 관내의 대흑산산성大黑山山城(비사성卑沙城)·성산산성城山山城·호산산성虎山山城(박작성泊灼城)·오녀산성五女山城(홀본성忽本城)·연주성燕州城(백암성白巖城), 길림성 관내의 산성자산성山城子山城(환도산성丸都山城) 등을 답사했고 그 후로도 최근까지 몇 차례 이 산성들을 다녀왔다. 그 여러 번의 답사에서 나에게 가장 깊은 인상을 심어준 것은 첫 답사인 1998년 여름이다. 그 답사에서 고구려를 재발견했다고 말해도 좋을 정도로 감동을 받았다. 그래서 이 답사기는 그때의 경험을 중심으로 서술하려고 한다. 최근 중국의 동북공정이 심화되면서 일부 고구려 산성에 대해서도 대대적인 발굴과 복원을 진행했기 때문에 현재의 모습과는 다른 부분도 있다. 따라서 이 글이 현재의 변형된 산성 모습과 다를 수도 있지만 동북공정 이전의 모습을 살필 수 있다는 점에서 오히려 시의적절하다고 볼 수 있다. 중국의 유적 조사는 동북공정에 복무한다는 분명한 정치적 목적을 띠고 진행되었기 때문에 유적의 원형이 파괴된 경우도 적지 않기 때문이다. 따라서 동북공정 이전의 고구려 산성 답사기를 기술하는 것에 이 글의 의미와 목적이 있다. 이 글은 이러한 점을 염두에 두고 가능한 한 당시의 답사 내용과 시점에서 벗어나지 않는 범위에서 기술했다.

요동반도의 지킴이 비사성

비사성卑沙城을 찾기 위해 중국 대련공항에 도착한 것은 1998년 7월 26일, 현지 시각으로 12시 30분이었다. 비사성은 흔히 요동반도의 끝자락인 대련시 대흑산산성大黑山山城에 비정되고 있다. 공항에서 버스로 이동하여 대련 시내에서 점심식사를 한 뒤 대흑산산성으로 향했다. 현지인의 말에 따르면 이 산성이 있는 산은 예전에는 대화산大和山이라고 불렀는데 지금은 대흑산이라고 부른다고 한다. 그래서 그런지 멀리서 보기에 이 산은 검었다.

가는 도중 다행히도(?) 길을 잘못 들어 멀리서 예정에 없던 대흑산산성의 남쪽 벽이 보였다. 카메라의 망원렌즈로 바라본 남쪽 성벽은 글자 그대로 난공불락임을 보여주었다.『삼국사기』'보장왕 4년(645)조'에 "당唐의 수군이 중국의 동래東萊로부터 바다를 건너 비사성을 공격했는데, 성의 네 면이 절벽으로 되어 있고 오직 서쪽 문

▲ 비사성 서문터
◀ 대흑산 중턱 중국 대련시에 있는 대흑산산성은 고구려의 비사성으로 비정되는데 산 중턱에 옛 석성의 흔적이 남아 있다.

으로만 오를 수 있다"는 내용이 나오는데, 이는 『자치통감』 '정관 19년조'에도 나온다. 서문으로만 올라야 하는 이유를 난공불락의 남쪽 성벽이 보여준 것이다.

  오후 5시에 산성의 장대에 도착하니 주위의 전경이 펼쳐졌다. 장대에서는 산 아래 대련 시내 너머 서쪽으로 발해의 금주만과 남쪽으로 황해의 대련만이 내려다보인다. 바로 이 점이 이 산성이 가진 전략적 가치다. 곧 이 성이 자리하고 있는 요동반도 끝자락은 발해만과 황해를 가르는 교차점이어서 일찍부터 해상교통의 중심지로 성장했다고 한다. 따라서 이곳에 고구려 수군의 기지가 있었을 것으로 추정되는데, 비사성이 그 배후기지로 여겨지는 것이다. 그렇기 때문에 수나 당의 수군으로서는 우선 공격해야 할 성이 이 성이었다. 『수서』 「내호아전」 '대업 10년(614)조'에 "내호아가 군대를 이끌고 비사성에 이르니 고구려가 온 힘을 기울여 싸우자, 내호아가 크게 격파하고 천여 명의 머리를 베었다"는 기록이나 비사성이 "당군에게 함락되었고, 죽은 고구려 사람이 8천 명이나 되었다"는 『삼국사기』 기록을 보면 비사성을 둘러싼 싸움이 얼마나 치열했는지 짐작할 수 있다. 그만큼 고구려로서도 이 산성은 빼앗길 수 없는 중요한 요새였다.

한편 이 성의 장대에서는 성안의 형세도 한눈에 들어왔다. 성안의 크기는 눈짐작으로도 가히 군사적 요충으로서 손색이 없을 만큼 컸는데, 둘레가 대략 5킬로미터. 장대로 올라오는 중에 성벽이 있기는 했지만 그것은 근래 복원한 것이어서 본래의 성벽을 보지는 못했다. 원래의 벽을 보려면 아까 멀리서 본 남벽을 올라가 보아야 하는데 그러기에는 시간이 여의치 않았다. 성의 전체 구도만 살피고 아쉬움을 남긴 채 내려올 수밖에 없었다.

내려올 때는 올라온 길과는 다른 길을 택했는데 하필 골짜기를 타고 내려오는 경로였다. 중간중간에 거의 수직에 가까운 절벽길이 우리를 맞고 있었다. 계곡을 벗어날 때쯤 성의 서문이 있었을 것으로 생각되는 곳에 이르렀다. 이것도 요즘 다시 쌓아놓은 것이어서 옛 모습은 볼 수 없었다. 더욱이 기초 부위조차 찾을 수 없어서 이곳이 과연 문터였을까 하는 의문이 들었지만, 장대에서 살펴본 지세로 보아 이곳이 서문이 있어야 할 위치임은 맞는 것 같았다. 골짜기 주위로 형성된 능선을 고려하면 성에 진입하는 유일한 방법은 이곳밖에 없다고 여겨졌기 때문이다.

고구려 산성의 전형 성산산성

7월 27일 아침 대련시에서 출발하여 동쪽으로 방향을 잡았다. 장하莊河시에 있는 성산산성城山山城을 답사하기 위해서였다. 도중 명양진明陽鎭이라는 마을에서 북쪽으로 꺾어 자동차로 50분 남짓 달리니 드넓게 펼쳐진 옥수수밭 너머로 멀리 산성이 눈에 들어왔다. 산성에 다가가기 위해 전형적인 농촌마을인 사하촌沙河村을 지나자 산성 입구가 나타났다. 성의 남문을 통과하여 서벽 쪽으로 오르는 길에는 길옆 비탈이 깎여 토층 단면이 드러나 있었는데 거기에 고구려식 기와 조각들이 박혀 있었다. 산의 정상부에서도 노끈무늬가 새겨진 붉은 기와 조각들을 볼 수 있어 이 성을 쌓고 사용한 정치세력의 성격을 가늠해볼 수 있었다.

성산산성의 고구려 때 명칭은 정확히 알 수 없다. 다만 이 성과 관련해서 647년에 당의 "우진달牛進達과 이해안李海岸이 석성石城을 쳐서 함락시키고, 이어서 적리성積利城을 공격하여 수천 명의 머리를 베고 돌아갔다"는 『신당서』 '고려조'의 기록이 주목된다. 『삼국사기』 '보장왕 6년(647)조'에는 적리성 전투에 참여한 고구려 군사의 수가 1만여 명이고 사망자가 3천 명이라고 기록했는데, 이때의 '석성' 또는 '적리성'을 성산산성으로 추정하는 견해들이 있다. 그러나 이 설을 확증해줄 만한 근거 자료가 아직은 부족하다. 위 기록에 나오는 '석성' 또는 '적리성'이 현재의 성산산성이라면, 어느 쪽으로 비정하더라도 전략적으로 대단히 중요한 성임은 확실하다. 고구려가 사력을 다해 당군에 맞서 싸운 성이기 때문이다. 이는 이 산성의 규모와 구조를 둘러보면 더욱 그 타당성을 인정할 수 있게 된다.

이 산성은 둘레가 2.8킬로미터 남짓 되는 큰 성으로 지금까지도

성산산성의 피라미드형 구조물

성산산성의 피라미드형 구조물의 굽도리

성산산성 정상부에서 수습된 고구려식 기와 조각

성벽은 물론 문터까지 원래 모습이 남아 있다. 그 가운데 남문과 동문은 고구려 성의 문 구조를 잘 보여준다. 동쪽 벽에는 전형적인 고구려 치雉가 남아 있다. 치는 톱니처럼 성벽에서 툭 튀어나온 부분을 말하는데 성벽에 달라붙은 적들을 공격하는 데 탁월한 기능을 발휘하는 시설이다. 또한 성안에 남아 있는 구조물들도 그 상태가 좋다. 성안에는 봉우리가 네 개 정도 있는데 각 봉우리마다 구조물들이 있다. 깃대를 꽂은 깃대봉, 균형 잡힌 피라미드형 구조물, 봉화대와 내성, 장대 등은 저마다의 특징을 드러내고 있다. 한마디로 성산산성은 고구려 산성이 구조적으로 갖추어야 할 시설들을 모두 보여주는 고구려 산성의 전형이다.

이 가운데 피라미드형 구조물은 산 정상부에 돌을 정교하게 다듬어 쌓은 것으로 성안에 있는 건축물의 기단이 되는 축대다. 그런데 이 구조물의 들여쌓기와 굽도리 처리술은 고구려 건축술의 극치를 보여준다. 그 수준은 기술적인 차원을 넘어 하나의 예술 작품이라고 불러도 손색이 없다. 남쪽 벽에는 사람이 오르내리도록 계단까지 설계되어 있다. 이 구조물의 기능은 아직 정확하게 밝혀지지는 않았지만, 그 모양으로 보나 주위의 지형적 조건으로 보나 신앙적인 차원에서 접근해야 마땅할 것이다. 곧 하늘에 제사를 지낸 '천단天壇'의 기단 부위가 아닐까 생각된다.

한편 성산산성 뒤편 북쪽으로는 벽류하碧流河의 지류인 협하夾河가 흐르고 그 뒤쪽으로 높고 긴 절벽산이 있는데 납자산砬子山이라 부른다. 산 능선을 타고 성벽이 장성처럼 길게 이어져 있는데 둘레가 5킬로미터 정도나 된다고 한다. 중국 학자들은 이 성을 성산산성의 뒷성[後城]이라 하여 성산산성과 앞뒤[前後] 자매성 구조로 파악하고 있다. 마음 같아서는 그 산성까지 올라가보고 싶었지만 시간이 허락하지 않아 다음 기회로 미루고 먼발치에서 망원경으로 보는 데 만족했다.

고구려의 세력확장 기지 박작성

7월 28일 아침 압록강 하구인 단동丹東시의 호텔을 나서 압록강을 타고 동쪽으로 가서 호산성虎山城에 이르렀다. 호산성터로 알려진 곳에는 현재 명明나라 때 쌓은 장성이 복원되어 있다. 중국에서는 이 호산장성을 만리장성이 시작되는 지점으로 간주하고 있지만 진시황 때 쌓은 만리장성이 아니라는 점에서 장성의 동쪽 끝을 늘리려는 중국 측의 의도를 짐작하게 한다.

이 지점에서는 고구려식 성터를 발견할 수 없어서 호산 주위를 돌아 산의 남쪽 자락인 압록강 쪽 기슭으로 가보았더니 그곳에 고구려 성벽이 있었다. 그곳에서 자연석으로 정연하게 쌓은 성벽과 역시 자연석으로 안벽을 쌓은 우물자리를 볼 수 있었다. 이곳을 발굴한 중국 학자의 보고서에 따르면 이곳에서 나무로 만든 배의 모형이 출토되었다고 한다. 고구려 때 압록강 수운의 기착지로서 이 성이 이용되었음을 시사해주는 상징적인 유물이라고 할 수 있다.

실제 이 성은 고구려 박작성泊灼城으로 비정된다. 박작성은 648년 고구려와 당의 전투에 등장하는 성으로 『신당서』 '고려조'와 『삼국사기』에 기록이 있다. 그 내용은 『신당서』보다는 『삼국사기』의 것이 더 구체적이고 정확하다. 『삼국사기』 '보장왕 7년(648)조'에 다음과 같은 기록이 있다.

호산성에 구축된 명나라 장성

(당)태종이 장군 설만철薛萬徹 등을 보내어 쳐들어왔는데, 바다를 건너 압록강으로 들어와 박작성 남쪽 40리에 군영을 쳤다. 이에 박작성 성주 소부손所夫孫이 보병과 기병 만여 명을 거느리고 막았다. 설만철이 우위장군 배행방裵行方을 보내어 보졸과 여러 군사를 거느리고 공격하게 하니 우리 군사가 무너졌다. 행방 등이 진군하여 박작성을 포위하였으나 성은 산을 의지하여 요새를 설치하고 압록강으로 막혀 견고하므로 함락시키지 못하였다.

이 기록의 박작성을 호산성으로 추측하는 것이다. 호산을 먼 거리에서 조망해보고, 또 밑에서 대략 둘러본 결과 이 산의 지형이

최근 새롭게 세운 호산성 성문 호산성은 고구려 박작성으로 비정된다.

『삼국사기』에서 말하는 내용과 대체로 들어맞는다는 점을 확인할 수 있다. 게다가 호산 정상에서 주위의 지세를 둘러보면 더욱 수긍이 간다. 호산성은 남쪽으로 흐르는 압록강 본류와 서북쪽에서 흐르는 애하靉河가 만나 서쪽으로 흘러 바다로 들어가는 삼각지점으로, 지리적으로 수운교통의 요지임을 알 수 있기 때문이다. 압록강 건너 남쪽에는 바로 북한의 의주義州가 있고, 바로 그곳에 고려 말 이성계 장군이 회군했다는 위화도가 있다. 여기서 강을 따라 동진하면 수풍댐이 있고, 거기서 더 동진하면 고구려 국내성 자리였던 길림성 집안集安시에 도착하게 된다.

호산성에서 서쪽으로 애하 건너에는 애하첨靉河尖 옛 성터와 구련성九連城터가 남아 있다. 애하첨성터는 압록강 지류인 애하하구의 삼각주에 자리 잡고 있는 토성터다. 애하첨성터에는 아직도 고구려식 기와가 널려 있다. 구련성터에는 현재 마을이 형성되어 성터는 볼 수 없고 안내 표지석만 있다.

호산성을 답사한 뒤 압록강을 타고 계속 동진하면서 강 건너 북한 지역을 눈여겨보았다. 압록강이 지금은 국경선이지만 고구려 당시에는 나라 안의 강으로 대단한 수로 교통로였음을 실감케 했다.

저기가 추모왕의 도읍 홀본성인가

7월 29일. 추모왕鄒牟王이 북부여에서 남하하여 도읍을 세웠다는 환인桓仁 지역을 둘러보는 날이다. 추모는 광개토태왕릉비에 처음 보이는 이름으로 주몽朱蒙을 말하는데, 자료에 따라 중모中牟 · 중모仲牟 · 추몽鄒蒙 · 도모都慕 등으로도 쓰였다. 이 같은 고구려 시조에 대한 용어 중 현재의 자료상 광개토태왕릉비가 가장 오래된 것이므로 '추모'라는 이름이 갖는 의미는 각별하다고 할 수 있다.

추모왕이 처음 도읍한 곳을 『삼국사기』는 '졸본卒本'이라고 전하는데 여기에도 여러 다른 명칭이 있다. 광개토태왕릉비는 추모왕이 도읍한 곳을 '홀본忽本', 『위서魏書』 '고구려조'는 '흘승골성紇升骨城', 『주서周書』 '고려조'는 '흘두골성紇斗骨城'으로 기록했다. 이중 광개토태왕릉비가 가장 오래되었다는 점에서 또 고구려인들 자신의 기록이란 점에서 홀본으로 보는 것이 적당하다고 생각한다. 고구려 첫 도읍지의 명칭으로서 '홀본'이 갖는 가치도 그만큼 크다. 홀본은 현재 요녕성 혼강渾江 유역의 환인현 일대로 추정된다.

환인 일대가 고구려의 첫 도읍지로 인식되기 시작한 것은 근대 일본 학자들이 이곳의 오녀산성五女山城을 주목하고부터지만, 이때는 추정에 머무는 정도였다. 이 일대가 학술적으로 고구려의 첫 도읍지로서 연구되기 시작한 것은 1986년 오녀산성에 대한 긴급 발굴조사가 행해지고부터다. 이후 1996년부터 1998년까지 오녀산성에 대한 본격적인 발굴조사가 진행되어 많은 성과가 있었다. 이에 대한 자료를 참고해보면, 오녀산성에서는 왕궁터로 추정되는 대형 건물터와 병영터, 곡식창고터, 샘과 못, 산성 벽과 문터 등이 조사되었다. 그리고 산성 아래에는 산성과 밀접한 관계가 있다고 생각되는 고려묘자高麗墓子 무덤군이 존재한다. 이 밖에도 환인 지역에는 초기 고구려와 관련 있는 하고성자下古城子성터, 상고성자上古城子 무덤군, 미창구米倉溝 장군묘 등이 있다. 이러한 여러 유적들의 관계를 상정해보면 환인 지역은 고구려의 첫 도읍지였음이 인정된다는 것이다.

고구려의 첫 도읍지 답사는 고구려의 가장 이른 시기 무덤들인 상고성자 무덤군을 둘러보는 것으로 시작했다. 그 뒤 미창구 장군묘와 평지성인 하고성자성을 답사한 뒤 오녀산성 등정 여부를 환인현 정부에 문의해야 했다. 이때까지도 오녀산성은 외국인에게 출입이 철저히 통제되었기 때문이다. 답변은 불가였다. 발굴하는 중이라는 것이 이유였다. 지금 생각하면 이때 이미 동북공정에 대한 작업이 주도면밀하게 진행되고 있었던 것이다.

오후 2시경 환인빈관으로 돌아와 점심식사를 한 뒤, 환인댐으로 막혀 호수가 된 혼강에서 배를 탔다. 오녀산성 답사가 불가능했기 때문에 조금이라도 가까이에서 오녀산의 모습을 보려고 배를 탄 것이다. 현지에서 환인수고桓仁水庫라 부르는 환인호수를 오가며 오녀

혼강과 오녀산

산의 동남부를 관찰할 수 있었다. 해발 820미터 높이의 오녀산은 어느 쪽에서 보더라도 웅장하다. 서쪽에서 볼 때는 그 우람한 절벽이 넋을 빼놓더니, 물위에서 동남쪽 절벽을 보니 날카로운 봉우리가 우뚝 솟아 주위를 압도한다. 저 동남쪽 중턱에 성벽이 있다고 했는데 시간이 오후라 동남쪽 벽에 그늘이 져서 성벽은 볼 수가 없었다. 앞으로 환인호수의 유람선 관람은 오전에 해야 할 것 같다.

배가 호수의 동북쪽 귀퉁이까지 간 뒤 돌아오는 길에, 호수 건너 남쪽 산기슭에 고구려 무덤이 있다는 현지인의 말을 듣고 찾아가 보았으나 후대의 무덤 몇 기만 있을 뿐이었다. 원래 환인댐을 막기 전에는 지금의 호수 밑에 고려묘자(고력묘자高力墓子) 무덤군이 있었다고 한다. 그 흔적이라도 더듬어볼까 하여 찾아갔으나 실패로 끝난 것이다. 1950년대 고려묘자 무덤군 중 일부 무덤을 발굴했는데 그릇, 철제 칼, 은제 말방울, 금은제 장식품 등 47가지 부장품이 나왔다고 한다. 그런데 이때의 발굴은 31기에 그쳤을 뿐 훨씬 더 많은 무덤은 물속에 잠겨버렸다. 이들을 조사하여 고구려 역사를 복원하기 위해서는 이제 '수중고고학'의 방법을 동원해야만 할 처지에 이른 것이다.

한편 오녀산성을 중심으로 한 환인 지역이 추모왕이 건국한 홀본이라면 유람선을 탄 혼강은 고구려 때의 비류수沸流水가 되어야 한다. 비류라는 명칭은 사료에서 비류수沸流水·비류국沸流國·비류곡沸流谷 등으로 나타나는데, 이들은 모두 추모왕의 도읍지와 관련해서 거론된다. 여기서 비류수는 홀본 지역에 있는 강이고 비류국은 비류수 가에 있던 송양松讓의 나라로 추모왕에게 흡수된다. 비류곡은 광개토태왕릉비에 '비류곡홀본沸流谷忽本'이라는 표현으로 나타난다. 그런데 조선 중종 때 편찬한 『신증동국여지승람』의 평안남도 성천成川 지역과 함경남도 영흥永興 지역에서도 비류라는 명칭이 나타나고, 조선 후기 안정복의 『동사강목』에는 인천 지역과 관련해서 나타난다. 이들 지역에 공통으로 남은 비류라는 명칭은 홀본의 비류수 유역에 정착하여 세력을 형성한 부여 계통의 집단이 다른 지역으로 분파·이동하여 정착하는 과정에서 생겨난 것으로 볼 수 있다.

홀본 지역에서 분파되어 이동하면서 비류라는 명칭을 남긴 세력은 어떤 집단이었을까. 여러 집단이 있었겠지만 백제의 건국 과정에 등장하는 비류와 온조가 대표적이다. 이 글의 목적상 비류와 온조에 대해 자세히 논하지는 않겠지만 이들의 출발 지점이 홀본, 곧 오늘날의 환인 지역이라는 점은 강조할 필요가 있다. 이는 백제 건국과 관련된 세력 가운데, 적어도 비류 집단은 비류수 유역의 비류국과 모종의 관계가 있다고 할 수 있기 때문이다. 이 집단은 비류국 왕 송양이 주몽과의 투쟁에서 패배한 것과 같은 정치적 갈등이라든가 뒤에 이동해온 유이민의 압력 등이 원인이 되어 이 지역을 떠나 남하했을 것으로 생각된다.

이 집단이 남하한 경로를 정확하게 밝혀내기는 어려우나, 대략 환인에서 출발하여 한반도 서쪽 경로를 따라 이동했을 것으로 보인다. 앞에서 언급했지만 비류 계통의 지명이 남아 있는 지역이 성천 지역, 영흥 지역, 인천 지역임을 고려하면 그 이동 경로를 함경남도 영흥 지역으로 가는 동쪽 경로와 평안남도 성천 지역을 경유하여 인천에 이르는 서쪽 경로로 구분해볼 수 있다. 이 두 경로 중에 비류 집단은 서쪽 경로로 이동했을 것이다. 이는 『삼국사기』 비류 전승에서 비류 집단이 "패대이수浿帶二水를 건너 미추홀彌鄒忽에 이르렀다"고 명시되어 있기 때문이다. 여기서 '패대이수', 곧 패수와 대수는 대동강, 예성강, 임진강 가운데 두 강으로 비정할 수 있는데, 이들 강은 모두 한반도 서쪽에 있는 강이다. 미추홀은 지금의 인천 지역으로 비정하는 견해가 다수인데, 충청남도 아산 또는 임진강 유역의 파주나 연천 지역으로 비정하는 견해도 있다. 어쨌든 고구려의 첫 도읍인 환인 지역(홀본)과 비류백제가 도읍한 지역은 밀접한 인연이 있다고 볼 수 있다.

영욕의 환도산성

고구려의 두 번째 수도가 있었던 길림성 집안시의 산성자산성山城子山城은 그 역사적 무게가 남다르다. 도시 전체가 거대한 역사박물관인 집안시의 배후산성이자 역사적 영욕을 안고 있는 환도산성丸都山城으로 비정되기 때문이다.

7월 31일 정오 못 미쳐 환도산성 남쪽 성문터에 도착했다. 산성의 문터부터 눈길을 끌었다. 바로 초기 옹성구조가 남아 있기 때문이다. 환도산성은 『삼국사기』에 따르면 고구려 산상왕 2년(198)에 쌓은 것으로 나오지만 환도라는 이름은 이미 고구려 태조대왕 90년(142)에 "9월에 환도에 지진이 났다"는 기록으로 등장한다. 산상왕 13년(209)에는 도읍을 환도로 옮겼다는 기록도 있다. 따라서 지금 이 환도산성이 고구려 당시의 환도성이라면 이곳은 한때 고구려의 도읍지였다.

산성 안에는 도읍 시설들이 있었던 흔적이 여기저기 남아 있다. 장대터, 음마지, 병영터, 궁전터로 여겨지는 건물터 등의 흔적들이 그것이다. 골짜기를 감싸 안고 있는 형세의 포곡식 산성으로 둘레가 거의 7킬로미터나 되는 큰 규모다. 더 구체적으로 말하면 여러 봉우리가 있는 복봉포곡식 산성이라고 할 수 있다. 성벽이 포용하고 있는 봉우리가 여러 개이며 그에 따라 성안의 골짜기도 여러 개인 대형 산성이다. 둘레를 돌아보려면 하루를 투자해도 제대로 돌 수 없는 규모다. 이 정도면 한때의 도읍으로서 손색이 없는 성이다.

더욱이 산성 바로 옆에는 고대 도성체제에서 짝을 이루는 무덤떼가 자리 잡고 있다. 산성하山城下 무덤떼다. 환도산성 밑에 있다고 하여 붙은 이름이다. 보고된 자료에 따르면 총 1,582기의 무덤이 있었다고 한다. 거기에는 온갖 형식의 고구려 무덤들이 모여 있다. 이는 환도산성이 장기적으로 활용되었고, 그만큼 많은 사람들이 거주했다는 증거다. 우리가 갔을 때는 주로 대형 기단식 또는 계단식 돌무

산성하 무덤떼 환도산성 밑에 있다고 하여 '산성하'라는 이름이 붙었다.

환도산성 표지석

지무덤들이 복원되어 있었다. 그 가운데 어떤 것들은 서울 석촌동의 백제 돌무지무덤과 모양이 같은 것들도 있어 그 계통성을 생각하게 했다.

이처럼 의미 있는 성이기에 환도산성은 몇 차례 수난을 겪기도 했다. 대표적인 것이 동천왕 20년(246) 중국 삼국시대 위나라의 관구검毌丘儉에게 성이 함락된 것이다. 4년 전인 242년에 동천왕이 장수를 보내 요동의 서안평을 공파한 것에 대한 보복이었다. 『삼국지』나 『삼국사기』에 이때의 일이 비교적 소상히 전하는데, 관구검이 내침했을 때 동천왕이 비류수와 양맥에서 이를 막아 처음에는 고구려가 이겼으나 곧 패전하여 환도성이 함락당하고 왕은 남옥저로 피신했다. 이때 밀우密友의 분전과 유유紐由의 계략으로 위나라 군대가 물러가기는 했지만 환도성은 폐허가 되어 도성으로서의 기능을 할 수 없게 되었다. 이에 이듬해인 247년 평양성을 쌓고 백성과 종묘사직을 옮겼다. 여기서의 평양은 오늘날의 평양이 아니라 환도에서 가까운 지역으로 생각되지만 구체적인 위치에 대해서는 아직 정설이 없다.

한편 고국원왕 12년(342)에는 환도성을 수리하여 거처를 옮겼다는 기록이 『삼국사기』에 보이는데, 도성을 다시 환도성으로 옮긴 것으로 생각된다. 그런데 바로 그해(『진서』「모용황기」에는 341년) 11월에 전연前燕의 모용황慕容皝이 군사 5만 5천 명을 동원하여 고구려를 공격했다. 이에 고국원왕은 아우 고무高武에게 정병 5만을 거느리고 북도北道를 막게 하고, 자신은 약졸을 거느리고 남도南道를 방어했다. 그런데 모용황은 북도로 1만 5천 명만을 보내고 자신은 직접 4만 대군을 거느리고 남도로 쳐들어왔다. 그 결과 고구려는 비록 북도 전투에서는 대승을 거두었으나 남도 전투에서 대패하여 고국원왕은 도망하고 환도성이 함락되었다. 그뿐만 아니라 모용황은 돌아가면서 고국원왕의 아버지인 미천왕의 무덤을 파헤쳐 그 시신을 탈취하고, 고국원왕의 어머니 주씨周氏와 왕비를 비롯하여 남녀 5만여 명을 사로잡아갔으며, 대궐 창고에 있는 누대의 보물을 탈취하고 궁궐을 불태우고 환도성을 헐어버렸다. 이처럼 환도산성은 성장기 고구려의 도성 또는 왕성의 위치에 있다는 연유로 여러 차례 외침의 직접적인 표적이 되기도 했다.

축성술의 백미 백암성

백암성白巖城을 보기 위해 8월 8일 아침부터 서둘렀다. 날씨가 불안정하다는 예보가 있었기 때문이다. 요녕성 요양시에서 출발하여 한 시간 남짓 걸려 등탑현燈塔縣 서대요향西大窯鄕 관둔촌官屯村의 성 입구 마을인 연주성대대燕州城大隊에 도착했다. 이곳에 있는 연주성을 『삼국사기』에 나오는 백암성으로 비정하는 데는 별로 이견이 없다. 마을에 도착할 무렵 비는 강풍까지 동반했다. 태자하太子河 절벽을 이용하여 산성을 쌓아서인지 강바람이 세찼다. 그러나 성의 전경을 보는 순간 비바람 따위는 뇌리에서 사라져버렸다. 웅장하다는 감탄은 이내 정말 아름답다는 탄성으로 변했다. 인간이 만든 구조물이 저토록 자연과 조화를 이룰 수도 있단 말인가. 이제까지 내가 보아온 다른 산성과는 첫 감동부터 달랐다.

연주성산성燕州城山城이라 씌어 있는 표지판을 지나 성벽이 허물어진 곳부터 성벽 답사가 시작되었다. 바로 이 무너진 부분이 서문

백암성에서 바라본 마을과 태자하

백암성 남쪽 천연 암벽 암벽 밑으로 태자하가 흐른다.

터라고 하는데 잘 알 수가 없다. 후대에 사람들이 자주 다니면서 문터처럼 변형된 것 같기도 하다. 문터라면 고구려 산성에서 많이 나타나는 옹성구조라든지 돌확 같은 문의 부속물 조각이라도 보여야 할 텐데 겉으로 보기에 그러한 흔적을 찾을 수 없었기 때문이다. 좀 더 전문적인 조사가 필요하다. 다만 성 밑 마을 민가 돌담 근처에 돌확 등 성문의 재료가 여기저기 눈에 띄었는데 성 문터에서 옮겨진 듯했다. 물론 민가의 돌담도 성돌을 가져다 쌓았을 것이다.

이곳을 지나면 웅장한 북쪽 성벽을 따라 올라가게 되는데 이 성벽에서 거의 완벽하게 남아 있는 세 개의 치를 볼 수 있다. 백암성의 이 치야말로 고구려 축성술의 백미라고 할 수 있다. 세 개의 치 중 현재 가장 높게 남아 있는 것이 9미터짜리다. 분명 애초에는 그보다 더 높았을 것이다. 이들 치의 무게를 지탱하기 위해서 기초 부위는 계단식 들여쌓기를 했는데, 그 모퉁이를 돌린 굽도리는 장하 성산산성 피라미드형 구조물과 마찬가지로 가히 예술적이라 할 만하다. 또한 성벽 바깥쪽을 따라 돌로 쌓은 '황隍'의 흔적이 잘 남아 있다. 황은 물이 없는 해자로서 적을 방어하는 1차 시설물이다. 이 시설이 다른 산성에도 있겠지만 그 흔적을 잘 보여주는 곳이 이곳 백암성이다.

산 정상에는 내성과 망대가 있는데 이곳에서 보면 성 내부뿐만 아니라 주위 경관이 한눈에 들어온다. 멀리 요양의 너른 들과 그 사이로 굽이지어 흐르는 태자하의 물줄기가 잘 조망된다. 비전문가가 보아도 군사적으로 천혜의 요충임을 알 수 있다. 백암성의 기능 가운데 1차적으로 중요한 것이 태자하를 통해서 들어오는 적군을 저지하는 일이었으리라 여겨진다. 이는 성 둘레가 2킬로미터 정도에 불과하여 그렇게 크지 않다는 점에서 다른 용도보다는 수로를 방어하는 것이 이 산성의 주요한 기능이었음을 시사한다고 볼 수 있다. 더욱이 성의 서쪽 현재의 마을 입구에서는 성 내부의 모습이 거의 다 조망된다. 이는 적이 강 쪽에서가 아니라 서쪽 육로로 공격해 올 때 성안의 사정이 그대로 노출된다는 취약점으로 작용한다. 실제로 645년 당군이 이 육로 방향에서 공격하자 성이 함락되었다. 이 점에서도 이 성의 주 기능이 수로 방어용임을 알 수 있다.

한편 내성에서 남쪽으로 조금 내려오면서부터는 강을 끼고 수직 절벽이 이어지면서 자연적인 성벽 역할을 한다. "그 성은 산을 의지하고 강에 임했으며 네 면이 험난한 절벽이다"라는 『구당서』 '고려조'의 기록은 이 성의 지세를 적절하게 표현한 대목이다. 흔히 '고구려 산성은 경치가 빼어나다'고 하는데, 개인적으로 이 말에 가장 잘 어울리는 산성이 바로 백암성이고, 이 성에서도 제일 풍광이 좋은 곳을 들라면 이 절벽을 꼽을 것이다. 이 때문에 성 이름이 『구당서』나 『신당서』에는 절벽을 강조하여 백애성白崖城으로 표현된 듯하다.

백암성이 기록에 처음 보이는 것은 『삼국사기』 '양원왕 3년(547)조'로, "7월에 백암성을 개축하고 신성을 수리하였다"는 내용이 그것이다. 이로 미루어보면 백암성은 이때보다 앞서 축성된 것이 분명하나 정확한 시기는 알 수 없다. 이때의 개축은 북방 돌궐突厥 세력에 대한 방어 차원에서 이루어진 듯하다. 이는 4년 뒤인 양원왕 7년(551)에 이곳에서 돌궐병과 전투가 벌어지는 것을 보면 짐작할 수 있다. 『삼국사기』는 양원왕 7년 9월 돌궐병이 와서 신성을 포위했으나 함락시키지 못하자 방향을 돌려 백암성을 공격했는데 고구려에서는 장군 고흘高紇에게 1만 군사를 주어 돌궐병의 목 1천여 급을 베는 승리를 거두었다고 전한다. 이를 보면 6세기 중반에 백암성은 신성과 함께 고구려 북방 방어의 중요한 거점이었다고 할 수 있다.

그 뒤 백암성은 7세기 중반 대당 전쟁 과정에서 다시 등장한다. 보장왕 4년(645) 당태종 이세민이 고구려 정벌에 나섰을 때, 이세민이 직접 전투에 나선 성 가운데 하나가 이 백암성이다. 당시 전투에 대해서는 『구당서』나 『신당서』, 『삼국사기』 등에 그 전말이 비교적 자세하게 실려 있는데, 성의 규모에 비해 전투가 대단히 치열했고 참여 인원도 대규모였다. 당시 당의 주력군은 고구려 요동 방어의 중심 기지인 요동성을 5월 17일에 함락시키고 백암성을 공격하기 위해 병력을 이동시켰다. 5월 28일 당의 이세적李世勣(이적李勣) 군은 성의 서남쪽을 공격했다. 바로 이 장소가 현재 서문터로 비정되는 곳으로 추정된다. 이날 전투가 얼마나 치열했던지 『구당서』의 표현을 빌면 당군이 당거撞車로 성문을 부수고 돌과 화살을 비 오듯 성 안으로 퍼부었다고 전한다. 또한 당의 우위대장군 이사마李思摩가 고구려군이 쏜 쇠뇌 화살에 맞자 황제가 직접 상처의 피를 빨아주었다는 기록도 보인다. 이는 당태종의 측은지심을 부각시켜 성군聖君을 만들고자 하는 중국 사관의 의도가 드러나지만, 당시 전투의 격렬함을 보여주는 명백한 자료다.

당군이 총력을 기울여 공격하자 백암성의 고구려군은 중과부적의 상황에 이르게 된다. 결국 백암성주 손대음孫代音(손벌음孫伐音)은 당태종에게 항복의사를 밝히고, 6월 1일 성은 함락되었다. 이때 당군에게 잡힌 고구려인은 일반인이 1만이고 병사가 2,400명이라고 『구당서』 '고려조'에 나온다. 또한 당은 백암성을 암주巖州라 고쳐 부르고 손대음을 암주자사로 임명했다. 이후 당군은 요동성으로 퇴각했다가 안시성을 공격하게 된다. 당군으로서는 백암성을 함락시켜 후방의 불안요소를 제거한 뒤 안시성으로 향하게 되었지만, 백암성보다 한층 더 격렬한 저항이 당군을 기다리고 있었다.

안시성은 당군이 고구려 내지로 전진하기 위해서는 반드시 확보해야 할 요충지였다. 따라서 당군으로서는 총력을 기울여 공세를 취했다. 반대로 고구려로서도 요동반도의 핵인 이 성을 포기할 수 없기 때문에 그 항전은 결사적일 수밖에 없었다. 결국 당태종 이세민은 안시성을 포기하게 된다. 이는 단순히 안시성 한 개 성의 포기로 끝난 것이 아니라, 야심만만하게 시작한 645년 당태종의 거국적인 고구려 정벌이 이 성에서 막을 내리고 고단한 귀환 길에 오르게 했다는 데 더 큰 의미가 있다.

백암성을 한 바퀴 돌아 마을로 내려오니 하늘은 맑게 개어 있었다. 마을에서 다시 산성의 전경을 조망하노라니 이제야 성벽이 본래 자기 색을 보여주었다. 이름 그대로 흰빛 산성이었다. 가까이에서보다는 멀리 떨어지니 그제야 성은 그 본색을 드러내준 것이다. 성을 떠나오면서 우리는 백암성의 아름다운 모습을 조금이라도 더 눈에 담아두려고 고개를 돌려 시선을 계속 뒤쪽 차창 너머에 두었다.

답사를 마치며

멀어지는 백암성을 뒤로한 채 요녕성 해성시海城市로 방향을 잡았다. 안시성安市城으로 비정되는 영성자산성英城子山城으로 가기 위해서다. 성으로 가는 도로의 입구에 도착했지만 더 이상 전진할 수가 없다. 아직도 안시성은 중국과 전쟁 중이었다. 다만 645년 당시에는 고구려군이 성을 사수하고 당군이 포위 공격했지만, 지금은 고구려 후예가 안시성에 입성하기 위한 진격로를 찾고 있고 당군의 후예는 성을 보여주지 않기 위해 철저히 교통로를 봉쇄하는 형국이 되었다.

고구려는 멸망했다. 가장 처절하게 당군과 싸운 안시성은 지금 당군의 후예에 의해 통제되고 있다. 특히 중국인들이 역대 황제 가운데 가장 높이 평가하는 당태종 이세민에게 씻을 수 없는 치욕과 한을 심어준 고구려 후예들이기에 더욱 접근이 불가하다. 결국 안시성 공략은 먼발치에서 산의 형세를 조망만 하다가 계획을 접어야 했다. 바로 이렇게 1998년 여름 우리의 고구려 유적 답사는 막을 내리고, 중국의 동북공정은 시작되었다.

찾아보기

가야 55, 130, 185, 197, 244, 315
가언충賈言忠(가충언賈忠言) 59, 60
각저총 벽화 21~22
간보干寶 273
간주리干朱理 251
갈鞨(족) 85
갈로葛盧 97, 198
갈사국葛思國 146, 149, 160, 165, 189, 190, 229
갈사수葛思水 149
갈사왕葛思王 34
감숙성甘肅省 386
감신총龕神塚 326, 331
강羌(족) 85
강상무덤 236
강서대묘 326, 330, 331
강서중묘 331
강소성江蘇省 386, 389, 391
강왕康王 282
강이식姜以式 260
강홍립姜弘立 409
강화도 450
개로왕蓋鹵王 117, 128, 132, 134, 194~196, 218, 241, 245, 247, 249
개마鎧馬 무사 462
개마蓋馬(국) 46, 147, 190, 228
개모성蓋牟城 290, 294

개심사 419
거란(족) 118, 119, 122~124, 244, 250, 255, 284, 310, 315, 322, 381
거칠부居柒夫 204, 331
건성建成 281
걸걸중상乞乞仲象 379
걸사비우乞四比羽 379
검모잠劍牟岑 386
경관京觀 277, 278, 286
경기耿夔 74
경당扃堂 176~177, 180
경림耿臨 82
경주 135
경철화耿鐵華 424
계薊 93, 126~127
계민가한啓民可汗 120~121, 263, 277
계백 374
계수鷄須 82, 167, 343
계유정난 421
계필하력契苾何力 300
고고高顧 105
고구高仇 111, 200
『고구려 고고 연구高句麗考古研究』 424
고구려 고분벽화 326~332
『고구려 고분벽화 연구』 357
고구려 부흥운동 386
『고구려비기高句麗秘記』 59, 60

「고구려와 신라 건국연대에 대하여」 59
고국양왕故國壤王 94, 322
고국원왕故國原王 92, 93, 94, 101, 128, 129, 130, 194, 240~241, 246, 247, 315, 321, 357, 362~365, 416, 484~485
고국천왕故國川王 166~173, 341, 346, 348
고노자高奴子 87
고려묘자(고력묘자高力墓子) 무덤군 478, 479
고리(국) 55
고마령古馬嶺 전투 432
고맹高猛 106, 108
고무高武 363, 484
고복장高福章 161, 162
고봉산 211
고비사막 127
고선지高仙芝 374~379
고승高勝 262
고식高植 108
고안위高安慰 408
고양高䴥 104, 456
고양왕高陽王 108, 460
고언高偃 108
고연수高延壽 290
고왕高王→대조영
고운高雲 95~97
고정의高正義 290
고제高帝(소도성蕭道成) 113, 200
고조高肇 101, 105~108, 459
고조高祖(당나라) 273, 281, 326
고조(북위) 200
고조(한나라) 371
고조선 17~23, 32, 42, 44~45, 46, 57, 63, 68, 70, 82, 100, 148
『고조선 비사古朝鮮秘詞』 401
고종(당나라) 59, 300, 376
고죽孤竹(국) 121
고차高車(국) 116, 119
고창高昌(국) 118, 125, 279
고평공주高平公主 107
고현高顯 106~107
고혜진高惠眞 290
고화高和 96
고흘高紇 119, 489
공산성(웅진성) 248
공손도公孫度 52~53, 343
공손연公孫淵 237
공손포 76
공주 132
곽충 356
관구검毌丘儉 188, 230, 235, 431, 484
관미성關彌城 130, 131, 180, 181
『관자管子』 '소광小匡조' 46
『관전여유지남寬甸旅遊指南』 434, 438
광개토태왕 19, 34, 61, 95~96, 130, 134, 174~190, 204, 217~220, 238, 239~242, 244, 246, 247, 283, 310, 317, 322, 323, 360, 370, 424~426
광개토태왕릉비(문) 24, 29~32, 49, 56, 60~61, 122~123, 130, 133~134, 177, 183~184, 186, 221, 238, 240, 283, 307~313, 314, 315, 317, 318, 324, 360, 404, 413, 415~416, 418, 420~426, 454, 477
광무제(후한) 117
광평왕廣平王 106

괴유怪由 146, 149
구다句茶(국) 147, 189, 228
『구당서舊唐書』 221, 237, 272, 276, 285, 293, 357, 385
『구당서』 '고구려조' 125, 176, 256~257
『구당서』 '고려조' 488, 489
『구당서』 '발해말갈조' 382
『구당서』 「열전」 '이정기조' 390
『구당서』 「조화曹華열전」 395
『구당서』 「태종본기」 278
구련성九連城터 476~477
『구삼국사』 21, 25~26, 76
『구삼국사舊三國史』 「동명왕본기東明王本紀」 5, 18, 422~423
구천狗川 135
구태仇台 52~53, 54
국내성國內城 143~144, 158, 159, 182, 198, 218, 230, 233~234, 240, 242, 247, 252, 290, 363, 364, 412, 421, 431
국원성國原城 134, 182
굽도리 472, 473
『규원사화揆園史話』 400~401
그랭이 공법 418~419
근구수 241
근초고왕近肖古王 94, 128, 129~130, 194, 237, 240~241, 247, 315, 321, 363
금강사金剛寺 323
금와金蛙 25, 49, 105, 145
기자箕子 44~45, 120, 121, 285
길림성吉林省 465
김부식 21, 25, 49, 59, 61, 62, 71, 74, 76, 163, 172, 191~192, 204, 212, 215, 241, 254, 259, 270, 272, 292, 307, 319

김수로왕 55
김용준 357, 362
김웅원 384
김원룡 326
김춘추金春秋 288

나부 236~237
나성羅城 265
나제동맹羅濟同盟 131, 134~135
낙랑공주 148~150
낙랑樂浪(국) 148~151, 190, 228
낙랑군樂浪郡 79, 88, 148, 149
낙양洛陽 73, 88, 102, 126, 179, 442, 458, 459, 460
『낙양가람기洛陽伽藍記』 459
『난중일기』 408
난하 78~79
남려南閭 42
『남북사南北史』 68
남북조南北朝시대→위진 남북조시대
남산南山 273
남생男生 59, 273, 300, 302
남제南齊 110, 113, 114, 115, 192, 193, 249
『남제서南齊書』 113
『남제서』 '고구려조' 114
『남제서』 '백제조' 369
남조南朝 110, 115, 317
남한산성 450
남한산성 숭렬전 54
내물왕 129~130, 133, 242, 245
내준신來俊臣 379
내호아來護兒 265
『노자도덕경老子道德經』 286, 324, 326

찾아보기 | 495

『논어論語』 179
『논형論衡』 34~35, 48, 50~51, 56
누상무덤 236
『눈수신운嫩水神韻』 446
눌지왕(눌지마립간) 134, 197, 245, 322

다물도多勿都 18, 145, 188
단군 17~20, 57
『단군기檀君記』 17~18, 21
단군사화史話 21~23
단동丹東 78, 79
단무목진段務目塵 90
단씨段氏 90
달가達賈 175, 189
당唐나라 67, 98, 122, 276, 277, 286, 294, 324, 374~383, 384~394
대가大家 231~234
대국代國 100, 450
대대로大對盧 221~222
『대동운해大東韻海』 259
대릉하 78~81, 186, 198, 266, 379
대무신왕大武神王(대해주류왕大解朱留王) 34, 70, 141, 144~154, 155, 189, 228, 435
대무예大武藝→무왕(발해)
대문예大文藝 381
대방군 79, 88
대서지大西知 245
대소帶素 34, 145, 146, 149, 189
대연大燕 93
대원군 321
대조영大祚榮 374, 379~383, 385
대흑산산성大黑山山城→비사성
대흥성大興城→장안

대흥안령大興安嶺 산맥 6, 98, 99, 100, 117, 444, 450
덕무德武 386
덕종德宗 390, 392~393
덕흥리 고분 353, 359
덕흥리 고분벽화 367~373
데릴사위제 334~340
도교道敎 267, 276, 286, 319~332, 434
도림道琳 132, 323
도무제道武帝→탁발규
도절都切 141~142
독목관獨木關 297
『독사방여기요讀史方輿紀要』 371
『독사신론讀史新論』 302~303
독산성 129
돌고咄固 87
돌궐突厥(족) 118, 119~122, 221, 222, 250, 263, 276, 277, 379, 488
  동돌궐 119, 120
  서돌궐 119, 125, 376
돌리가한突利可汗 120
『동국여지승람東國輿地勝覽』 207, 208
『동국여지승람』 '안주安州조' 323
『동국이상국집』「동명왕편東明王篇」 5, 18, 25~26, 422~423
『동국통감』 408
동리佟利 359
동명성왕東明聖王 48~57, 188, 246, 456
동명왕묘東明王廟 54, 147, 246
동모산東牟山 380
『동사東史』 188
『동사강목』 480
동성왕 134

동수多壽 353~365
『동아일보』 191
동예 230, 233, 234
동이東夷 383
동이열전東夷列傳 314
동이전東夷傳 314
동천왕東川王 188, 235~236, 347, 348~349, 431, 484
『동춘당선생별집同春堂先生別集』 292
동호東胡 100, 122
동황성東黃城 364
두로杜魯 156, 157
두막루국豆莫婁國 189
두보고리杜甫故里 442
등주登州 387, 388
『뜻으로 본 한국역사』 444

라마불교 459
려왕厲王 45

마노麻盧 146
마리摩離 25, 49, 69, 189
마읍산馬邑山 300
마한 77, 230
막근莫勤 161
막덕莫德 161
「막리지 비도대전莫利支飛刀對箭」 297
막북漠北 116
만리장성 261, 474
만주 201
말갈靺鞨(족) 255, 256, 257, 259, 277, 382~383
　속말말갈粟末靺鞨(족) 382

매산리 사신총四神冢 326
맥貊(족) 37~47
맥이貊耳 77
맥인 71, 72, 78
맥철장麥鐵杖 265
맹광孟光 97, 198
『맹자孟子』 179
명나라 298, 421
명림답부明臨答夫 82, 162, 167~168, 170
명제明帝 415
모두루牟頭婁 30, 283, 313
모두루묘지牟頭婁墓誌 30~31, 184~185, 221, 283, 284, 313, 318, 360
모례毛禮 320~321
모본왕慕本王 6, 62, 70, 150~154, 155~157, 228, 372
모본원慕本原 156
모용귀慕容歸 96
모용농慕容農 94
모용보慕容寶 96
모용선비慕容鮮卑 230, 316
모용성慕容盛 95~96, 185, 183
모용수慕容垂 94, 100
모용慕容씨 85~97, 93, 100, 129, 237, 450
모용영慕容永 100
모용외慕容廆 86~91
모용위 93
모용유 356
모용인慕容仁 356
모용좌慕容佐 94
모용준慕容儁 92, 364
모용충慕容沖 100
모용치 356

모용패慕容覇 92
모용평慕容評 93~94
모용한慕容翰 92
모용황慕容皝 90, 91~92, 101, 356, 363~365, 484~485
모용희慕容熙 96, 185
목도루穆度婁 160
목협만치木劦滿致 248
묘청 191~192
묘청의 난 191~192
무武 180
무순撫順 79
무왕武王(발해) 381
무왕(백제) 264
무왕(주나라) 44~45, 282
무용총 326, 328~329, 330, 331
무용총 수렵도 26, 127
무원형武元衡 393
무제武帝(송나라) 110, 112
무제(양나라) 115
무제(전한) 179
무제(한나라) 371
무휼無恤→대무신왕
묵서명墨書銘 353~365
묵철默啜 379
묵호자墨胡子 320~321, 322
문명태후文明太后 101
문무왕 60
문소황후文昭皇后 101~106, 443, 454~459
문자명왕文咨明王 109, 124, 208, 213, 424
문제文帝(송나라) 111
문제(수나라) 102, 120, 121, 124, 222, 254~260

문주왕文周王 181, 194, 196, 247, 248
문화대혁명 409
미사흔未斯欣 245
미유彌儒 160, 161
미창구米倉溝 장군묘 413~416, 478
미창구 장군묘 벽화 413
「미창구 장군묘 벽화 및 제諸 벽화 피장자 연구」413
미천왕美川王 77, 79, 88~89, 92, 129, 149, 237, 357, 362~365, 424, 485
미추홀 53
민며느리제 335~336
민제愍帝 85
민종閔宗 104~105, 456
민중왕閔中王 151, 155
밀우密友 235, 236, 484

바이칼 호 116
박작성泊灼城(호산산성) 299, 467, 474~477
박지원朴趾源 292, 294
박혁거세 55
반룡사盤龍寺 332
발기發岐 341~344
발틱 해 127
발해 379~383, 394
발해수인勃海蓶人 105
방효태龐孝泰 301
배구裵矩 120, 121
배숙영裵叔令 114
배의 90
배행방裵行方 475
백거이白居易 460
백고伯固→신대왕

신대왕新大王 161, 162~163
백랑성白狼城 97, 198
백암성白巖城(연주성) 119, 290, 291, 445, 467, 485~490
백제百濟 53~55, 57, 93, 128~137, 176, 180~183, 185~186, 194~197, 201, 220, 221, 237, 239~250, 262, 276, 284, 287~288, 300, 310, 315, 317, 322, 323
『백제본기』 215~216, 220
범엽范曄 51
변영성邊令誠 378
병자호란 409, 450
보달원步達遠 432
보덕화상普德和尙 332
보원寶元 386
보장왕 286, 324, 326, 386
복사리伏獅里 고분 326
봉궤封軌 124
봉발封撥 199
봉상왕 87~88, 237
봉상청封常淸 378
부견符堅 93, 177, 319, 413
부경桴京 232, 233, 417
부루 17~18
부사취모제父死娶母制 344
부여夫餘(국) 18, 20, 24~36, 37~47, 48~57, 77, 128, 141, 144, 145, 165, 189, 246, 337, 345, 404, 446~447, 480
    동부여 244, 284, 315
    북부여 52, 315, 316, 477
부위염扶慰厭 188
북량北涼 131
북망산 458, 459

『북사北史』 179, 189, 272, 340
『북사北史』'고구려조' 88, 89
북안평北安平 77
북애노인北崖老人 400~401
북연北燕 96, 97, 110, 193, 198
북제北齊 98, 115
북조北朝 98, 110, 340
북주北周 27, 90, 98, 222, 339
북평北平 71~73
북한산성 262, 288
분하만汾河灣 297
불교 276, 286, 319~332
불국사 419
불함산不咸山 190
비도술 297~298
비려碑麗 122~123, 244
비류沸流 53, 141, 480
비류곡沸流谷 480
비류沸流(국) 18~20, 46, 144~145, 157, 188, 228, 480
비류백제 481
비류수沸流水 19, 25, 49, 144, 146, 404~405, 480, 484
비悲 273
비사성卑沙城(대흑산산성) 274~275, 290, 294, 445, 467, 468~470
비유왕 134, 197
비지 134

『사기史記』「범수范睢편」 145
사도세자 143
사라센 제국 376~377
사륜社崙 116

사마광司馬光 272, 293
사마르칸트(우즈베키스탄) 122, 125, 127
사마司馬씨 84
사마선왕司馬宣王 237
사마천 145
사사명史思明 389
사사명의 난 383
사수蛇水 301
사쿠오[酒勾景信] 423
산동성 391
산상왕 342~349
산서성山西省 386
산성자산성山城子山城→환도산성
산성하묘구山城下墓區(동구고묘군洞溝古墓群) 429
산성하山城下 무덤떼 482, 483
『산해경』 330
산해관 258
살사문殺四門 297
살수薩水 266~267
살수대첩 266~268
삼국 통일 205
『삼국사』 188
『삼국사기』 218, 272, 307, 308, 310, 448
『삼국사기』(일본 궁내성본宮內省本) 205
『삼국지』「고구려본기」 162, 188
『삼국사기』「고구려본기」'고국양왕조' 94, 133
『삼국사기』「고구려본기」'고국원왕조' 126, 128
『삼국사기』「고구려본기」'고국천왕조' 84
『삼국사기』「고구려본기」'광개토왕조' 122, 424

『삼국사기』「고구려본기」'대무신왕조' 438
『삼국사기』「고구려본기」'동천왕조' 235
『삼국사기』「고구려본기」'모본왕조' 371
『삼국사기』「고구려본기」'미천왕조' 77, 89~91
『삼국사기』「고구려본기」'보장왕조' 59~60, 282, 406, 467, 468, 471, 474
『삼국사기』「고구려본기」'봉상왕조' 87
『삼국사기』「고구려본기」'산상왕조' 431
『삼국사기』「고구려본기」'소수림왕조' 413
『삼국사기』「고구려본기」'시조 동명성왕조' 19, 24~25, 48~51, 58, 312, 404, 413, 456
『삼국사기』「고구려본기」'신대왕조' 82
『삼국사기』「고구려본기」'양원왕조' 119, 488
『삼국사기』「고구려본기」'영류왕조' 120~121, 276
『삼국사기』「고구려본기」'유리명왕조' 19, 55~56, 68, 69
『삼국사기』「고구려본기」'장수왕조' 109
『삼국사기』「고구려본기」'태조대왕조' 61~62, 73, 74~76, 77, 163~164, 444
『삼국사기』「백제본기」 215
『삼국사기』「백제본기」'개로왕조' 117
『삼국사기』「백제본기」'근초고왕조' 128
『삼국사기』「백제본기」'성왕조' 135
『삼국사기』「백제본기」'시조 온조왕조' 53
『삼국사기』「백제본기」'진사왕조' 218
『삼국사기』「신라본기」'눌지마립간조' 197
『삼국사기』「신라본기」'문무왕조' 60
『삼국사기』「신라본기」'진흥왕조' 135

『삼국사기』「신라본기」 '헌덕왕조' 384
『삼국사기』「열전」 '거칠부조' 217
『삼국사기』「열전」 '연개소문조' 272
『삼국사기』「열전」 '온달조' 167
『삼국사기』「지리지」 '달을성현達乙省縣조'
　206~207
『삼국사기』「지리지」 '왕봉현王逢縣조'
　206~207
『삼국사기』 초기 기록 불신론 6, 70, 71
삼국시대 67, 84
『삼국유사』 21, 22, 31, 310
『삼국유사』「왕력편」 고구려 시조 '동명성
　왕조' 17
『삼국유사』 '고구려조' 17~18, 233, 349, 404
『삼국유사』 '북부여조' 17
『삼국유사』 '연오랑延烏郎 세오녀細烏女조'
　428
『삼국지三國志』 26, 179, 345, 484
『삼국지三國志』「위서魏書」 '오환烏丸조' 451
『삼국지』「위서동이전」 334~340
『삼국지』「위서동이전」 '고구려조' 162, 231
『삼국지』「위서동이전」 '동예조' 46
『삼국지』「위서동이전」 '부여조' 39~42,
　337~338
삼년산성 135
삼론학三論學 323
『삼사三史』 179
『삼성기三聖記』 401
삼실총 125, 326
삼실총 벽화 233
삼족오三足烏 428, 429
상고성자上古城子 무덤군 409~410, 478
상곡上谷 71~73

상루尙婁 237
서개마西蓋馬 78, 79
『서경書經』 179
『서곽잡록西郭雜錄』 260
서귀도徐歸道 387
서류부가혼속壻留婦家婚俗 337
서봉총瑞鳳冢 315
서안西安 442
서안평 77~79, 88, 230, 431, 484
서천왕西川王 87
석두성石頭城 262
석율席律 264
석탈해 55
선무제宣武帝(세종世宗) 106~108, 456~460
선무황후 고씨宣武皇后高氏 108
선문제 102
선비鮮卑(국) 190, 228
선비산 100
선비鮮卑(족) 6, 28, 76, 85~97, 98~109,
　116~117, 122, 189, 192, 228, 230, 237,
　249, 315, 363, 365, 443, 444, 450, 462
선성왕 297
설만철薛萬徹 299, 475
설유薛儒 190
설인귀薛仁貴 298, 299, 300, 386
섬서성陝西省 386
성덕聖德태자 323
성락盛樂 101, 100, 450
성산산성城山山城 467, 471~474
성왕成王 137, 204~205, 282, 287
성정산성城頂山城 434, 436~439
세계문화유산 405, 418, 460
세조世祖(북위) 97

세조世祖(조선) 401
세조世祖(진나라) 86
소도성蕭道成→고제高帝
소란蕭鸞 115
소발률국小勃律國 376~377
소부손所夫孫 475
소성제昭成帝(풍홍馮弘) 97, 110~111,
　　198~200, 361
소수림왕 129, 177~179, 319~321
소수小水 38, 77~78
소수맥小水貊 38, 77~78
소연蕭衍 115
소정방蘇定方 300~301
손대음孫代音 290, 291, 445, 489
손도두孫都頭 189
손만영 379
손수孫漱 111, 200
손영종 411
송宋나라 293, 298
송宋나라(유송劉宋) 51, 110, 113, 115, 117,
　　181, 192, 193, 249
송산성松山城 262
『송서宋書』「이만夷蠻열전」'고구려조' 111
송양松讓 18~19, 144, 157, 188, 480, 481
송준길宋浚吉 292
수隋나라 27, 67, 98, 119, 222, 244,
　　251~269, 277, 284~285, 288
수산리 고분 330, 331
『수서隋書』 27, 258~260, 261, 272, 360,
　　370
『수서』「내호아전」'대업조' 470
『수서』「동순董純열전」 278
『수서』「동이열전」'거란조' 124

『수서』「동이열전」'고구려조' 253
『수서』「동이열전」'고려조' 370
『수서』「동이열전」'백제조' 52~53, 54
『수서』「배구裴矩열전」 121
『수신기搜神記』 273
수양대군 421
숙군성 183
숙달叔達 286, 324
숙신肅愼(국) 190, 244, 284, 315
숙신肅愼씨 190
숙종肅宗 109
『숙종실록』 400~401
순도順道 178, 319, 413
순장殉葬 235~236
순종順宗 393
스타인, 마크 오렐 Stein, Mark Aurel 378
스텝로Steppe Road 127
승랑僧朗 323
승륭僧隆 323
『시경詩經』 179
『시경詩經』「한혁韓奕편」 45
시라무렌[西拉沐淪] 강 78, 100, 450
시필가한始畢可汗 121
『신간전상당 설인귀 과해정료 고사新刊全相
　　唐薛仁貴跨海征遼故事』 297
『신·구당서』「열전」'고선지조' 375
신新나라 59, 67~70
『신당서新唐書』 272, 273, 276, 293, 488,
　　489
『신당서』'고구려조' 60
『신당서』'고려조' 471, 474
『신당서』'발해조' 382
신대왕新大王 61, 62, 82, 167~169

신라 55, 128~137, 185, 196~197, 201, 205, 221, 242~250, 262, 276, 284, 287~288, 310, 315~317, 320~323, 384~385, 394
신래한예新來韓穢 238
『신서新書』→『신당서』
신성 290
『신수 국사대관』 78
『신증新增동국여지승람』 207, 480
『신증동국여지승람』 '동명왕묘조' 416
『신증동국여지승람』 '황제묘皇帝墓조' 421
『신집新集』 260
신채호 59, 60, 69, 191, 259~260, 294, 302, 430
실성왕 133, 245
실크로드 125, 126~127
『십육국춘추十六國春秋』 85
십자군 전쟁 217
십제十濟 53, 55
쌍영총 125, 330, 331

아나괴가한阿那壞可汗 116
아노월성 377
아도阿道 178, 319, 413
아란불 25, 49
아랄 해 127
아신왕 130, 181, 240, 241, 242, 246, 284, 315
아차성 132
아프라시압Afrasiab 궁전 벽화 122, 125~126
안경서安慶緒 389
안녹산安祿山 387, 388, 389
안녹산의 난 377, 383, 387, 388

안동도독부 386
안동도호부安東都護府 386
안문성雁門城 121
안서安西 375
안승安勝 60, 386
안시성安市城(영성자산성) 290~295, 445, 490, 491
안시성 전투 290~292
안악 1호분 330
안악 3호분 353~365
안악 3호분 벽화 232
안원왕安原王 211~213, 214, 215, 252
안유명顔幼明 114
안유晏留 169, 171~172
안장왕 203~213, 214, 215, 220, 252, 416
안정복 480
안학공주 209~211
안휘성安徽省 386, 391
알선동 98, 450
알선동굴嘎仙洞窟 86, 99, 450~454
알타이 산맥 127
압록강 266, 426
애하첨靉河尖성터 476~477
야돈촌也頓村 408
약수리 고분 330
약수弱水 116, 189
양견楊堅→문제(수나라) 98
양기楊機 462
양梁나라 26, 110, 115
　후량後梁 110
양량楊諒 120
양만춘梁萬春 292, 296
양맥梁貊(국) 69, 189, 228, 484

찾아보기 | 503

『양서梁書』 26~27, 51, 204, 212, 214, 215
『양서』 '고구려조' 177, 227, 345
양소楊素 261
양숭의梁崇義 391
양오전설陽烏傳說 428
양원왕陽原王 215~216, 217, 220, 251, 252, 424
양이陽伊 198
양제(수나라) 102, 120~122, 261~269, 288, 323
양주동梁柱東 400
양현감楊玄感 268
양현楊衒 459
어니하淤泥河 297
어비류於卑留 168
어양漁陽 71~73
엄우嚴尤 38, 68
업鄴 93
여노餘奴 91, 113
여성가한予成可汗 117
여진동원 143
여진족 408, 421
연개소문淵蓋蘇文 125, 270~303, 324, 326, 331, 332
연나拏那國(국) 190
연燕나라 91, 93, 97, 100, 126, 356, 371, 450
　서연西燕 100
　전연前燕 85~97, 129, 358, 363, 364, 484
　후연後燕 85~97, 94, 101, 129, 183, 185, 244, 315
『연려실기술燃藜室記述』 「역대전고歷代典故」 '고구려의 속국편' 188
연비延丕 68

연우延優→산상왕
연정토淵淨土 302
연주성燕州城→백암성
연헌성淵獻誠 379
연화총 330, 331
『열하일기』 292, 294
염난수鹽難水 78
염사국廉斯國 190
영가의 난[永嘉之亂] 88
영류왕 276~280, 286, 416
영성자산성英城子山城→안시성
영양왕嬰陽王 124, 223, 244, 254~269, 277, 286
영조 143
영주營州 126~127, 379, 385, 386
영태후靈太后 109
『예기禮記』 179
예맥濊貊(족) 37~47, 75, 76, 77, 82, 230
예濊(족) 37~47, 189
『오경五經』 179
오광국吳光國 423
오국성五國城 421
오吳나라 84
오녀산성五女山城(홀본성) 19, 404~408, 412, 434, 437, 438, 477~481
오동진吳東振 433
오락후국烏洛侯國 451
오르콘 강 127
오르콘 비문Orkhon Inscription 119, 422
『오산설림五山說林』 421
오이烏伊 25, 49, 69, 189
오이부분노烏伊扶芬奴 188
오호십육국五胡十六國시대 85

오회분五盔墳 325, 427~429
옥저沃沮(국) 165, 230, 233, 234, 335~336
    남옥저南沃沮(국) 188, 235, 431, 484
    동옥저東沃沮(국) 160, 165, 188, 229
    북옥저北沃沮(국) 188, 228
온조溫祚 53, 54, 55, 141, 480
와구渦口 390, 391, 392
와르후만왕 122, 125
왕망王莽 38, 39, 59, 68, 69, 70, 77
왕모중王毛仲 375, 379
왕백구王白駒 111, 200
왕사례王思禮 375
왕세적王世績 256, 258
왕우 92
왕인王仁 111, 200
왕충王充 34, 48
왕현지王玄志 387
왜倭 130, 133, 176, 185~186, 197, 242, 244~245, 284, 310, 315
외효隗囂 117
요광姚光 75
요녕성遼寧省 432, 465
요동遼東 89, 343
요동성遼東城 265, 268, 290, 294
요하遼河 264, 266, 268, 290, 296
용교埇橋 390, 391, 392
용단龍端 76
용문석굴龍門石窟 460~461
『용비어천가龍飛御天歌』「39편」 421
용성龍城 91, 95, 198
우거右渠 42
우라산성亐羅山城 408
우명산성牛鳴山城 263

우문술宇文述 266
우문씨宇文氏 90
우씨于氏 341~349
우중문于仲文 266, 267
우진달牛進達 471
우충于忠 108, 460
우홍牛弘 120, 121
운강석굴雲崗石窟 460
『운명의 여진』 433
운주運州 390
운총雲聰 323
울림왕鬱林王 115
웅진 248
원길元吉 281
원元나라 298, 459
원제元帝(동진) 85, 88
원제(한나라) 67
월씨국月氏國 415
위魏나라(북위北魏) 28~29, 85, 86, 95, 97, 98~109, 114, 115, 116~117, 118, 124, 128, 131, 188, 192, 193, 194, 218, 230, 235, 237, 241, 245, 249~250, 317, 443, 450, 451~460
    동위東魏 98, 118
    서위西魏 98, 115, 118
위魏나라(조위曹魏) 84, 100, 451
위나암성 70
『위략魏略』 42, 335
『위략魏略』 '고구려조' 33, 63
위례성 53, 55
『위서魏書』 21, 29, 102, 360
『위서』 '거란조' 118, 124
『위서』 '고구려조' 28, 57, 101~102, 125,

159, 477
『위서』「고조高肇열전」105~107
『위서』「고조 효문제본기」109
『위서』「문소황후 고씨열전」104, 455~456
『위서』「봉의封懿열전」124
『위서』「선무황후 고씨열전」108
『위서』「예지禮志」109, 451
『위서』「오락후烏洛侯열전」451
『위서』「정준程駿열전」102~103
『위서』「태조기」'천흥조' 101
위수 102
『위씨춘추魏氏春秋』77~78
위진 남북조南北朝시대 67, 192, 222, 249
위징魏徵 299
위충韋冲 256
유공권柳公權 293
유교 286
『유기留記』260
유리명왕瑠璃明王 38, 39, 53, 68, 69, 70, 141~145, 156, 157, 163, 228, 434~435, 438
유사효劉思斅 114
유송劉宋→송宋나라
유연劉淵 86, 88
유연柔然 116~118, 119, 123, 316, 317
유오劉悟 394
유옥구劉屋句 236
유유紐由 484
유유劉裕→무제(송나라)
유학 179
유현좌劉玄佐 392
유화柳花 부인 49, 55, 105, 165, 426, 456
육진六鎭의 난 115

윤근수尹根壽 292
은나라 282
을밀乙密 209~211
을밀대 210, 211
을불→미천왕
을소乙素 169
을지문덕乙支文德 266~267, 324
을파소 166~173, 346
음산 산맥 116
읍루挹婁(국) 189, 190
응소應劭 20
의성공주義成公主 120
이규보李奎報 5, 18, 21, 25, 422, 423
이규창李圭昌 433
이긍익 188
이납李納 390, 391, 393
이도학 182
이명李茗 401
이문진李文眞 260
이물림利勿林 146
이병도 78, 79, 206
이불란사伊弗蘭寺 178, 319, 413
이사고李師古 393
이사도李師道 384, 385, 393, 394
이사마李思摩 489
이사진李士眞 391
이성계 408
이세적李世勣 293, 299, 489
이순신 294, 408
이연李淵→고조(당나라)
이영요李靈曜 390, 395
이영요의 난 389
이오로첩목아李吾魯帖木兒 408

이유 390, 391
이전복李殿福 427
이정李靖 296
이정기李正己 374, 385~395
이진충李盡忠 379
이징옥 421
이차돈 322
이해고李楷固 380
이해안李海岸 471
이현李賢 125, 372
이희열李希烈 392
인조 450
『일본서기日本書紀』 211
『일본서기』 '계체천황繼體天皇조' 203
『일본서기』 '흠명천황欽明天皇조' 206, 214~216
일연 18, 21
임나가라任那加羅 242
임나가야 134
임벽양군林碧陽君 273
임유관 258, 260
임진왜란 294

『자치통감資治通鑑』 74, 75, 93, 96, 272, 273, 276, 293, 359~360, 389, 460
『자치통감』 '성제 함강조' 356
『자치통감』 '영명永明조' 108
『자치통감』 '정관조' 469
장건張騫 415
장락공주長樂公主 106, 108
장무이張武夷 364
장보고 394
장손무기長孫無忌 286

장수왕長壽王 31, 56, 61, 97, 101, 102~103, 108~109, 110~111, 113, 114, 117, 123, 131~132, 134, 191~202, 204, 212, 218, 244, 245, 247~250, 252, 283, 309, 310, 315, 323, 361, 422, 459, 460
장수왕릉 196, 418~420, 424
장안長安 126~127, 222, 281, 386, 391
장영張英 360
장천 1호분 21, 326
장통張統 91
재사再思 61, 62, 156, 160, 163
저氐(족) 85, 93, 94
적리성 전투 471
전국시대 313
전담田譚 38, 68
전사웅錢士雄 265
전진前秦 93, 94, 177, 319
전진용문全眞龍門 434
정관의 치[貞觀之治] 281
『정관정요貞觀政要』 281
『정려 관전산수간情瀝寬甸山水間』 439
정명진程名振 299
정준 102~103, 109
정창원正倉院 419
정천숙鄭天璹 289
제齊나라 393
제융祭肜 71
조공趙恭 384
조광윤趙匡胤 110
조나藻那(국) 165, 175, 189, 229
『조대기朝代記』 401
조미걸취祖彌桀取 248
조비曹丕 84

「조선 역사상 1천 년래 제일대사건」 191
『조선상고사』 69, 208, 294, 430
조조曹操 84, 100, 451
조차흥趙次興 111
조해趙翩 379
조회절趙懷節 379
종발성 134
좌가려左可慮 168
좌식자坐食者 231~234
좌원坐原 82, 84
주나朱那(국) 46, 165, 190, 229
주周나라 121, 273, 282, 285
주몽→추모왕
『주서周書』 27, 57, 179, 222
『주서』 '고구려조' 339~340
『주서』 '고려조' 477
『주서』 '돌궐조' 119
주씨周氏 92, 129, 363~365, 485
『주역周易』 179, 380
주통천 346
주흥周興 379
준가르[準格爾] 분지 116, 119, 127
『중국 내의 고구려 유적』 427
『중국역사지도집』 71, 79
『중국후비능묘中國后妃陵墓』 454, 455, 457
중산中山 94, 95, 100, 101
중원고구려비中原高句麗碑 218, 219, 314, 316
중천왕 235, 236
중화中華사상 282
즉위년칭원법(유월칭원법踰月稱元法) 218
지두우地豆于(국) 118, 123
진鎭(유주자사幽州刺史) 367~373

진국辰國 190
진국振國 380
진국震國 380
진晉나라 84, 85, 86, 88, 120, 121, 371
　동진東晉 85, 89, 91, 110, 192, 249, 273
　서진西晉 89
진陳나라 110, 115, 253
진秦나라 313
진대덕陳大德 278~279
진대법 166, 171~173
진사왕 218
『진서晉書』 86, 356, 360
『진서』「지리지」 371
진시황 474
『진양추晉陽秋』 179
『진역유기震域遺記』 401
진평왕 262, 288
진흥왕 204, 287
질제質帝 179

차대왕次大王(수성遂成) 43, 61, 62, 75, 159~163
창조리倉助利 87~88, 237
채동蔡彤 372
채융蔡彤 71~73, 372
채풍蔡諷 75, 76, 444
책성柵城 160, 165
천리장성 277, 446
천불동석굴千佛洞石窟(막고굴莫高窟) 460
천상열차분야지도天象列次分野地圖 243
천하관天下觀 183~185, 313~318
철륵鐵勒 119
청나라 298, 450

청야전술淸野戰術 82, 180, 267
청주靑州 387, 388, 389
초문사肖門寺 178, 319, 413
촉蜀나라 84
최도 90
최리崔理 148, 149
최비崔毖 89~91
최치원 382
최홍崔鴻 85
추모왕鄒牟王(주몽) 6, 17~23, 24~36, 48~57, 58, 59, 67, 69, 141, 144, 145, 157, 165, 201, 228, 310~313, 404, 408, 413, 416, 422, 426, 456, 477~481
추발소 147
추鶵→유리명왕
『춘추春秋』 179
춘추시대 313
측천무후 379
치청왕국淄靑王國 385~395
치희稚姬 435
칙륵勅勒 117
칠불사七佛寺 323

카스피 해 127
카자흐스탄 127

타슈켄트[石國] 377
탁리橐離(국) 35, 52, 55
탁리왕橐離王 27
탁발규拓跋珪(도무제道武帝) 100, 101, 450, 451
탁발선비 98, 116
탁발拓跋씨 86, 95, 97, 98, 106, 450, 451

탁발진拓拔眞 101
탈라스 전투 377
탕구트 222
탕왕湯王 282
태무제太武帝 100, 117, 199, 451
『태백일사太白逸史』 379
태원太原 71~73
태자하 485, 486, 487
태조대왕太祖大王 6, 58, 61, 62, 74~77, 79, 89, 155~165, 175, 229, 230, 444
태종(당나라) 51, 59, 71, 276, 278, 280~282, 286~301, 376, 439, 445, 475, 489, 490
태학 179~180, 183
토곡혼吐谷渾 131, 221, 316
토문가한土門可汗 119
『통감』→『자치통감』
통구通溝 4호분 326, 331
통구通溝 5호분 326
통구通溝 사신총四神冢 326
투르판 분지 125
티베트[吐藩] 376~377, 379

팔선암八仙岩 434
팔왕의 난[八王之亂] 85
패강浿江 300
패하浿河 181, 241
팽오彭吳 42
평성平城 100, 102, 451
평양 126~127, 365
평양성 94, 218, 241, 242, 247, 259, 265, 266, 300, 301, 385, 386, 484
평양 천도 117, 131, 134, 191~202, 218~220, 244, 247, 252

평원왕平原王 223, 252~254, 416
풍발馮跋 96
풍왕사馮王寺 459
풍홍馮弘→소성제
풍환馮煥 75

하고성자下古城子성 409~411, 478
하구려下句麗 69
학경郝景 94
한강 132, 135, 220, 221, 262
『한국여성사』 344
한규철 382
한漢나라 67, 69, 74, 86, 88, 120, 121, 201, 227, 228~230, 285, 313, 372
　전한前漢 179, 439
　후한後漢 6, 34, 46, 48, 67, 70, 73, 74, 76, 77, 82, 167, 179, 179, 222, 230, 343, 444
한사군漢四郡 22, 23, 148
『한서漢書』 68
『한서』「식화지食貨志」 42
『한서』「왕망王莽전」 38~39
『한서』「위현韋賢열전」 68
『한서』「지리지」 20, 32, 63, 77, 78~79
한성漢城 132, 134, 218, 240, 242, 247, 248, 323
한왕漢王 양諒 256, 258, 261
한족漢族 98, 383, 418
한주韓珠(한씨 미녀) 207~211
함석헌 174, 444
함양왕咸陽王 107
『해동고기海東古記』 62, 163~164
『해동고기』「고구려편」 164

『해동지도海東地圖』'강계부江界府조' 420
해두海頭(국) 190
해릉왕海陵王 115
해명解明 141~144, 157, 438
해모수解慕漱 25, 17~18, 49, 55
해부루解夫婁 25, 49, 55
『해상잡록海上雜錄』 208
해색주解色朱→민중왕
해우解憂→모본왕
해족奚族 387
행인荇人(국) 188, 228
헌덕왕 385
헌문제獻文帝 101~102, 194
헌성獻誠 273
헌종憲宗 384, 393
현도군 75, 79, 88
현무문玄武門 281
현무문의 변 281
현장玄奘 287, 288
현종(당나라) 374, 378, 381
현종(조선) 292
협보 25, 49
형사취수제兄死取嫂制 344, 345, 348~349
혜량惠亮법사 217, 331
혜왕惠王 244, 262
혜자惠慈 323
호국불교 323, 331
호동왕자 148~154
호륜패이呼倫貝爾 100
호륜호呼倫湖 450
호산산성虎山山城→박작성
호태왕好太王→광개토태왕
호화호특呼和浩特 450

혼강渾江 18, 405~407, 432, 477~479
홀본忽本(졸본卒本) 19, 143~144, 157, 252, 409, 411, 467, 477
홍산문화 418
화희禾姬 435
환공桓公 46
환권桓權 277
환도산성丸都山城(산성자산성) 92, 129, 158, 230, 233~234, 251, 252, 363, 430~431, 467, 481~485
환두대도 125, 126
환제桓帝 43
황건적黃巾賊 84
황룡국黃龍國 190
황룡국왕黃龍國王 142~143
황조가黃鳥歌 434~435
황조암黃鳥岩 434~435
회제懷帝 85, 88
효명제孝明帝 106, 457
효문제孝文帝 102~104, 106, 107, 108, 113, 443, 454~460
후고구려 379
후조後趙 91
후진後晉 293
『후한서』 6, 26, 46, 59, 175
『후한서』「광무제光武帝본기」 6, 71
『후한서』「동이열전」'고구려조' 20, 22, 32, 33, 38, 43, 63, 74, 77, 163~164, 227, 231, 334~339
『후한서』「동이열전」'구려조' 372, 443~444
『후한서』「동이열전」'동옥저조' 231, 335
『후한서』「동이열전」'부여조' 39, 51, 189, 345
『후한서』「동이열전」'예조' 33, 42, 44
『후한서』「안제본기」'건광建光조' 62, 76
『후한서』「안제본기」'영초永初조' 75
『후한서』「안제본기」'원초元初조' 75
『후한서』「원소·유표열전 하下」 372~373
『후한서』「화제和帝본기」'원흥元興조' 74
『후한서』「황보숭皇甫嵩열전」 277~278
『후한서』「효영제孝靈帝본기」'건녕建寧조' 82
후희일侯希逸 387~388
휘종徽宗 421
흉노匈奴(족) 38, 39, 68, 69, 85, 86, 88, 90, 119, 345, 418
흑구산성 411
흑치상지黑齒常之 374, 379
흑해 127
힐리가한頡利可汗 276~277